KB262271

큰 여자 깬 남자

큰 여자 깬 남자

큰 여자 깬 남자

차배옥덕

도서출판 역락

낳는 말

여성학을 하기 시작하였을 때 부엌에 들어가서 벽을 맞대고 몇 시간씩 일을 하며 쌓이는 의문과 분노의 경험을 '싱크대부터 돌립시다'로 드러냈다.

여성학을 하는 여자와 30년 간 같이 살아 온 남자가 그렇게도 변하지 않아 '사내들은 왜 변하지 않을까?'로 몸서리를 쳤다.

그래도 살아보아야겠다고 이제 '큰 여자 깬 남자'로 한번 더 깬 남자가 되기를 기다려본다. 결혼 후 30년을 명절이면 시집조상들에게 열심히 기원했다. 그래도 변하지 않았다. 이제는 별 수 없다. 이제 앞으로 30년 간은 여자 나의 집으로 가서 나의 가족과 모부계 조상님들께 빌어보는 수밖에.

부계부계(父系夫系) 남성중심 - 가옥 주인(全 재산권)도 남편, 법률적 주인(호주)도 남편, 문패도 남편, 이이들도 모두 남편의 성씨, - 이런 상황에서라면 남편과 시집식구들은 자신들을 하늘과 같은 존재로 착각할 수밖에 없을 것이다. 그 착각 동안은 "결혼을 해야 하나요? 아이 꼭 낳아야 하나요? 30세 이상 산모가 50.2%…" 등으로 출산율 1.14명, 100년 후 인구 2/3감소 - 200년 후는 300년 후는? 또 이혼 행렬… 등은 계속될 것이다. 따라서 2026년 국민 5명 중 1명은 노인이라 노인도 경제적 활동을 할 수밖에 없어질 것이다……

이제는 좀 이혼을 하러가지 않아도 되는 양계사회로 넘어가면 좋겠다.

이제는 여성의 것들도 존중받는 결혼을 하고 싶은 양계사회가 좀 되었으면 좋겠다.

이제는 아이를 마음놓고 낳을 수 있는 준비된 사회가 좀 되면 좋겠다.

결혼한 여성이 불리하지 않은 사회, 국민을 낳고 키우는데 시간과 정신이 빼앗겼으니 배려해주는 가족과 직장과 사회, 아이 셋 이상이면 어디든지 국립은 무료이고 어머니노릇 후 여성능력에 따라 일과 돈을 주면 지금이라도 결혼하고 아이 낳고 싶겠다.

생물학적인 여성 남성을 의미하는 '섹스'라는 개념은 선천적으로 타고나는 성으로 성전환수술을 하지 않는 한 불변적이다. 이에 비해 '젠더'는 후천적으로 어떤 사회와 문화가 만들어가는 여성다움과 남성다움을 의미하기에 사회와 문화가 변하면 같이 변하는 가변적 성이다. 이 불변의 섹스와 가변의 젠더를 혼동하는데서 많은 문제가 초래된다. 젠더시대는 여성다움과 남성다움이 별개의 것이 아니다. 사람에 따라 편차를 보이기는 하나 자신의 양성적 풀(자원고)에서 상황에 맞는 요소들을 불러와 대처하는 것이 21세기에 고부가가치를 낳을 수 있는 창의성과 다양성과 유연성과 개인의 만족도를 더 키울 수 있는 바탕이 되는 것이다.

개인들에게 양성성, 가족제도는 양계제 - 여성이 남성과 똑같은 인간으로 존중받아야한다고 행동하는 '깬 남성'이 확산될 때 여성들은 '큰 여자'로 남자와 아이들과 우주를 자기 몸처럼 사랑할 것이다.

차 례

제 1 장

현부모양부처로 새로워지기
- 아들 및 남편 거듭나기 -

지금까지는 여성에게만 현모양처(賢母良妻)를 강요해 왔다. 남자에게 현부양부(賢父良夫)를 요구하지는 않았다. 이제 21세기부터는 아버지와 남편이 현부양부가 아닌 경우에는 가족이 유지되지 않는다. 어머니뿐만 아니라 아버지도 현명해야하고 마누라뿐만 아니라 남편도 좋은 남편이라야 가정이 지속될 수 있는 것이다. 현대 가옥구조는 사랑채와 안채로 구분되어 있지도 않아 아버지의 일거수일투족이 자녀들에게 모두 반영된다. 또 사회는 여성의 바깥 활동도 인정하고 있다. 바야흐로 이제는 **현모양처**시대에서 **현부모양부처(賢父母良夫妻)**시대로 나아가야 모두가 편안하게 살 수 있다. 현대이전 시대에는 국가나 아이들은 부부싸움에 끼어들지 않았다. 이제 민주화 시대는 자녀들도 부부간의 갈등에 자신들의 견해나 행동을 표출하고 있다. 아버지가 어머니에게 부당한 행위를 하는 경우에 자녀들은 더 이상 참지 않고 아버지를 응징하기도 한다. 따라서 자칫 아버지가 현명하지 못할 때에, 자녀들이 범법자가 되거나 가정이 파괴되는 경우를 많이 보게 되는 것이다.

당신의 시어머니께서는 아드님 교육을 잘 시켰다고 생각되십니까?

라는 질문에 '예'라고 응답한 여성이 1%도 되지 않았다.
……
여성학 하는 선생님 남편은 어떤 분이세요?
- 남편을 어떻게 변화시켰어요?

내 남편요?
- 결혼 후에 공부를 계속하기로 했는데 약속한 대로 다시 할려고 할 때에 책을 다 찢어놓기까지 했어요.
지금은요?
- 글쎄요. 26년 동안 외면상으로 의식은 약간 변한 것 같으나 夫系・父系 중심의식은 변하지 않아요.
'여성신문' 등은 열심히 보고 있어요. 그런데 보는 시각이나 목적이 나하고 생판 달라요.

■ ■ ■ ■ ■ ■ 여성신문 교육문화원 여성학 강의 중에서

'남자, 나 안 바꿔요!' - 남자들은 자신이 살아 온 방식이나 생각들을 고수하는 것이 '사내'답다고 생각하고, 시대착오적인 그 '사내'를 바꾸지 않겠다는 것을 자랑스럽게 여기며 당당히 외친다. 그 자락의 끝은?
사람의 고정관념이나 의식이란 바꾸기가 아주 힘든 것 같기도 하나 때에 따라서는 한 순간에 바꿀 수 있기도 한 점에 기대를 걸자!
그러나 대부분의 아줌마들은
"그렇게 몇 십년간 살아온 남편을 어떻게 바꿔요."
안・못 바꿔요 - (그 끝은? 정년 후 황혼이혼? 남편 죽고 나서 해방된 만족감 느끼기?)

부인의 존재와 그 가치를 죽고 나서야 알게 되는 바보들!

남자들이 결혼하면 주변의 친구나 부모들은 곧잘
"너 장가가더니 변했다"
며 섭섭해 하는데 그것은 잘못된 생각이다. 장가들면 마땅히 새로운 사람과 새로운 가정에 맞게 변해야 한다.

권태기나 몇 가지로 생기는 결혼불안정증은 매년 칠월칠석날에 직녀와 견우의 진중하게 만나는 사랑의 장을 느끼며, 또 일년에 한번을 만나더라도 진지하고 영원한 사랑을 이어갈 수 있게 자신과 상대를 진중하게 대하도록 이 시간부터 노력한다면! 혼인갱신식이란 계기로 새로운 의식을 가질 수 있게 된다면!

아들의 가사·요리지도

두달치 생활비는 주시고 기부하셔야지…
- 아들에게 독립심을!

내 아들이 장차 결혼할 수 있는 남자가 되고, 또 이혼당하지 않는 남편이 될 수 있게 키워 가기 위해, 또 그렇게 클 수 있도록 도와주는 방법은 무엇일까?를 같이 고민하고, 실천해야 할 시대가 되었기에 우선 가사부터 참여하도록 하였다.

딸은 설거지가 하기 싫어서라도 전문직을 가지겠다고 하였다. 딸은 절대 설거지를 안 하려고 하였으나 아들은 대학 때부터 용돈을 스스로 벌도록 했기 때문에 아르바이트비를 주면 집 설거지도 하였다. 중 1때부터 대학등록금까지만 주고 나중에는 모두 사회복지기관에 기부하고 죽겠다는 나의 언명에 '두달치 생활비는 주시고 기부하셔야지……'라고 심각하게 대답하곤 했다. 아들에게 경제적 독립심을 키우려고 노력한 것이다. 그래서 한 시간에 2000원으로 해서 30분이면 1000원 이런 식으로 협상을 하여 그대로 지켰다.

딸은 찌개 끓이기 및 다른 요리는 스스로 하고 싶어서 한다 할 만큼 자주 자신이 하기를 청하였다. 그러다 보니 자연스레 요리는 딸이, 설거지는 아들이 하게 되었다. 특히 제사나 명절에 아들은 할머니나 고모부와 고모들 (나의 시집 식구들) 앞에서도 설거지를 자청하여 칭찬(빈정거림?)을 듣고 여성학을 하는 엄마의 체면을 세워주기도 하였다. 딸은 명절에는 부침개 부치기나 상차리기 등을 주로 하였다. …

　고등학교를 졸업하면 남·여학생 모두 기본적인 요리 10가지는 익히는 일본교육이 바람직하게 여겨진다.

　새들 중에 모든 다른 새들과는 반대로 부모님에게 모이를 물어와 씹어서 주는 효성스런 새가 까마귀이다. 그래서 붙은 이름이 반포조(反哺鳥) 이다. 효자효녀 되기 교육에 유익한 새가 까마귀이다. 칠월칠석에 까막까치가 다리를 놓아주는 것으로 설정된 것도 그런 이유에서 일 것이다.

며느리 대우하기도 변해야지
- 강아지에서 OOO씨로…

명절 날 차례를 지낼 때, 우리 집 여자들이 의식에 참석을 하게 된 것은 내가 결혼 후 첫회부터 성공한 일이다. 그러나, 시작은 어머님을 맏며느리인 나보다 뒤에 참례하도록 하는 장자·장손부 중심주의의 방식은 나중에야 고쳐졌다. 나의 시집인 허씨 집안은 허황옥 즉 할머니·여성에 의해 만들어진 성씨 집안인데도, 아직도 족보에 사위이름만 놓지 딸 이름을 놓지 않고 있다. 또 고향 선산밑 제각에서 하는 봄 시제(時祭)에 가보니 종손부 외의 여자들은 음식 장만과 상차리기 일만 하고 의례에는 참석치 못하고 있었다. 그녀들도 참석할 의지를 아직은 안보이고 있었다. - 시제라는 것 자체가 남계·부계중심이니 시도해 보았댔자 안 될 줄 알고 포기하고 있는 것인지 모르지만 - 그런데 재미있는 것은 이 최씨 집안에 윗대 조상 중에 할아버지보다 할머니 산소의 봉분이 한 5배나 더 큰 경우도 있다는 사실이다. 이유인즉 자손이 귀한 가문에서 할머님께서 아들을 많이 낳아 주셔서 중시조가 된 격이라고 하였다. 제관이 모두 여성으로 추정되는 고대의 천제와 그것을 잇는 칠석제의 양성을 볼 때 있을 수 있는 일은 아닌 것이다. 선산에는 비각 속에 열녀비가 모셔져 있고, 선산의 곳곳의 봉분과 신도비에는 남편의 벼슬과 함께 부인도 올라있는데 여성은 모두 자기 성씨의 본관과 아버지의 이름 등은 올라져 있으나 자기 이름은 하나도 없었다. 이조판서 허ㅇㅇ와 정경부인 어디 ㅇ씨, 수운참판 허ㅇㅇ 정부인 ㅇㅇㅇ씨부인 등으로만 되어 있는 것이다.

여성학자였던 내가 죽으면 봉분 앞 묘비에는?

- 연안차씨지묘? 아니면 문학박사 차배옥덕지묘?

나는 문화유적에 상당히 관심을 가지고 애지중지하는 사람이다. 봉분이 있고 그에 따른 한 문화가 있는 것도 사랑한다. 앞서 간 사람들의 손때에 사람의 마음이 묻어나기 때문이고 또 그 삶이 후손에게 생각할 바를 주기에 더욱 그렇다. 그러나 국토를 모두 죽은 자들이 차지할 수는 없다. 봉분 없이 그냥 납골당? 납골당은 싫다. 납골당이 깝깝하게 여겨지기 때문이다. 그래서 화장을 하여 부산 앞바닷가에 훌훌 뿌려버리든지, 아니면 자식들이 가끔 찾고 싶으면 흐르는 물이 보이는 곳 어디쯤에 자그마한 묘비 하나 정도를 세워주든지 그때 형편에 따라 하면 되겠지만 이름만은 '여성학자 차배옥덕'으로 쓰여지기를 바란다. 여전히 차씨 족보에는 나의 이름자가 실리고 않고 있으니까(딸들은 실지 않으니까) …

내가 결혼 후 연로하신 시고모부께 인사를 갔더니 본관을 물으셨다. 이후 그 고모부님은 얼마 전 돌아가실 때까지 나를 만나시면 '차씨부인' 하고 부르셨다. 몇 번 만날 것 같지 않아 초면에 그냥 웃고 있었던 결과이다. 그러나 70이 넘은 시고모님들은 웃으시며 항상 나의 이름에 씨를 붙여 '차옥덕씨'라고 불러주신다. 시어머님은 결혼 직후 나를 전라도 식으로 '우리 강아지'라고 해서 나는 질색을 하면서 거부했고 이후 다시는 쓰지 않으신다.

남편, 냄편, 님편

경상도의 어느 지방에서는 남편을 냄편이라고 한단다. 아마 그곳 사람들은 직관이 발달한 모양이다. 말이 주는 이미지라도 좀 내 편이 되어

주었으면 하는 바램이 엿보이니 말이다.

남. 편. 말 그대로 내 편이 아니라 남의 편인 사람이다. 부부는 무촌이라지 않던가. 가까운 사이라고 생각하면 최고로 가까운 관계이고, 또 이혼을 하면 즉시 남이 되는 제일 먼 사이인 것이다.

‘님’자에 점 하나만 찍으면 ‘남’이 되고…… 하는 노래가사가 있다. 그 노래를 듣다가 섬뜩함을 느꼈다. 왜? 정곡을 찔렀으니까.

함께하기

얼마 전에 어떤 판사가 하는 주례사를 듣게 되었는데, ‘상호 의사 소통’에 대한 그 주례사는 지루하기 짝이 없는 내용이었다. 객석에 앉아 있는 청중은 전혀 염두에 두지 않고, 듣거나 말거나 난 주례니까 주례나 쭉 뽑고 가야겠다는 식이었다. 며칠 후 늦잠 자려는 남편을 깨워 알타리 무우 다듬는 것과 마늘 찧는 일을 맡겼다. 마늘, 생강 찧는 일은 벌써부터 남편 몫이었지만 다듬는 일은 요즘 들어 가끔 맡기기 시작한 일들이다.

그때 남편의 후배로부터 주례사를 부탁한다는 전화가 왔다. 내가 설거지를 하면서 결혼 생활이 원만하게 유지되어 나가기 위한 내용 몇 가지를 여성의 입장에서 은근히 읊었더니, 자기 대신 원고를 좀 써달란다.

신랑, 신부, 귀빈 여러분. 잘 들리십니까?
여기 오신 귀빈 여러분도 오늘 여러분의 결혼식을 새로 올리는 날이라고 생각하시고 주례사를 듣고 계획을 세워보신다면, 다시 신혼생활을 하듯 재미있게 살 수 있을 것입니다.
나는 요즘 세상이 어떤 세상인가를 잘 알아야 그 세상에서 잘 살 수 있다고 생각합니다. 흔히 젊은 사람들이 쌍둥이도 세대 차이를 느낀다는 말을 하듯, 먼저 나온 놈과 나중 나온 놈의 변화가 심하고 또 생각하는 것도 다양합니다.

신랑 신부는 결혼 준비와 결혼식의 긴장감 때문에 힘들고 지쳐 있을 것 같고, 여러분도 배고프실까봐 많은 말은 하지 않겠습니다.

신랑! 잘 들리십니까? 아마 지금 뭐가 뭔지 아무 소리도 들리지 않을 수 있겠습니다만, 잠시만 귀를 기울이십시오. 신랑은 사소한 일이라도 먼저 신부와 충분한 얘기를 하고 또 얘기를 들어 줄 자세가 되어 있어야 합니다. 서로 잘 알기 때문에 결혼을 했다 하더라도 함께 살다보면 서로에 대해서 아는 부분보다는 모르는 부분이 많이 나타날 것이기 때문입니다. 그러므로 신랑은 신부와 많은 대화를 나누어 별 것 아닌 일로 서로 오해하는 일이 생기지 않도록 항상 신경써야 합니다.

어떤 통계를 보면 신부들은 따뜻한 대화와 취미생활, 가사일을 같이 할 때 신랑이 가장 만족스럽고 친밀하게 느껴진다고 합니다. 반대로 무책임, 무관심한 행동을 하거나, 술주정을 하고 폭력을 휘두를 때 남편이 가장 싫다고 합니다. 그럼, 신랑!! 신부에게서 오랫동안 사랑받는 신랑이 되려면 어떻게 해야 할 지 알겠습니까?

신랑 신부!

사랑하며 사는 것이란 그저 잠 같이 자고, 돈 벌어서 같이 쓰는 것만이 아닙니다. 상대방의 의사뿐만 아니라 상대방 가족들도 똑같이 존중하며 서로 도와주고 배려해주고 책임을 질 줄 아는 것이 참사랑이라고 할 수 있습니다.

지금까지 사랑받는 신부는 살림 잘 하고, 시집식구에게 잘 하는 것이었지만, 시대가 변하고 여성들의 주체의식이 높아짐에 따라 신세대 여성들 사이에서 이러한 여성들은 무지하고 능력이 없다는 이유로 비판받고 있습니다. 결국 신세대 신부와 신랑은 무엇이든지 둘이서 머리를 맞대고 의논을 짜내 힘을 합치면서 둘이서 함께 살아가야만 하는 것입니다. (웃으며) 이 주례사도 우리 부부가 김치를 담그다 말고 머리를 맞대고 짜낸 겁니다.

(웃으며) 우습게 들을 사람도 있을지 모르나 이 주례를 맡아 달라는 전화를 받을 때 나는 아내와 함께 김치를 담그고 있었어요. 시간 나는 대로 알타리 무우도 다듬어 주고 마늘, 생강도 까주고 청소, 빨래를 해 왔거든요. 이렇게 필요한 일 같이 하면서 어깨 아파하는 아내 심정도 알아주고 했더니 결혼 20년이 지났는데 아직도 새삼 신혼 같습니다.

지금으로부터 2500년전 공자시대에 비해 시대가 엄청나게 변해가고 있는 데도 아직까지 '나는 남자다' '나는 시부모다' 하고 목에 힘주고 잔소리나 하고 있으면, 오래 같이 못 살지요. 서로 '같이 사는 파트너, 동료다'라는 심정으로 살고 며느리는 '예쁜 내 딸이다'고 생각하고, 시부모는 '내 엄마 아빠다'라는 생각으로 서로 이해하고 도와주며 감싸주고 산다면, 부부간의 갈등과 고부간의 갈등은 사라질 것입니다.

사실 부부간의 문제보다 생각의 갭이 큰 친인척 문제가 많은 게 오늘 날 한국 사회의 현실입니다. 이제 우리 시대가 깨달아야 할 것은 쓸데없는 권위와 고집 부리기에서 스스로를 좀 해방시키는 일입니다. '남자'라는 위세로 '시부모'라는 위세로 상대방이 상처받을 것만 찾아 꼭 찌르거나 함부로 무시하는 말을 하고, 폭력으로 어떤 일을 해결하려 하는 추태보다는, 이제 그만 뒷짐을 풀고 위세와 고집을 던진 채 따뜻한 눈과 말로 상대의 이야기를 잘 들어주고, 상대의 입장에서 '너 나름의 인생에 나는 어떻게 도움을 줄 수 있을까'를 얘기하며 사랑하는 일만 남았습니다.

언제나 그렇듯이 문제는 어디에나 항상 있습니다. 그러므로 우리는 문제가 있을 때마다 싸우지 않고 '문제, 너 올 줄 알았다'는 듯한 여유를 가지고 웃으면서 풀려고 하는 자세가 필요합니다.

다른 집에서 20~30년씩 다르게 살아 온 사람들끼리는 분명히 다른 생각과 행동이 많을 겁니다. 그러니 이해해줍시다. 그리고 같이 풀어나갑시다.

서로 조금씩 상대 입장에서 양보하고, 악수하고, 웃으면서 지금 이 순간의 마음을 되새기며 서로 믿고 사랑해 나가면 모든 어려움이 풀려 나가리라 봅니다. 앞으로 주위와 더불어 건강하게 잘 사시길 바라며 이만 주례사를 끝내겠습니다.

커피 한잔 몽땅 뺏긴 남편

"뜨거운 물 남았어?"

"왜?"

"나도 한잔 마시게……"

"거기 뜨거운 물 남았어."

방으로 들어가 TV를 보며 커피를 마시는 남편. 자기 것 타면서 아내 것도 한잔 타주면 고추가 떨어지나, 손가락이 부러지나……

평소에 술 한잔 마시면 "어이, 여성학" 하고 부르는 남편을 향해 나도 "어이 남성학 팬클럽 회원, 그 의식 밑바탕이 뭔지 얘기 좀 해 줄래요?" 라며 한마디 덧붙이곤 했다. 이번에도 분위기 파악을 했는지, 아니면 뭔가를 깨달았는지 남편은 숟가락만 들고 방에서 나오며 "내꺼 많으니까 반 덜어줄게……" 한다.

"나는 세 끼 밥도 해주고, 술 마시고 물 갖다 달라면 열 번도 더 갖다가 줬는데……"하며 서운한 목소리로 대꾸하자 남편은 하는 수 없이 웃으며 알맞게 식은 자신의 커피를 내게 건네주고 "완전히 뺏겼네" 하고 웃으며 수저만 들고 커피를 타러 나갔다.

커피 타는 사소한 일이라도 남편은 당연히 받아 마시기만 하고, 또 남편이 탈 때에도 자기 것만 타는 그 습관 때문에 두 번 일을 하는 남편의 뒤통수를 향해 이제부터는 그러한 시행착오를 하지 않도록 "난 당신이 타주는 커피가 맛있더라."는 말을 덧붙여 따끔한 사랑의 펀치를 날렸다.

건망증 환자가 아닌 다음에야 다시는 그런 실수를 하지 않을 테니…….

아내를 돕는 '외조'는 당연한 일

- '외 · 내조 시대'로

대한 여학사협회 광주지부(회장 이예순)가 제정한 '제16회 대륜상' 수상자는 몸이 불편한 아내를 대신해 주부 역할, 어머니 역할 등을 훌륭히 해온 윤영석씨(40 · 광주시 북구 문창동)에게 돌아갔다.

대륜상은 아내를 돕는 '외조' 역할이 타의 모범이 되는 남성들에게 수여되어 온 상으로 이번 수상자인 윤영석씨는 지난 82년 어릴 때부터 다리가 불편한 이강희씨(39)와 결혼, 14년 동안 1남 1녀를 둔 가장으로 보통남성으로 하기 힘든 온갖 집안 일을 도맡아왔다.

"부끄러울 따름입니다. 내가 당연히 해야 할 일을 충실히 한 것뿐인데 큰 상을 받게 돼서 어깨가 더 무거워집니다. 사실 제가 해온 일은 많은 엄마들이 매일매일 해내는 일인데 아빠가, 남편이 했다고 해서 특별히 상을 주는 것 같아 과분할 뿐이지요."

연신 수상을 '과분'해 하는 윤씨는 아내에게는 좋은 남편, 두 자녀에게는 좋은 아빠가 되도록 더욱 열심히 살겠다며 울먹이기도 했다. 윤씨가 아내 이씨를 친지 소개로 만났을 때 이씨를 보는 순간 '내가 이 여자를 평생 아내로 맞아 도우며 살고 싶다'는 마음을 먹고 가족들의 완강한 반대를 무릅쓰며 결혼했다고 한다. 건강하고 수려한 외모에 집안까지 좋은 윤씨의 부모들 반대가 만만치 않았지만 그의 마음을 꺾을 수는 없었다. 몸이 불편한 아내를 대신해 자녀를 돌보고 밥과 빨래며 집안 일을 도맡아 하면서 아내와 장모에게 극진한 사랑을 베풀어 온 점이 이번 수상의 배경이라는 것이 이예순 회장의 얘기다.

"가장 힘들었던 것은 애들 도시락을 싸서 등교시키는 일이 어려웠지요. 또 학부모 모임에 참석하는 일도 시간을 쪼개느라 어려움이 많았지만 늘 기쁜 마음으로 했습니다."

한 몸으로 여러 가지 몫을 해야 했던 윤씨는 현재 방범대원으로 또 경양국교 방호담당으로 있다.

■ ■ ■ ■ ■ ■ **여성신문 광주지사의 기사 중에서**

내조는 당연하고 의무로 여기면서 외조는 생각지도 못하거나 비아냥거리는 시대에서 '내외조시대'로 아니면, 지금껏 외조부분이 약했으니 '외내조시대'로 전환하는 부부가 훨씬 건강하고 발전적일 것이다.

95년 6·27 지자체 선거시 인천의 모 여자 후보의 남편은 휴직계를 잠깐 내고 지역구를 돌면서 "내 마누라입니다. 일을 아주 잘합니다." 하고 인사하면서 다녔는데, 반응이 아주 좋았고, 그녀는 시의원으로 당선되었다.

남편들의 가사노동 시작하기

65세의 남자가 밤 12시가 조금 넘은 시간까지 그의 집에서 술을 같이 마시다가 갑자기 방문을 열고 나섰다. 그리고는 자신이 얼마나 열심히 가사노동에 참여하는지 보여주느라고 청소기를 들고 청소를 잠깐 하고 나서 의기양양하게 들어왔다. 그 남자의 부인과 나는 한동안 웃음을 그칠 수 없었다. 등산을 처음 같이 가서 도시락 반찬 통을 대충 씻는 내 남편에게 "마누라는 뒀다 어디 쓰냐?"고 하던 바로 그 분이다.

세탁기 돌리기, 쓰레기 버리기, 청소기 돌리기, 이불 개고 펴기, 운전하기 등 남편은 거의 몇 가지를 맡아서 한다. 내 남편(냄편)은 화가 날 때 집안 일을 더 많이 한다. 중얼거리며 여기저기 나에게 화난 것을 내보이듯 또 자신이 많이 일함을 알리듯 '설쳐 다니며' 한다.

그럴 때는 밉지만, 뿌듯할 때도 있다. 술을 마시고 겨우 깨어난 아침에 약수를 떠와서 마시라고 줄 때, 또 요럴 때는 너무나 고맙다. 공부하는 마누라 책상 옆에 선풍기를 갖다주고 말없이 나갈 때는 싸웠더라도 그러고 나가면 앉아서라도 '잘 갔다와' 소리가 나온다.

그래서 계속 사나보다. 따지고 보면 '지겹고 꼴 보기 싫다'는 말이 나올 때가 왜 없을까. 아니 매일 한 두 번은 서로 그렇게 느끼고 살고 있다. 그러나 나는 말로 뱉은 적은 없다. 아이들이나 남편, 서로에게 도움이 되지 않을 감정적 단어들을 내뱉지 않는 것이 현명한 것이니까……

앞집 뒷집 남편들 왜 자살했을까?

2년 전 여름인가. 내가 살던 아파트 10층에서 잘 알고 지내던 아저씨 한 분이 투신 자살한 사건이 있었다. 나에게 잘 대해 주신 분이고, 내가 생각하기로는 꽤 낙천적인 분으로 기억되었기 때문에 충격이 아닐 수 없었다.

어머니께서도 그 얘길 전해 들으시곤 요즘 남자들, 남편들과 할아버지의 자살사건을 많이 들으신다고 하셨다. 뉴스에서 일본의 중년 남성들이 조기 퇴직으로 많이 자살한다고 들은 것이 생각난다. 바깥에서 일하지 못하는 여건과 아내보다 낮은 보수와 지위를 남편들이 더 못 참아내는 것 같다. 나중에 안 사실이지만, 그 아저씨의 투신의 원인은 부인의 질타와 자신의 무능함에 대한 자학, 즉 자기의 남성다움에 손상을 입어서 그러신 것 같다.

그 분은 조그만 학원의 강사로 수년간 일해 오셨고, 부인도 역시 영어학원 강사이셨는데, 보수면으로 볼 때 부인의 보수가 월등했다고 한다. 수년 동안 아저씨는 부인에게서 능력에 대한 질타를 받으며, 싸움도 많이 하셨던 것 같다. 그 분 스스로도 '한 집의 가장인 내가 얼마나 무능하면 아내가 벌어오는 보수로 살아가는가?' 라고 생각하셨으리라. 투신 전날에도 이런 이유로 말다툼을 하셨던 것 같다.

지금도 아니, 앞으로도 계속 남성의 능력은 그의 직장과 보수로 나타나리라고는 생각되지만, 그것이 그 사람의 능력의 전부는 아니라고 생각한다. 능력있는 여성들에게 현대의 산업사회가 예전에 비해서는 관용있게 대해준다. 바야흐로 남자 대 남자의 구태의연한 경쟁의 장에서 직장도 성 대결의 장으로 보거나 현대의 추세인 맞벌이 생활로 이러다간 남편과 아내간에 승부욕을 가지고 '성 대결 보수경쟁'을 하게 될지도 모르는 일이다. 그러나 그러한 시각은 옳지 않고 분명히 잘못된 것이다. 남성은 여성을 위해서 일하고 여성은 남성을 위해서 일한다. 물론 각자가 자신을 위해 일하는 듯하지만, 사실 그 모든 일들을 하기 때문에 남성, 여성이 사는 인간사회가 이 만큼이라도 문명을 누리는 것이 아닐까.

옛부터 대부분의 사회에서 남성들이 바깥일의 중심적 역할을 해왔기 때문에 그 전통은 지금에 와서도 쉽게 고쳐지지 않고 불문율화 되어 있다. 그래서 남성이 여성과 겨루어 이기면 본전이고, 지면 망신이라는 인식이 아직까지 존재한다.

이제 남성들도 이러한 편견에서 벗어나야 한다. 시대의 흐름을 타고 자신을 인정해야지 고집대로 현재를 고수하려다 보면 전복되고 말 것이다. 그러다간 위의 아저씨처럼 추위와 바람에 힘없이 떨어지는 낙엽과 같이 날려갈 것이다.

자 이젠 결론을 내려야 될 때다. 위의 비극의 예에서 보듯 부부나 친구 사이에는 어떠한 조건을 가진 사람이 그렇지 못한 사람 위에 군림하려고 하는 것은 잘못이다. 또한 남자가 꼭 모든 면에서 우월하고 더 높아야 된다고 생각하는 고정관념에서 벗어나는 것이 남성, 여성의 정신건강상 또 변화하는 사회 적응상 훨씬 바람직하다. 친구 사이에 "남자가 뭐 그리 쩨쩨하냐?"라는 농담 한마디에 송곳으로 폐부를 찌르는 듯한 충격을 받을 수 있고, "여자가 어디서 말대꾸야"라는 실언으로 오뉴월에 서릿발 내리는 원한을 두고두고 살수도 있다. 인간으로서 서로의 인격과 능력을 존중하고 남녀간의 동등한 권리와 기회를 인정하는 것이 부부나 친구 사이에 나아가 사회생활에 기본적으로 필요한 요건이라 생각된다.

신남성을 위한 지침

중세. 자신의 영지인 장원에서 봉건적으로 군림하는 왕인 중세의 봉건 영주가 오늘날에도 존재하고 있다. 혼자 살며 자기 아파트 주위에 자기 자식들을 위성처럼 잡아 놓고 사는 아버지. 그는 왕이고 싶어 하지만 가족들의 힘과 배려가 필요한 한정적인 왕이다.

자신의 빨래와 청소, 반찬 등은 본인이 하기도 하지만, 수시로 배려해야 되는 가족들 입장에서는 신경 쓰고 책임질 일이 많다. 그리고 자신도 어떤 때는 가족들로부터 지원 받기를 원한다.

딸의 입장에서는 자식에게 아끼지 않는 재정적인 지원과 힘이 의지가 되나, 혼자 사는 아버지가 항상 염려스럽고 걱정스럽다. 한마디로 자신이 '딸'임이, 또 딸일 수밖에 없는 한계를 만드는 '딸 문화'가 원망스럽다. 아들의 입장에서는 풍부한 인생경험과 인간관계로 사회적 경험과 배경을 이어주는 '빽', '힘'있는 아버지의 영향력이 천군만마를 얻은 것 같아 든든하다. 며느리의 입장에서는 든든한 배경과 영향력 있는 시아버지임에도 불구하고, 그 지배하려는 '힘'에 부담을 느낀다. 혼자 사는 아버지와 시아버지를 아무리 잘 모시려 해도 할 수 없는 부분이 있기 때문이다.

그래서 독신 가구주, 즉 '홀로 사는 사람들'을 위한 사회가족제도가 있어야 한다. '얘기를 잘 들어주는 모임'이나 아파트별 간호사제도라든지 동사무소 복지관, 보건소 등의 사회적인 관리가 필요하다. 이 모든 책임을 바쁘게 살아야 하는 며느리, 딸, 아들이라는 개인 가족에게 맡겨 둘 수만은 없지 않는가.

신(新)남성 십계훈

사랑의 매도 없다

사흘마다 두드려 맞으면서 살 여자는 이제 아무도 없다

1. 나는 어떤 폭력이든 행하지 않는다.(언어, 신체 등 모든 측면에서)
2. 나는 상대 여성이 원하는지, 원하지 않는지를 확인해 본 후에 성 접촉을 갖는다.
3. 내 주위 사람들에게 권위적으로 목, 어깨에 힘주지 않고 부드럽게 대한다.
4. 나는 집을 살 때 아내와 공동명의로 한다.(같은 액수만큼 투자가

바람직하다.)

5. 나는 아내의 바깥 활동을 적극 지원한다.
6. 나는 결혼하기 전에 결혼 후 발생할 다양한 문제 거리를 충분히 토론하고 합의 사항을 도출해 놓고 결혼을 할 것이다. 결혼 후에도 이외의 문제가 생겼을 경우 배척, 격리의 문화인 '이혼'보다는 배려와 지원 쪽으로 합의해서 행동한다는 것을 추가한다.
7. 자녀수, 출산시기, 아이 성(姓)도 가능하면 부부 공동합의 하에 정한다.
8. 가사노동도 같이 한다. 단 한쪽이 전업주부일 경우 그쪽이 좀 더 한다. - 출산, 임신, 수유 시는 특별 배려를 하고, 재취업 시는 공동 분배로 환원한다.
9. 장인, 장모, 처가 친척은 내 친척과 같은 수준으로 대한다.
10. 서로의 잠재능력이 돌출했을 경우 적극 지원한다. 가능하면 같이 발전하게 한다.

남성 콤플렉스

- 사내 콤플렉스 벗어나야 남성도 여성도 편하다.

남자들은 무엇이건 어디서건 여성보다 높고 강하고 크고 세어야 '사내(대장부)'라는 환상을 가지고 살아왔다. 그 남자들을 낳은 어머니나 할머니도 그러한 사내대장부 콤플렉스를 심어주었던 것이 사실이다.

강하고 유능한 아버지, 정신과 몸을 휘어잡으려는 아버지.

그들의 전신은 사냥꾼이며 정복자인가. 그 지배와 정복의 향수와 미련을 못 버리는가?

우리는 아버지가 병약하고 무능력한 아들을 보이지 않는 손으로 자멸하게 이끌어 간 실화를 잘 기억한다. 영조의 아들 사도세자, 아인슈타인의 둘째 아들 등 강한 아버지 밑에서 눌린 감성적인 아들들, 그리고 마누라들. 쥐도 잡힐 때는 '찍'소리를 내는데 아무 소리도 못하고 죽으라면 죽는 시늉까지 하도록 만든 그 아버지들의 '남성다움' 강조가 남성들을 질식하게 하지는 않는가? 우리 각자 혹시 나도 아들을 그렇게 키우고 있는 건 아닌지 점검해 봐야겠다.

이 아들이 태어나주지 않았더라면 내가 이 집안에서 살아 올 수 있었을까. 아, 고마운 고추, 고마운 아들하며 자식을 고마운 존재, 귀한 존재로 떠받들어 키우지는 않는가? 또 내 제사는 누가 지내겠니, 내가 늙어서 어디로 가겠니, 나 아플 때 물 한 그릇이라도 더 줄 사람이 누구겠니 하며 떠받들고 있지는 않는가?

혹은 고3이라서, 어디로 튈지 모르는 무서운 청소년이라서 잘못하다가 맞을까봐 아들에게 찍소리도 못하고 살고 있지는 않은가?

지금이 바로 남성이든 여성이든 우리가 진정으로 바라고 사랑하고 존경의 대상으로 삼아야 할 것이 무엇인지를 새롭게 정리하고 실천해야 될 시기라고 생각한다. 각자가 시작하고 공동으로 사회적으로 지혜를 짜내야 할 때 말이다. 끝없는 정복과 생산과 소모가 재앙으로 다가옴을 보고 느낄 수 있기 때문에 더욱 절실한 과제로 여겨진다. 강하고 유능한 하늘같은 왕자에게 예속적이고 도구화된 땅 같은 신데렐로의 빌 붙임이 아니라 부드럽기도 하고 강하기도 하며 유능하기도 하고 섬세하기도 한 독립적인 두 인간의 건강한 만남을 시도할 때이다. 그리고 그 과제의 해결이 남성과 여성을 해방시키는데 큰 관건이 될 것이다.

내 남편이 '주인'이면 나는 뭡니까?

"당신 주인 이름이 뭡니까?"
예전에 경찰서에서 시어머니가 돈 문제로 연루된 사건 때문에 참조인 진술을 받아야 했던 적이 있는데 그때 조서를 작성하는 40대 경찰관이 내 남편의 이름을 묻는 말이었다. 내가 남편의 노비인가 아니면 그의 소유물인가. '당신 주인'이라니……

개를 매매하는 가게에서는 개를 판매하면서 "이 진돗개의 주인은 누구요?"라는 말을 주고 받을 수 있다. 그 개는 사람의 소유이기 때문이다. 그런데 사람인 나에게 내 주인을 묻는 건 여자인 아내를 남편의 소유물로 여기는 남성들의 잘못된 가치관과 언어관습 때문이다.

나는 독립된 인격체이다. 아! 2001년 대한민국, 나의 조국이여! 여자에게 더 이상 "주인 양반은?", "당신 주인은?"이라고 묻지 맙시다. 주인은 맡은 사람이라는 뜻으로 나를 맡은 사람은 자신, 오직 나뿐이기 때문이다.

홀로 설 수 있는 능력이 없어서 둘이 되길 원하는 것보다 홀로 설 수 있는 능력이 있는데도 둘이 되기를 원할 때 가장 건강한 둘이 될 수 있지 않을까?

성추행범으로 공개되는 일이 없도록

시대가 발전하고 변화를 거듭함에도 불구하고 성희롱이라는 악의 산물은 점점 늘어만 가고 있다. 성희롱 예방을 위한 여성연구소의 조사결과를 보아도 성희롱 경험이 있는 여성이 87%로 상당히 높은 수치를 나타내고 있다. 현실적으로 조직사회나 남성사회에서는 본인이 싫으면 확실하게 거부 의사표시를 하면 되지 않느냐는 목소리가 높다. 하지만 성희롱은 대부분의 경우가 지위가 대등하지 못한 직장 상사가 가해자이기 때문에 많은 여성들이 성적 모욕감이나 불쾌감을 느끼면서도 그것을 드러내지 못하고 있다. 그리고 우리나라 여성들은 수동적, 동조적인 면을 강요받으며 교육되었기 때문에 이러한 현실에 맞서는 것 자체를 힘겨운 도전으로 인식하며, 자신의 확실한 의사를 밝히는 것이 당연한 권리임에도 불구하고 그 권리를 100% 행사하지 못하고 있는 것이다.

개인적인 심부름을 시키는 상사와 이를 당연시 여기는 사무실 분위기, 서류를 건네주거나 지나치면서 친절을 가장하여 은근슬쩍 신체적 접촉을 유도하는 행위, 사무실내에서 음란물을 보는 행위 등은 이제 직장 내에서 사라져야만 한다. 물론 아직까지도 여성직원들이 존중받으며 마음 편히 일할 수 있는 회사나 기업은 흔치 않지만 우리 여성들은 이를 채찍질 삼아 능동적, 주체적인 성향을 키워서 우리 여성들의 직장 내 권리가 남성들의 권리와 동등해질 수 있도록 항상 노력해야 할 것이다.

성추행범 공개는 성추행범의 인권 문제도 염두에 둘 수 있으나 그보다 먼저 고려해야 할 것은 성추행이나 성폭력을 당한 피해자의 인권 문제이다. 성추행이 없다면 성추행자를 공개하지 않아도 된다.

혼인갱신식을 거행하자

- 7월 7일(칠석)을 '사랑다져가기의 날'로

한국향토문화연구원 주최로 8월 22일 서울 선유도공원에서 열린 '칠석제'.
밸런타인 데이의 한국판으로 여성이 제관이었던 고대 축제를 현재로 부활시킨다는 것이 기획 의도다.

여성의 눈으로 즐기는 축제

'고대 축제 부활로 역사왜곡에 대응'
'칠석제' 축제 진행한 차배옥덕 교수

지난 8월 22일 서울 선유도공원에서는 한국여성향토문화연구원 주최로 여성이 제관이었던 '칠석제'를 부활시킨 제1회 칠석문화축제가 열렸다. 이번 행사를 총괄지휘한 주인공은 한국여성향토문화연구원 차배옥덕 원장으로 그는 최근 중국의 고구려 역사왜곡이 문제되고 있는 가운데 주변국의 역사왜곡으로부터 역사를 지키는 방안으로 잃어버린 고대 축제의 전통을 잇기 위해 노력해왔다.

"이번 중국의 역사왜곡은 국민의 관심을 촉발했다는 점에서 위기이자 기회"라는 차배옥덕 원장은 "고대 문화를 잇는 이번 행사야말로 세계에 우리의 고대역사를 알릴 수 있는 좋은 문화적 행사이자 우리의 고대사와 한국을 연결하는 중요한 행사"라고 밝혔다.

한편 이번 행사를 준비하는 과정에서 힘든 점도 많았다고 고충을 토로했다. "여성프라자가 주관하는 프로젝트 지원 사업에 신청했지만 역사문제와 같은 프로젝트는 여성의 문제로 인식하지 못하는 여성정책 담당자들로 인해 떨어졌다"면서 "여성 역사 관련 연구를 여성 정책의 일환으로 인식해야 한다"고 강조했다. 그는 또 "사실 고대로 올라갈수록 제의에서 여성이 핵심적인 역할을 담당했다"며 고대사 연구가 곧 여성의 권익을 찾기 위한 중요한 작업이라고 강조했다. 이번 행사를 기획하면서 지원금이 부족해 고생했다는 차 원장은 "여성 관련 단체들의 관심과 지원이 아쉬웠다"고 밝혔다. 자금이 부족해 애초 기획했던 프로그램을 모두 진행하지는 못했다고.

차 원장은 "내년부터 문화관광부, 교육부, 여성부 등의 지원을 받기 위해 노력하고 국내뿐 아니라 외국에도 우리의 고대사와 한국의 관계를 알리기 위해 칠석제를 더욱 크게 키워나갈 것"이라는 포부를 밝혔다.

■■■■■■■ 여성신문 792호 2004. 08. 27. 김유경 객원기자

애정이 고갈되었거나 냉랭한 부부, 자식 때문에 마지못해 살고 있는 정서적으로 이혼 상태인 부부들, 서로로부터 도망가고 싶은 부부들은 달이 밝은 오늘밤 12시에 이혼식을 하자. 그리고 1시간 안에 정한수 물 한 그릇과 장미 열 송이, 때로는 작은 선물이라도 마련하여 재혼식을 하자.(자녀들이 주관해도 좋겠다.)

새 사람과 재혼을 하였다면, 우리는 그 순간부터 긴장할 것이다. 서로 사랑스럽고 친절한 태도를 보이려고 하고 예의를 갖출 것이다.

결혼 생활을 새롭게 진행해야 할 부부들이 너무나 많게 느껴진다. 물론 통계로는 더 심각하다.

혼인갱신식과 그 의미는 유사하지만 은혼식·금혼식은 너무 기간이 멀다. 해마다 오는 결혼기념일에 '혼인갱신 프로그램'에 참석하도록 하자.

카톨릭 신자들은 교회에 그러한 프로그램이 있으니 신청하면 되고, 그 외에 부부들은 아파트 부녀회나 동창회 또는 종친회, 각종 친목회 등에서 심각한 부부들부터 '혼인갱신 프로그램'을 만들어 새로운 결혼생활을 할 수 있도록 도와주자.

생활 속의 의례로 자리잡아 가려면 유익하고, 재미있고, 볼거리와 움직임이 있어야 한다. 매월 양력이나 음력 7, 17, 27일에 준비하여 7월 7일(양력)에 완성품을 만들어 음력 7월 7일까지(약 한달 가량)불을 밝혀놓자. '칠월tree'를 만들면서 사랑도 다져가자. '칠월tree'에는 해와 별과 달과 까마귀와 상대방을 닮은 인형과 우리가 바라는 소원(다른 명절에 기원과는 달리 우리민족공동체를 위한 소망을 먼저 적고 다음에 내 가족과 나의 희망사항 등) 등을 적어 모양 있게 걸어 가족이나 공동체의 유대도 살려나가자. 아이들도 같이 이끌어 자연스럽게 역사와 과학과 예술과 민속과 가족문제와 나와 너의 아픔도 치유하는 공간으로 만들어보자. 잘 만들어진 작품은 (정성스럽게) "소서노.kr"(한국여성문화연구원 홈페이지 주소)에 올려 자랑도 하고 시상도 한다.

평양 서북방의 대안시에 있는 덕흥리 고분에는 광개토대왕 때 그려진

견우직녀의 그림이 지금까지 보존되어 있다. 그리고 『고려사』 공민왕 계
사 2년(1353)조에 보면 임신일에 칠석이므로 왕과 공주가 내전 뜰에서
견우와 직녀를 제사하였다고 되어 있다.

牽牛와 織女 圖
甲申年 七月 雨中日
金 鳥 畵

제 2 장

남자들이 앞장서서 바꾸는 환경
- 성의 상품화 극복하기 -

1. 내가 할 수 있는 작은 일부터

모든 것을 상품화하는 자본주의 사회에 살다보니 우리는 인간의 성마저도 상품화하여, 교묘하게 여성을 전락시키는 매개로 활용하는 것을 수시로 보면서 살고 있다. 하지만 '뭐, 그럴 수도 있지'하면서 너그럽게(?) 혹은 관습적인 것으로 이런 문제를 그냥 넘겨버린다면? 언젠가는 사회 전반적인 성 상품화의 분위기가 나 개인의 삶에도 영향을 줄 날이 오고야 말 것이다. '여자라는 동물……' 어쩌고 하는 말을 너무나 일상적으로 하는 것도 그 예가 될 것이다.

직장이나 학교에서 여자의 생각과 의견보다는 외모를, 여성들이 얼마나 성실한가보다는 얼마나 옷을 잘 입고 화장을 잘 하느냐로 평가받는다면, 한 개인의 편견이라고 생각하고 넘어갈 수 있겠는가? 사람을 혹은 사람의 성을 대상화하고 자극적으로 표현하는 것에 익숙해지면 질수록 우리는 서로를 비하시키고 소외시키는데 더욱 익숙하게 된다.

이런 문제의식을 가지고 얼마 전 성신여대 학생들이 재미있는 보고서

를 작성하였는데, 이 책에 그대로 옮겨보았다. 다음은 여성학 수강생들
이 성 상품화 사진전을 본 학우들과 인터뷰도 하고 반박문에 항의, 토론
도 하면서 나온 몇 가지 생각을 옮긴 것이다.

제목 : 여성의 성 상품화에 대한 학우들의 관심

우리 주위에서 흔히 접할 수 있는 TV, 광고, 잡지 등에서 여성의 성
을 상품화하는 경우는 참으로 많습니다. 그러나 우리들 대부분은 이런
현상을 무의식적으로 받아들이고 점점 무감각해지고 있습니다.
이에 우리는 우리 학우들이 '여성의 성 상품화' 실태에 대해 보고한
사진전을 지켜보고 여성의 성 상품화에 대해 어떻게 생각하는지, 바람
이 있다면 무엇인지 질문을 던져보았습니다.

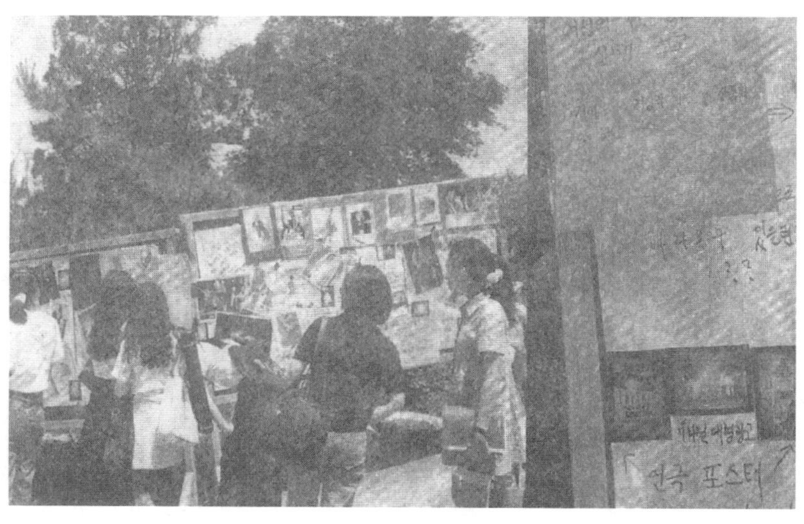

지나가던 학우의 반응

 1. 야! 서점이 하나밖에 없어? 하하! 심했다.

 2. 별것도 아닌 것 같은데, 뭐 남성도 상품화하면 되잖아?

 3. 어머! 다 비치네! 야 정말 짜증난다.

 4. 잡지만 보면 순 이런 거야.

 5. 평소에 그냥 넘어갔던 게 막상 보니 충격이네? 어머 웬일이니?

 6. 여성의 성 상품화가 어제오늘 애긴가?

 7. 여성의 상품화! 정말 끝내준다.

 8. 상품화되면 다 좋은거야. 하하.

 9. 도대체 뭘 올려 줘?(속옷 광고를 보면서)

10. 재수 없다. 이게 무슨 성 상품화야!

11. 우리나라 여자들은 거의 없다며?(지나가는 학우들도 한마디……)

여성의 성 상품화에 대한 사진전을 보고서 느낀 점이나 바람이 있다면 무엇이냐는 질문을 학우들에게 해 보았습니다.

인터뷰 1. 우리의 주변에서 너무도 많은 여성이 상품화되고 있으므로 그것에 대해서 어색하다거나 이상하게 생각하지 않을 정도로 무감각한 것 같다.　　　　　　(행정학과 정아)

인터뷰 2. 성 상품화도 아름다운 여성을 목적으로 나타냈으므로 예술적 차원에서 보면 별로 이상할 것 없다.　　(수학과 영미)

인터뷰 3. 상품화된 광고가 너무도 많이 있기 때문에 별로 놀랄 일이 아니고, 또한 어제오늘 일이 아니라 생각한다.

　　　　　　(영문과 수정)

인터뷰 4. 어제오늘의 일도 아니지만 이런 전시회를 보게 되면 문제의 심각성을 느끼게 된다. 이런 전시회가 없었다면 평소에 이런 심각한 문제를 남의 일처럼 생각했을 것이다. 즉 여성들 스스로가 이런 문제에 대해 깊이 있는 자각을 하지 않고 있다고 생각한다.　　　　　　(심리학과 지혜)

인터뷰 5. 사람들의 이목을 끌지는 몰라도 너무 지나친 광고다. 특히 청소년들에게 나쁜 영향을 끼칠 거라고 생각한다.

　　　　　　(영어교육과 명희)

인터뷰 6. 제임스딘의 속옷 광고처럼 남성도 상품화되고 있다. 물론 여성들이 더 많이 상품화되고 있는 것은 사실이다. 그러나 그 문제에 대해서 여성들도 남성들과 마찬가지로 즐길 뿐이다.　　　　　　(일문과 은정)

인터뷰 7. 획기적인 시도였다. 학교 대자보에 정치적인 문제가 많이 다루어졌지만 이렇게 우리 주변의 생활문화에 대해 개선 위주의 비판적인 내용과 여성들의 분노를 표현한 전시 보도는 처음이었으니까.　　　　　　(의류과 무애)

2. '미스 코리아'류
– 남성의 입맛에 맞는 성의 상품으로서의 기반 구축?

고려대학교 출신의 한성주 양이 미스 코리아가 되자 고대 내에서는 많은 토론과 논쟁이 일었다고 한다. 과연 전통과 역사를 자랑하는 고려대학교에서 어떻게 경박스럽게 미스 코리아 대회에 나가 수영복을 입고 설칠 수가 있는가 하고 혀를 차는 사람, 성을 상품화하는 대회에 나가 지적이고 착실한 고대 여학생의 이미지에 먹칠을 했다는 의견을 가진 사람도 있었다.

반면에 촌스럽고 답답한 고대의 이미지를 벗어나 세련되고 예쁘고 머리까지 좋은 여자가 고대에도 있다는 것을 만방에 떨쳤으니 이 아니 기쁜 일인가 하는 사람도 있고, 성의 상품화는 무슨 성의 상품화냐, 사람이 미와 아름다움을 추구하는 것은 본성이 아니냐고 반문하는 사람도 있었다.

크게 보아 미스 코리아 대회를 성을 상품화하는 비인간적이고 속물적인 관행이라고 비판만 하는 것에 대해 너무 단선적인 평가가 아니냐는 입장과 성을 상품화하는 온상으로 미스 코리아 대회를 폐지하거나 다른 방향으로 발전시켜야 할 것이라는 의견이 분분했었다. 누구는 여성의 사회 입문의 직코스로 얘기하기도 하였다. 대중적인 인기 여성으로 입문하기 위해서는 거의 벗은 몸을 심사 받아야만 하는가?

어쨌든 고대 학생들은 이 사건을 계기로 자유로운 표현과 성의 상품화라는 미묘한 사안에 대해 거교적인 토론과 논쟁을 경험했고 한결 성숙한 성 인식을 갖게 되었다는 후문이다. 우리도 이 자리에서 과연 미스 코리아 대회가 의미하는 것이 무엇인지 직접 느껴보고 함께 토론해 보는 시간을 가져보자

남학생이 해보는 모의 미스 코리아 대회!

수업 중에 행위극을 시도했다. 성의 상품화와 여성의 성적 대상화에 대해 어떻게 하면 실감나게 전달할 수 있을까 고민하다가 학생들에게 모의 미스 코리아 대회를 열어볼 것을 제안했다. 그랬더니 처음엔 '남자가 어떻게' 하며 찜찜해 하였다. 그러나 그 배경을 설명해서, 동의를 한 몇 학생이 준비해서 실시했고, 기상천외한 발상들이 쏟아져 나왔다.

학생들을 선발하여 출전시키고 여학생들이 채점을 해보자는 의견이 압도적으로 환영받아 네 명의 남학생이 본선에 진출, 일반 학생들과 여학생이 주를 이루는 심사위원들이 보는 가운데 심사를 받게 되었다.

심사위원 학생들은 그들이 알던 기존의 기준으로 엄격한 표정까지 지으며 세밀하게 했다. 수영복 심사와 무대 매너, 인터뷰, 표정, 걸음걸이 등 몇 가지 기준에 따라 학생들은 노트에 점수를 매겼다. 남학생들은 그들이 기존의 미스 코리아 후보들이 하는 것을 봐왔던 대로 교태 어린 동작과 표정으로 자신의 몸을 과시하고 몸매를 강조하는 포즈를 그대로 흉내내었다. 학생들은 웃음을 터뜨리기도 하고, 어수선하게 수근거리기도 했다. 그러다 갑자기 출전한 남학생 중 하나가 손에 들고 있던 웃옷을 바닥에 깔고 드러누워 섹시한 모습이라며 하던 실제 미스 코리아 대회 때, 봤던 것을 흉내냈다. 그러다 갑자기 구역질을 했다. 그 수업의 의도가 전달된 것 같았다.

여기서 한 여학생의 보고서를 살펴보자

미스 코리아 대회를 보고 나서

친구들이 하나 같이 야한 포즈를 취했다. 아, 미스 코리아 대회에서 상징적으로 보여준 것이 바로 이런 것이었구나. 생각없이 보면 그냥 넘어갈 수 있었던 것이었는데, 남자 친구들은 여성의 볼륨 있는 몸매와 섹시한 포즈를 주로 보고 즐거워했던 거였구나 하는 느낌이 들었다. 그들이 흉내내는 포즈들은 모두 과장되고 어색했는데 그것들이 바로 그들이 느꼈던 여자의 이미지가 아닐까? 마치 가장 섹시한 여자가 되는 것이 여성의 성공이고 여자들은 그것을 향해 나가는 동물적 존재라는 고정관념이 꽉 박히는 것은 아닐까.

후보 중 한 남자 친구는 구역질까지 해가면서 포즈를 취했었다. 왜 얼굴을 가리고 구역질까지 했을까? 딴 여성들이 했을 땐 즐겼지만 2번이 그 포즈를 했을 땐 구역질나는 일이었다.

재미있기도 했지만 여러 가지를 생각하게 하는 시간이었다. 앞으로 미스 코리아대회에서는 노출이 심한 옷을 입는다던가 몸 사이즈를 기준으로 하는 것보다는 좀더 개성 있고 인간적으로 훌륭한 여성을 미스 코리아로 뽑았으면 한다.

[네티즌 생각] "미스 코리아 대회 반대" 52%
[산업/기업] 2001.05.23 (수) 16:35

미스 코리아 선발대회를 놓고 말이 많다.
네티즌들도 찬반 양론으로 나뉘어 팽팽하게 맞서고 있다.
일부 여성 단체들이 미스 코리아 선발대회에 강하게 반발하고 있는 가운데 네티즌들은 근소한 차이로 반대편에 힘을 실어 줬다.
"미스 코리아 선발대회를 어떻게 생각하느냐"는 질문에 조사대상 네티즌의 52%가 반대 입장을 밝혔다.
찬성도 48%나 돼 찬반 차이가 4% 포인트에 불과했다.
반대한 네티즌 가운데 40%는 "진정한 아름다움은 외모에서 나오는 것이 아니다"며 "외모만으로 아름다움을 평가할 수 없다"고 주장했다. 25%는 "미스 코리아 선발대회가 자칫 외모만 중시하는 풍조를 조장할 수 있다"고 우려했다. 미스 코리아 선발대회는 "여성을 하나의 인격체가 아닌 단순한 눈요기로 취급한다"고 답한 네티즌은 22%로 나타났다. "여성을 상품화한다"는 의견은 9%로 상대적으로 적게 나왔다. 미스 코리아 선발대회에 찬성하는 네티즌들은 "아름다움을 추구하는 것은 자연스러운 현상(36%)"이라는 의견을 가장 많이 내놓았다. 이어 "미스 코리아 선발대회를 바람직한 방향으로 개선하면 된다(27%)", "미스 코리아 선발대회는 하나의 이벤트일 뿐이다(25%)"는 의견도 있었다. "자본주의 사회에서 자신의 상품 가치를 높이는 것을 당연하다(9%)"는 대답도 나왔다.

- 조사기간 = 5월14일 오후 1시 ~ 15일 오전 10시
- 대　　상 = 다음 회원 가운데 4만4천5백64명
- 방　　법 = 다음사이트 설문조사

왜 ANTI MISS KOREA FESTIVAL인가?

미스 코리아 문제 있는가?

없다. 생물학적인 사실을 중요시하는 사람들, 곧 젊은 나이와 혼인 여부가 중요한 사람들. 그리고 외모, 특히 서구미인 중심의 미를 좋아하는 사람들이 모여서 노는 것, 아무 문제가 없다. 민주주의, 다원주의 사회에서 얼마든지 있을 수 있는 일이다. 왜 반대를 하고 그러는가? 문제가 되는 것은? 그것은 이 나라에서는 '아직도' 거국적으로 이루어지고 있다는 사실이다. 곧 이 나라의 문화적 낙후성이 슬픈 것이다.

■■■■■■■ 조한혜정(연세대학교 사회학과 교수)

1) 국제적으로 창피하다

여전히 괜찮은 평을 받고 있는 주요 일간지가 지원을 하고 있고, 공중파 방송망을 통해 전국적으로 방영이 된다는 점. 한 마디로 아주 촌스러우며, 한국이라는 나라의 근대화의 수준을 보여주어서 창피하다. 미스 코리아 대회 같은 것은 수많은 취미 클럽 수준의 활동 중 하나 정도면

족하다. GNP 1000불 수준의 국가에서나 할 일이다.

2) 고부가가치 상품시대로 들어가는 것을 막고 있다

고부가가치 상품시대로 진입하기 위해서 국가에서도, 기업에서도 안간힘을 쓰고 있다. 고부가가치 상품 생산을 위한 바탕은 창의력과 다양성과 충분한 감수성이다. 현재 미스 코리아식의 행사는 바로 그런 가치와는 정반대의 것을 부추긴다. 피나는 다이어트와 매니저들에 의한 획일적 상품 만들기 작업 등에서 보듯이 이 행사는 모방적, 획일적, 즉물적 상업주의를 재생산해 내는 온상이다. 획일성을 강화하는 이러한 차원의 행사는 다품종 소량생산, 고부가가치 상품 생산, 그리고 유연한 경제체제로의 전환을 시급하게 이루어내지 않으면 급격히 하청체제로 전락할 시점에 있는 우리나라의 상황에 특히 문제가 된다. 소위 영향력 있는 언론이나 방송사의 고위 책임자들이 이런 상식적 문제점도 인식하지 못하는 수준에 있음이 심히 우려되는 바이다. 국민들에게는 이런 행사를 전국적으로 방영하여 보지 않으면 안 되도록 강요하는 것은 정말이지 시대착오적이다.

3) 여성운동가들이 누누이 지적해온 바 여성을 획일화/표준화시키고 눈요기 감으로 쓰면서 성상품화. 성희롱/폭력화를 부추기는 행사이기에 문제가 된다.

성추행, 성폭력이 점점 심각해진 시대에 여전히 이성관계를 육체를 둘러싼 권력 행사로 보게 하는 행사는 성폭력을 조작하는 공범자이다. 여자 출연자 전원에게 모두 수영복을 입혀서 몸뚱아리로 가치를 매기고, '바라보는 대상'으로 부각하는 점. 이들을 바라보는 보수적 남성위주 심사위원들의 시선과 평, 미용산업을 몰개성적인 방향으로 끌고 가는 것 등 이런 행사가 가져오는 피해는 실로 심각하다. 이런 문제점을 간과해서는 안 된다는 것을 알리기 위해 안티 미스 코리아 행사가 기획되었다.

안티 미스 코리아~!

당신은 무엇을 해야 하는가? 와서 즐겁게 놀면 된다.

생물학적 나이와 결혼 여부 등에 매이는 이분법적 획일 사회, 지겹지도 않은가? 젊음 속에서도, 늙음 속에서도, 결혼 여부와 상관없이 육체와 정신의 이분법을 넘어선 지점에서 찾아지는 다양한 아름다움, 사람이 살아온 경륜에서 만들어지는 그 자체의 아름다움이 존중되는 사회에 살고 싶지들 않은가. 안티 미스 코리아 페스티벌은 바로 그런 역할을 해보려고 기획된 행사이다. 아주 힘겨운 시대, 서로에게 원망이 가득한 시대에 일을 벌이기란 쉽지 않다. 이런 시대에도 일을 벌이려고 움직이는 이들이 기특하고 갸륵할 뿐이다. 모두가 살기 힘들어하는 시대이지만 그렇기에 더욱 즐겁게 놀면서 자신 속의 아름다움을 찾아보는 시간을 가지도록 해야 할 것이다. 의식있는, 상식있는, 이성간에 인격적인 상호 작용이 가능하다는 것을 잘 알고 있는 또 그런 사회가 오기를 원하는 이들에게 이 행사는 아주 재미있는, 의미있는 행사가 될 것이다 물론 주최측이 즐겁게 해주기를 기대하면서 수동적으로 구경하려는 태도로 참여해서는 안될 것이다. 적극적인 참여, 자기 자신의 모습으로 분장을 하고 와서 다들 즐거워하자!!

3. 금정역의 큰 그림 간판을 바꾼 학생들

쓸데없이 벗기는 것보다 실용적이고 절묘한 창의성이 드러나게 하는 것이 더 효율적이고 바람직할 것이다. 그런데 요즘 광고에 대한 표현을 '섹스 어필의 광고'라고 불려지는 것은 너나 할 것 없이 섹스 어필의 광고가 강한 인상을 준다고 여기기 때문이다. 광고 기획을 하는 전문가들의 모임인 '서울 카피라이터즈 클럽'의 자료에 의하면, 섹스 어필 광고의 효과는 예상보다 효율적이라 한다. "섹스 어필 광고가 긍정적인 반응을 가져 온다가 72%, 부정적인 반응을 가져 온다가 28%로 조사 결과 나타났다. 이에 대한 이유로는 강한 소구력(40.5%), 제품 특성에 부합(21.3%), 생명감의 표현(21.3%)으로 섹스 어필 광고는 타제품과 차별화 전략을 구사하는 데 유리하고, 광고주의 기대에 부응하는 효과를 가져온다."는 것이다. 어떻게 하면 우리의 광고가 보다 눈에 띨 수 있는가? 광고주와 광고 기획자들의 고민을 해결하는 기본 바탕은 바로 '소비자를 주목시키자!'이다. 방법은? 벗기는 것이다. 가장 쉽고 효과적인 해결이라는 것이다. 너나할 것 없이 가지게 된 고정관념이 나타난 것으로 보인다.

하기는 세계적인 의류회사인 베네통의 루치아노 회장은 알몸으로 자사 광고에 직접 출현하여 언론의 초점을 모으고, 그러는 동안 매출액은 증가했다. 또 지난 1981년 프랑스 파리에 나붙은 정치 포스터에도 한 여성 정치가가 "9월 2일, 나는 윗부분을 벗겠습니다."라는 헤드라인으로 시민의 호기심을 자극했다. 그리고 9월 2일이 되자 그녀는 수영복의 상단을 벗었고, 9월 4일에는 그녀는 약속대로 아랫부분을 벗었다. 그러나 뒷모습인 채로……

이 정치가는 약속을 지켰고, 오히려 시민들이 안도의 한숨을 내쉬었다. 시민들의 감정이 폭발한 것이 아니라 절묘한 크리에이티브에 박수와 함께 '정치 후보자들의 공약에 대한 풍자'라는 목표를 달성했다.

　이처럼 인간의 성을 상품화하는 것은 이제 자본주의 사회에서는 흔하디 흔한 일이 되었고, 이를 비판적으로 보는 시각과 함께 '필요악'이니, 아니면 오히려 아름다움을 추구하는 인간의 본성에 관한 일이라고 말하는 이들도 있다.

　하지만 인간의 몸을 아름답게 표현하는 것과 성을 대상화하고 상품화하는 것은 서로 다른 일이다. 어디까지가 미적 표현이고 어디서부터가 상품화인가를 구분하는 것이 어렵긴 하지만 우리는 아름다움과 혐오스러움은 분간할 수 있다. 또한 그 의도도 알아차릴 수 있다. 그럼에도 일상적으로 벌어지고 있는 성 상품화의 여러 양상들을 무심결에 지나치는 사람들이 많은 것이 확산을 부채질하는 꼴이 되었다.

　성폭력 상담소 통계 자료를 보면, 여성 피해자 연령이 2～60세 이상에 이르기까지 연령에 관계없이 거의 모든 여성이 성폭력의 대상이 되고 있다. 이와 같은 자료는 갓난아이든 할머니든 여성을 무조건 성적 대상으로 보는 성차별의 근원적 요소가 여전히 자리잡고 있음을 알 수 있게 한다.

　나는 학생들에게도 자기들 생활 주변에 대한 개선의 노력으로 금정역에 내걸린 '여성의 다리 사진'에 대한 실제적 과제를 내주었다.

　문제의 광고인 '세반 쇼핑센터 광고'에 대한 다양한 접근 방법을 고려했고, 효과적인 행동을 하기 위해 여러 번 토론도 했다. 즉, 본사 판매 기획 부서를 직접 방문해 합리적이고 논리적인 개선책의 도출과 신속한 개선 효과를 기대했다. 그러나 본사의 위치가 강동구 명일동이라는 질적 제약과 구성원이 3학년으로 이루어져 전공 수업과 실험 실습 등으로 여유가 없는 현실을 감안하여 감정에 치우치지 않도록 포괄적인 행동 접근을 유도했다. 우리는 문제의 본질인 '문제 광고 교체'를 염두에 두고, 시민 의식과 학생으로서의 진취성을 발휘하도록 했다. 다음은 학생들의 보고서이다.

다리만을 강조하고, 두 다리와 '이제 한곳에서 즐긴다'라는 광고문구를 결합시킴으로써 보는 사람들은 어떤 생각을 갖게 될까? 특히 청소년들은?

우리는 광고에서의 성의 남용과 여성의 성상품화에 근거한 광고에 초점을 맞추어 금정역에 있는 세반쇼핑의 광고에 대해서 회사측의 반응을 전화로 조사했다. 여성의 상품화도 여러 가지가 있겠지만, 세반쇼핑의 광고는 성적 충동을 일으키기에 충분한 정도로 여성의 미끈한 다리만을 강조했다. 그리고 우리 토론조가 처음 토론 레포트를 쓴 결과, 여성의 상품화는 매출액의 증가에 큰 영향을 미친다는 고정관념에 초점을 맞춘 전화 내용을 적어 보겠다.

항의 전화요? 이전엔 한번도 없었습니다. 그 문제의 광고와 매출액의 관계는 별로 없는 것 같은데요.
5월 16일, 세반쇼핑 광고 판촉부 전화번호 (02)481-5433을 알아냈다.
전화 통화한 상대 : 차○○氏

1차 시도 ➡ 5월 17일 17:00
학생 : 세반쇼핑이죠? 저는 한양대학교 학생 ○○○입니다. 금정역에 있는 세반쇼핑 광고를 보고 전화를 드리는 건데요..
세반 : 어떤 광고를 말씀하시는 거죠?

학생 : 세반 쇼핑백을 들고 있는 여성의 다리만 나와 있는 광고 말
　　　인데요.
세반 : 잠시만요, 담당자 바꿔드릴께요.
학생 : 한양 대학교 ○○○입니다. 세반쇼핑 광고를 보고 전화드리
　　　는 건 데요.
세반 : 그 광고가 어때서요?
학생 : 여성의 다리만을 강조한 그 광고는 단지 여성의 상품화에
　　　입각한 광고로 밖에는 볼 수가 없습니다. 세반쇼핑 광고하
　　　는데 여성의 다리가 왜 필요한지를 모르겠습니다. 회사측에
　　　서는 어떠한 의도로 그런 광고를 내셨는지요?
세반 : 어떤 의도라기보다는 다른 회사도 그런 광고를 많이 내고
　　　해서 저희도 특별한 이유없이 내게 되었습니다. 그런데 이
　　　런 문제에 대해 혼자만의 생각이십니까, 아니면 이런 것만
　　　을 위주로 하는 단체입니까?
학생 : 저는 여성학을 듣는 학생인데요. 토론팀 별로 나누어서 토론
　　　주제에 따라 토론하고 있습니다. 이번 저희 토론 주제는 여
　　　성의 상품화에 대한 광고를 보고 그러한 광고를 좀더 좋은
　　　쪽으로 바꿔보려는 실천 운동입니다. 그래서 세반쇼핑 광고
　　　를 보고 전화드린 겁니다.
세반 : 그럼 단지 레포트 쓰려고 이러십니까?
학생 : 저희는 단지 레포트뿐만 아니라, 말씀드렸듯이 여성의 상품
　　　화 광고를 더 좋은 쪽으로 바꿔보려는 실천 운동에 초점을
　　　두고 전화드린 겁니다. 이런 광고를 내세워 매출액의 증가
　　　는 있었습니까?
세반 : 자세한 조사는 못했지만, 우리 회사의 매출액은 증가하고 있
　　　습니다. 그러나 그 문제의 광고와 매출액의 관계성에 대해서
　　　는 자신 못하겠습니다.
학생 : 그럼 여지껏 이런 항의 전화는 없었는지요? 그리고 고객의
　　　특별한 반응이 있었는지요?
세반 : 한 번도 없었습니다.
학생 : 세반쇼핑의 이미지와는 아무런 관계없이 그런 광고를 내셨
　　　다는 건, 뻗은 여성의 다리를 강조함으로써 성적 충동을 일
　　　으키고 시선을 끌어보겠다는 의도인 것 같은데요. 이런 식

의 광고는 여성을 상품으로 하락시키는 부당한 처사입니다.

세반 : 고객이 여성인데 무슨 성적인 것을 자극해서 시선을 끈단 말씀이십니까.(주고객이 여성이라는 이유로 여성의 다리를 강조하는 광고물은 별문제가 없다는 그런 오류를 범하고 있다) 계속 여성의 상품화를 이야기하시는데, 그럼 TV광고에 등장하는 최진실이나 채시라 같은 스타들은 상품화가 아닙니까?

학생 : 하지만 지금 말씀하신 것은 유명 스타들을 사용해서 광고효과를 올리는 것이고, 세반 광고는 여성의 다리만을 강조한 성적 충동의 상품화에 초점을 둔 것입니다. 혹시 광고를 바꾸실 의도는 없으십니까?

세반 : 저 혼자만의 생각으로 광고를 바꾼다는 것은 문제가 있습니다. 광고를 바꾸기를 원하신다면 직접 이곳에 오셔서 책임자와 직접 이야기 해보십시오.

우리는 다시 한번 모여 그들에게 대처할 방안을 구상했다. 우선 그들이 찾아오라고 했으니 금요일에 찾아가겠다고 전화로 이야기하고, 그들이 광고를 제작하게 된 배경들을 자세히 알아보기로 했다.

2차 시도 ➡ 5월 19일 16:30
우리는 다시 한번 우리의 생각을 말했다.

학생 : 그 광고의 문제점에 대한 회사측의 의견을 다시 듣고 싶습니다.

세반 : 학생들이 언급한 것은 사실 우리에게는 부담스럽습니다. 솔직한 심정은 그런 것에 대해 별로 언급하고 싶지 않습니다.

학생 : 귀사를 방문해 자세한 의견을 구하고자 내일 찾아가고 싶은데 시간이 나시는지요?

세반 : 본사 방문에 대한 것은 시간이 필요합니다. 내일 오전 중에 전화를 주면 방문에 대한 답변을 하겠습니다.

3차 시도 ➡ 5월 20일 14:30
직접 방문에 대한 담당자의 답변은 오늘은 만날 시간이 없다고 했다.

질문의 방향은 마케팅 관련으로 전화하려 했으나, 1차 시도보다 더 나은 답변은 못 들었다.

학생 : 개인적으로 문제의 광고가 매출액 증가에 직접적인 역할을 했다고 보십니까?

세반 : 그렇다고 보지는 않습니다. 학생들도 알겠지만 광고안은 매우 다양합니다. 행사에 따라 광고 카피가 다르고, 지역에 따라 광고 방법도 차별화되어 있습니다. 학생들의 관심대상이 된 광고는 판촉과는 관련이 적습니다.

학생 : "여성의 과다 노출은 남성에게는 성 자극이 되지만, 여성에게는 로멘티시즘으로 와 닿는다. 따라서 여성은 그런 광고에 남성보다 더 매료되고 즐기는 성향이 있다."라는 분석 결과를 믿는지요?

세반 : 처음 듣습니다. 재미있네요. 자세한 자료를 어디서 구할 수 있습니까?

학생 : 하급 실무자가 경영진에게 광고안의 교체를 무턱대고 제안하기는 힘들 것입니다. 문제 광고의 교체에 대한 견해는 어떻습니까?

세반 : 필요하다면 비용에 관계없이 하겠지만, 아직 그럴 필요성을 못 느낍니다. 광고는 대단히 중요한 것이지만, 문제성이 없다고 볼 수 있는 것에 앞서고 싶지 않습니다. 윗사람들의 의사가 결정적이지 않습니까?

우리는 구성원들간의 사정으로 방문 시도에 어려움이 있어 이상의 전화 통화로만 만족해야 했다.

세반쇼핑 광고 사진을 찍기 위해 5월 22일 일요일 12:00경에 금정역에 갔는데, 그 곳의 그 큰 광고 사진이 그 전화를 건 며칠 사이에 감쪽같이 사라져버렸다. 우리의 전화를 받고 5일 안에 행동을 개시한 것이다. 그러나 상록수역에 있는 광고는 여전히 있어서 찍을 수 있었다. 그것은 그들이 이런 항의에 얼마나 순간순간 대처하는지 그들의 태도를 알 수 있는 하나의 예이다. 그들은 우리가 항의한 금정역의 광고만 없어지면 더 이상의 귀찮은 전화는 오지 않을 것이라고 생각했던 것이다.

5월 10일자 한대 신문에 나온 행당 총여학생회가 '학교주변 대학문화 살리기 실천의 날'로 정하고 학교 주변 업소에 걸려 있는 선정적인 그림과 달력을 교체했다는 기사가 나왔는데, 우리의 이러한 시도와 맥을 같이 해서 기뻤다. 이번 일의 진행과정을 통해서 우리는 여성을 상품화한 광고의 근절은, 하나의 멀고 먼 길임을 느꼈다. 우리는 이 범위를 좀더 확대시키고, 여성학 강의가 끝나도 계속 여성 상품화 광고에 대한 실천 운동을 발전시켜 보기로 했다.

항의 전화 몇 통화로 그 큰 '여성 다리만의' 대형 간판을 내릴 수 있는 것을 보면 그래도, 우리 사회는 희망이 있다. 야호!

이 학생들의 보고를 들은 다른 수강생들도 함께 뿌듯해 하며, 작은 힘들로도 '시도하면 바뀔 수가 있구나'하는 자신감을 갖는 듯한 기쁜 표정들을 나타냈다. 그 다음 학기가 시작할 때쯤 그 간판은 '행복을 찾으세요'라는 카피와 함께 화사한 옷을 입은 여성의 상체 사진과 실질적으로 소비자에게 도움을 줄 수 있는 백화점의 약도 세 개로 채워졌다.

4. 옐로우 저널리즘과 광고를 경계하며
– 피해자보다 가해자의 인권을 옹호하는 대중매체

    피해자보다 가해자의 인권을 옹호하고, 그저 흥미있는 이야기면 돈을 더 주고라도 사는 옐로우 저널리즘, 거리의 살아있는 여론들이 매스컴에 반영되는 경우를 찾아보기가 매우 힘들다. 이는 진정한 여론보다는 그들 자신의 입장에서 자신들의 위치나 이익을 옹호하고자 하기 때문이다.

    결국은 피해자보다는 가해자의 인권을 옹호하는데 더 열을 올리게 되는 것이며, 이것은 하나의 전통(?)으로 자리잡아 가고 있다. 미국의 경우 강도가 현장에서 잡혀도 경찰은 따귀 한 대 때릴 수 없으며, 권총을 든

강도가 도주를 하더라도 마주서서 총을 겨누고 있지 않는 한 총을 쏠 수 없다고 한다.

또 '여섯 대의 곤장' 사건은 드디어 막을 내리게 되었다. 싱가폴에서 곤장 4대를 맞고, 45일 징역살이를 하고 있는 18살 난 '마이클 훼이'는 곤장 덕에 돈방석에 올라앉게 되었다. 이는 매스컴들이 범죄자의 이야기가 도덕적으로 그 사건이 이야기될 만한 것인가를 가리지 않고 영화로 제작되는 데 혈안이 되어 있기 때문이다. 그들은 흥미거리가 된다고 생각되면 영화화나 책을 쓸 수 있는 권리를 사는 것이다.

대표적인 예로 창녀와 관계를 가진 후, 살해하여 시체를 토막내어 버린 범인이 있었다. 그가 죽인 창녀는 모두 17명에 이르고 그중에는 한국인도 끼어 있다. 그의 죄에 대한 재판은 피해자의 출신지에서 각각 행해져야 하기 때문에, 재판은 앞으로도 한 10년 정도는 걸릴 것이고 그에게 사형이 집행되기까지는 적어도 20년은 걸린다는 이야기이다.

그동안 그는 감옥에서 특별대우를 받으면서 자신의 이야기를 책으로 쓰거나 영화화할 수 있는 권리를 팔아먹을 수도 있을 것이다. 그러면 그 긴 기간 동안의 변호사 비용은 누가 부담하는가? 그것은 범인들이 걱정할 문제는 아니다. 왜냐하면 국민이 낸 세금으로 충당해 주기 때문이다. 실제로 그러한 예들은 많다.

'조이'와 '에이미'의 경우도 같은 예로, 중년의 자동차 수리공인 조이가 미성년의 고등학생인 에이미와 '놀아난' 것이다. 어느날 에이미는 조이의 집에 갔다가 그의 부인을 총으로 쐈다. 부인은 치명상을 입지는 않았지만, 이 이야기는 미국을 떠들썩하게 하기에 충분했다. 이는 미국 3개 방송사에서 영화화되어 방영되어지는 추태를 불러일으키기도 했다.

결국 미성년자를 꼬여 성관계를 한 혐의로 재판에 회부되어 6개월의 징역을 살았지만, 그전에 '조이'는 TV쇼를 돌아다니면서 유명인사 행세를 할 수 있었다. 그리고 방송사는 그가 출옥하여 집에 가 가족들을 만나는 것을 생방송 했고, 그 권리로 50만 달러를 지불했다.

대중매체는 이처럼 사람들의 흥미를 자극할 수 있는 이야기거리를 사서 책으로 출판하고 영화화시키고자 하는데, 여기에는 어떠한 도덕적인 개념도 내포되어 있지 않다. 이러한 예들은 '옐로우 저널리즘'의 좋은 사례이다. 그리고 사람들은 이러한 행태에 대해 비난을 하면서도 TV앞에 앉아서는 이 이야기들을 흥미있게 지켜보게 될 것이다. 심지어는 동경스러워하기까지 하면서 우리 사회에서 파렴치한 사람들이 영웅이나 된 듯이 당당히 범죄를 재현하고 인터뷰하는 것을 자주 보게 되는 것도 이와 같은 예이다.

단 하루라도 광고를 접하지 않고는 살 수 없을 정도로 광고는 우리 생활에 밀접하게 연관되어 있다. 이처럼 광고가 양적, 질적으로 팽창하면서 사회 현상을 반영하고 인간의 가치관과 새로운 문화를 형성시키는 광고의 사회적 기능은 점점 커져왔다. 이런 광고의 역할을 생각하면서 광고에서 나타나고 있는 성차별에 대해 살펴보는 것은 21세기를 맞이하는 지금 매우 중요하다고 생각된다.

어느 사회에서나 남성, 여성에 대한 표준화되고 단순화된 개념, 즉 성에 따라 성적 역할을 규정하는 고정관념이 존재한다. 이는 유교주의가 사회 깊숙이 뿌리내렸으며, 아직도 그 잔재가 남아 있는 우리나라의 경우 더욱 심각하다.

1958년에서 1992년까지의 신문이나 TV를 중심으로 광고에 나타난 인물을 분석한 책에 따르면 남성은 직업에서 60% 이상이 고급 임금자로, 여성은 대부분이 저급 노동자나 미비한 존재로 나타났다. 또한 남성은 정력, 의욕의 상징으로, 여성은 아름다움과 성의 대상으로 표현되고 있다. 나이를 보면 남성은 20~50대에 걸쳐 고른 분포를 보이나, 여성은 젊은 연령층 특히 20대 전반이 가장 많았다. 또 남성은 지적이고 권위적으로, 여성은 알뜰하고 가정적으로 나타났다. 상품 유형에 따른 등장 인물과 뒤에 깔린 목소리의 성별은 고정적으로 나타났는데, 남성이 전 품목에서 골고루 상품 소개자로 나온 것에 비해 여성은 가정용품, 미용품 등의 여성용품에 한정되어 있었다.

이처럼 광고는, 가정은 여성의 영역이고 사회는 남성의 영역이라는 고정관념과, 남성이 여성보다 중요한 존재라는 생각과, 여성은 남성에게 즐거움을 주기 위한 존재이며, 남성들의 보조자라는 성차별주의를 낳는 근본적인 생각을 그대로 보여준다. 그렇다면 이러한 성차별적 광고가 일반 대중에게 미치는 영향은 어떠한가?

사회화의 도구로서 TV 광고가 아동과 성인에게 미치는 영향에 관한 연구의 결과를 종합해 보면, TV를 많이 볼수록 심한 고정관념을 가지게 되며, TV가 보여주는 관점에서 현실세계를 보고 이해하려는 경향을 보인다고 한다. 위에서 얘기한 바와 같이 광고에 나타난 남녀는 고정관념적인 성역할 이미지를 부각시키고 있다. 결국 대중들의 이러한 고정관념적인 성역할은 TV에 의해 형성, 지속되며 강화된다고 볼 수 있다. 즉 광고에서 직업에 대한 고정관념은 성인과 아동들의 미래의 포부를 제안하며, 특히 여성들의 다양한 직업에로의 진출을 방해한다. 또한 가사노동을 모두 여성의 일로 취급함으로써 취업여성이 직장일과 가사일 모두를 완벽하게 해내는 '슈퍼 우먼'이 될 것을 강요한다.

또 광고에 나타난 주부들의 주된 이미지는 공적이고 사회적이며 공동체적인 일에 대해서는 결정도 제대로 못하고, 의존적, 경쟁적이며, 가족과 물질에 집착하는 사람으로 묘사됨으로써 여성 특히 가정 주부들을 비하한다. 여성 모델의 신체적 특징을 제품 특성과 연결시켜 독자들의 눈길을 끌려는 광고는 상품의 광고 효과를 위해 여성의 성을 상품화하여 전달한다. 이런 광고들은 여성을 비인간적인 성적 대상물로 보는 견해를 조장하는 것이다.

이처럼 광고에서의 성역할 묘사는 이 사회의 여성에 대한 성차별을 그대로 반영함으로써 그것을 유지하는 데 커다란 역할을 하고 있다.

얼마 전 서울대의 모 교수가 조교를 성적으로 농락하다가 고소를 당한 일이 있은 후에 연일 TV나 라디오에서의 처음 인사는 으레 이 문제에 대한 것들로 채워졌었다. 물론 대중 매체에서 이러한 사건을 대중에게 알리고 경각심을 일으키는 것은 좋은 일이라고 하겠다. 그러나 대부분의 경우가 '남자들이여 조심하라!'는 말과 함께 이 사건을 오도하는 경향을 띠는 것들이었다. 남자들은 이제 여자들을 쳐다보거나 성에 관한 말을 절대 입에 담지도 말며, 여자와 부딪쳐도 벌금을 내야 한다는 등의 우스갯소리로 비아냥거렸다. 심지어는 이를 소재로 한 코메디가 등장하기도 했다.

사장 : (쳐다보며) 미스……
비서 : 고소하겠어요. 어디를 쳐다봐요?
사장 : 허참. (뒤를 돌아 여자를 보지 않고) 이름이 어떻게 돼요?
비서 : 미스 김이예요.
사장 : 반가와요. (손을 내밀며 악수를 청한다)
비서 : 고소하겠어요
사장 : 아, 왜요?
비서 : 어디 신체 접촉을 하려는 거예요?
사장 : (손을 내리며) 하여튼 잘 해봅시다.
비서 : 고소하겠어요.
사장 : 또 뭐예요?
비서 : 잘 해보자가 뭐예요? 성적 언어 폭력이에요.

　한번 웃자는 것이 코미디이기는 하지만 그 안에 시청자에게 줄 메시지 혹은 그 사회의 이슈를 풀어 가는데 반작용은 하지 않아야 한다. 그런데 사회적으로 겨우 문제를 풀어가기 위해 어려운 용기를 내고, 있는 힘을 다 내서 지혜를 짜내려고 노력 중인데, 도움은 주지 못할망정 한 개인에겐 너무나 큰 상처인 성폭력이라는 부분에 대해 단순히 웃음거리로 만드는 것은 옳지 않다. 이러한 입장에서 여성학 수업을 듣는 학생들이 MTV에 항의 전화를 걸었다고 한다.

MTV : 뭐 그런 거 가지고 그러세요? 단순한 코미디인데요.

학 생 : 아니, 보세요. 전화 받으신 분은 성폭력특별법이 무엇인지 정확히 아세요? 이것은 단순히 여자를 보지도 말을 걸지도 손을 잡지도 말라는 것이 아니잖아요? 요즈음 신문을 보니까 남자 교수들이 여자 조교 채용을 꺼린다고 하더군요. 그리고 회사에서도 여사원들에게 '성적 언어 폭력을 하면 안 되지' 하며 농담을 하기도 하고, 장난을 살짝 치고는 '절대 그런 마음은 아니었어 고소만은 하지 말아 줘'라고 하기도 하고 여직원이 오면 갑자기 말을 중단하고는 '벌금낼 여유가 없어서'라고 또 놀리거나 비웃는 일부 몰지각한 남자 사원들이 있다고 하는데, 이러한 잘못된 사회 풍조는 누가 조성한 것이지요? 여기에 ○○○의 코미디 프로도 일조를 한 것 같군요. 제가 생각하기에 이 법은 여자를 보호하고 여성의 권리를 보장받기 위해 만들어진 법이지, 여자가 직업을 구하는 데나 사회 생활을 하는 데 조금이라도 방해 요인을 만들려는 법은 아니라고 생각합니다.

MTV : 그런데 아가씨는 뭐 하는 분이에요?

학 생 : 학생인데요.

MTV : 아니, 여성단체에서 항의한 줄 알았습니다. 됐습니다!

그리고는 전화를 끊어버렸다. 학생은 다시 전화를 돌렸다.

MTV : 여보세요. 아니 또 ……

학 생 : 전화 받으시다가 끊으시면 어떻게 해요?

MTV : 아니, 더 할 말이 있으세요?

학 생 : 앞으로 시정을 하겠다던가 위 문제의 대책을 말씀하셔야지요?

MTV : 알았습니다. 시정하도록 노력하지요.

그리고는 다시 전화를 끊어버렸다.

다시 강조하자면 성폭력특별법은 여성이 좀더 자신의 생존권과 권리를 지키면서 사회 생활을 할 수 있도록 돕기 위해서 만들어진 것이다. 그런 법이 여성들로 하여금 사회적으로 더욱 위축감을 느끼게 하는 사회의 분위기를 조성해서야 되겠는가. 대중매체들은 자신의 본분을 망각하는 등의 행위를 보여서는 안되며, 이 법이 잘 효용되고 그 생성 목적을 지키기 위해서는 좀더 진지한 이해의 노력이 요구된다.

쌈지스페이스서 '불가능한 미디어' 전
[연예오락, 주요뉴스] 2001.05.24 (목) 16:45

"미디어 예술은 무엇을 표현할 수 있고 무엇을 표현할 수 없는가" 이런 문제의식을 가진 12명의 미디어 작가들이 한자리에서 작품전을 열고 있다.

서울 창전동 쌈지스페이스에서 열리고 있는 '불가능한 미디어' 전이다(6월 20일까지). 쌈지가 창설한 연례기획전 'Pick&Pick'의 첫 전시다.

쌈지 선정 작가가 함께 전시할 작가들을 모아 여는 그룹 전의 성격. 올해는 홍성민(계원조형예술대 시간예술학과)교수가 선정돼 동료 서현석(단국대 연극영화과)교수와 후배, 제자인 장윤성, 김연용, 이정범, 정성윤, 구성규, 유진희 씨를 참여시켰다.

미국 시카고에서 활동 중인 비디오 작가 하토리 다로, 마유미 레이크, 싱가포르의 탄 핀핀 등 외국 작가 3명도 참여했다. 작품은 싱글 채널 비디오가 주류를 이루는 가운데 설치, 인터랙티브, 웹 아트 등 여러 형식으로 나타난다. 특히 눈길을 끄는 것은 외국작가들의 작품. 싱가포르의 탄 핀핀은 국제 비디오 아트 페스티벌 수상작인 '마이크로웨이브'를 냈다.

바비인형이 전자렌지 속에서 가열돼 녹아가는 과정을 무심한 시선으로 9분 동안 촬영한 작품이다. 글래머 인형이 서서히 돌면서 타는 연기를 내며 지글지글 끓다가 쓰러지는 장면은 성을 상품화하는 사회를 고발하고 있다. 마유미의 비디오는 여성의 치부를 보여주는 듯하다. 관객은 결국 겨드랑이를 묘하게 분장시켰다는 걸 알고 민망해하면서 현대 사회의 성적 노출과 성적 억압을 함께 느끼게 된다. 서현석 교수는 언더그라운드 밴드 '허벅지'의 음악을 사운드트랙으로 사용하면서 성취 불가능한 근원적 욕망, 실존적 불안, 정체성의 위기를 환기시키는 은유적 이미지를 뮤직비디오처럼 보여준다.

홍교수는 "미디어 예술을 완성시키려는 진지한 노력과 실험을 통해 역설적으로 미디어의 기술적, 미학적 한계를 드러내겠다는 이중적 입장이 이번 전시의 특징"이라고 설명했다.

광고, 에로티시즘 판매하기
peeping Tom

'peeping Tom'이라는 말이 있다. '엿보는 톰'이라고 해석되는 이 숙어는 엿보기 좋아하는 호색가를 지칭하는데 쓰이며 멀리 11세기 잉글랜드에서 유래한다. 잉글랜드 중부지방 코벤트리 영주의 부인이었던 고디바는 남편에게 농민들의 세금을 감면해줄 것을 요청했다 한다. 영주는 아내의 끈질긴 요구를 무마시킬 작정으로 그녀가 나체로 말을 탄 채 시장을 한 바퀴 돌면 그래주겠다고 약속한다. 그리고 고디바는 용감하게도 그것을 직접 실행하였고 이에 감동받은 농민들은 모두 창문의 커튼을 내리고 아무도 그녀를 보지 않았다 한다. 여기까지의 이야기는 실로 가슴 훈훈한 내용일지 모르겠으나 안타깝게도 항상 방향을 거스르는 자가 있듯이 톰이라는 양복 재단사가 그만 호기심을 못 이겨 그녀를 훔쳐보게 된다. 그리고 결국 그는 천벌로 눈이 멀게 되었다 한다. 그 이후로 peeping Tom은 특히 성적인 호기심으로 엿보기를 좋아하는 관음증적인 사람을 통칭하게 되었던 것이다.

우리 주위에서 범람하는 에로티시즘, 섹스의 이미지는 우리로 하여금 peeping Tom이 되는 것을 부추긴다. '인간의 끝없는 성에 대한 욕망'이라는 말은 지극히 상투적인 표현이긴 하나 사실을 담고 있는 것만은 틀림없다. 그리고 그 중에서도 광고는 대중의 이목을 끌려 하는 광고주의 의도와 호기심 많은 대중의 요구가 딱 맞아떨어지기에 무엇보다도 광범위하고도 다양하게 성의 이미지를 이용한다. 맥주집에 들어가면 늘상 퀴퀴한 벽을 장식하고 있는 맥주광고 속에 수영복 차림의 여성부터, 아무렇지도 않게 '빨아요, 빨아'를 외치는 TV세탁기 광고의 탤런트, 카센타의 직원이 아낄 법한 자동차 부품 광고에 맥락없이 들어가는 섹시한 여성들은 사회적인 비판에 앞서 이미 식상해지고 전형화된 광고들이다.

많은 광고들이 성을, 그리고 에로티시즘을 다루지만 섣부른 접근은 오히려 광고 효과를 떨어뜨린다. 나 같은 경우만 해도 잡지를 넘기다가 너무도 빈번하게 등장하는 속옷 차림의 여성들을 상기시켜 보면 어떤 것이 속옷 광고이고, 바디 로션 광고인지 헷갈리게 되고 더더욱 그것이 어떤 회사의 무슨 제품인지는 도무지 아리송하게 된다. 성적인 광고를 다룰 때 조심해야 할 사항은 그 광고가 아마도 천편일률적인 성적 광고의 도식에 이름을 하나 더 올리는 것에 그칠 수 있다는 것이고 또한 소비자가 그 성에만 집중한 나머지 제품을 기억하지 못하게 될 수도 있다는 것이다.(오렌지 주스의 광고에서 '따봉'이라는 말은 빅히트를 치며 국민적 유행어가 되었지만 정작 사람들은 그 주스가 델몬트였는지 썬키스트였는지 기억하지 못했던 사실을 상기시켜보자.)

따라서 성적인 소재를 다루는 광고는 대중의 변덕스럽고도 아슬아슬한 선호의 경계에서 제대로 자리잡아야 한다. 벗겨놓은 여성을 값싸게 이용하려 든다면 성적 상품화의 비난을 피하기도 힘들 뿐더러 오히려 제품에 대한 주목도를 반감시킬 수 있다. 노골적으로 성을 말하려 한다면 보수적인 소비자들의 반감을 사게 될 수도 있다. 또한 광고하고자 하는 제품의 특성과는 상관없이 단지 소비자들의 이목을 끌고자 섹스어필한 소재를 사용한다면 오히려 부정적인 반응을 이끌어낼 수도 있다.

실로 위태로운 줄타기에 비견될 수 있는 섹스 어필 광고에서 성공을 거두기 위해서는 에로티시즘의 속성에 다시금 주목해야 할 것이다. 은밀하면서도 자극적이고, 금기를 위반하면서 반사회적인 면을 드러내기도 하며 성실, 안정과는 거리가 먼 도박성, 유희성, 우발성을 담아내야 한다. 그러나 에로티시즘을 다루는 광고라 함은 이같은 반사회적 접근이 사회 제도권 내에서 이루어져야 한다는 태생적 한계를 가지게 된다.

5. 패션잡지 광고에 나타난 여성상

• 조사해본 잡지는 여성의 패션을 중점적으로 다루는 패션전문잡지
이다. 주로 10대 후반부터 20대 중반까지를 독자층으로 하는 잡지
로서, 여기에 게재된 광고의 내용은 화장품이나 의복, 액세서리가
주를 이루었다.

자료 1

   1) 자극적 모습 :   6 (15.38%)
   2) 남성 의존적 모습 : 5 (12.82%)
   3) 남녀 조화의 모습 : 2 (5.12%)
   4) 여성 조화의 모습 : 6 (15.38%)
   5) 여성 독립적 모습 : 20 (51.28%)
   6) 남성 배타적 모습 : 0 (0.00%) ➡ 총 39건(기타 제외)
   7) 기타 : 20여건
      ① 노출이 심하거나 포즈가 성적 자극을 줄 여지가 상당할 때.
      ② 남성에게 의존하고 있는 여성의 모습.
      ③ 남녀가 서로 의존하거나 조화롭게 그려져 있는 모습.
      ④ 여성사이에 의존하거나 조화롭게 그려져 있는 모습.
      ⑤ 여성혼자의 모습이거나, 태도에서 의존적인 모습이 보이지 않
        을 때의 모습.
      ⑥ 남성에게 적대감을 보이는 모습.

• 모습 분류의 설정 기준

개인적 견해가 개입될 것을 우려해서 되도록 분명히 드러나 있지 않
은 것은 기타로 했다. 문제가 될 만한 것은 남녀조화의 모습과 남성의존
적 모습, 여성독립적 모습의 기준일 것이다. 이 모습들의 분류 기준은
남녀조화의 모습일 경우, 사진에 나온 여성과 남성의 수가 비슷하고 남

녀의 배열이 의도적 성향이 순수하다고 판단될 경우이다. 남성의존적 모습은 남성의 수가 불균형적으로 많거나, 그 모습이 남성의 도움을 받을 경우이다. 여성독립적 모습의 기준은 여성만이 사진에 나오거나 그 모습이 남성의 존재에 대해서 관련성이 매우 작다고 생각되었을 경우이다. 남성 배타적 모습은 여성지에서 나타날 수 있는 반발적 남성 배타성을 고려해 보았으나 발견할 수 없었다.

6. 컴퓨터 잡지에 나타난 여성상

• 컴퓨터전문 잡지에 일련의 여성이나 남성의 모습이 반영되어 있을까 하는 의구심이 일어날지도 모른다. 그렇지만 이런 무관심한 듯 보이는 잡지에 나타난 여성 모습은 현생활에서 무의식적 여성의 모습이 더 잘 드러나 있을 수 있다.

• 조사한 잡지는 1권의 내용으로 자료가 부족하여 2권으로 조사하였다. 광고의 대부분이 컴퓨터관련 기계들이거나 이외의 소모품들이어서 사람이 나온 광고의 수는 비교적 적었다.

자료 2

• 광고전체에서 남성과 여성 모델의 비율은 거의 1:1수준이었다. 남성의 경우 캐주얼한 자유복장이거나 와이셔츠의 넥타이를 메고 있는 복장을 하고 있는 것으로 보아 컴퓨터 관련 남성 주 소비자들이 대학생이거나 사무 종사자임을 알 수가 있다.

• 위에서 살펴본 바와 같이 그 비율이 1:1 수준임에도 불구하고 여성의 모습은 일반적 남성의 모습과는 다른 모습이었다. 거의 모든 여성이 불필요한 노출을 하며 관련기기와 같이 있는 모습을 보였으며, 노출하지 않는 여성의 모습은 사무보조원의 모습으로 나타나 있는 듯 했다. 남성과 여성이 동시에 나타난 장면에서의 남성과 여성의 수의 비율이 6:1, 4:1, 3:2, 2:2로서 대부분이 남성이었다. 또한 2:2로 되어있는 광고에서도 남성 2명중 1명은 강사, 1명은 서있는 학생, 여성은 모두 앉아있는 학생의 모습으로 묘사되었으며, 배경 그림은 여성의 확대된 얼굴 모습이었다.

7. 잡지광고에 나타난 문제점의 고찰과 이에 따른 해결방안

광고는 공급자가 수요자에게 상품이나 서비스를 알리는 중요한 매체이다. 이런 매체는 대부분 수요자에게 인상적인 기억을 남기도록 하는데 이에 여성의 부차적 또는 부정적 모습만을 강조하여 이용하는 것은 대단히 유감스러운 일이 아닐 수 없다. 광고에서 나타난 여성의 모습으로 매출을 늘리려는 공급자의 의도이겠으나 그에 따른 현상으로 여성의 모습이 왜곡되어진다면 분명 시정해야 할 것이다. 일단 중요한 것은 사용자의 의식의 변화이다. 이러한 광고를 볼 때 무조건적으로 받아들이는 것이 아니라 다방면적으로 비판의식을 갖고 받아들이는 것이 중요하다. 이것을 활성화하기 위하여 여성을 제대로 인식하는 교육을 확대하고 강화해야 할 것이다. 또한 대부분 여성의 모습을 성적 대상으로만 표현하려는 것은 정부적 차원에서 규제할 수 있는 문제이다. 불필요한 노출이 과다한 경우 사후라도 그 광고에 대한 책임을 광고회사 뿐 아니라 그것의 게재를 허락한 잡지사에도 물어야 한다. 그리고 광고에 나타나는 여성상은 사회와 개인의 의식과 욕구를 반영한다는 점에서 사회와 개인의 의식의 변화에 중점을 두어야 할 것이다. 요즘 화제가 되고 있는 여성의 성격적 고정관념 타파에 관한 것들을 여성학적 입장에서 재정의하고, 올바로 인식시켜 잘못된 의식을 시정해야 한다. 또한 방송매체 등에서 일어나고 있는 긍정적인 사안들을 개개인에게 전달되도록 많은 노력을 해야 할 것이다.

· 요즘 한참 관심의 대상인 여성 3명의 이야기를 실어보았다.
- 애너벨 청, 그녀의 이야기-

싱가포르의 유복한 가정에서 태어나 옥스퍼드 대학 킹스 칼리지 법학부를 거쳐 남가주 대학에서 인류학을 전공한 엘리트 여대생 그레이스 쿽. 그러나 그녀는 돌연 포우의 시와 3류 영화의 제목을 합성한 애너벨 청이라는 예명으로 포르노 배우로 변신한다. 게다가 10시간 동안 무려 251명의 남자와 섹스를 벌이는 쇼킹한 이벤트를 기획한다. 그 이벤트와 그녀의 이야기가 담긴 영화 <섹스 : 애너벨 청 이야기>. 마이클럽이 그녀를 만났다.

miclub : 언론에서 비춰진 당신 모습에 대해 알고 있습니까?

"네, 알고 있어요. 매우 극단적으로 나뉜다는 것도요. 섹스 심볼로서 관심을 가진 사람들도 있고, 인간으로서의 애너벨 청에 관심을 보이는 사람들도 있죠. 특히 제 문화권인 홍콩에서 매우 보수적인 언론에 의해 엄청난 비난을 받았어요. 그때 전 큰 좌절감을 맛보았죠. 하지만 상관없어요. 그게 전부는 아니니까요."

miclub : 마돈나를 좋아하십니까?

"네, 좋아해요. 그녀는 80년대 대중문화의 스타죠. 제가 처음 그녀를 알았을 때 전 전통적인 아시아(싱가폴)에 살았었고, 그녀가 자신의 성을 공격적이고 적극적으로 드러낸 행동은 제겐 너무 충격적이었어요. 그건 거의 혁명이었죠. 전 그녀가 섹시하고 파워풀한 여성이란 어떤 것인지를 보여주면서 대중매체를 멋지게 다루는 방식도 존경해요. 많은 사람들이 그녀를 여신처럼 숭배하죠. 물론 저도 그래요. 저도 그녀처럼 상징적인 인물이 되고 싶어요."

miclub : 사실 당신의 화려한 이력이 당신을 더 주목하게 하는 것 같습니다. 법학과 인류학, 여성학, 예술을 공부했던 것이 당신의 섹슈얼리티 탐구에 어떤 영향을 주었습니까? 아니면 어떤 관계도 없는 별개의 것입니까?

"여러 학문을 탐구했던건 저 자신을 알아가는데 뿐 아니라, 보다 넓은 사회적 정치적 맥락에서 섹슈얼리티를 바라보게 되는 데도 분명 영향을 주었죠. 특히 법학을 공부했던 건 포르노산업에서 일하는 여성들의 권리를 주창하는 저의 정치적 행동주의에 엄청난 영향을 주었죠. 또한 대중매체와 문화 속에 구현된 여성상이 어떠했는지를 많이 배웠어요. 전 '좋은 여자'와 '나쁜 여자'가 완전히 구분된다고 생각하지 않아요. 한 사람 속에는 '좋은 여자'로서의 모습과 '나쁜 여자'로서의 모습이 모두 있죠."

miclub : 여성학을 공부하면서 느낀 점을 얘기해주십시오. 당신은 현재 여성운동을 하는 이들의 관점에 동의하지 않습니까?

"페미니즘은 제게 개념적인 틀을 만들어주었고, 또 저 자신을 아는 데도 큰 도움이 됐죠. 하지만 전 McKinnon과 Dworkin의 이론에는 문제가 있다고 생각해요. 그녀들은 여성을 성녀와 창녀로 완전히 구분하는 가부장적인 논리처럼, 여성들을 '페미니스트'와 '희생자'로 나누는 새로운 논리를 만들어냈죠. '희생자'인 여성들은 자신의 의지라곤 조금도 없는 매우 연약하고 전형적인 여성상이죠. 전 이런 관점이 성차별주의자들의 생각과 다를 바 없다고 생각해요."

miclub : "종군위안부"에 대해 알고 있습니까? 한국에는 전쟁 당시

의 기억이 있기 때문에 당신의 행동이 종군위안부를 연상
케한다고 생각하는 이들도 있습니다. 어떻게 생각하십니까?

"책에서 읽어서 알고는 있어요. 성에 관한 인식은 배경문화와 함께
인식되니까 그럴 수 있어요. 하지만 그때의 일과 저의 퍼포먼스는 다
르죠. 저의 행동은 강제도 아니고 매춘도 아니에요. 전 직접 남자들을
선택하고 주체적으로 관계를 맺죠."

   miclub : 당신은 여성을 일방적인 희생자로 규정하는 것을 반대하
고, 포르노 배우를 즐기면서 자아를 계발할 만한 하나의 직
업으로 인정돼야 한다고 얘기하는 것 같습니다. 그렇습니
까?

"그래요. 전 여성을 일방적인 희생자로 몰아 붙이는 '희생자 문화'
에 반대해요. 포르노 배우도 하나의 직업이죠. 그건 선택할 수 있는
많은 직업 중 하나예요. 물론 모든 여성들에게 다 이 직업을 선택하라
는 건 아니예요. 하지만 하나의 틀로 모든 직업과 모든 사람을 재고
판단하려는 태도는 문제가 있어요."

   miclub : 마지막으로 특별히 한국에 와서 느낀 점을 간단하게 얘기
해주시고, 한국 여성들에게 하고 싶은 말이 있다면 해주
십시오.

"우선 한국은 홍콩보다는 좀더 개방적인 것 같았어요. 성정치적인
질문을 많이 해서 좀 놀랐구요. 저나 제 영화에 대해 관심이 많더군
요. 감사해요. 하지만 이걸 단지 센세이셔널한 하나의 사건으로 받아
들이기보다는 성에 대해 인간이 누릴 수 있는 자연스런 것으로 받아
들이는 계기가 되었으면 해요. 모든 사람들이 나처럼 251명과 섹스할
필요는 없어요. 하지만 자신이 정말 원하는 걸 자유롭게 표현하고 탐
구하고 스스로를 자랑스럽게 여겼으면 해요."

시종 진지한 태도와 몸짓으로 성실하게 인터뷰에 응해준 그녀는 매우

지적이고 논리적이었다. 한가지 확실한 건 이 영화를 본 대부분의 사람들이 당분간 포르노그라피에 대한 환상에서 벗어날 것이라는 것이다. 그러나 그녀가 '마라톤' 같다고 표현한 대로 퍼포먼스에서 그녀는 너무 고통스러워 보였다. 윤간이라는 아픈 상처가 오히려 모든 남성들에 대한 복수심리 같은 걸 부추긴 것이 아닐까? 그녀는 주체적으로 많은 고민 끝에 그런 퍼포먼스를 열었겠지만, 그 퍼포먼스에 참여했던 남성들, 그걸 보러 극장에 가는 남성들도 그런 고민에 동참할까? 세상에 자신의 생각을 알리려는 한 여성의 다소 공격적인 몸짓이 어떻게 받아들여질까? 그녀의 또릿또릿한 답변을 듣고 나서도 알 수 없는 슬픔 같은 것이 맘을 스치고 여전히 수많은 의문이 남는 건 왜일까?…

8. 매매춘근절 전선 이상없다?
– 김강자 서장과의 인터뷰 –

'간과되어 왔던' 미성년자 윤락을 뿌리뽑겠다는 김강자(金康子) 종암경찰 서장의 결행이 전국을 달구기 시작한지도 벌써 반년이 지났습니다.

맹렬 여성! 김강자 종암경찰 서장님의 현재 근황을 알아보기 위해 마이클럽에서 찾아 뵙습니다.

• 선도보호시설 네트워크 구성 등 종합대책 구상 중 - 윤락업에 종사했던 미성년자들이 평범한 생활로 돌아오도록 하기 위해 감화교육 등의 프로그램이 따로 준비되어 있는지요?

"미성년 윤락 근절을 위해서는 단속, 계도와 함께 윤락녀의 사회복귀 대책이 절실합니다.

부족한 보호시설 확충뿐만이 아니라 보호시설 내 중고교 과정의 대안학교 설립, 심각한 상습적 윤락, 도덕 불감증, 약물중독 등의 미성년자를 위해 강제적 보호시설도 있어야겠지요.

그러기 위해 현재 선도보호시설 네트워크 구성 등 종합대책을 관계기관 등에 건의하였고 민간단체 기업과 협력하여 보호시설에 대한 지원을 추진하고 있습니다.”

• 미성년자 윤락행위 근절 외에도 본격적인 윤락가 철폐를 고려하고 계시는지… 사실 윤락가를 필요악으로 보는 시각이 있는데 가능할까요?- 좀 더 많은 시간과 연구가 필요한 윤락가 철폐 문제

“매매춘은 복합적인 사회병리 현상으로 경찰서 단위에서 일률적인 단속으로 근절되기 어렵습니다. 소위 ‘풍선효과’라는 현상으로 자리만 옮기거나 주변 주택가로 파고들어 계속되기 때문이죠. 전 그런 상황의 인식 아래 서장으로 부임하면서 첫 단계로 가장 심각한 문제인 미성년 매매춘에 대한 강력한 단속을 벌였고 이것이 전국적으로 파급되어 거의 근절된 상태입니다. 다음 단계로 성년 윤락녀들에 대한 인권침해사례와 공급조직 등을 중점 단속 대상으로 삼아 적극적으로 점검하고 정보를 수집하여 단속에 나서려 합니다.

어쨌든 윤락가 자체의 철폐문제에 대해서는 좀더 많은 시간과 연구가 필요합니다. 지적하신대로 윤락가의 존재는 필요악으로서의 양면성을 가지고 있기 때문입니다.”

• 자의에 의해서 유흥업에 종사하는 여성들은 미성년 매매춘 근절에 거부감을 나타내나요?

“자의에 의하여 유흥업에 종사하는 여성이 많지만 미성년 매매춘이 근절되어야 한다는 데에 이의를 제기하는 사람을 저는 만나보지 못했습니다. 지난 4월 27일과 5월 8일 미아리 텍사스촌의 여성들을 대상으로 매매춘 관련 부채가 대부분 원인 무효임을 알리는 설명을 가졌고 이 자리에서 해당 여성들의 의견을 수집하였습니다만, 이 조사에

서도 같은 결론을 얻은 바 있습니다."

매매춘에 빠졌던 소녀가 일상에 복귀하기란 많은 노력 필요!

• 미아리로부터 구출된 소녀의 현황을 간략히 말씀해 주시겠어요?

"금년 들어 저희 종암 경찰서에서는 매매춘과 관련하여 많은 미성년 윤락녀를 구출하여 교화 활동 및 재활 교육을 거쳐 보호자에게 인계하였습니다. 대부분 정상적인 사회생활을 하고 있으며 직접 또는 가족들로부터 전화내지 편지로 안부 연락을 받기도 하였습니다. 하지만 일전에 '빨간마후라 소녀'가 결혼했다가 재가출하여 노예매춘에 빠졌던 사례에서도 보듯이 일단 매매춘에 빠졌던 소녀가 일상으로 복귀한다는 것은 자신이나 주변의 피나는 노력을 요하는 어려운 과정입니다.

그러기에 청소년들이 가출이나 범죄에 빠지지 않고 건전하게 성장할 수 있도록 보호 육성하는 것이 중요한 것이며 이에 대한 miclub.com과 회원님들의 관심과 성원을 부탁드립니다."

■ ■ ■ ■ ■ ■ 글/sosok(sosok@miclub.com)

일련의 성정체성 사태와 그것을 대하는 태도

첫째, 대다수의 사람은 물론 그들과 다른 어떠한 개인도 존중되고 인정되어져야 한다.

둘째, 사회나 자신의 경직된 성고정관념을 탈피하고 대한다.

셋째, 그러한 획기적인 사태의 사회적 드러내기와 수용은 그 보다 약하나 변화되어야 할 많은 고정관념을 깨뜨리는 데도 일조하고 있다. 다른 개인, 다른 가치관의 세대에 대한 다양성을 인정하는 데도 도움이 되며 우리 사회의 가변성에 대한 탄력적 수용 능력, 일종의 성숙성을 나타내 주기도 한다. 그리하여 창의적이고 도전적이며 획일화되지 않은 개인과 문화를 드러내는 데도 일조할 수 있다.

매스컴의 하리수 열풍의 영향으로 성정체성 문제를 더욱 고민하게 된 대학생들이 인터뷰를 요청해 왔다. 그것을 계기로 나의 생각을 정리해 보았다.

저희는 방송국의 보도국원으로서 보도기획이란 프로그램을 제작합니다. 부디 멋진 멘트와 보도식으로 훌륭한 작품을 완성할 수 있도록 인터뷰에 응해주시면 감사하겠습니다. 아래는 교수님께 인터뷰하게 될 질문들입니다. 참고해주십시오. V.O.S 질문지

삼육대학교 방송국 V.O.S입니다.

방학동안 워크샵 준비로 보도기획이라는 프로그램을 제작하는 과정에서 전문가의 의견을 참조하고 싶어 이렇게 인터뷰를 부탁드립니다.

저희 보도기획은 '무너져 가는 성정체성의 변화와 그러한 현상에 대한 우리들의 대처방안'을 주제로 제작될 것입니다. 주제와 관련한 아래의 몇 가지 질문에 답해주시기 바랍니다.

1. 오늘날의 성문화. 과거와 비교해 보았을 때 어떠한 변화를 찾아볼 수 있습니까?

2. 오늘날 사람들의 성에 대한 가치관이 자유분방해지면서 성정체성의 혼란을 느끼는 경우가 늘고 있습니다. 그로 인해 동성연애자나 트랜스 젠더 등, 성적으로 정상적이지 못한 사람들도 증가하고 있습니다. 문제가 되는 것은 그런 사람들이 선천적이거나 후천적인 사람들이라 해도 본연의 성에 대한 정체성을 찾아보기 힘들다는 것입니다. 이러한 현상을 바라보는 시각에 대해 말씀해 주십시오.

하리수 바로 그 여자, 아니 그 남자?

[주요뉴스, 연예오락, 방송/연예] 2001.04.18 (수) 14:07

그는 남자다.

그의 주민등록증 뒷 번호는 '1'로 시작한다. 당연히 남자 중학교와 고등학교를 졸업했고, 병무청 신체검사도 받은 적 있다. 틀림없는 남자다. 그는 여자다. 피부는 투명할 정도로 희고, 몸매는 볼륨과 탄력이 넘친다. 섬세하고 여리며, 남성에 대한 솔직한 호기심도 숨기지 않는다.

틀림없는 여자다. 재능과 끼가 웬만한 연예인 스타보다 넘칠 뿐 아니라 매우 아름답다. 그가 춤을 곁들여 엄정화나 이정현의 노래를 부르는 모습을 보면 모두 매혹당하고 만다. 그렇게 매력 넘치는 여자다.

하리수(22 · 예명). 그를 소개하려면 설명이 길어진다. 성적(性的) 소수자에 대한 이해는 커녕 기초 지식조차도 없는 우리 사회 분위기 탓에 어쩔 수 없다. 하리수는 남자에서 여자로 성전환 수술을 한 트랜스젠더(transgender)다. 그리고 배우와 가수 데뷔를 눈앞에 둔 새내기 연예인이다. 따듯한 봄볕 아래 그와 데이트하며, 여자나 남자가 아닌 한 '인간'의 속내를 살짝 들여다봤다.

▪ He is beautiful?

성전환자라고 스스로 밝히지 않았다면 사람들은 하리수를 당연히 여자로 보며 "야! 예쁜데!"라고 감탄할 것이다. 하리수가 눈이 번쩍 뜨이게 만드는 미모의 여자이기 때문이다. 하리수 겉모습에서 남자로 받아들일 수 있는 징후는 전혀 없다. 그를 모델로 기용한 한 여성 화장품 광고에서 남성의 특징인 목젖을 강조했으나 그것도 실제완 거리가 멀다. 그의 목젖은 흔적으로만 아주 희미하게 남아있을 뿐. CF에서 그가 보여준 목젖은 컴퓨터그래픽의 도움을 받은 것이다. 그는

"태어나서 지금까지 단 한 번도 남자로 살지 않았다. 남자 고교를 졸업했지만 사춘기도 여자로 통과했다. 나의 성적 정체성은 항상 여성이었다"고 말했다.

▪ 내 딸아 수고했다

성전환자라고 하면 일반인들은 곧바로 온갖 호기심 코드를 작동시킨다. 대부분 '그건 있을까'라는 식의 몸에 관한 일차적인 호기심을

발동시키고 그나마 인간에 대한 애정이 깊은 사람은 '얼마나 힘들었을까, 앞으로 행복해질 수 있을까' 정도의 동정심을 발휘한다.

천박한 기자도 마찬가지였다. 예의를 갖추느라 꾹꾹 눌러 참았던 호기심을 끝내 참지 못하고 터뜨렸다. "그러면 몸은 온전히 여자인가요?" 무례한 질문에도 그는 "호호호" 웃으며 답한다. "딱 한가지 자궁이 없어 아기 출산이 불가능하다는 것만 빼곤 온전한 여자예요."

"수술하고 난 다음에 기분이 어땠어요?" "두터운 옷을 입고 지내다 상쾌한 옷으로 갈아입은 듯한 기분이었어요." "수술 결심을 하기까지 매우 힘들었을텐데?" "하지 않으면 죽을 것 같았어요. 그렇게 반대했던 엄마가 일본에서 수술한 다음 귀국하자 김포공항에서 나를 껴안으며 '내 딸아 수고했다'고 했을 때 정말 기분 좋았어요."

인터뷰 시간이 길어질수록 하리수는 천박한 호기심의 기자를 낯뜨겁게 만들었다. 그는 호기심의 대상 이전에 한 명의 '착한 사람'이었고, 성적 소수자란 사실을 당당하게 받아들이는 인간이었다. 순수한 사랑과 세상을 열망하고, 인간에 대한 세심한 배려도 아끼지 않는 '된 사람'이었다.

▪ 낯설지만 아름다운 도전

하리수는 현재 영화 <노랑머리 2>(픽션뱅크, 김유민 감독)에 출연 중이며, 영화 촬영을 마친 다음엔 가수로도 데뷔할 예정이다. 도도화장품 광고모델로 잠깐 알려지자 벌써 다음, 나우누리 등 각종 인터넷 사이트에 팬클럽이 생겼을 정도로 뜨거운 관심과 사랑을 받고 있다.

경기도 성남에서 낳고 자란 그는 고교 졸업 직후인 97년 일본으로 떠났으며 그곳에서 98년 초 성전환 수술을 받았다.

본연의 성, 본연의 성정체성이라는 것에 경직된 여러분에게

선천적 - 여와 남은 생물학적 성기와 관련된 것 외에는 차이가 거의 없다. 여(女)와 남(男), 글자만큼 서로 이질적이지도 않고 평행선도 아니다.

후천적 - 또 현대는 같은 환경과 문화적 혜택을 받는 시대다. - 늑대 인간처럼 남과 다른 환경이 주어진 것이 아니다. 같은 환경에서 남녀유별로 다르게 나누어서 크는 시대가 아니다. 그 자라는 환경처럼 '연속성'의 개념으로 이해하는 것이 바람직하다.

사회적 가정적 - 대부분의 사람과는 다름을 지닌 사람, 이들을 바로 보기 위한 필수조건인 '가족 중 일부나 사회 일각에 인권에 대한 의식'이 생겨있다.

"수술 결심을 하기까지 매우 힘들었을텐데?" "하지 않으면 죽을 것 같았어요. 그렇게 반대했던 엄마가 일본에서 수술한 다음 귀국하자 김포공항에서 나를 껴안으며 '내 딸아 수고했다'고 했을 때 정말 기분 좋았어요."

첫째, 하리수 본인의 욕구와 상황이 위와 같고, 둘째, 해석하는 나의 입장이 이와 같으므로, 하리수씨 일에 대해서는 '여자 하리수'로 시작할 수 있다. 다름과 전환 인간 자신의 선택의 공개적 드러내기의 용기에 대해 - 그것으로 소수자로서 독립적 경제력을 획득하면 더욱 다행이고- 호의적 수용적 인정적 격려가 필요한 사항일 뿐이다.

9. 온몸으로 대화하는 성

뽕나무가 세 번 흔들흔들
왕위에 오른 이태조가 개국 공신 이두란, 그리고 왕비와 함께 술을 마시고 있었다. 거나하게 취기가 오른 태조가 두 사람에게 재미있는 놀이를 하자고 청했다.

태조는 이두란에게 부족한 것이 있느냐고 물었다.

"없습니다. 일인지하 만인지상의 위치에 있는 제가 무엇이 부족하겠습니까?"

태조는 웃으며 고개를 끄덕였다.

"왕비, 그대는 어떻소?"

"이 나라의 국모로 무엇을 더 바라겠습니까? 주상께서는 어떠십니까?"

"글쎄, 저기 뽕나무가 있지요. 우리가 거짓 없이 속마음을 얘기하면 저 뽕나무가 흔들 할 것이오. 자, 경부터 해 봅시다. 경은 소원이 뭐요?"

이두란은 곤란한 듯 잠시 머뭇거리다가 마침내 입을 열었다.

"마마, 신을 죽여주십시오. 실은 저도 임금자리에 앉아 보고 싶었습니다."

그러자 뽕나무가 한 번 흔들거렸다.

"왕비, 그대의 소원은 무엇이오?"

왕비의 얼굴이 붉어졌다.

"꼭 대답을 해야 합니까?"

"그렇소"

"그렇다면 마마께서 먼저 말씀하시지요. 마마의 소원은 무엇입니까?"

태조는 멋적게 웃으면 대답했다.

"나는 없는 것이 없소. 그러나 날 찾아올 때 빈 손으로 오는 놈보다 뭘 갖고 오는 놈이 더 좋소"

그러나 뽕나무가 크게 한 번 흔들했다.

"이번에는 왕비가 말할 차례요"

어렵사리 입을 여는 왕비를 보고 두 사람은 과연 왕비의 소원은 무엇일지 궁금해서 몸을 숙이고 대답을 기다렸다.

"좋습니다. 솔직히 말씀드리지요. 내가 이렇게 점잖게 있지만 젊고 잘생긴 신하를 보면 하룻밤 데리고 자고 싶은 마음이 있습니다."

그러니까 뽕나무가 태풍을 만난 듯 크게 휘청거리더란다.

■ ■ ■ ■ ■ ■ 박미란, 여난영 엮음. 『기센 여자가 팔자도 좋다』 중에서

얼마 전 미국에서는 센세이션을 일으킨 사건이 있었다. 이름하여 '보비트 사건'. 성에 대한 욕구가 강한 남편이 자신만의 욕구로 부인과 강제로 성행위를 하려다가 부인이 남편의 성기를 잘라버린 사건이다. 세간에서는 이것이 강간이냐 아니냐로 여러 말들이 분분하게 떠들고 있었다. 한편 남성들은 이 사건에 대해 황당해하면서 어떻게 그런 일이 일어날 수 있느냐고 생각할 것이다. 그러나 여성들의 입장은 다르다. 얼마나 견디기 힘이 들었으면 남편의 성기를 자를 생각까지 했겠느냐는 것이다.

우리나라는 유교적인 사상 때문인지 여성은 성뿐만 아니라 일반적인 면에 있어서도 모멸과 희생을 당하고 있는 것이 사실이다. 결혼한 여성들에게 조사를 해본 결과, 여성들이 성생활에서 만족을 못하는 것이 70% 이상이라고 한다. 원인은 대부분 남편들은 자신들의 욕구 해소에 급급하고 부인에 대한 배려를 할 줄 모르기 때문이다(성행위뿐만 아니라 부인의 의견 무시).

민족주의 국가라고 자처한 현실은 그렇지 못한 것이다. 소설 「발가락이 닮았다」를 보면서도 우리나라 남성들의 일반적인 속성을 이해할 수 있다. 욕정이 너무나 강한 주인공 남자는 사창가 여성과의 관계라는 것이 돈이 너무 많이 들어 결혼을 한 것이다. 남성들은 단지 여성을 욕구 해결의 수단이나 종족 번식의 수단으로 밖에 생각하지 않는 것이다.

얼마 전 남녀 대학생들을 대상으로 한 설문조사에 따르면 맞벌 부부를 선호하는 남녀의 비율이 거의 90%에 육박했고, 가사일 또한 같이 해야 한다는 비율도 비슷했다. 뿐만 아니라 재미있는 것은 여성의 혼전순결에 대해서는 남자는 반 정도가 지켜야 한다고 한 반면 여자는 80% 이상이 '그럴 필요가 없다'고 했다. 결혼에 대한 여성의 생각 또한 꼭 해야 한다는 의견보다는 '독신도 좋다'라는 의견이 70% 이상을 차지했다고 한다.

참고로 유럽연합 통계국 연감을 보면, 덴마크인들은 흡연을 싫어하지만 혼전성교에서는 관대한 반면, 연간 3천 개비의 담배를 피우는 그리

스인들은 결혼 초야 때까지는 꾹 참는다. 이 때문에 덴마크의 신생아 중 절반은 사생아지만 그리스에서는 그 비율이 3%에 불과하다고 한다. 사생아, 우리 사회에서 어떤 대우를 받는가?

현대의 젊은 계층의 무분별한 성생활에 비해 그에 대한 지식이나 상식 등이 부족하다. 바르지 못한 성에 대한 선입견으로 인해 대부분의 사람들은 이성간의 성접촉을 단순히 개인의 성욕을 만족시키는 하나의 방법으로 생각한다. 특히 남성의 경우 아직도 여성의 육체를 성행위의 도구로 생각하는 사람이 있어 성범죄가 끊이질 않고 있다. 이에 올바른 성에 대한 지식을 토대로 건전한 성문화와 이성간의 성행위에 있어 서로를 존중하면서 자신만의 만족이 아닌 서로에게 헌신적으로 봉사하여 사랑을 확인하는 과정으로 생각해 보고자 한다.

올바른 성, 사랑, 결혼에 대하여

남녀에 대한 고정관념이 존재한다는 것은 끊임없이 발견되어 온 사실이다. 그것은 적어도 세 가지의 근원에서 비롯되었다

① 성격 특성과 성(性) 간에는 직접적인 상관관계가 있다는 믿음이다.
② 남성과 여성은 다른 성격적 특성을 가진다는 믿음이다.
③ 여성은 보조적인 존재로서 남자를 즐겁게 해주기 위한 존재라는 생각들이다.

그리하여 어떤 사람이 여성적인 특성을 낮은 것으로 묘사하면 그 사람은 남성적인 특성은 높은 것이라고 생각하는 것이다. 남자 청년에게 "남자가 되라"고 강조할 때의 의미는 분명히 여자처럼 행동하지 말라는 것이다. 인간은 태어나는 순간부터 다양한 사회적 지위와 이에 상응하는 역할

을 부여받게 된다. 여기서 역할이란 '한 개인이 주어진 상황에 따라 어떻게 행동할 것인가'의 문제에 관련된 사회적, 문화적 기대를 의미한다.

심리학자들이 이러한 성역할을 연구하기 시작하던 초기에는 남녀의 심리적 차이를 증명하기 위해 전반적인 성의 차이를 중심으로 연구하였다. 이에 깔려 있는 가정은 남녀의 차이가 생물학적 차이에서 발생한다는 것이다. 그후 전반적인 성차별로부터 더 세분화하여 남녀 행동의 본질적인 특성인 여성성, 남성성을 이해하려고 한다. 따라서 성차의 근원에 대한 생물학적이고도 상황적인 많은 문제들이 제기되었는데 그러한 문제들 속에서 남자는 남성적이어야 하고 여자는 여성적이어야 한다는 가정이 내포되어 있다. 그러나 1970년대에 이르러 남녀의 심리적 차이는 그 어떤 성과도 떼어낼 수 없는 생물학적 요인이기보다는 오히려 사회가 만들어 놓은 하나의 고정관념이라는 것을 인식하게 되었다. 사람은 남성적일 수도 있고 여성적일 수도 있다. 그러한 의미에서 여성성, 남성성은 생물학적 성과와 관계없을 수도 있다. 다시 말해서 개인에 따라 다르게 남성성과 여성성이 공존하며, 하나의 개인적 특성이라는 입장으로 볼 수 있는 것이다.

여성과 남성의 성과 사랑

남녀의 다른 성역할의 차이로 성, 사랑, 결혼에 대한 남녀의 의식 차이가 두드러지게 나타난다. 오랜 가부장제 문화 속에서, 출생 순간부터 남녀가 분리된 문화에서 남성은 남성적으로 여성은 여성적으로 길들여져 왔기 때문에 공적인 영역에서는 아직도 성적 행동에 대한 전통적 규제가 강하다는 점 등이 남녀의 성, 사랑, 결혼의 의식 차이를 만든다.

가부장제 사회에서는 성에 대한 이중 기준이 존재하듯이, 사랑에 대한 이해와 실천에 있어서도 남녀간의 차이가 존재한다는 점이 중요하다.

사랑의 성차는 남녀간의 삶의 조건의 차이에 따른 현실의 성경험의 토대로 형성되는 것이다.

사랑의 개념에 대한 남녀간의 차이는 성역할의 이분법과 상통한다.

사랑에 대한 남녀의 의식을 비교해 보면 아래와 같다.

① 남성

- 성과 사랑을 분리시킬 수 있다고 생각한다.
- 남자는 삶에 성과 사랑이 차지하는 비중을 여자보다 낮게 둔다.
- 남자는 공격적이고 주도적이어야 남자답다고 생각한다.
- 여자들에 대한 남자들의 생각에는 상호모순이 있다.
- 결혼은 정숙한 여자와 한다.
- 성관계에서 피임이나 임신은 여성의 몸에 직접 관계되는 일이므로 여성이 책임져야 할 문제이다.
- 남자는 사랑의 유무에 상관없이 성욕을 표출하고 충족시키는 경향이 강하다.

② 여성

- 여성에게는 성과 사랑, 결혼은 분리되기 어렵다.
- 남성은 어떤 면에서 존경할 만한 점이 있어야 한다.
- 여성은 사랑하는 사람과의 성관계에서의 친밀감, 결속이 더 중요하며 성적 쾌감은 부차적이다.
- 여자가 성적 호기심, 관심을 갖거나 성적 욕구를 느끼는 것은 정숙하지 못하거나 부끄럽다.
- 여자는 성관계를 두려워한다.
- 결혼한 여자의 경우, 남편과 성관계를 하고 아이를 낳아주는 것이 당연한 의무이다.

성과 사랑, 결혼에 대한 차이로 미혼 남녀의 일반적인 성의식은 결벽증을 나타내는 보수주의 성향과 성 자유 풍조에 편승하는 개방주의가 양극화되는 가운데 결혼한 기성 세대보다 더 큰 혼란과 아노미 상태를 나타낸다. 현재 대학내의 성과 사랑이 결부된 혼전 성관계의 문제는 여성과 남성의 큰 차이를 보이며 지금의 성문화가 혼란하다는 것을 보여준다.

지나친 성욕의 과시가 남성다움에 속하는가?

한국 남성의 성문화는 두 가지 측면으로 나누어 볼 수 있다. 성에 대한 인식 경험과 규범의 측면으로 나누어진다.

① **먼저 성인식의 특징은**

가) 남성에게 성은 곧 성관계를 의미하는 것으로서 지극히 성기중심의 성개념을 갖고 있다. 여기서 성관계는 성기를 중심으로 하는 신체적 접촉만을 의미하는 협소하고 독립적이며 단절적인 개념이다. 즉, 피임이나 임신, 출산 등의 측면에서 역시 성의 중요한 영역이자 성관계와 밀접한 부분인데도 '여성의 일' 혹은 '여자가 알아서 할 일'로 제외시키고 있다.

나) 남성이 '성관계를 갖는다'는 것은 상호간의 의사소통 혹은 정서적 교감, 친근감의 확인, 즐김 등 인간 관계를 포함하기보다는 상대 여성의 소유의식의 확인이라는 의미가 강하게 드러난다.

성관계에서 남성이 주체로 나타나고 여성의 몸이나 성기가 대상화되는 인식도 특징적이다. 여성에 대한 남성의 인식은 전인적 인간으로서가 아닌 오직 성에 대한 인식의 연장선에서 이루어지고 있다.

남성에게 여성은 성행동에 대한 기준을 근거로 결혼의 대상 이외의

'정숙한 여성'과 그렇지 않은 여성으로 이분화된다. 또 잠재적인 성적 존재로서 여성은 남성보다 소극적이어야 하는 열등한 존재로 인식되고 있다.

② 실제 남성의 구체적인 성경험

가) 가장 두드러지는 특징으로서 남성들이 우리 사회에서 공식적으로 혹은 불법, 소위 일탈적 행위로 규정하고 있는 성경험을 실제로는 자연스러운 일상행위로 경험하고 있다는 점이다.

가령 이화여대 여성학과의 조사 중 기혼 남성의 86.5%가 혼전 성경험을 했고 혼외 성경험은 63.3%로 나타났다. 또 전체의 63.7%가 매매춘을 경험한 적이 있고 포르노의 경우 98%가 본 적이 있다고 응답했다.

이러한 남성의 비공식적인 성경험은 금기시되기 보다는 공공연히 드러내놓고 이야기하고 당연시된다. 반면에 비공식적인 성경험과 비교해 볼 때 합법적으로 인정되는 부부간의 성은 오히려 이야기를 꺼려하거나 상대적으로 관심거리가 되지 못하는 점도 주목할 만하다.

나) 성행동에서 스스로가 여성을 주도해야 하는 존재로 인식하고 있다. 미혼 남성의 경우 여성의 적극적인 성행동에 거부감을 표현하거나, 부부간의 성이 대부분 남성에 의해 주도되고 있는 점이 이를 뒷받침한다. 또 강간을 대수롭지 않게 생각하고 강간 충동을 유사한 개념으로 받아들이고 있음은 남성의 성적 주도성이 성적 공격설까지도 내포하고 있음을 보여준다.

이러한 성에 대한 인식과 경험을 통해서 남성 중심의 성 이중규범이 거의 그대로 적용되고 있는 것이 드러난다. 즉 여성의 성에 대해서는 여전히 보수적인 인식을 갖고 있으면서 남성 자신의 성은 허용적이거나 적극적인 성행동을 남성다움의 표현인양 받아들이기도 한다. 특히 혼전 순결이나 혼외의 성에 대한 남성의 태도는 성 이중규범의 대표적인 특성을 보여준다.

식욕은 느껴도 성욕은 느끼지 않는가?

앞에서 보는 것을 바탕으로 한국의 여성들은 다음과 같은 성인식을 갖는다고 말할 수 있다.

첫째, 성개방에 앞서 한국 여성들은 지배적인 남성문화에 대한 피해의식에 사로잡혀 있다. 그렇기 때문에 자신의 성적 욕구를 추구하기보다는 강력한 성규범의 보호 속에 있기를 바란다는 것이다. 물론 이것은 여성들이 절대적으로 열악한 사회적 상황에 놓여 있기 때문이다.

둘째, 아직까지의 성의 절대적 가치를 결혼의 테두리 안에서 보고 있으며 결혼에 대한 환상을 갖고 있다. 이것은 서구의 낭만적인 사랑과는 커다란 차이가 있다. 경제적, 문화적인 이유로 여성은 결혼을 필수적인 이유로 생각하고 있다.

그리고 아직도 결혼이란 순결 이데올로기에 귀착되어 있으며 모든 성행위는 결혼의 틀 속에서 파악되어진다. 혼전 성관계까지 지배하는 우리 사회의 결혼은 자유로운 성의 양식을 선택할 일말의 기회도 허용하지 않는다. 성과 결혼을 필연적으로 연관지으려는 우리 사회의 인식은 서구의 낭만적 사랑과는 큰 차이가 있으며 성이 배제된 연애 결혼도 자유로운 연애 결혼이 아닌 것이다.

결혼이 진정 사랑을 전제로 하고 있다면 사랑을 확인하지 않고 어떻게 결혼할 수 있단 말인가? 혼전의 성관계가 여성에게 엄청난 불이익을 주는 현실에서 자신의 위치를 남자에게 피력시키고 둘이 결혼할 때까지 순결을 지킨 그야말로 의지의 한국 연인들이 한때 어쩌면 지금도 이상형인지도 모른다. 서로가 사랑한다고 하고, 결혼할 예정이나, 혼전 순결이라는 통념 때문에 순결을 지킨다는 것은 어떤 의미를 지닐까?

남자를 결혼이라는 틀에 묶어두기까지는 자신이 당한 어떠한 불이익도 인정할 수 없으며, 오직 결혼만이 결혼의 최고의 상품인 처녀성을 바칠 가치가 있다고 생각하는 것 같다.

그러나 혼전 성관계가 불이익을 주는 성관계의 양식을 선택함에 있어, 성의 절대적 차이는 존재하지 않는다. 앞서 살펴보았듯이 그 사회의 문화와 경제적 각본들에 따라 변형될 뿐이고, 우리 시대의 여성들에게 성은 남성들로부터 보호받아야 할 가장 예민한 부분이며, 대남성 피해의식도 큰 것 같다. 한편 아직도 많은 여성들이 성의 양식을 자유롭게 선택하기보다는 최상의 결혼과 자신이 받을 불이익 때문에 순결을 지키려고 한다. 흔들리는 성규범과 잔재하고 있는 순결이데올로기 아래 성의 건전한 다양성보다는 획일적이며 퇴폐적이고 소비적인 성문화가 판을 치고 있다.

건강한 남녀는 '몸으로의 대화'도 동등하게

성과 사랑의 미래는 남녀관계를 앞으로 어떻게 새롭게 정립하는가, 즉 기존의 성차별적 사회구조를 어떻게 변화시킬 것인가에 달려 있다.

이것은 곧 기존의 사회성과 사랑에 부여한 '여성적', '남성적' 편견과 고정관념을 배제한 문화의 탈출을 의미한다.

전통적으로 우리나라는 소위 점잖은 사람은 성에 대한 언급을 입 밖에 내지도 않는 것으로 되어있다. 인간의 성행위는 신의 섭리이며 인간 본성의 일부이지만 그 기능은 생식이라는 뚜렷한 목적을 갖고 있어서 그 목적 이외에 행하여질 때에는 육체적이며 악한 것이라는 성윤리관을 가지고 있다.

우리 사회는 가정의 순수 부계 혈통의 보존을 위해 성의 통제를 할 수밖에 없었다. 가정과 사회제도 유지를 위해 성도덕의 윤리적 책임을 결국 여성에게 과중하게 부담시킨 것이다. 심한 남존여비, 남녀칠세부동석, 칠거지악, 수절의 윤리를 세우고 남녀에 별도로 적용되는 윤리의 이중기준을 만들었던 것이다. 성행위에 있어서도 여자는 그의 전부를 바치고 남자는 그의 일부만을 제공하여 자기의 짐을 벗어버리는데 편리한 생리이다.

따라서 성 윤리는 진실한 대우, 인격적 관계를 바탕으로 동일 규준이어야 한다. 비록 어떤 필요상 제재 내지 통제를 할 경우에도 반드시 동일 규범에서 취급되어야 한다. 이제까지의 이중규범은 여성에게는 인격에 대한 모독인 것이다. 성이 대상화되는 것을 용납해서는 안 된다. 특히 여성들은 여지껏 많이 보고 유도되어졌으나 돈 많은 남자의 구매 욕구를 자극하고 흥분시킬 모습으로 자신을 상품화하여 낭만적 사랑의 외피를 입히는 일들을 과감히 멈추어야 한다. 여자 남자 모두의 성이 상품화되고 있는 지금 우리는 상업적 예산으로 부추기는 꼭두각시 역할을 더 이상 해서는 안되겠다. 가장 큰 이유는 인간을 동물로 전락시키기 때문이다. 동시에 성에 대한 차별적인 평가 기준을 없애야 한다.

즉, 여성에게만 강조되는 순결 이데올로기가 일소되어야 한다. 이는 인생에 있어 부분에 지나지 않는 성관계의 시행착오를 겪는 여성들을 자포자기하게 만든 사회악으로서 작용하고 있기 때문이다. 남성에게 있어서는 오히려 매매춘녀와 성행위를 하지 않은 것을 남자답지 못한 치부로 여기거나 상품화된 성을 자연스럽게 접하고 모든 여성들을 성적 대상물로 간주하는 행위가 자행되고 있는데 이는 반드시 근절되어야 한다.

성은 합의에 의해 몸으로 하는 대화이다. 성에 대한 막연한 피해의식이라든지 낭만적이고 자유분방한 성에 대한 환상은 현실적이고 주체적인 삶을 억압하는 요소일 뿐이다. 성이 죽음과 맞먹을 정도로 가치가 있다든지, 쾌락의 도구일 뿐이라는 극단적인 사고에서 벗어나야 한다. 앞서 언급했듯이 성의 절제적 가치는 존재하지 않는다. 일대일의 사랑에 있어서 서로가 성의 일대일 관계를 유지하는 것은 그에 수반되는 일들을 책임질 수 있는 성숙한 경우 바람직한 방향이라 생각한다.

사랑이야기

진정한 사랑은 마음으로 나누는 사랑이고
가치있는 사랑은 오직 한 사람에 대한 사랑이며
헌신적인 사랑은 되돌려 받을 생각없이 하는 사랑이다.

소중한 사랑은 영원히 간직하고픈 사람과 나누는 사랑이고
행복한 사랑은 마음의 일치에 의하여 나누는 사랑이며
뿌듯한 사랑은 주는 사랑이다.

포근한 사랑은 정(情)으로 나누는 사랑이고
아름다운 사랑은 두 영혼이 하나가 되는 사랑이며
황홀한 사랑은 두 육체가 하나가 되는 사랑이다.

건강한 사랑은 부부끼리 나누는 사랑이고
용기있는 사랑은 사랑하고픈 사람과 나누는 사랑이며
끈끈한 사랑은 핏줄에 대한 사랑이다.

감격적인 사랑은 오랫동안 떨어졌다 다시 만난 사랑이고
깜찍한 사랑은 아이와 나누는 사랑이며
때묻지 않은 사랑은 첫사랑이다.

순간의 사랑은 마음이 배제된 사랑이고
영원한 사랑은 마음이 합치된 사랑이며
끝없는 사랑은 죽음에 이르러서까지 나누는 사랑이다.

불행한 사랑은 사랑해서는 안될 사람과 나누는 사랑이고
값싼 사랑은 사랑의 대상을 자주 바꾸는 사랑이며
천박한 사랑은 육욕(肉慾)에 치우친 사랑이다.

억울한 사랑은 맞지 못해서 하는 사랑이고
비참한 사랑은 굶주린 상태에서 하는 사랑이며
가난한 사랑은 받는 사랑이다.

비굴한 사랑은 일방적으로 매달리는 사랑이고
외로운 사랑은 짝사랑이며
아쉬운 사랑은 미련이 남는 사랑이다.

고독한 사랑은 혼자서 나누는 사랑이고
추한 사랑은 강제로 나누는 사랑이며
쓰디쓴 사랑은 이별한 사랑이다.

제 3 장

여성의 삶 전체를 · 성 · 생명 : 피임

사랑과 친밀성과 성은 연속적이다. 사랑과 친밀성과 성의 표현방법과 영역은 다양하고도 넓다. 사랑하기에 우리만이 할 수 있는, 아니 나만이 그에게 할 수 있는 친밀한 표현을 하고 싶어진다. 그것은 나의 너를 사랑하는 힘이고 너를 지배할 수 있는 나의 마음을 흔쾌히 수용하는 너의 인정이다. 그러나 사랑이나 친밀과는 전혀 관계 없이도 성기중심의 성관계를 하는 사람들이 많은 반면 또 친밀한 관계를 오랫동안 유지하는 사람들 중에는 성기중심의 성관계를 하지 않은 사람들도 많다. 사랑과 친밀이 꼭 성관계를 동반해야만 이루어지는 것은 아니다. 흔히 두 사람의 관계가 불안할 때 육체적 성관계로나마 한 쪽을 소유하여 지배하고자 한다.

진정한 사랑을 하는 자는 그 친밀한 '그대'에게 자신도 모르게 주게 될 수도 있고 상대가 받을 수도 있는 상처에 더 민감하다.

불을 사용할 필요가 없을 때는 가스불을 확실히 꺼야 한다. 그것에 관한 주의와 교육과 실천은 상당히 잘 이루어졌다. 아파트 엘리베이터 안에도, 때로 자주 잊어버리는 경우에는 집 한가운데도, 부엌 한가운데도, 또 바로 가스불 옆에도 그것을 주의하는 포스터를 붙여 둔다. 그리고 아침마다 주의하는 전화와 경고와 몇 번씩의 단속과 점검을 한다. 잠 그지 않으면 화재가 나서 인명 피해와 재산 손실이 따른다. 여성에게 예기치 않은 임신은 자칫 여성의 삶 전체를 뒤흔들어 놓아 화재보다 더 막대한 손실과 악영향을 미치기도 한다.

인간의 성이 복합적이듯 피임약 역시 성과 관련된 단순한 의미의 약이 아니고 다중적인 의미를 지니게 된다. 부작용이 따르는 지금까지의 먹는 피임약을 어느 성이 주로 먹는 것으로 되어 있는가부터 - 사후 피임약이 아니고 남성이 먹는 사전 피임약도 있을 수 있으나 남성이 먹는 것을 주로 연구하지는 않는 경향 또 사후 피임약을 허용하는가 아닌가에 있어서도 사회적·문화적·정치적·경제적 입장들이 개재된다. 18세기에는 영국에서도, 공장 여공들의 예기치 않은 임신으로 인한 삶의 파탄을 두고 볼 수 없어, 피임약을 홍보하던 존스튜어트 밀은 구속되었다. 피임약이 미국에서 사용 허가를 얻은 것은 불과 40여 년 전인 1960년이다. 전쟁 후 피임약 개발에 박차를 가하게 만든 동인은 여성 인권을 향상시키려는 인도주의가 아니었다. 그것은 '베이비붐 세대'로 불리는 폭발적인 인구 증가에 대한 우려에서 비롯됐다. 피임약 탄생 이후에도 피임약이 사회적으로 수용되기에는 적잖은 시련을 겪어야 했다. 지금 RU-486 등 사후 피임약 허가가 논란이 되듯 당시 미국 사회에서도 피임약의 보급은 만만찮은 사회적 저항에 부닥쳤던 것이다. 대표적인 반대파가 출산조절을 인종주의로 받아들인 흑인운동권과 '생명존엄론'을 들고 나온 가톨릭계였다. 당시 피임약 수용에 결정적인 역할을 한 일등공신은 미국의 중산층 여성이었다. 당시 여권신장 운동으로 사회진출을 획득하려한 여성들이 피임약을 한 '라이프스타일'로 받아들였던 것이다. 발매 초기에 개발도상국이 인구조절을 위해 이 약을 보급하기에는 가격이 너무 비쌌다.

21세기 최근 아프리카의 한 대통령은 천문학적인 숫자의 콘돔을 직접 수입하여 국민들에게 배포하고 있다.

1. 피임을 준비하는 남자가 더 멋있다.
- 다시 연인으로 태어나기

왜 우리나라나 외국이나 모든 TV드라마나 영화에서 성관계 장면은 빠짐없이 나오는데 피임장면은 하나도 나오지 않을까? 여성의 몸과 정신에서 유혈낭자한 피와 생명과 고통을 흘리는 막대한 사건이 일어나는 순간에도 남자들의 몸에서는 아무런 일이 일어나지 않기 때문일 것이다. 서양영화나 한국영화나 드라마의 어느 장면에서도 피임 장면은 본 적이 없다. 단 성교육용 비디오에서나 한 두 컷이 나왔을까? 지금까지 관습적으로 생략해 온 것 - 남성중심적이었으니 - 을 일상의 성관계에서 자연스럽게 보여주는 것이 절대적으로 필요하다. 왜? 생명을 존중하고 여성과 남성의 몸을 존중하니까.

남성작가나 여성작가나 제작자들이 두 청춘남녀의 성적 결합은 아이를 만들 수도 있다는 사실을 망각하는 것일까? 두 청춘 남녀가 망각하는 것일까? 아니면 '낙태'(아이 능지처참)는 호박씨를 긁어내어 쓰레기통에 버려버리듯 간단하고 아무 일도 아닌 일로 여겨서일까? 아니면 성적으로 고조된 분위기를 깬다고 생각해서일까? <호박 반 잘라서 씨 있는 사진과 쓰레기통, 씨를 긁어 낸 호박사진>

여자는 단순한 감정적인 동물만은 아니다. 남자가 함부로 대하면 그것을 느낀다. 사려깊은 만남만이 서로를 소외시키지 않는 영혼과의 만남으로 연결된다. 두 사람의 사랑을 위해 더 큰 것을 버리고 같이 살 수도 죽을 수도 있는 만남, 혹 그것이 짧은 기간이라 하더라도.

최근 증가하고 있는 6호 이혼사유는 고상하게 말해 '성격차이'이다. 대화 부족과 성격 부조화 또 애정의 상실 등 혼인 상태를 지속할 수 없는 중요 사유들이다.

취미가 방콕해서 파는 일밖에 없는 남자 하루종일 무슨 일이나 생각을 해도 성, 그것과 연관짓고 있는 남자, 가족들이나 주변 사람을 편하게 해줄 줄 모르는 남자 - 남자들이 실생활에서는 아직 변하지 않고 있는 것이 현대 사회의 가장 큰 문제이다.

여성들은 남자가 피임에 필요한 것을 챙기는 그 자체를 아는 순간부터 기분 좋은 성적 자극을 받는다. 예를 들어 남성이 달력의 암호를 쳐다보고 남몰래 웃으며 눈을 맞추는 모습에서, 또 남편이나 연인이 피임을 하지 않았을 때 받을 수 있는 연인의 상처를 염려하여 콘돔이나 피임기구를 사 오거나 준비하며 어성어성 거리며 다니는 모습에서, 여성들은 마치 그대로부터 여왕같은 사랑을 받고 있다며 몸과 마음을 준비하게 된다. 여성들은 직접적인 성행위 그 자체에서보다 상대가 자신을 배려하는 느낌으로 더 많이 행복해하고 고무된다.

무의미하던 달력에 날짜를 직접 계산하여 둘만이 통하는 사랑의 암호를 그려 넣는 남편이나 연인, 그 날짜가 오는 밤 조그마한 꽃 한송이를 들고 들어와 여성에게 사랑의 고백을 할 때, 연인은 더 긴 연인이 되고 남편은 다시 연인이 된다. 남성이 진지하게 여성을 대하려는 모습에서 여성들은 자신을 송두리째 내어놓고 싶은 믿음직스러움을 느낀다. 그 믿음직스러움이나 매력적 모습의 한가지는 남성이성에 대해서도 진지한 모습으로 여기는 것 같아 보기 좋고, 다른 한 가지는 여성의 건강이나 몸에 대한 배려, 바로 나에 대한 사랑을 확신하게 해주기 때문이다. 세상에서 가장 귀하고 소중하게 대해 주는 마음과 모습에서 가장 큰 사랑을 느끼는 것은 고금을 통해 진실이 아닌가!. 그것을 느끼게 하는 사람들의 친밀한 몸으로의 대화 그것이 성적 관계일 때, 그것으로 인해 여성에게 난처한 일이 발생하지 않도록 신경쓰는 모습 그것만으로도 여성은 반이상의 절정감을 느낀다.

우리나라 기혼부부의 피임법으로는 약 40%정도가 불임수술을 택할 정도로 불임수술이 가장 널리 퍼져 있다. 그러나 여성의 경우 다시 회복될 수 없는 피임 방법이기 때문에 직장생활 등의 이유로 임신이나 출산을 뒤로 미루고자 하는 젊은 여성이나 부부에게는 적합하지 않다. 가역적인 피임법 중에서는 콘돔과 자궁 내 장치가 기혼부부의 15%와 13%에서 사용되어 상대적으로 높은 이용률을 보이고 있는데, 흔히 피임약이라고 부르는 먹는 피임약은 1997년 현재, 가임여성의 1.8%정도만이 사용하여 다른 피임법에 비해 사용률이 현저하게 뒤져 있다. 피임약 복용률이 거의 미미한 우리나라에 비해 네덜란드는 40%, 독일은 30%, 영국은 25%, 미국은 15% 정도의 가임여성이 먹는 피임약을 사용중이다.

또한 다른 아시아 국가의 경우를 보더라도 인도네시아 17%, 태국 15%, 말레이시아 12%, 대만 7%, 싱가포르 7%로 우리나라와 비교해 볼 때 많은 여성이 피임약을 복용중이며, 전세계적으로도 매일 9천만명 이상의 여성이 먹는 피임약으로 출산을 조절하고 있다.

먹는 피임약

① 남성이 사전에 먹는 피임약

아직 발명되지 않았음. 일설에는 오래 전에 발명되었으나 남성이라는 성에 올 수 있는 부작용을 고려하여 폐기되고 여성 쪽으로 만들어졌다고도 함.

② 사후 피임약과 쓸 상황

매일 우산을 들고 나가지 않고, 비 올 때만 우산을 쓰는 것처럼 거의 매일 피임약을 먹는 것보다는 꼭 필요할 때에 약을 먹는 것이 여성의 신체적 · 정신적 건강에 좋다. 물론 경제적으로도 더 부담이 되지 않을 것이다. 산부인과 의사들과 그 관련자들은 사후 피임약을 반대 할 것이다.

왜냐하면 1년에 150만 건 이상의 낙태 시술이 있는 것으로 통계가 나와 있는데 낙태 비용을 한 건당 30만원만 잡더라도 그 비용이 150만×30만 = 450,000,000,000(사천오백억)이나 된다. ……

사후 피임약은 앞으로 여러 가지가 나올 수 있겠으나 2001년 현재 외국 몇 개국에 '노레보정'이 시판되고 있다. 노레보정은 배란기에 성관계를 한 뒤 72시간 내에 12시간 간격으로 한 알씩 2회 복용하면 원하지 않는 임신을 막을 수 있다고 한다. 이 사후 피임약은 여성의 몸 안에 있는 황체 호르몬과 같은 성분의 합성 레보노르게스테렐 0.75mg다. 이 약의 작용원리는 난자와 정자가 만나 수정된 후 이 수정란이 자궁 안에 착상이 이뤄지지 않도록 하는 것이다.

절대적으로 강제나 폭력에 의한 인간관계 특히 성관계는 근절되어야 한다. 그럼에도 2000년 일년간에 알려진 숫자만도 만건 이상에 해당된다. 가치관이 제대로 안되어 있었든 제대로 되어 있었든 간에 10대 임신 경험자들은 갖은 모욕과 위험 속에 합법 불법적인 태아살해(수정란 해체가 아닌)를 하고 있다. 또 일년에 100만명 이상의 태아가 합법적 성관계를 하는 여성들 - 어머니 - 에 의해서도 3~4개월이나 자란 상황에서 어머니의 몸 안에서 아버지·어머니가 동의한 가운데 능지처참 당하고 있다.

③ 사전 피임약으로 준비할 수 있는 안정적인 관계의 경우

호르몬의 혼합 용량을 3단계로 만든 트리퀼라라는 제품은 현재 병, 의원에서만 구입할 수 있다. 피임약을 먹는 방법에 주의를 기울여야 한다. 어떤 주기의 피임을 원할 때 그 주기의 월경이 시작되면 시작된 날로부터 5일 이내에 먹기 시작하여 매일 한 알씩 먹는다. 혹시 하루를 잊었을 경우 12시간 내 2알을 먹으십시오. 2일 이상 잊었을 경우에는 피임의 실패율이 높아진다. 한 주기용을 다 먹은 후 기다리면 월경이 시작된다. 이 피임약의 가장 흔한 부작용은 메스꺼움인데 때로 심한 경우도 있으나 복용 시간을 취침 전으로 하면 대부분 해결된다.

피임약을 먹으면 임신 시와 비슷한 호르몬 상태가 되므로 몸이 붓고 유방이 팽팽해지기도 한다. 여드름이 날 수도 있고 우울감에 빠지는 경우도 있다.

그러나 이런 일이 모두 일어나는 것은 아니며 복용시작 2-3개월 후면 자연적으로 사라진다.

피임약을 먹다가 끊었을 경우 일시적으로 배란 및 월경이 돌아오지 않는 경우도 있다. 그러나 90%가 3개월 이내에 배란이 재개되며, 혹 3개월이 지나도 무배란, 무월경 상태가 계속되는 경우가 있더라도 이는 병원에서 배란약을 처방함으로써 간단히 해결되므로 여기에 대해서도 너무 염려할 필요가 없다. 피임약은 비교적 안전한 약이며 사용이 간편하고 성생활을 방해하지 않는 장점이 있다. 또한 피임 효과 이외에도 여러 가지 건강상의 이점을 갖고 있다. 생리통을 경감시키고 불규칙한 생리주기를 조절해 줄 수 있으며 난소암과 자궁내막암의 위험을 감소시키는 것으로 알려져 있다. 생리의 양을 감소시킴으로 인해 과다월경이 장기적으로 있을 경우 발생할 수 있는 철결핍성 빈혈을 예방해 주는 효과도 있다. 이 피임약은 임신능력이나 기형 발생에 전혀 영향을 주지 않는다고 하나 여성만이 지속적인 복용을 할 경우 어떤 문제가 초래될 지는 미지수가 아닐까?

특히 고혈압, 당뇨, 간염, 정맥혈전증을 가지고 있는 여성 등은 피임약 사용을 금하여야 한다. 1년을 복용하였을 때 실패율(임신율)이 약 3% 라고 한다.

자궁 내 장치(IUD)

흔히 구리가 감긴 작은 기구(일명 루-프)로, 이 기구를 여성의 자궁 안에 넣어서 수정란이 착상되는 것을 막는 피임 방법이다. 자궁 안에 설치해야 하는 부담 때문에 보통 아기를 낳은 경험이 있는 여성들이 주로 사용한다. 보통 생리가 끝난 직후에 산부인과에서 장치 시술을 받는 것이 좋다. 또한 이 장치가 제대로 놓여 있는지 6개월에 한 번 정도는 체크를 받는 것이 바람직하다. 사막의 대상들이 긴 여행동안 낙타의 임신을 막기 위해 암낙타의 자궁에 작을 돌을 집어넣었다고 전해오는 이야기가 있다.

루-프는 특수한 화학제를 입혀 특수한 모양으로 고안된 장치로, 병원에서 자궁 내에 삽입하는 시술을 받는 피임법이다. 병원에서 시술을 받게 되는데 실제로 아주 간단히 끝나므로 겁먹을 필요가 없다. 부작용으로는 복통과 출혈이 있을 수 있는데 삽입 직후에 생길 수도 있고, 후에 월경시 생리통이 생기기도 한다. 월경량이 실제 15% 정도 늘어나 과도한 월경량으로 인하여 루-프를 도로 빼기도 한다.

염증이 생길 우려도 있다고 하나 루-프에 동을 입히기 때문에 루-프 삽입하고 일정기간이 지나면 자궁은 무균상태가 되며 2-3달 이후 생기는 염증은 성병으로 보아야 한다. 골반염 등의 염증이 판명되면 루-프는 제거하고 치료를 받아야 한다.

루-프의 경우도 1년간 실패율이 3% 정도이다. 혹시 루-프를 낀 채로 임신이 되었을 경우 그 임신을 원한다면 초기에 제거해야 한다.

미레나

미레나는 자궁내에 넣는 새로운 피임장치로 피임 실패율이 가역적 피임방법 중 가장 낮아 불임수술과 견줄 만큼 우수한 피임효과를 갖는 것으로 알려져 있다. 미레나는 우수한 피임효과 이외에도, 월경량과 월경기간을 감소시키고 생리통을 감소시켜주는 이점이 있어서 이러한 증상이 있는 여성들에게 치료목적으로도 사용되고 있다. 미레나는 기존의 자궁내 장치(루-프)와 비슷한 모양이지만 안으로 황체호르몬이 들어 있다. 미레나는 매일 일정량의 황체호르몬을 자궁내에만 분비시켜 작용하므로 특별한 전신적인 부작용이 없이 우수한 피임효과를 나타낸다. 피임이 되는 기전은 황체호르몬에 의해 자궁경부점액을 끈끈하게 하여 정자가 난자에 접근해서 수정하는 것을 어렵게 하고, 자궁과 난관 내에서 정자가 정상적으로 운동하는 것을 방해한다. 황체호르몬이 주로 자궁내에만 작용하기 때문에 자궁내막이 얇게 되어 수정란이 착상하는 것을 막고 더불어 생리량이 줄어들고 생리기간도 짧아진다.

가. 적합한 여성

미레나는 자궁경부를 통과해서 시술되기 때문에 출산을 경험한 여성이 사용하는 것이 좋다.

- 장기간의 확실한 피임을 원하는 여성(5년간)
- 피임과 함께 생리량과 생리기간의 감소를 원하는 여성
- 월경과다 또는 월경통의 치료를 원하는 여성
- Fe(철)겹핍성 빈혈이 있으면서 피임이 필요한 여성
- 기존 자궁내장치의 부작용(월경량 및 월경기간의 증가, 골반내염증질환)으로 용이 부적합한 여성
- 수유중인 여성
- 폐경 후 여성호르몬 치료시에 자궁내막암 예방목적

미레나의 단점 - 전문가의 시술이 필요하며 드문 현상이지만 사용 중 빠지거나 이동될 수 있다. 사용 첫 3~6개월간 소량의 출혈이 있을 수 있다.

나. 적용될 수 있는 시기

- 생리 중이거나 생리시작으로부터 7일 이내

- 인공유산 후 즉시
- 자궁내장치 제거 후 즉시
- 피임약 복용시에 마지막 정제복용 후나 소퇴성 출혈기간 중
- 분만 후 4~6주부터

시술 후 생리의 변화

전반적으로 미레나 시술 후 생리기간은 짧아지고 생리량은 적어지며 생리통도 경감된다. 하지만 시술 후 첫 3~6개월 동안 많은 여성들이 정상적인 생리기간 이외에 불규칙적으로 약간의 출혈을 경험하는데 팬티라이너 정도를 착용하면 된다. 그 후 생리는 하루 내지 이틀정도만 하고 1년이 지나면 일부 여성들은 생리를 아예 하지 않을 수도 있다. 이것은 미레나로부터 방출된 황체호르몬의 작용으로 생리가 나오려면 두꺼워지는 자궁 내막층이 얇아지게 되어 생리기간에 나올 혈액이 없기 때문이다. 생리를 하지 않는다고 해서 폐경기를 맞게 되었다거나 생리혈이 신체의 다른 부위로 가는 것은 아니다. 이때 난소는 미레나를 사용하기 이전과 마찬가지로 정상적인 기능을 하고 있다. 실제로 생리량이 감소하는 것은 여성의 건강에 큰 이점으로 작용한다. 5년 후 또는 도중에라도 사용을 원하지 않을 경우 미레나를 제거하면 생리는 다시 정상적으로 돌아오고 임신이 가능해진다.

물리적 혹은 화학적 차단법

콘돔, 살정제 등
대표적으로 콘돔과 살정제가 있으며 요즈음은 여성용 콘돔도 나와 있

다. 역사적으로 콘돔은 동물의 창자를 이용하여 만들었던 것이 기원이며 1840년대에 고무의 발명으로 보편화되었습니다. 정확하지는 않지만 콘돔이라는 이름은 영국의 왕 찰스 2세의 주치의인 "닥터 콘돔"에서 유래되었다고 한다. 당시 왕의 서자들이 더 이상 생기는 것을 막기 위하여 고안해내었던 것이라나요? 아무튼 콘돔은 오늘날 피임의 도구일 뿐 아니라 성병의 전파를 막는 도구로 일석이조의 효과를 갖게 되었다. 콘돔은 성교시 남성의 성기에 씌우는 얇은 고무봉지이며 이 안에 사정을 하게되므로 정충의 질내침입(?)이 차단되는 방법이다.

콘돔의 착용시 주의해야할 점은 끝부분의 돌출부위를 살짝 비틀어 납작하게 하여 공기를 뺀 후 사용해야만 콘돔이 찢어져 피임에 실패하는 것을 방지할 수 있다. 또한 사정이 끝난 후 콘돔이 빠져 질 내로 정액이 흘러 들어가지 않도록 주의해서 제거해야 한다. 한국에서 많이 사용되고 있는 피임 방법으로 특히 연령이 낮은 층에서 선호되고 있습니다.

정확하게 사용한다면 간편하고 효율적인 방법이지만, 피임 실패율이 15%정도나 되는 주의를 요하는 방법이다. 사용자에 따라서는 성감이 저하될 수도 있으나, 무엇보다 간편하고 성병을 예방할 수 있어 좋다 남성의 성기가 발기되어 삽입하기 전부터 착용해야 하는 등 사용법에 특히 유의하여야 피임 효과를 높일 수 있다. 여성용 콘돔은 거꾸로 여성의 질 내부를 감싸줌으로써 정충을 차단하는 방법이다.

살정제는 질좌약식(상품명 : 노원, 오뷰콘)이나 젤리 등의 형태가 있는데 질 안에서 정충을 죽이는 역할을 한다. 성교 약 10분 내지 한시간 전에 질 깊숙이 삽입 혹은 주입해야 하며(질좌약식은 삽입, 젤리형은 주입기로 주입) 성교 반복 시에는 다시 한차례 삽입 혹은 주입해야 한다. 질좌약식은 질안에서 녹는 시간을 감안해야 효과적이다.

콘돔이나 살정제를 사용을 했는데도 임신이 되는 율이 10~20% 정도 된다. 이는 거의 사용법의 실수에서 오는 것이지만 이 경우 임신을 원한다면 임신을 유지시켜도 아무 상관이 없다. 살정제를 썼더라도 살아남은 정충에 이상을 초래하지는 않으므로 일단 임신이 되었을 경우 태아의 기형 등을 유도하지는 않는 것으로 되어 있다.

배란일의 추정 : 자연주기법, 기초체온법

배란 주변기간 동안 금욕 - 힘든 경우가 많다

배란일 주변기간 동안 성관계를 피하거나 질외사정을 이용하여 피임을 하는 방법도 있습니다. 그러기 위해서는 배란일을 추정할 수 있어야 한다. 달력을 이용하는 방법이 가장 보편적인데 이 방법은 월경이 규칙적이어야 가능하다. 어떤 주기에 피임을 하고자 할 때 다음 주기의 월경 시작일을 예측할 수 있을 것이다. 그 날짜를 달력에 표시한 후 거꾸로 14일을 뺀 날이 배란일이다. 그러나 주기가 어느 정도는 변동될 수 있고 정충이 나팔관 내에서 살아있는 기간이 3~4일이라는 점을 감안하여 피임해야할 기간을 넉넉히 잡아야 실패율이 낮다. 달력을 이용하는 방법 외에도 기초체온을 재거나 질로 분비되는 점액의 양상을 관찰하는 방법도 있으나 이는 배란일을 추정하는 목적으로 임신을 원하고자 할 때 주로 사용된다.

자연주기법

보통 배란은 다음 생리일 시작일로부터 14일전에 이루어집니다. 예를 들어, 생리주기가 28일인 여성의 경우, 이번 생리시작일과 다음 생리시작일의 중간정도에 배란이 이루어진다. 자연주기법이란 이러한 여성의 생리주기를 이용하여 임신이 가능한 시기, 즉 배란기에 성관계를 피함으로써 피임을 하는 방법이다. 이 주기법은 생리주기가 정확한 여성에게만 가능한 방법으로 여성의 배란 후 난자가 살아 있는 1일과 정자가 여성의 생식기내에 살아 있는 2~3일을 고려하여 배란을 전후로 한 임신 가능시기를 피하는 방법이다.

임신가능 위험이 높은 기간은 지난 6개월간의 월경주기 중 가장 짧은 주기에서 18일을 뺀 날짜로부터 가장 긴주기에서 11일을 뺀 날짜까지이며, 예를 들어 월경주기가 28~30일인 여성은 월경주기 10일부터 19일까지가 임신가능 위험이 높은 기간이다. 자연주기법은 여성의 배란기가 불확실한 경우에는 사용하면 안 되는 방법이며, 실패 확률이 높다.

영구 불임법 : 정관수술, 난관수술

이는 단산을 유도하는 방법으로 출산이 모두 끝났다고 생각될 경우 하게 된다. 여성측에서 나팔관을 묶는 방법과 남성측에서 정관을 묶는 두 가지 방법이 있다. 난자와 정충이 만나서 수정란이 되어 자궁으로 향하게 되는 장소가 바로 나팔관이므로 이 곳을 묶게되면 난자와 정충이 만날 길이 없어지게 되는 것이다. 요즈음은 복강경을 이용하여 하게 되며 입원할 필요는 없다.

남성의 정관을 묶는 것은 정충이 나오는 길을 차단하는 방법으로 정관은 피부 바로 밑에 지나므로 수술이 간단하고 역시 입원이 필요 없다. 일단 단산수술을 하고 나면 다시 아기를 원하는 경우 풀어주는 복원수술을 해야만 하는데, 복원수술은 까다롭고 성공률도 높지 않으며(여성의 경우 약 60% 정도) 보험적용이 안되어 비용도 많이 들게 되므로 단산수술을 선택할 경우는 신중하게 고려해야 한다.

불임 시술법

보통 남성의 정관수술과 여성의 난관수술을 일컫는 피임법으로, 아기를 더 이상 원하지 않을 때 실시하는 영구적인 불임시술방법이다. <u>남성의 정관수술의 경우</u>는 정자의 운반을 담당하는 정관을 잘라내는 방법이고, <u>여성의 난관수술</u>은 난자의 통로인 나팔관을 묶음으로써 수정을 막는 피임 방법이다. 두 가지 방법 모두 피임 성공률이 높으나 임신을 다시 원하는 경우에는 복원수술을 해야 하는 번거로움이 있기 때문에 전문가들은 이러한 영구피임수술을 결심할 때는 반드시 앞으로의 가족 계획에 대한 장래를 신중히 고려 할 것을 충고하고 있다.

응급 피임법

배란기라고 생각되는 시기에 피치 못할 사정으로 피임이 되지 않았을 경우, 즉 성교 직후 대처할 수 있는 피임법을 응급피임법이라고 한다. 부연하면, 계획되지 않은 성교가 있었거나, 콘돔을 사용하였는데 찢어졌다든지 하여 사용한 피임방법이 불확실하였을 때, 또는 강간 등의 불시의 성교 후 임신을 방지하기 위한 피임법이다.

응급피임법에는 응급피임약제를 복용하는 방법과 자궁 내 장치(루-프)를 삽입하는 방법이 있다. 응급피임약제는 성교 후 72시간 내에 고용량의 복합호르몬제를 12시간 간격으로 2회 복용하는 방법이다. 과거에는 더욱 고용량의 호르몬을 5일간 사용하였는데 이 방법으로 실패하여 임신이 되는 경우에는 반드시 중절수술을 하도록 할 정도로 태아에 미치는 악영향이 크다. 최근에는 호르몬제의 종류와 용량이 개선되어 1974년에 최초로 개발된 이래 1996년 미국 **FDA**에서 승인된 몇 가지의 처방법으로 응급피임법이 정착되었다. 유럽지역에서는 응급피임제로 따로 생산되고 있으나 우리나라에서는 기존의 피임약 중에서 성분에 합당하게 조제하여 먹어야 하는 실정이다. 이는 성교 후 72시간 내에 1회 복용하고 그 후 12시간 후 다시 1회 복용하여야 하는 방법으로써 피임률은 약 75% 정도로 되어 있다. 즉 4명 중 1명 꼴은 응급피임제의 사용에도 불구하고 임신이 된다는 것이다.

그러므로 응급피임제를 복용 후에는 2~3주 이내에 정상적인 월경을 하는지 반드시 확인해 주어야 한다. 과거의 고용량 에스트라디올 제제를 5일간 썼을 경우에는 임신으로 연결되었을 때 반드시 중절하여야 하지만, 최근의 약제는 배란 5일 이내에 복용한 것이 확인된다면 태아에 미치는 영향이 거의 없어서 원한다면 임신을 지속하여도 무방하다.

그러나 생리적으로 고용량의 호르몬에 노출되는 것이기 때문에 이 방법은 말 그대로 응급의 상황에서만 사용하여야 하며 일반적인 피임법으로 남용되어서는 절대로 안됩니다. 응급피임약제는 의사와의 상담을 통하여 처방받도록 하면 된다.

만일 배란기에 무방비의 성교를 가진 후 3일이 지났다면 성교 후 5일이 지나기 전에 자궁내 피임장치(루-프)를 삽입하는 방법도 있다. 이 방법은 되도록 출산 경력이 있는 여성이 사용하는 것이 좋으며 추후 계속 피임을 원할 경우에는 원하는 기간 동안 제거하지 않고 계속 피임할 수 있다는 장점이 있다.

'처한 상황이 다르면 피임법도 달라진다?' 봄이면 수많은 남녀가 커플을 이뤄 결혼에 골인한다. 하지만 아직도 많은 부부가 피임에 대한 기본 지식이 부족해 뜻밖의(?) '허니문 베이비'를 갖거나 피임에 실패해 연년생 자녀를 출산하고 원치 않는 시기에 아이를 갖게 되는 경우가 흔히 있다.

"멋쟁이 부부" 10계명

1. 매일 한끼는 함께 식사하라.
   (부부가 마주앉아 정답게 식사를 하면 가족전체의 평화도 가꿔진다.)

2. 매월 한번 이상 함께 외출하라.
   (연애시절이나 신혼때 자주 들렀던 곳에 가보는 것도 신선한 느낌을 받을 수 있다.)

3. 계절마다 함께 여행을 하라.
   (철따라 운치있는 곳을 찾아나서는 '작은 사치'는 서로의 애정을 깊게하는 지름길이다.)

4. 서로 유연하게 생각하고 행동하라.
   (어려운 일을 당할 때 자유분방하게 대치하는 연습이 필요하다.)

5. 기념일을 장식하라.
   (생일, 결혼기념일은 물론 처음 만난 날과 약혼기념일까지 챙긴다면 금상첨화.)

6. 매주 한통 이상의 편지를 쓰라.
   (상대방에 대한 칭찬과 고마움을 글로 나타낸다는 건 또다른 흥분과 기쁨을 선사
   한다.)

7. 서로 격려하라.
   ("당신 생각이 옳아요", "당신 차림이 어울려요"라는 등 상대방을 북돋우는 말을
   자주하라.)

8. 여가를 투자하라.
   (같이 할 수 있는 취미를 갖게 되면 대화도 늘고 서로 간의 이해도 깊어진다.)

9. 계획을 세워라.
   (로맨스는 우연히 오는게 아니고 창조하는 것. 일주일에 한번 정도는 정기적으로 슈
   퍼에 같이 가거나 식사 또는 다른 가사일을 돕는 것도 좋은 방법.)

10. 생활을 즐겨라.
    (욕심을 줄이고 여유있는 태도를 가지면 주어진 상황이 달라보인다.)

제 4 장

여성의 목소리가 담장을 넘어가야 도둑도 쫓는다
- 여성에게 힘 주는 말들로 -

진보적이라고 자처하고 있는 비평마저도 남성적인 표현 습관 - 인류의 조상을 남성대명사인 '그'(he)로 받는다든지, 인류 전반의 통칭을 '인간'(man) 혹은 인류(mankind)라는 특정의 성으로 표현한다든지 - 에 빠져 들었다. 이런 어휘가 생겨났다는 것은 어휘상의 우연일 수 있으나 이런 어휘가 계속 살아 남아 있다는 것은 시대착오적이다. 그러나 자타가 공인하는 진보론자들이 이런 용어를 계속 사용하고 있다는 사실은 그들 의식의 심각한 맹점을 말해 주고 있는 것이다.

아직도 남편을 "바깥어른, 바깥양반", 부인을 "집사람"이라고 하거나 바깥어른에 대해 아녀자로 불리며, 또 "자고로 여자가", "감히 아녀자가"로 윽박지르는 것에 여자들은 기를 못 펴고 살고 있다. 한국여성이 사회활동을 시작한 것이 1920년대이지 아마. 80년이 지나 많은 여성이 사회활동에 익숙해진 지금도 여성을 아직 집에 있는, 집을 지키는, 집에서 살림을 사는 집사람으로 부르는 것은 어불성설이다.

"의식의 …… 생산은 최초에는 인간의 물질적 활동, 인간상호간의 물질적 교류 및 실생활의 언어와 직접적으로 연결되어 있다 … 삶이

의식에 의해 규정되는 것이 아니라 의식이 삶에 의해 규정된다.”
■ ■ ■ ■ ■ ■ 릴리안 로빈슨

우리가 철들기 시작할 때부터 들어왔던 일상 언어들과 그 숱한 ‘자고로의 규정들’이 세계에 대한 우리의 태도와 이해에 얼마나 깊은 영향을 미쳤던가. 원숭이는 요즘 담배피지만 호랑이 담배피던 시절의 이야기인 “전설따라 삼천리”나 “전설의 고향”이 그렇게 오랫동안 장수프로그램으로 현실과 이야기세계를 오가며 마치 22세기 과학이 될지 안될지도 모르는 타임머신을 탄 듯 흥미와 관심을 가지며, 남녀노소가 “그래, 옛말 틀린 것 없어”, “그래, 여자는 자고로 그래야지”하며 여성희생 드라마를 감동과 눈물로 응답하며 어린 여성들에게 낙인을 박았다. 또 남자들은, “저 때가 좋았지”하며 마치 그 시절이 정상이고 지금이 비정상인 것 마냥 여성의 삶을 비디오 테이프 뒤로 돌리듯 별생각 없이 거꾸로 돌려댔다.

비디오 속 사람이야 뒤로 돌리던 앞으로 돌리던 무슨 고통이 따르고 상처받겠는가마는 살아있는 사람을 거꾸로 살게 할 땐 그게 사는 것이랴? 마지못해 숨이나 쉬고 쌀이나 삶아대고 있다. 목숨이 끈질긴 경우는 버텨내고 아니면 대구 금달래처럼 넋을 잃고 여기저기 헤매다니던지 넋을 바쳐 무당을 하든지 고무신 벗어놓고 물속으로 불속으로 가든지-나 어렸을 적엔 왜 그리도 길에 미친 여자들이 많고, 그들은 왜 하나같이 넋을 잃었으면서도 뭐라고 중얼중얼하던지 소리를 고래고래 질렀고, 또 아이들은 돌을 집어 던졌고 그들의 배는 얼마 안 있어 불러 올랐을까?

여성은 오직 남성에 의해서만 명명되어 왔을 뿐이며 남성에 의해서만 규정되어 왔고, 남성에 의해서만 그들의 본질이 논의되어 왔기에 여성은 자신들의 언어로 말할 수 없었다. 그러한 일은 또 그녀들에 대한 어떤 암시적인 위협이나 혹은 ‘그밖의 다른’ 어떤 위협과 함께 행해져 왔다. 타자임을 체험하는 것은 가끔 정신분열증적으로 갈기갈기 찢겨짐을 느끼는 것이 되므로, 본래적인 [나]는 남몰래일지라도 감히 말을 하지 못하게 된다. 그 사회에서 배척당할까 두렵고 불안하기 때문이다.

메리델리나, 리치 등 대부분의 페미니스트들은 여성의 '새로운 언어들'과 새로운 진실이 들려오고 확연해질 대체-전통들(counter-traditions)을 창조하는 것이 급선무라고 믿고 있다. 동시에 언어변혁이 사회변혁일 수 있음을 강조한다.

언어는 생명체와 같아서 새로이 생성되어지기도 하고 이내 없어지기도 한다. 언어가 이같은 현상을 보이는 것은 근본적으로 그 언어를 사용하는 사람들이 변하기 때문이다. 인간이 태어나고 죽는 것처럼 언어 또한 같은 길을 걸을 수밖에 없다. 다시 말하면 언어라는 것은 그 시대의 인간들이 생각하는 바를 나타내 주는 표기 수단인 셈이다. 따라서 그 언어를 통해서 그 시대의 사상이나 생활상을 알 수 있다. 그런 맥락에서 현대의 사고가 스며든 언어들을 만들어가는 일은 이 시대를 규정하는 작업이기도 하고 이 시대의 사명이다.

오늘의 우리는 생물적, 심리적, 사회적 그리고, 환경적 현상이 상호의존하는 전체적으로 연결된 세계에서 살고 있다. 이러한 세계를 적절히 기술하기 위해서는 이미 낡은 데카르트나 뉴우튼의 기계론적 세계관이 줄 수 없는 생태학적 여성적 전망이 요구된다. 따라서 우리가 필요로 하는 것은 새로운 모형 즉 새로운 실제관이며, 사상, 인식 및 가치의 근본적인 변화와 구체적인 실천이다.

> 남성의 모든 역사는 여성을 제외시키는 활동영역을 만드는데 있다. 그때까지는 여자들의 당당한 권리였던 것을 축소시키고 복종시켰다. 즉 남자들은 말을 만들어 내고, 명령하는 권력을 구축했다. 남성은 그들 자신의 창조자이며 예언자이기를 바랬고, 창시자, 건설자, 제국의 주인이기를 원했다. 그들은 대지가 그대로의 대지이기를 그치고 남성의 대지이기를 바랠 정도였다. 그리하여 그들은 대지를 뒤적이고 파고 들어올려서는 다른 대지로 만들어 버렸다. 훨씬 풍요롭지만 그만

큼 덜 소중한 것으로 말이다. 남자들은 자신은 살찌며 그 외 다른 것
들은 고갈시키는 그런 관계, 결국에는 그 속에서의 생명이 죽어가는
저주받은 관계를 고착시켰다.

■ ■ ■ ■ ■ ■ 안니 르끌렉

1. 문자도 시대의식에 맞게 고쳐야 한다.

동양인이 쓰고 있는 대부분의 말이나 글자들은 한자나 그것과의 혼용
으로 이루어져왔다. 따라서 한자어의 쓰임을 봄으로써 우리는 한자문화
권 동양의 사상과 고정관념도 알 수 있다. 한자문화권은 곧 유교문화권
이다. 오늘날 동양 여성문제의 주 근원인 유교적 남녀차별은 결국 한자
라는 수단을 통해서 그 세력을 유지하는 것으로 보인다. 일단 문자나 사
상을 만든 이들은 성현으로 여기기 때문에 그들의 결정이나 결과물에
대해서는 아웃사이더가 아니면 비판할 수가 없었다. 또 문자는 언어와
달라 한번 만들어 놓았으면 거의 수정을 하지 않거나 못하여, 절대적으
로 불변이었다. 이제 한자 속에서 여성들은 어떻게 그려졌는지 살펴보
자. 많이 변화했다고 하나, 여성·남성의 틀과 관련된 것에 있어서는 유
독 아직도 일상의 많은 규범이나 관습이 고대 동양의 한자문화권과 별
차이가 없는 것이 한국남자이고 한국사회이다. 그러므로 이 작업은 단지
문자분석에 그치지 않는다. 그 문자에 담겨있는 여성의식을 그대로 답
습·방관하면서 살고 있는 남자들과 그 문화도 실제 생활에서는 몇 세
기의 여성관을 지금도 유지하고 있는지를 살펴볼 수 있는 좋은 계기이
다.

　우선 '여(女)'자를 가진 한자의 상당수를 조사해보면, 거의가 부정적

의미로 쓰여짐을 알 수 있다. 일단은 '女'자가 들어있는 한자들을 3가지로 분류해 볼 수 있겠다.

ㄱ. 여성의 신분이나 촌수를 나타내는 한자
姆(여스승 모), 姑(시어머니 고), 妓(기생 기), 姐(누이 저), 姪(조카 질), 妾(첩 첩) 등 …
ㄴ. 여성의 '미'를 강조하거나 원시시대의 모계사회를 나타내는 한자
姸(고울 연), 姚(예쁠 요), 姿(맵시 자), 娜(날씬할 나), 委(맡길 위) 등 …
ㄷ. 여성들의 인성을 격하시킨 한자
姦(간음할 간), 奸(간사할 간), 嬌, 妓(기생 기), 怒(노할 노), 奴, 妖(요망할 요), 妨(방해할 방), 妙(묘할 묘), 娼(몸 파는 여자 창), 嫉(투기할 질), 妄(망녕될 망), 妒(투기할 투), 媚(아첨할 미), 娶(취할 취) …

이러한 글자를 통해서 우리는 한자문화권이 생각하는 여성상을 짐작해 볼 수 있다. ㄴ의 한자들에서는 사회에서 통용되고 있는 여성의 '미'에 대한 관념이 나타나고 있다. 진보적 변화를 보수적으로 해석할 때의 오류가 여실한 예 중의 하나이다.

좀 현대적으로 자주적인 생각을 나타내는 여성에게는 한 번씩은 '너도 여자냐?' '여자라고 생각해?'라는 질문을 던져 여성을 곤혹스럽게 만들어간다. 여자이면서 여자임을 의심받는다는 것이 그리 기분 좋은 일은 아니다. 남성다운 요소가 훨씬 바람직한 인성으로 평가받는다고 하더라도 말이다.

물론 남성들도 진짜 의심해서 그런 질문을 던지는 것은 아니다. 어쨌든 이것은 사회에서 말하는 '여성다움'에 비추어진 질문이다. 여자는 '아름답고, 곱고, 예쁘고, 날씬한 맵씨와 솜씨와 마음씨를 지녀야'한다는 것이다. 그리고 이에 적합하지 않을 때는 가차없이 여성의 자질을 의심받거나, 가족의 생각과 일치하지 않는 여성의 자아실현의 자기선택은 이

기적인 욕망으로 혹은 일탈로 낮게 평가받거나 비판받고 소외당하도록 또는 소외시키도록 유인 방조 고무한다. 자신들의 규범을 벗어난 것에 대한 징벌로 활용해 다른 여성들의 의미있는 반란을 사전에 봉쇄하는 것에 이용하고 작용하도록 한다.

ㄷ의 경우에도 남녀의 성차별이 드러나는 것은 마찬가지이다. 남녀 공통의 성질인데도 불구하고 교묘하게 '女'자를 사용함으로써 여성들만의 성질인 양 인식하게 만들고 있다.

이와는 상반된 경우로는 '孝'자를 볼 수 있다. 우리는 효의 표본으로 '심청이'나 '바리데기'를 들면서도 문자에서는 '子'자를 사용하고 있다. '女' 자를 넣어서 '효'(孝- 아들 자 대신에 '女'자를 넣어 만들어 본다)자를 만들어 본다. 여자는 간음이나 하고 간사하고 교태나 부리거나 기생짓이나 하고 감정적이어서 사소한 일에도 화를 잘 내고 종과 같은 존재이며 그래서 일이나 하는 존재이며 남을 비방이나 할 줄 알고 요망하고 간통이나 하고 시기나 하는 그런 존재들로 보고 감시하고, 제한하고, 억압하고, 명령해서 길들여야 한다는 식이다 마치 증명이라도 하듯, 우습게도 국제화(남성들만의?)에 대비하여 한자공부하자고 하루 한자씩 싣고 있는 신문에 실린 한자의 뜻과 글자 풀이의 한 예를 보자.

하 루 한 자

威 形 : 9획(女부 6획)

訓-音 : 위엄 위

意 : 위세 위엄 힘을 과시하다

'女'(계집 녀)와 戍(수자리 수)의 내외부위 조합, 戍의 고문자는 戈(창 과)이니 여자가 창 아래 앉아 있는 모습이다. 창은 무섭고 날카로운 무기이나 여자는 연약하다.

이처럼 위세 등등한 무기와 약한 여자를 조합해 '위엄', '위세'를 나타낸 데서 옛 사고방식과 생활의 일단을 엿볼 수 있다.

왜 한자를 구성하는 點과 線인 필획에 여자들이 이렇게 부정적으로 묘사되어지고 있는 것일까. 물론 여기에는 여러 가지 문헌적 고증이 있어야겠지만, 계속 이대로 좋은가? 과연 이러한 글자들(여성의 부정적 모습)이 계속 존속해야 하는가. 글자를 바꾸거나 없애는 것이 인위적으로 도저히 불가능할까? 바로 오늘날까지 남성들이 보는 여성들의 모습에 분노하면서, 사회주의체제하의 해방된 여성들이 선도적으로, 또 한자의 종주국이니까.

여성들이 모여 하는 일 중에, 중요하게 포함되어 획기적인 성과가 나오기를 바라자. 그 외의 여성들도, 새로운 글자들을 만들어 볼 것을 요구한다.

쉬운 예로, 태풍의 이름을 번갈아 쓰듯 할까? 남자들은 자기들 불편하거나 안좋은 것은 참지 않으나 보다 나은 것을 만드는 데는 앞장서고 협동정신을 십분 발휘할 것이니까.(독자들의 좋은 머리로도 만들어 보자.)

'男'자들을 그렇게 만들어 놓아 보는 것으로 시작 해 보자.

예) 뜻글자인 한자니까 뜻과 실재에 더 타당하기로는 간통할 '간'자는 간통에 대체로 주체적인 남자의 '남'자 세 개로 만들어서 '姦'자 대신에 아니 이 글자보다는 '⿱男⿰男男'으로 쓰거나(奸 → 男干, 妓 → 男支, 娼 → 男昌자도 마찬가지다.) 아니면 보다 흔한 예로서 만든다면 사내 '남'자 두 개와 '여'자 하나로 만들어서 '⿱女⿰男男' 이렇게 쓰거나, '女'자 두 개와 '男'자 한 개로 만들어 '⿱男⿰女女' 이렇게 쓰는 것이 뜻에 더욱 적합하지 아니한가?

남아일언중천금(男兒一言重千金) → 인(여)아일언중천금(人兒一言重千金)

남존여비(男尊女卑) → 여존남존(女尊男尊)
남중호걸(男中豪傑) → 여중호걸(女中豪傑)
대장부(大丈夫) → 여장부(女丈夫)
여필종부(女必從夫) → 남녀상종(男女相從)

…… 어떤 세대이든 대상들, 관념들, 의미들을 생산한다. 좋던 싫던 그것은 사회변동의 원천이다.

이런 류는, 유교문화권이 아니어도 많이 찾아 볼 수 있을 것이다. 가령 영문자에서도, history(역사), chairman(의장), mankind(인류), manlike(인간 같은, 인간적인), freshman(일학년생) 등과 같은 경우이다. 과연 역사가 남성들만으로 이루어질 수 있었으며, 남성들만이 의장의 지위를 차지하고 그들만이 인간일 수 있는가? 얼마되지 않는 예를 살펴보면서 곳곳에 만연해 있는 여성 차별적 시각을 느낄 수 있다. 여성을 Miss, Mrs로 결혼 여부와 관련해 다르게 부르는 것은 남성을 결혼 여부와 관련없이 Mr로 부르는데 비해 여성을 결혼에 얽매이게 하는 원인이 되기도 한다. 그래서 Miss, Mrs를 통합해서 Ms.(미즈)로 부르고 있다. 70년대 미국의 여성해방운동 이후, 대중화되었다.

다른 단어들도 성중립적으로 humanstory, herstory, chairperson, freshperson, personkind, humanlike 등으로 새롭게 바꿔 사용해보면 어떨까. 좀 무리가 있어 보이지만 자꾸 새롭게 만들고 사용하다가 보면 적응이 가능할 것이다. 이러한 문자언어의 새로운 구성에 대한 노력은, 유교 문화권에서 뿐만 아니라 모든 언어의 사용 영역에서 함께 이루어져야 할 것이다.

이렇게 가까이서 시작해 나갈 수 있는 '언어를 통한 정치'의 언어 분석을 통해, 즉 내가 지금까지 믿어온 것이 거짓이라고 일깨워줌으로써 자기 이해를 보다 높은 차원으로 이끌게되며 나아가서 내 자신에 의해 계몽받음으로써 자신의 진정한 이익이 어디에 있는가를 깨닫고 허위적 신념체계를 포기하게되며 궁극적으로는 자기 자신의 해방을 얻게 된다는 것이다.

'다른 어휘는 다른 (정신)세계를 나타낸다'를 환언해 보면, '다른 (정신)세계는 다른 어휘로 나타난다'로 바꾸어 볼 수 있다.

우리나라 여성들은 힘들게 삶을 꾸려왔다. 그것은 냉장고가 없고 세탁기가 없어서 그랬던 것이 아니다. 바로 '시집살이'라는 것이 그것인데, 이는 시집가서 '귀머거리 3년, 눈멀어 3년, 벙어리 3년'이 지나야 세월과 나이덕으로 허리를 펼 수 있었다는 것이다. 이러한 불합리한 요소들은 어디에서나 쉽게 발견할 수 있는 부분이다.

> "시집왔으면 남편과 시집에 모든 것을 맞춰."
> "시집온 게 아니고 결혼한거면?
> 설사 시집왔다 하더라도 몸과 마음을 어떻게 다 맞춰?
> 뭐 뼈깍듯이 마음도 성형수술 되는 줄 아는 모양이지."
> 여자도 생각을 한다고? 당신이?
> 어제 저녁 식사 때의 일이다.
> 찬이 허술해서였는지 아버지께서는 투정을 하셨다. 이젠 어머니 음식맛에 길들여 지셨을텐데도 할머니 음식맛이 좋다시며 이렇게 이렇게 조리해 보라며 코치하신다…… 남자들은 여자들보다 높은 위치를 차지하면서, 자신들의 변화는 꺼리면서 여성에게 자기에게 맞게 변하라고 요구한다. 교수님께서 '시집간다'라는 말 대신에 '결혼한다'라는 표현을 쓰셨듯이 '결혼'이라는 것은 남녀의 동등한 결합을 의미한다. 서로 다른 개성이 만나 살려면 당연히 맞추어 나가는 것이 필요하다. 그러나 그것을 여성에게만 강요해서는 안 된다고 생각한다. 그것은 이기적인 것이고 사랑에는 이기심이라는 것은 어울리지 않는다.
> 내가 결혼하였을 때, 나만 시댁의 풍습에 맞도록 변화해야 한다면 '그럼, 나는 무엇인가'라는 회의를 가지게 될 것이다. 진짜 사랑한다면 서로 맞추어 나가는 노력이 필요하지 않을까?

이렇게 여자들은 결혼을 하면 시댁에의 적응 과정이 필요했고, 그렇게 해서 배운 것들을 다시 시어머니가 되어 며느리에게 전승시키려 하고 요구한다. 남자들은 자기 집안의 맛에 길들여져 부인에게 그것을 당연한듯 맞추라고 일방적으로 요구하나 같이 변화하지 않으면 이 시대 다른 모든 것처럼 밀려날 수밖에 없음을 남성들은 깨달아야 할 것이다.

> 조금만 나이들면 여자 이름은 대동단결과 대동통일? 해서 '아줌마'
> '부녀자에게 대한 통칭-낮은말 : 아주미'

남자에게는 아무에게나 쉽게 '아저씨'하지 않는다. 분명한 예는 앞에다가 확실히 그 직함을 넣어 '대통령 아저씨'로 친근감을 연출할 때나 쓴다. 그런데 여성 경우 무조건 길에 나갔다 하면 사회적 지위 같은 것은 염두에 둘 필요도 없다는 듯 '아줌마'로 "아주만만하게"보며 부른다.-사전의 뜻에서처럼 그야말로 통칭이다.

새파란 젊은 검사도 '영감님'하면서 '아주만만하니'-아줌마?

경제적 지위와 관련해서 자신을 위해선 "아주 머니(money)가 없는 듯 살아서?"

아니면 생물학적으로 캥거루처럼 '아기주머니'를 찬듯 해서?-아주머니

우리말에 누구 젊은 사람을 높여 부를 때 ○○ '씨'를 사용한다.

그래서 남자는 또 아저-"씨"일까. "아저머니"가 아니고.

그 농담에 닿을락 말락, 갈까말까한 "아주버니"란 단어가 있다.

아니나 다를까 직접 사용시는 또 "아주버님"으로 존칭어미로들 쓴다.

남편과 같은 항렬되는 남자들을 칭한다. 그 부인에 해당되는 이는 남자쪽으로 줄서있으므로 "형님" "아우님"이다.

언니는 "언님"이 아닌데. 처의 동생도 그냥 '처제'다. 어떤 존칭이 없다.

처의 언니는 그냥 처의 형이다.

여성의 일생에서 가장 긴 기간이 이 기간인데 사회적으로나 가정적으로나 경제적으로나 매스컴적으로나? 그야말로 "아주만만하여 흔해 빠진 이익단체 하나 못 만들 것 같이 함부로 무시하며 얕본다. 깔본다. 옷이

라도 검소하게 입고 겸손하게 굴면 완전히 그들의 "찬밥이 된다 - 집에서 찬밥신세니 나가서도?"

'주부(主婦)'라는 단어도 다시 한번 생각해 보자. 얼마나 매력적인 어감인가? 높은 직위인가? 사회적으로 어눌하고 새로운 변화에 둔감하고 샤프하거나 감각적이지 못하며 재미없고 흥미없으며 국가적으로 별로 떠오를 일 없게 여겨진다. 전혀 매력적이지도 높지도 않은 대우를 받음에도 '선망의 대상'으로 여김이 문제이다. 결혼결혼결혼 그렇게 밀어붙인 결혼식 다음의 여자는 '가정주부, 아줌마, 애기엄마'이다. - 예전에 여성들의 주생활 공간은 집으로 규정 받았었다. 그리고 집사람 안사람으로 한정된 공간에서 살 수 밖에 없었다. 그러나 많은 여성들이 한 인간으로의 자각을 가지고 그에 필요한 교육을 받고 자신의 일을 가지고 사회로 진출하는 오늘날과 21세기를 준비해야 할 때, 하루종일 집안에서 남편만을 기다리는 여성들은 줄어들게 되어 있고 사실 집에서 전업주부의 일만 하고 있는 여성 역시 흔하지 않다 그런데도 결혼한 여성은 누구나 할 것 없이 '집사람, 안사람, 가정주부'라고 일컫고 그런 단어를 사용하는 의식을 그대로 갖는 데 현대 여성들의 고통과 가족 간의 많은 갈등의 원인이 된다. 그런 한정적인 언어가 다시 여성에게 불리하게 부자유스럽게 작용한다. 때로는 여성이 집사람으로 있지 않아 어떤 불상사가 생긴 것인 양 죄책감마저 강요한다.

주부(主婦)와 동시에 혹은 다양하게 살고 있고 더욱 그렇게 살게 되는 이 시대의 집안의 상황에 따라선 주부(主婦) 대신에 主夫인 남편이 전업주부(全業主夫) 역할을 하는 경우도 있고 더 흔하게는, 主婦夫나 주부부(主夫婦)로 써야 더 현실에 타당한 경우들이 많아질 것이 당연하다. 맞일을 원하는 시대에 합리적인 발상이지 않은가? 주부의 주인 '주'(主)자를 부엌 즉 주방 '주'(廚)로 생각하는 사람들도 많다. 그 이유는 여성 하면 부엌데기로 연결하는 사고나 관습의 결과이리라. 요즘 애기아빠들이 집에서 전업주부하는 경우가 늘어남에 따라 '집 사람 아빠'라는 단어를 쓰기도 하는데 이것도 한 사람의 역할을 한정시켜 부르게 되는 것이다.

　사모님도 이젠 그만 - '손님'으로
　결혼하지 않은 부인들이 많아지는 형편인데 어떤 남자의 사모님으로 부르면 맞지 않고 불편할 사람이 많다. 비행기 안에서나 호텔에서나 일반 서비스업계에서나 가게에서나 그냥 '손님'이 좋겠다.

　정신대(일본군국주의자들이 칭하길), 종군위안부(한국의 엘리트 국회의원 남성이 칭하길) → "일제강점하 제국주의 일본에 의한 성폭력 피해 여성", 제국주의 국가에 의한 성노예(정신대문제해결단체)라는 호칭이 더 적절하다. 시각에 따라서 호칭이 달라진다. 그 예로는 아이를 맡기는 어른의 입장에서 불러왔던 '탁아소' → '영유아보육원' - 아이의 입장에서 용어를 선택하면 달라진다. 어른의 입장에서 '낙태'도 아이의 입장에서 보면 생명 "살인 당하는" 능지처참 행위인 것이다. 조선시대도 아니고 역모를 꽤하지도 않았는데도 문명사회라면서 전혀 문명적이지 않은 방법으로 죽임을 당하는 것이다.

　어르신이나 어른은 다 성장한 사람이나 자신보다 나이나 지위가 위인 사람을 뜻하므로, '우리 주인어른'이라고 그 부인이 지칭하는 것은 민주 가정에 적합하지 않다. 흔히들 자타가 남편을 지칭할 때 '주인양반'이라는 말도 사용한다. '주인양반 성함이 뭐요?' '우리' 주인 양반은 늦으시나?' 등의 말들, 누가 누구의 주인이란 말인가. 이러한 말의 사용은 본인들은 물론 자녀들에게도 영향을 미쳐서 "엄마!", "아빠 물 떠드려"라는 식으로, 아빠에게는 극존칭을 사용하면서, 엄마에게는 명령형을 사용하기도 하는 것을 흔히 본다. 그리고 부부의 관계 설정에서도 마찬가지로 남자는 여자에게 반말을 하는데, 여자는 남자에게 말을 올리는 게 일반화되어 있다. 남자들은 그들에 대한 반발에 대해, 자주 '남자는 처자식을 먹여 살리니까'라고 당당한 듯 이야기한다. 그러면 여자는 집에서 놀고 먹는다는 이야기가 된다. 하지만 현실은 그렇지가 않다. 여성들은 생활을 하는데 있어서 자신의 몫을 충분히 해내고 있다는 것은, 주위의 여성들을 살펴보면 피부로 느낄 수 있다.

그들이 집에서 하는 가사노동, 즉 자녀 양육이나 밥하고 빨래, 청소하는 것 등을 돈으로 환산해 보면 적지 않은 금액이 된다. '현모양처(賢母良妻)'라는 미명 아래 여성들의 희생은 아무 조건이나 배려가 없이 요구되어져 왔다. 그런데도 여성의 가사노동은 그동안 그만큼의 가치를 인정받지 못해 여성들은 부당한 대우를 받아야만 했지만, 여성들의 사회진출이 증가하고 있는 지금 여성들은 더 이상 '부엌데기'나 '식순이', '솥뚜껑 운전수'가 아닌, 그들 나름대로의 독자적인 지위를 확보하고 그에 알맞은 처우를 요구할 수 있어야 한다. 전업주부 노릇하는 남자를 "집사람 아빠"라고 부르는데 그들에게도 그런 호칭을 쓸 것인가?

이제는 남성들에게도 '현부양부(賢父良夫)'가 되어 줄 것을 요구도 하자.

언어의 성차별을 구체화하는 도구가 바로 어휘, 문자 혹은 명칭이다. 예를 들어보면, '의사'라는 어휘는, 평등한 언어의 차원에서는 남녀가 모두 해당되는데도 여성일 경우에 '여의사(lady doctor)'에서처럼 '여'자가 붙는다. 그리하여 마치 여자는 의사가 되는게 아닌데 '비정상적'이거나 주변부의 의사가 된 것처럼 언어가 나타내준다. 시인과 여류시인, 배우와 여배우 등의 예도 마찬가지이다. 같은 흐름으로 아버지쪽 할머니와 할아버지 친척에게는 잘 붙이지 않는 접두사를 어머니 쪽에게는 '외'자를 거의 붙이도록 하여 외할머니 외삼촌 등으로 칭하는. 관습도 같은 것이다.

문학 작품에서도 언어들은 여성차별적이기가 쉬운데, 여기서는 [주부송(主婦頌)]을 통해서, 틀에 박힌 여성의 모습을 살펴보자.

주부를 칭송하는 듯한 이 작품은 오래전부터 이어진, 여성상과 함께 오늘날의 말 그대로의 '주부'를 칭송하고 있다. 먼저 문제가 되는 표현들을 보자.

주부라는 말은 백설같이 흰 치마를 기는 허리에 맵시있게 두른 여자이다.

싱겁고 무미한 밥상을 제공하는 주부는 여자로서의 제1조건을 상실한 것이다. 전래의 요리법에 부단히 신선한 변화와 색채를 가하도록 명심하고 노력하는 주부야말로 참된 주부라 할 것이다.

만일에 한국의 요리가 조금도 진보를 보이고 있지 않다면, 그 대부분의 책임은 두말할 것 없이 우리들의 주부에게 돌아가고 말 것이다.

우리는 일하기 위하여 먹어야 될 시장한 사람(남편)에게 맛있는 음식을 제공하는 주부의 아름다움을 극구 찬양하는 자이다.

먼지를 터는 주부, 비질을 하고 걸레질을 하는 것은 주부의 의무이다.

주부의 천직은 두말할 것 없이 손에 바늘과 실을 들고 의복의 책임을 갖는다.

나날이 닥치는 생활고를 그들을 위하여 사랑과 웃음으로 가볍게 극복하고 행복하게 살아 나가는 주부의 생활력보다 어디 신성한 것이 이 세상에 다시 있을까! 우리들 생활에는 우선 행주치마를 허리에 두른 믿음직스럽고 건강한 주부의 생활미를 한없이 찬탄하여 사랑하며 존경하는 자이니 여자의 첫째 자격은 실로 그가 입은 행주치마에서 시작되는 까닭이다.

여자의 생명은 아름다운 얼굴에 있기보다도 깨끗함을 사랑하는 그 마음에 있다. 빨래를 하는 모습, 비질을 하는 청소의 모습 얼마나 아름다운 생활화인가.

주부의 제1과제가 영양학과 요리법에서 시작된다는 것을 적어도 여자는 알아두어야 할 것이다.

참으로 한심하다. 어째서 행주치마를 두르고 청소를 깨끗이 하고 음식을 만드는 것만이 칭송의 대상이 된다는 말인가. 이는 틀에 박힌 사고이기에 깨야 한다. 그러면 '남편송'에서의 칭송의 대상은 어떠한 것들일까?

물론 일하는 여성은 아름답다. 하지만 그것이 꼭 행주치마를 두른 여성의 모습이어야만 하는 것이 아니라 자신이 하고자 하는 일을 하는 모든 여성이 아름다울 자격이 있는 것이다.

여성을 성적존재로 파악하여 여성에게 쓰고 있는 어휘 중에는 "몸이 잘 빠졌다" "물이 좋다" "때깔 좋다" "야 죽인다" "저 다리 저 히프" "맛있겠다, 먹어볼까" "섹시하다"…… 등등이 들린다. 듣는 여성의 감정과 분노와 혐오는 바꿔 말해보면 금방 알 수 있을 것이다.

여자 몇 명이 서 있다가 지나가는 한 남자를 보고 시시덕거리며 "야, 저 남자 섹시한데…… 잘 빠졌다… 폭신폭신하겠다. 야… 죽인다" …… 운운하면 그 남자는 어떤 기분이 들까?

여기서 잠깐 요즈음의 대학가에서 유행하고 있는 은어나 욕들을 살펴보고 넘어가는 것이 좋겠다. 시대감각과 특히 정치감각에 예민한 대학가의 은어들은 어떻게 보면 그 사회의 흐름이나 특징을 이해하는데 도움을 준다. 상당히 많은 양과 종류의 은어가 통용되고 있음은 그리 놀라운 사실은 아닐 것이다. 그 언어들은 영어를 사용한 것이나 국어를 줄여서 사용하는 것이 대부분인데, 일단 성과 관계된 은어들 몇 가지를 들어 보자.

　　I.B.M. : 이미 버린 몸
　　M.T. : midnight technique
　　L.C.T.(저중심 탱크주의) : 키는 작고 몸무게는 무거운 사람
　　여성상위시대 : 여자가 상 위에서 밥을 먹어도 되는 시대.
　　남존여비(男尊女卑) : 남자가 존재하는 한 여자는 비참하다.
　　조개 … 여성의 성기
　　………

위의 예들과 같이 사람의 외모나 성적인 것들을 가진 은어들이 유행하고 있는데, 이는 욕도 마찬가지이다. 주로 사용하는 욕은 '십팔(십탱이)' '좆○○' 'fuckyou'등의 욕이 있는데, 여자들보다는 남자들이 많이 사용한다. 또 그 예에서도 알 수 있듯이 성기를 가지고 하는 욕이 50% 이상을 차지한다. 이러한 용어들이 대학생들은 물론 그 밖의 사람들의 입에 오르내린다는 것은 심각한 문제가 아닐 수 없다. 성이나 외모는 어떠한 이유에서도 놀림감이 되어서는 안 된다고 본다. 따라서 그 사용을 배제하려는 노력이 필요하다.

게다가 문화의 남녀 분리의 경험들 중에서 군대와 같은 경험들은 독특한 언어의 영역을 형성한다. 전투경찰이나 의경 등 남성만의 영역이 대동소이할 것이다.

男강사 : 선생님은 강사 중에 선임하사예요.
女강사 : 네? 선임하사요?
(나는 '선임하사'의 본질에 대해 모르기 때문에 빠른 대응을 못했다.)
男강사 : 오래되었고, 맡은 일에서는 최고고 어느 정도의 수준에 이르렀죠.

남자들은 여성들은 경험하지 못한, 자기들 고유의 영역이 있다는 사실에 대해 기뻐하며, 여성의 무경험성과 거기에 따른 사고의 한계를 "여자는 어쩔 수 없이 여자야" 식으로 무시하는 처사를 보이기도 한다. 마치 외국 여행을 다녀온 사람이 가본 적이 없는 사람에게 자기 경험을 자랑 섞어 이야기하면, 그것에 대해 아무것도 모르는 사람들은 동경과 함께 열등감을 느끼기도 하는 것과 마찬가지이다. 기회를 주지 않아 못 간 것은 고려치 않는다. 한국 국민의 한사람으로서 국방에 대한 기본적인 지식은 필요하다. 그런데도 여성들은 너무나 많이 배제되어 왔고 모르는 채로 지내왔던 것에 왜?,라고 하지 않았다. 이번 기회를 통해 군대에서 사용하는 용어들을 알아보자. '국방백서'와 '여성백서'를 같이 공부의 자료로 볼 수 있어야 할 것이다. 이분법의 부자유를 넘기 위해 최소한 필요한 작업의 하나일 것이다.

군대 용어

ㄱ. 짬 밥 : 군대에서 먹는 밥
ㄴ. 고문관 : 군대에 잘 적응하지 못하는 사병을 지칭.
ㄷ. 사 병 : 병(이병, 일병, 상병, 병장)들을 지칭.
ㄹ. 사열대 : 운동장의 단상
ㅁ. 연병장 : 운동장
ㅂ. 병 사 : 병들이 생활하는 곳.
ㅅ. 따까리(전령) : 부대장의 말 또는 전문을 전하는 병(실제로는 부
　　　　　　　　대장의 편의를 제공)
ㅇ. 불침번 : 취침시간에 교대로 일어나서 다른 병들이 취침하는데
　　　　　　있어 편의를 제공하고 자기의 사무실을 지킴.
ㅈ. 군 장 : 완전무장(전투할 때 필요한 물건)
ㅊ. 빼 당 : 빼치카(벽난로) 담당
ㅋ. 주 계 : 식당○.
ㅌ. 취약병 : 소대 단위가 아닌 중대, 또는 대대 본부의 사병을 지
　　　　　　칭. 예) 전령, 행정병 등.

군대 언어습관들부터 개선하자

언어습관 이전에 군대 생활 환경과 제도 수정도 위에서부터 바뀌어야 아래도 바뀔 수 있는 곳이 군대일 테니까.

"사나이가 되어서 나오게 하는 곳" 이전에 바른 사회인, 건강한 정신과 몸을 가진 사회인이 될 수 있도록 훈련하는 곳이 더욱 요구되는 것이다.

군대에 갔다와 언어습관과 여성관 등에 문제가 있다고 생각되는 사람들이 주체가 되어 "군대 생활개선을 위한 모임"부터 시작하자.

여성들도 이젠 여성문제의 구조적이고 다양한 국제적인 문제해결의 장에 같이 동참하기 위해서도 많은 예산과 전략을 쓰며 인류사회에 지대한 영향을 미치는 군대와 군사문화 보다 많은 관심과 간섭을 하자. 군사정권에서 문민정부로의 이행이나 발전의 성취는 한국사회의 시각의 전환을 도래할 수 있게 하는 좋은 계기이다. 정부 공무원 군대 등의 권위적이고 봉건적이고 관(官)우위적인 일반 국민에 대한 고압적 자세에 획기적인 사고의 전환이 도입되어야 한다. 이 기회의 '우르과이라운드'는 위기를 전화위복의 기회로 삼을 수 있다. 우리의 보다 나은 삶에 크게 기여할 수 있는 전환으로 만들어 가는 시발점이 바로 "사고의 전환"이다. "사고의 전환"은 군국주의의 기반 해체에도 필수적이다. 지금까지 몇몇 힘을 가진 자나 국가는 자기 외 나라는 주변부로 보며 수단화하거나 비하시켜왔다. 서양·백인·기독교·남성들은 한 손에는 인권을 부르짖으면서도 다른 한 손으로는 동양과 흑인과 제3세계와 여성과 노동자를 주변부로 취급해 온 것이다. 주변부로 취급받아 온 쪽에서 주체성을 인식하고 자신들의 목소리내기 즉 자신들의 권리와 주장을 분명히 해나가기 시작하면서, 서구 백인 기독교인 자본가 남성 중심의 사고와 시각은 재검토되거나 비판의 대상이 되었다.

그러한 관점의 변환은 우리의 삶의 일상에서도 적용되어졌다. 시각의 전환은 전환 그 자체로서의 의미보다 일상이 제대로 되어가는 더욱 중요한 의미를 갖는다. 한 예로 매표소가 기존에는 파는 사람과 기업중심에서 표를 사는 더 많은 다수를 중심으로 제대로 바뀌게 된 것이다. 표를 '파는' 곳이 아니라 표를 '사는' 곳으로 옮아 온 것이다. 서울 어린이대공원 입구에 가보면 'ㅍ'이 'ㅅ'으로 바뀐 것을 볼 수 있다. 이렇게 제대로 된 새로운 관점과 바뀐 시각으로 사물, 상황, 사람을 보게되니 자연히 두뇌를 자극하는 새로운 말들도 만들어질 수 있을 것이다. 우리들, 나의 경직된 두뇌와 언어 사용 습관에 충격적이기도 하고, 재미있어 피시시 웃게 하는 말들은, 세계와 사회의 큰 흐름이 달라졌기 때문이고 또

달라질 수 있음을 보여준다. 우물 밖 개구리(공익광고에서), 거꾸로 보는 세계사 외 거꾸로 ……류와 다시보는 다시 쓰는 류, 춤추는 물리, 웃는 돌(홍신자 춤 모임 이름), 나를 사랑한다고 말하지만 나는 거짓말을 하고 있어요(마이클 볼튼의 노래) 등과 같이 말이다. 이제 끊임없이 새로운 물결이 우리 앞에 나타날 것이고 춤추게 될 것이다.

2. 그럼 이렇게 바꿔 봅시다

'새 술은 새 포대에'라는 말처럼, 새 생각은 새 말을 필요로 한다. 그것이 변화하는 사회를 만들어가는 것을 촉진한다. 따라서 변화하는 사회에 어울리는 변화하는 언어들을 사용해야 한다. 남성중심적 언어와 의식의 '언어변혁' 없이는 사회 변혁을 기대하기 어렵다. 그러나 몇 세기 동안 급격한 사회 변화를 겪어왔는데도 불구하고, 그 변화에 발맞추는 언어를 만들어 내지 않거나 못하고 있는 것이다.

21세기인 지금도 서투르게라도 신조어를 만들어 보려고 애써야 할 만큼 우리 사회와 그 언어는 아직도 철저히 "남근집착적"이고 남성중심적이고 가부장적이다.

(1) 어휘 및 호칭 바꾸기

유관순 누나? 유관순 언니? 아니 유관순 열사!

온 국민이 부르는 의례적인 노래 중 애국가 다음으로 잘 부르고, 초등학교 들어가면서부터 열심히 배우고, 부르는 삼일절 노래가사는 여자든 남자든 '유관순 누나'로 되어 있다. '작사자가 남자니까 그런 것인데, 뭘 그래'라고 쉽게 여겨버릴지 모르겠으나, 여학생들은 그 잠깐이라도 자신을 남성으로 여겨야 한다. "자랑스럽지 않냐고?" 만약에 남학생들에게 유관순 언니라는 노래를 부르게 해도 그럴까?

그들은 당장 요샛말로 '쪽 팔린다'고 데모하고 항의해서 바꾸거나 남녀 공히 부르는 노래말 채택에서 제외시킬 것이다.

남녀 공히 부르게 되는 경우는 성 중립적인 단어를 쓰자.

이준 열사, 안중근 열사… 처럼, 유관순 언니의 경우도 '유관순 열사'로 칭하는 것이 공정하다. 또 다른 예 중의 하나는 양쪽이 다 좋게 하자는 뜻일 때 쓰는 '누이좋고, 매부좋고'라는 속담도 남자입장에서 만들어졌으니, 여성입장에서 바른 언어 사용인 "언니 좋고, 형부 좋고"식으로 쓰자. 이젠 여성들이 자신이 여성임을, 언어를 통해서도 떳떳이 나타낼 때가 되었다.

남성의 입장에서 쓰여진 역사를 히스토리(history)라 하고 그것을 여성의 입장에서도 써보면서 허스토리(herstory)로 칭하듯 여성언어학이나, "여성중심속담구성학"으로 풀어가기를 시작해 보자. 마치 아이를 낳듯, 절뚝거리는 모습이 나올 지 뭐가 나올지는 모르나 낳아 보자. 겁부터 먹고 패배자의 서투른 피임은 하지말고 걸어 보자.

마누라가 아니라 마누리? 혹은 처, 혹은 결혼녀

아직 평등한 부부간의 호칭이 적당한 게 없어 젊은이 간에는 존비칭이 없는 영어의 '와이프'(wife)나 마누라와, 자기, 신랑, 선생, 애엄마, 애아빠 등을 쓰고 있다. 그런데 '마누라'는 어쩐지 그 말에 해당되는 사람에게 명령이 가능하고 당연한 어감을 갖게 한다. '라'라는 명령형 어미 때문에 더 그럴까?

사전을 찾아보면, 마누라는 "① 아내의 속칭. ② 늙은 여자(낮은말)라고 나와 있다. 이 마누라도 낮은 말로 느껴지면 정확히는 '결혼녀'이다. 나의 '약혼녀'라고 하듯 나의 '결혼녀'라고 해 볼까?

‘마누라’의 어원을 ‘마마나 마님과 같은 존칭의 말로 남녀에 통해 쓰던 것이라거나, 예전에 마루하(抹樓下)라고 쓴 것이 곧 마누라가 아닐까’ 하는 견해도 있다. 존칭의 뜻이었는지는 확인할 수 없을 뿐만 아니라 어쨌든 지금은 결혼한 여성만을 지칭하고 있고 그래서인지 존칭은 결코 아니다. 더욱이 아래하(下)가 붙어서 일까. 또 마누라를 쉽게 ‘마주누워라’(?)로 보면 현대 평등한 부부간엔 명령형이 아닌 ‘마주누우리’로 선택형을 사용해야 한다. 아니면 “마주 누울이”로 해석하여 줄여서 “마누리”로 해 볼 수 있다. 그것은 명령형의 낮은 말의 어감이 아니면서 우리가 친숙하게 사용해 온 ‘우리’나 ‘온누리’ 등의 단어와도 멀지 않아 살아남을 수 있지 않을까? 또 아래와 같이 여성 호칭의 어미가 거의 다 ‘ㅣ’로 끝나고 있는데, 낮은 말로써 명령형 어미 ‘-라’ 보다는 ‘-리’가 호칭의 어미상으로도 어울리고, 시대적으로도 맞을 뿐더러 적당한 호칭이 없는 상황에서 더욱 요구된다. “일단 문제제기와 해체작업과 재구성의 시도”는 개성과 새로움을 추구하는 새 시대인의 사명이며 필수적이며 재미있을 것 같다. 다들 알다시피 ‘라’는 비하의 뜻이 담긴 명령형이다.
아가씨 며느리 어머니 언니 할머니 엄니 그니 마누리

여성의 죽음을 재촉하는 호칭

미망인(未亡人)이라는 호칭도 → 미망인(未忘人)으로
미망인은 남편이 죽은 여자여 ‘여자 당신도 죽어라’라는 메세지를 담은 단어다.
어휘의 맨 뒤에 여성에겐 잘 안붙여 주거나 그 속에서 여성은 제외하길 수시로 해 온 사람 인(人)이 붙었으니 이번에도 남자만을 지칭하는가?
사망한 부인(남편)이 죽었을 때 따라 죽지 않은 사람?
망부녀(亡夫女)나, 미망인이라도, 같이 죽지 않은 죄인으로서의 미망인

(未亡人)이 아니고, 사랑하던 사람을 잊지 못해 가슴아파하는 뜻으로 해석하여 이 미망인(未忘人)으로 쓰자. 부인이 죽은 남자에게 미망인(未亡人)으로 쓰면, 벌떼는 저리갈 정도이겠지. 실은 보통 '인(人)'에는 여자를 잘 포함시키지 않았다. 남자를 포함시키지 않은 '인(人)'은 이 단어뿐일 것이다. 여성이 한 번 정해진 남편을 따라 죽을 때 유일하게 사람대접 받는 어휘를 갖는 듯하나 사실 여성억압의 단어이다. 호칭 중 영순위로 고쳐야 할 것이 이 미망인이라는 단어이다. 부드러운 'ㅁㅁ'이 불란서 노래처럼, 콧소리를 대동하며, 검은 베일이 떠오르는 듯 착각하게 하면서, 철저히, 여성을 남성의 소유물화 하는 단어가 이것이다. 호랑이 담배 피던 시절에, 족장이나 왕족남자가 죽었을 때, 그의 권위와 부를 상징이나 하라는 듯 살아있는 노비들과 부인을 죽은 사람과 같이 강제로 묻던 풍습에 지배자들 그들의 향수가 담긴 한자어다. 대인(大人)속엔 여자도 들어가는가?

또 비근하게 눈에 뜨이거나 들리는 예로 미혼모는 있고, 따라서 미혼부도 분명히 있는데, 미혼부라는 단어는 쓰이지 않고 있는 것을 보아도 알 수 있다. 골치 아프고 희생이나 책임이 강요될 수도 있는 낌새가 있는 단어군에는 남자들은 쏙 빠지기로, 혹은 입씻기로 합의를 본 것처럼 나타난다.

남성들과 남성언어 조성자들간에, 얼마 전까지 성폭력에 대해 가해자나 조사경찰이나 검찰, 또 재판관까지, 같은 남성들끼리 합의 본듯, 피해자를 오히려 닥달해 왔던 것처럼. 미혼모인 여성만이 문제를 일으키는 장본인 취급을 한다. 사람들은 자기 자신의 문제로 닥쳐왔을 때야 특히 남성들은 남성들의 문제로 다가왔을 때 보다 자신들의 문제로 생각하니까, 또 해결하려 "칼을 빼니까" 남성입장에서 생각해 본다. 더 빠르고, 여성의 경우도 일상적으로 생각해오던 것을 낯설게 보며 검토해 볼 수 있게 남성쪽도 대입해 보는 방법을 사용한다.

미망녀가 있으면 미망부도 있을 것이고,
미혼모가 있으면 미혼부도 있을 것이고,
미혼녀가 있으면 미혼남도 있을 것이고……

　현모양처(賢母良妻)가 있으면, 현부양부(賢父良夫)도 있을 것이다. 애처가(愛妻家)는 있는데, 애부가(愛夫家)라는 단어는 왜 안 쓰였을까? 공처가(부인 무서워하는 恐妻家)가 있는데, 공부가(남편 무서워 떠는 恐夫家)는 없을까? 너무 많아서 말할 필요가 없어서 일까? 우리 여자들은 '남편'이라고 하는데 왜 남자들은 '여편네'라고 할까? "남편네"들의 대답을 듣고 싶다. 처녀막 타령에 여자의 순결을 부르짖으려면 '총각막'에 '동정'에 남자의 순결도 같이 부르짖어야 되지 않을까? 특히, 에이즈환자의 수가 많아 생명에 위협을 느껴야 하는 상황에선 더더욱 필요할 것이다. 즉 남편의 외도에 의한 에이즈가 온가족에게 퍼져 고통받는 예가 많은 것을 볼 때 이젠 남성들의 '순결'을 문제시할 때인 것 같다. 실은 순결이니 하는 것은 사랑하느냐 아니냐에 다 생략되어지는 것 아닌가? 그러나 여타 이유로 남자의 총각막(?) 검증을 하려 들고 또 그것을 문제 삼는다면 남자는 외로워? 남자는 괴로워? '기죽는 남자 시리즈' 운운하며 여성들의 앞길을 저지하려 할 것이다. 희귀동물 시리즈로 안 넘어 가더라도 우리는 느끼고 있다. 또 알고 있다. 여자에게는 눈으로 식별이 가능하여 시시비비를 걸 수 있게 "생물학적인 순결"을 문제삼는 반면, 남자에게는 식별불가한 "심리적인 순정"이면 된다는 식의 남성 편위주의적 사고와 규범을 남성들은 어떻게 생각하는지? 그런 논리로 나아가야 할 만큼 하면서 어떻게 남성들의 눈과 말에는 '섹스의 여신'은 있는데, 오히려 그것을 더욱 구가한 '섹스의 남신'은 없을까? 못 보았을까, 안 보았을까, 귀를 막았을까. 입을 막았을까?

　그래서, 전능하고 위대하다는 하나님은 여신인가?
　하나님 아버지가 계시면, '하나님 어머님'은 더더욱 계실 것이다. 어떤 신화들과 전설들에서는, 신이 여성이었고, 현명하고 용감하고, 강력하고, 정의로운 분으로 존경받았다. 그 여신들은, 오늘날은 신자는 여성이 더 많으면서도, 남성지향적인 종교들에 의해 우리가 주입받는 여성들과는 아주 다른 여성상들을 제시했던 종교에서 생성되고, 또 전파되었음이 아주 분명하다.

그리스도교, 유대교, 이슬람교의 신학자들은 하나님을 성적인 용어로 이해해서는 안 된다고 하나, 그들의 말과는 달리 하나님이 전적으로 남성적인 용어로 사유되고 있다는 명백한 인상을 주고 있다. 하나님은 본질적으로 묘사할 수 없는 분이며, 두 가지 요소 즉, 원천, 제일의 아버지라고 부르는 요소와 고요, 만물의 어머니라고 부르는 또, 하나의 요소로 이루어진 양성적 존재로 상상할 수 있음을 시사한다. 하나님을 남성적 용어와 여성적 용어로 서술하는 자료들은 이와 비슷하게 인간의 본성도 남성적 요소와 여성적 요소로 똑같이 이루어진 양성적 존재로 자주 묘사하고 있다. 이젠 '하나님 어머니'라고도, 번갈아 불러 한쪽으로 오도된 하나님의 양성적 모습을 복원하게 하자.

(2) 여성의 이름 바꾸기

여성의 이름에는 사회의 여성관 - 즉 여성무시나 여성을 남성사회 유지를 위한 수단이나, 희롱과 놀려먹기의 대상으로 보는 가족이나 사회의 시선이 극명하게 나타나고 있음을 볼 수 있다.

남자의 아명들을 잘 살펴보면, 아이가 태어났을 때의 상황이나 아이의 생김새보다는 부모의 바람인 아이의 성공적인 장래나 수명장수 등과 관련된 것을 작명하기 위해 많은 정성을 기울인 것을 볼 수 있음에 반해, 여자의 경우는 귀찮다는 듯이 대충대충 입가는 대로 눈에 보이는 대로 지어 붙인 경우가 많았다.

이름을 지어주지 않아 '이가(哥)'할머니, '박가(哥)' 할머니. 아니면 태어난 장소로 갖다 붙여서, 부엌에서 태어났다고 '부엌이'나 변소에서 태어났다고 '부출이', 마당에서 났다고 '마당례', 외양간에서 났다고 '어양년', 누구는 같은 외양간에서 났어도 '기름을 부으시는 분'의 뜻을 지닌 '예수'인데 비해 '년'자까지 붙는 치욕을 당했다. 또 쉽게 아니면 무가치하니 무신경으로, 태어난 달과 연결해, '유월이(六月伊), 구월이(九月伊)', 해 돌을때 태어났다고 해도지(海都之), 낳은 시간의 간지에다 갖다 붙여 갑순이, 오란이(午蘭伊), 태어난 곳의 지명이나 그 지방의 산천 이름을 그대로 붙여 '목동년(木洞年), 부산이(釜山伊)'로 불렀다. 이것은 대부분의 여성들이 '시집가면' 친정동네 이름으로 부른 택호로도 이어진다. '부산댁 군산댁 마산댁……'이나, '울산 큰애기, 광주 애기……'식이다.

이렇게 여아는 그 아이자체의 장래보다는 남자들의 욕구에 부응하거나, 남계유지를 위해 다음 태어날, 아니면 태어나길 비는 남자아이에 대한 원을 이루기 위한 수단으로 지어 주술처럼 불려졌다.

아니면 남성들이 원하는 여성의 외모나 기질과 관련시켜, 노골적으로 '정숙이, 정희, 순희, 정순이……'. 맵시가 단정하고 미인으로 서비스나 잘 하라고 '매읍동(每邑同), 일색(一色)이, 추월이, 월선이, 매월이, 향단이, 미숙이, 미희, 애희, 애숙이, 애란이…' 또 성질이나 버릇으로 희생적으로 살으라고 '희순이, 희정이, 희애…' 부지런하라고 '보지란이', 근면할 근자와 사랑할 애자를 써서 '근애'라 짓기도 하고, 주변의 액세서리나 세간을 딴 경우 '방을, 방울, 박아지……' '아이를 그만 낳고 싶어서 막음이, 딸을 그만 낳아야겠으니 필년(畢年)이나 끝순이, 불알 달린 아들을 꼭 낳겠다고 필불이(必不伊), 사내아이를 고대하므로 고대(古代), 이번만은 아들을 낳겠다는 결의로 인저두, 확실하게 사내아이라고 자신하면서 학실이(鶴實伊), 아들이 아닌 딸을 낳아서 섭섭하니까 섭섭이, 딸을 낳아 분하다고 분통(粉痛). 또 가족계획 역행의 주범인 아들 선호사상이 얼마나 집요했던가는 이름만 봐도 알 수 있는데, 첫딸을 낳았을 때는 하나쯤은 괜찮다고 일가(一可)로 짓고, 둘째도 딸을 낳자 혹시나 다음을 기대한다는 뜻으로 이혹(二或), 셋째도 딸일때는 어이없어 삼소(三笑), 넷째도 딸을 낳자 마침내 부끄러워 얼굴을 못들겠다는 사치(四恥) - 70년대 가출 여성 중 초등학교 밖에 졸업하지 않은 둘째, 셋째와 그 이후의 딸들이 많다 - 라고 지었다고 한다. 아들을 더도말고 딱 아홉만 낳기를 바라던 어느 양반이 첫아들 이름은 필구(必九)라 지었는데, 소원대로 아홉 아들을 낳았고 또 하나를 더 낳아 십구(十九)라는 음이 고약해서 부득이 열구(烈九)로 지었다고 하니 그 이름이 가관이다.

반면에 남성들의 이름들은 어떠한가. 남자 이름은 변소에서 낳았건 부엌에서 낳았건, 무엇보다도 아이의 장례의 대성을 염원하며 그것을 반영시킨 경우가 가장 많다. 귀한 남자라는 뜻의 '귀남', 용처럼 건설적이고 진취적이라는 '용건'이, 강한 성력으로 자식을 많이 낳고 수명장수하라고 '대근(大根)'이, 여성의 이름에서 드러나는 여성의 모습과는 다른 남성의 모습이 그려진다. 그들은 남성들의 우위를 강조하고 세뇌시키기 위해, 으뜸이나 일등이 되라고 '일', 세우고 만들어 나가라는 '성', 그리고 빛남의 뜻을 지니는 '일'(태양) '환', '광' 등과 나라를 다스릴 인물이 되길 바라며 나라 '국'이나 정치 '정'등과 같은 의미를 지닌 자들을 주로 사용한다.

대학의 상징물들도 이와 같은 여성상과 남성상을 그대로 대변한다. 즉 남자중심의 '남성대학'(총학생회장과 거의 임원이 남학생이다. 국회구성비와 유사하다.)은 "호랑이, 독수리, 황소" 등임에 비해 여자대학은 "배꽃, 난초…" 등으로 극단적인 대조를 이루고 있다. 상아탑이라는 곳에서도 극명하나 이름 하나씩이라도 고쳐가도록 노력해야한다

이러한 남성들의 자랑스러운(?) 이름과는 달리 여성들의 이름은, 부끄럽고 무시되며 주위 사람들을 섭섭하게 만든 '섭섭이'라는 이름에서도 볼 수 있는 것처럼, 자기 존재는 쓸모없고 헛나온 것이어서 제대로 생겨먹지도 못한 재수 없는 존재로서 규정되어지며, 이름조차 붙일 가치가 없다고 여겨졌구나 하고 다시금 여자로 태어난 자신을 비참하게 생각하게된다. 이름에 관한 분석사례를 들은 어떤 여자중학생은 "밟히기 쉬운

꽃들 이름을 갖는 것 기분 나빠요"한다.

　남성의 영역을 고수하기 위해 그들의 독과점 품목으로 생각하고, 그들끼리 담합하여, 여성에게는 '문막음'과, '말막음'과 '행동막음'을 유도한다. 그들은 한 방편으로 또 전략과 놀이로서, 비하된 여성의 지위를 여성의 이름에서 확인하며 놀려오고 강조해 온 것이다. 그 이름을 부르는 현장에서 부끄러운 이름으로 인해 한번 더 쉽게 여성들은 피지배자로서 언어를 통한 지배의 대상이 된다. 그런데도 많은 여성들의 경우가 남들에게 비웃음을 당하면서도 그 비웃음에 대응하지 못한다. 왜냐하면 그 원인 제공이 여성 본인에게 있는 것처럼 세뇌받기 때문이다. 가정과 주위의 어른들, 학교, 친구들, 텔레비전 및 대중매체 …… 등의 사회화 기관을 통해, 소극적으로 남성사회가 요구하는 여성으로 키워지며, 자타가 모두 그렇게 여기기 때문이다.

　성차별을 무비판적으로, 옛날부터 그렇게 해왔으니 그대로 수용하며, 딸에게 강요하는 부모들, 때로는 학교 선생님들까지 합세할 때, 어린 딸들이 겪는 고통과 혼란은 그야말로, 자긍심과 자부심을 지니지 못한 인간들이 갖게 되는 자포자기나 자기소멸의 비참하거나 노예적인 길로 가게 되는 기초이다. 순수와 몸조심이 강요하는 무활동과 무경험의 상태에서, 무방어 태세로, 무차별 공격을 당하는 식은 불합리하고 문명적이지 못하다.

　더군다나 이렇게 성차별적으로 지어진 이름마저도 제대로 불리워지지 못하는 것이 현실이다. 학생일 경우에는 그래도 괜찮으나 본격적인 사회 생활이 시작되고부터는 여성의 이름은 어디로 갔는지 자취가 없어진 채 '미스 김'이니 '미세스 박'이니 하는 성으로 불리기가 일쑤이다. 이는 여성이 한 인격체로 대우받기보다는 남성들의 편의대로 결혼을 해서 다른 남자의 소유이므로 함부로 했다간 딴 남자의 소유권 침해가 되겠는가 아닌가에 초점이 맞추어진 듯이 결혼여부를 중시하는 사고방식의 한

단면이 아니가 한다. 학생의 <'김옥희 씨'라고 불러주면 어디가 덧나나요?> 라는 단상을 한번 보자.

미스 김, 개똥이 엄마, ○○댁 → ○○씨로

얼마 전 신문을 보던 나는 '혼자 눈뜨는 아침'이라는 소설의 광고에 시선을 집중하게 되었다. 그 광고의 내용을 대충 요약하면 다음과 같다.

나는 남편을 만나러 가던 길에 그를 만났다.
…… 그는 잊혀져 있던 나의 이름 석자를 너무도 소중하게 불러주었다…… 나는 아이들의 도시락을 준비하면서, 남편의 겉옷을 받으며, 다림질을 하며 아무 생각도 없이 멍하게 앉아있는 일이 잦아졌다……

그 책의 광고에서 내가 특히 감동이랄까, '아!' 하는 느낌을 받은 곳은 밑줄 친 대목이었다. 우리의 어머니들이, 나의 언니가, 혹은 내가 겪고 있고 대면하게 될 일이었다. 학교 생활을 하는 동안 그나마 누구누구하고 불리던 우리 여성들의 이름 석자는 직장에서는 '미스 김' '김양'식으로 바뀌어 버리기가 일쑤이고, 결혼을 하면 당연스레 '당신' '여보' '너'에서부터 아이가 태어나면 '개똥이 엄마' 내지는 '개똥아'라는 낯선 이름을 달고 살아야 하는 것이 우리의 여성이다. 직장에서 남자 사원에게도 '미스터 김'이라고 부르는 경우도 있다. 그러나 '김 누구씨'라는 호칭의 사용이 더 일반적이다. 여성의 경우에는 다르다. 과연, 누가 얼마나 김옥희 씨라고 나의 이름 석자를 불러 줄 것인가. 단지 '미스 김'으로 김씨 성을 가진 여자에 지나지 않을 것이다. 결혼한 여성은 '엄마' '여보'라는 호칭 속에 묻혀서 자기 자신 조차도 자신의 이름을 잊은 채 살아가는 것이 아닌가. 은행에서나 친구에게서 온 편지에서 간혹 자신의 이름 석자를 볼 수 있을까? 가끔 방송에 나온 주부들이 자기 소개를 할 때조차 "어디에서 온 누구 엄마예요"

라고 하지, 자신의 이름을 밝힐 생각조차 못하는 모습이 잦다.

이 책의 광고를 보던 나는 형부에게 물어봤다. "형부는 언니 이름 불러봐요?" 형부의 대답은 그랬다. "가끔은 부를 걸?"

별로 생각도 안 해봤다는 얘기리라. 언니의 얘기를 들어보니

대부분이 '야' 내지는

아예 호칭을 생략하고

무조건 본론으로 들어가서 얘기만 한다는 것이다.

나의 아내의 이름을 부르자는 얘기에 대해 누군가는 왜 남편의 이름도 부르지 않는데 여성만 갖고 그러느냐고 반문할 것이다. 내 생각으로는 그렇다. 현재 남성의 사회 생활, 그리고 여성의 가사노동 즉, 여성이 가정에서만 생활 할 경우 여성의 이름 석자를 기억해 주고 되새겨주는 것이 그들 여성에게는 그 자신을 존중해 주는 것이고 자신을 일깨워 주는 것이라는 것이다.

나는 지난 번 '사회인의 밤' 행사에 초청장을 보낼 때도 과 커플로 결혼한 부부에게 남편과 아내 각각에게 초대장을 보냈다. 공식적인 초청장 같은 것을 남편의 이름이 아닌 아내 자신의 이름 석자가 쓰여진 독립된 봉투에서 꺼내보는 기쁨이란 가사생활 속에 매몰된 여성들에겐 자주 느낄 수 없는 일이라고 생각되었기 때문이다. 가정에서 소위 주부로 서있는 여성들에겐 자신의 이름을 찾음으로 자신의 존재 의미를 되새기고 자신이 할 수 있는 활동에 참여하는, 그리고 남편에게 종속되지 않은 한 인간으로서 그 고유한 이름 석자의 값어치를 깨닫는 일이 필요하다.

문패도 남자 이름, 호주도 남자, 세대주도 남편, 그래서 의식이 깨어 있는 여자들은 "당신주인 이름이 뭡니까?"라는 일상적인 듯 하는 질문에 "나의 주인?" "나의 주인?" "그럼 나는?" 황당해 한다, 그런데 그런 나를 인식도 못하는 상대는 더 당당하다. 나만 까다로운 여자로 취급? 받는다. "별것도 아닌 것 가지고 사람 신경 쓰이게" 그러냐는 식이다. 옆사람도 그것에 동조하고 여자들은 그녀의 남편의 이름을 묻는 질문에 선 잠시나마 "주인의 도장이 각인된 말의 신세처럼" 그렇게 당한다.

이젠 여자 이름도 미래지향적으로 짓자. 앞으로 사회진출을 많이하라

는 뜻을 담은 '○진출'이나, 마음껏 날아라는 '조익희'란 여성이름은 너무나 직접적인가.

여성에 대한 호칭을 볼 때, 꼭 누구 딸, 누구 부인, 누구엄마 하는 것은 바로 조선시대나 있는 것으로 여기던 삼종지도(三從之道)의 삶에서 아직도 벗어나지 못하고 있음을 보여주는 것이다. 산업구조나 외형은 산업사회나 후기산업사회형으로 변천했는데도, 의식구조는 옛날같이 여기는 여성 예속적 삶의 구조를 그대로 갖고 있다는 것이다. 사회 변천에 따라 세계의 흐름과 여성의 인간으로서의 당연한 자각과 그것을 인식한 사람과 그렇지 못한 사람사이에 괴리와 오해와 갈등이 싸움이나 이별이나 극단적인 대립이 일어날 수 있다고 예측하기는 어렵지 않다.

주위의 결혼한 여성들을 보면, 자기 이름으로 불리우기보다는 거의 아이 이름을 따서 '○○엄마'로 불리우기 일쑤이다. 또 반상회 등에 와서 자기를 소개할 때도 "1234호예요" 식으로 하는 것은 분명히 여성이 자기 자신을 잃어가고 있음을 의미한다. 어떤 여성은 평소에 '○○엄마'로만 불리우다가, 가끔 은행이나 관공서에서 이름이 불리우면 생소함을 느낄 정도라고 한다.

만약에, 자식이 없거나, 하나밖에 없는 자식을 사고로 잃은 여성은 그 누구 엄마를 들을 때, 좋은 감정일까? 부당한 처사들이다. 그런 경우 여성은 대개 시부모나 남편본인이나 시댁 식구들로부터, 양자를 들이겠다거나 대리모를 들이겠다는 식으로 심한 질타나 고통을 받는 경우가 많다. 만약 남편이 생식 능력이 없는 경우에는 어떠할까? 부인도 남편에게 이혼을 요구하거나 대리부를 들이겠다고 협박을 했을까? 아마 거의 그렇지 않을 것이다. 적어도 지금까지는 결혼을 하기전에 남녀가 "그대 혹은 당신이 아이를 못 낳는다면 당연히 물러나야해, 나 아이 없으면 나는 못 살아"라고 서로 그런 말을 주고받거나 한다면 우리는 그들을 뭐라고 할까? 아마도 아이 집착증 정신병자가 아닐까? 하든지 아이 낳으려고 결혼하나? 하고 비웃을 수도 있을 것이다.

그런데, 결혼을 하고 나서는 당연한 듯이 말을 한다. 왜 그렇게도 아이에 집착들을 하고 엄마되기에 광신적이 될까? "인턴 결혼제"에서도 그럴까? 여성도 아이와 관계 없이도 훌륭한 한 인간이다. 이 말이 새삼스러운 말이 아닌 시대인데도 왜 행동으로는 옮겨지지 않고 있을까?

이렇게 나가다간 22세기에는 또 다른 애완동물(원숭이, 거북이, 새, ……)의 엄마로 불리는 게 아닐까? 또 이런 광고 문구도 버젓이 판을 치지 않을지 모르겠다.

"결혼하고 싶은 남성들의 찬스! 여성 염가 판매!

아이를 낳지 못하는 불량품은 한시라도 반품 혹은 무상 교환 가능"

성을 준거로하여 이렇게 가까이에서 시작해 나갈 수 있는 '언어를 통한 정치'의 언어 분석을 통해, 즉 내가 지금까지 믿어온 것이 거짓이라고 일깨워줌으로써 자기 이해를 보다 높은 차원으로 이끌게되며 나아가서 나 자신에 의해 계몽받음으로써 자신의 진정한 이익이 어디에 있는가를 깨닫고 허위적 신념체계를 포기하게 되며 궁극적으로는 자기 자신의 해방을 얻을 수도 있다.

(3) 속담 바꾸어 써보기

남자들은 남성의 왕국을 선언하였다. 그리고는 전혀 존재하지 않던 가치들을 하늘에 써 넣었다. 그 가치들이 남성의 힘찬 출생의 도약으로 그들 남성의 새로운 힘이라는 생각에 잠겨서 자기들의 동맹한 근육과 무기와 풍부한 연장의 무게를 그 가치들에 부여했다.

인간을 사회화시키는데 있어, 언어는 1차적으로 직접적이고 강하며, 자기 확증적이거나 자기 최면적이며, 자기 예시적이기도 해 보다 극명하고 중요한 영향을 미친다. 또한 역사적인 사실을 연구하는데 중요한

몫을 차지하는 것이 인간 일반에 깊이 뿌리내려 있었던 토속적인 내용이 담긴 속담이나 야사이다.

속담은 주로 교훈, 기지, 상상, 경제, 비유, 풍자 또는 경험에 기초한 지식을 간명하게 표현한 말로써, 인간 생활에 관한 진리를 말할 목적으로 쓰인다. 그러나 옛 사회의 진리라는 것이 현대에도 그대로 진리일 수 있는지에 대한 검토가 필요하다. 속담이 가지는 언어적 의미 그 자체보다 거기에 함축되어 있는 실제적 의미의 사회, 문화적 메시지가 더욱 중요하다. 동시에 이를 사용하는 사회 구성원의 사회 심리적 주관성을 공유하는 상황 속에서 의사 소통의 기능 및 이데올로기의 유지나 어떤 관(觀)의 지속, 존속, 전파의 기능을 한다. 따라서 속담은 민간의 현실을 파악하는 수단으로도 활용되어 왔다.

지금까지의 속담들을 보면 변화하는 사회, 인간의 개성이나 다양성과 관계없이 구태의연하게 사용함으로써, 기득권을 가진 자나 피해자 모두가 부당함을 깨닫지 못하고 전시대의 여성 차별적, 여성 억압적 의미나 메시지를 그대로 존속시키고 있다. 특히 사회적 관계망이 두텁지 못하고 약한 지위에 놓여 있는 과부, 처녀들을 대상으로 만든 것이 많아 다시 한번 남성중심적 언어 형성을 실감하게 한다. 특히 '여성이 여성의 적이다'에서 21세기 이제는 '여성이 여성의 힘이다'로 변화하는 시대의 바른 여성관을 통해 양성의 관계를 바르게 설정할 수 있는 방향으로 속담의 재창작과 재구성 작업이 필요하다. 이는 '말하기'가 공식적으로 허락된 남성들이 여성을 자신들의 놀잇감으로 삼는데, 여성들이 쉽게 저항세력을 형성하거나, 반감을 행동으로 표출하지 못해 왔기 때문에 더욱 그러하다. 또 독설의 대상으로 보고 일종의 언어 희롱이나 언어 폭력을 하는 경우들도 꽤 있다. 그러므로 이 언어적 관습 특히 속담 등은 여성이미지, 여성관에 왜곡되고 부정적인 악순환의 한 고리로 나쁜 기능을 하고 있기에 수정하기를 요구하는 것이다.

'가을 아욱국은 마누라 내쫓고 혼자 먹는다'는 속담을 들여다보면 좋은 것은 남자 혼자서 가지거나 즐긴다는 남성의 이기심이 내포되어 있다.

쉽게 생각해 보기 위해 또 그 말의 정당성이나 보편성의 감별을 즉각적이고 효과적으로 해보기 위해서 여성이라는 단어 대신에 남성을 대입해 보는 놀이를 시작하자. 또한 단순히 남자를 대입하는 것이 아니라 그 의미가 제대로 성평등하게 되려면 어떤 단어가 사용되어야 하는 지도 고려해 보자. ( )속에 O, X를 독자들이 직접 해보면서 그 원인과 사용의 유무를 토론도 하고, 새로이 만들어 쓰는 작업도 하자. 예를 들어 여자 목소리가 담을 넘어가면 집안이 망한다고 하며 여자의 말하기와 발언권을 묵살해왔다. 그러나 이제는 누군가 여성의 말을 막기 위해 "여자 목소리가 담을"이라고 하면 이어서 **"넘어가야 도둑도 쫓는다"**라고 바꿔써 보자.

옛말 그른 것 없다? 아니 "시대가 바뀌니 옛말 그른 것도 바꿀 것도 많다"로 바꾸자.

- 여자 목소리가 담을 넘어가면 집안이 망한다.( )
  ▶ 남자 목소리가 담을 넘어가면 집안이 망한다.( )
- 여자의 말은 잘 들어도 폐가하고 안 들어도 망신한다.( )
  ▶ 남자의 말은 잘 들어도 폐가하고 안 들어도 폐가한다.( )
- 여편네 셋만 모이면 접시가 깨진다.( )
  ▶ 남자 셋이 모이면 접시가 깨진다.( )

이러한 여자의 말에 관한 속담들에는 여자가 집안 일에 자신의 의견이나 주장을 똑똑히 피력하고 나서면 될 일도 안되고 집안이 망한다는 것으로 여성의 공적인 말할 기회를 원천적으로 봉쇄하려는 의도가 담겨져 있음을 볼 수 있다. 다양한 의견 개진, 민주적 사회의 훈련을 포기하고 독단이나 독주의 사회로 나아가는 남성 주도적, 또 남성 일방적인 가정과 사회에서의 폐해를 우리 여성들은 계속 입어왔다. 또 음성이 크다는 것은 자신감과 자기주장이 강하다는 것을 나타낸다. 여자가 참견하면 될 일도 안 된다는 식의 표현으로 여성의 사회 참여는 거부당하게 되는 것이다. 이는 오늘날에도 '사나이가 하는 일에 아녀자가', '바깥양반이 하는 일인데 어떻게 감히 여자가…'와 같은 식으로 계속되어지고 있다. 어떠한 일을 처리해 나가는데 있어서 여성의 의견은 무시된다. 그저 여성의 특성으로 여겨지거나 사소하고 부분적인 일에서만 그 의견이 인정되어지기만 할 뿐이다. 여성이 아무리 훌륭한 의견을 내놓아도 여자의 좁은 생각일 뿐이라고, 긍정적으로 수용하기 보다 일단 거부부터 한다.

최근 그러한 생각에는 변화가 있기라도 하는 듯이 집안에서 자녀의 교육 문제나 그 밖의 문제들에 있어서 표면적으로 여성, 어머니의 발언권은 일부에 있어서는 강화되어진 것처럼 보인다. 그러나 가정에 있어서도 중요한 결정에 있어서는 여전히 무시당하기가 일쑤이다. 그 연장선상에서 사회의 중요문제들, 예를 들어 정치, 경제, 문화 등에서의 공적인 것들에서는 여전히 여성은 제외당하고 있는 것이 현실이다.

그러면서도 가정에 불미로운 사건이 생기면 여성 자기가 다 결정해서 잘못된 것처럼 혼자서 뒤집어쓰는 것을 현모양처의 미덕, 부덕쯤으로 여기고 있다. 그래서일까. 여성들은 건망증과 '불감증'과 '결혼멍청증'의 질병을 앓고 있다. 어제가 오늘 같고 오늘이 어제 같고 또 내일도 오늘 같을 것이고, 변화없이 제대로 대우받지 못하며 사는 경우 '잔돈' 잔돈 쪼개어서 잔잔한 일이나 하고 '잔소리나' 하다 보니 똑같은 반복에 건망증은 당연한 귀결이다.

'불감증'이란 것도 중요 감각기능의 반 이상을 제어, 통제하여 여성들의 감각이 없는 듯 '죽어가는'데 어떻게 두뇌의 빠른 회전과 창의성을 요구할 수 있겠는가? 또 여성들은 시집을 가면 멍청해진다고 하는데, '눈멀어 3년, 귀머거리 3년, 벙어리 3년'의 무감각, 무신경, 무감정의 공백과 같은 10년여의 시집살이에서 여성들에게 무엇을 기대할 수 있겠는가? 입이 없어 말 못한 것도 아니고 말을 못해 못한 것도 아니니, 남자들이 집에서 주부(主夫)하며 한 두어 달만 지나도 오늘이 며칠인지 무슨 요일인지 모를 정도가 되는 것도 이상한 일이 아니다. 다른 기능의 제한을 안 받아도. 집남자 바깥사람, 집여자 바깥여자, 주부여자 직업여자, …의 삶의 활성탄은 무엇일까?

- 여자 팔자는 시집을 가봐야 안다.( )
  ▶ 남자 팔자는 장가를 가봐야 안다.( )
- 여자 팔자는 남자 손끝에 달렸다.( )
  ▶ 남자 팔자는 여자 손끝에 달렸다.( )
- 여자는 남자 손끝에 붙은 밥풀이다.( )
  ▶ 남자는 여자 손끝에 붙은 밥풀이다.( )
- 여편네 팔자는 뒤웅박 팔자다.( )
  ▶ 남편네 팔자는 뒤웅박 팔자다.( )

여자 대신 남자를 대입해 생각하면서, '무슨 생각이 드셨나요?' 남성에게도 다 해당시키고 싶습니까?

남자도 그런 말을 듣는 게 사는데 도움이 되겠습니까?

자신의 삶의 개척에… 망한다, 망신한다, 손끝에 달렸다 등의 부정적인 용어들이 뒤에 붙는 게 좋으십니까?

위 속담들은 여자를 남성에게 의존적이고 숙명적인 존재로 표현함으로써, 여자 팔자는 시집을 잘 가느냐 못 가느냐에 달렸다는 즉, 남자를 잘 만나느냐 못 만나느냐에 달렸다는 것이다. 남자는 숙명적이 아니라고 생각해서 팔자라는 말을 잘 안 가져다 붙였는데, 독자들의 기분은 어떠신지? 물론 온달이나 온달 콤플렉스에 빠져 '돈 많고 명 짧은 과부'를 만나 잘 산다면 '남자 팔자가 뒤웅박 팔자'라고도 할 수 있겠지요? '팔자'라는 단어부터 여성과 주로 연결시킨 것이 여성이 주체적이지 못하고 누구의 그늘 밑에서 살아가야 하는 수동적이고 보조적인 존재로 잘못 규정해 나가는 것이다. 그것은 바로 능동적이고 도전적이고 진취적이고 창조적이어야 할 미래지향적 삶을 사전 봉쇄시키는 것과 같다. 조선시대와 같이 여성의 사회 진출이 어렵고, 재가를 할 수 없던 당시에 있어서 여성의 삶은 남편에 의해 좌지우지되었다. 그래서 이러한 속담이 만들어지게 된 것이다. 부부관계에 있어서도 주종관계를 형성하여 여성의 무조건적인 복종이 요구되어 졌으며 여성은 남성에게 구속당하고 예속당하는 존재였다. 그러나 여성들의 사회 진출과 재혼이 자유롭게 이루어지고, 부부관계에 있어서도 남자와 평등한 관계를 유지할 수 있는 오늘날에 이러한 속담은 구태의연한 과거의 답습에 불과하다. 물론 아직까지도 사회 전반에 불평등한 요소들이 산재해 있다는 것을 부정할 수는 없다 그러나 이러한 불평등한 요소들로 인해 여성들에게 주어지는 불이익은 없어져야 한다.

- 여자는 사흘만 매를 안 맞아도 여우가 된다.( )
  - ▶ 남자는 사흘만 매를 안 맞아도 늑대가 된다.( )
- 여자와 명태는 두드려야 부드러워진다.( )
  - ▶ 남자와 명태는 두드려야 부드러워진다.( )
- 촌놈하고 계집은 두들겨 길들인다.( )
  - ▶ 촌놈하고 사내는 두들겨 길들인다.( )
- 여자는 사흘에 한번씩 맞아야 사람이 된다.( )
  - ▶ 남자는 사흘에 한번씩 맞아야 사람이 된다.( )
- 때리는 시어머니보다 말리는 시누이가 더 밉다.( )
  - ▶ 때리는 장인보다 말리는 처남이 더 밉다.( )
- 계집 때린 날 장모 온다.( )
  - ▶ 사내 때린 날 시어머니 온다.( )

　요사스러운 여자는 말로는 고칠 수 없으므로 매를 때려서 버릇을 고쳐야한다는 것이다. 이는 남성의 여성에 대한 폭력을 합리화시키려는 의도를 지닌다. 식민지 시대에 일본인들은 우리 민족을 두고 '팽이 같은 민족이라 때려야 한다'고 했다. 위의 속담이 일본의 그것과 다를 것이 무엇인가. 다시 말해서 이러한 류의 속담들은 남편의 폭력에 시달리고 있는 오늘날의 여성의 상황 또한 합리화시키는데 기여한다. 이는 폭력에서 그치는 것이 아니라 살인으로까지 이어지기도 하며 신문지상이나 방송을 통해 간간이 보도되어지기도 한다. 폭력은 어떠한 경우에도 합리화되어질 수 없다. 폭력은 또 다른 폭력을 낳게된다. 특히 가정내에서의 폭력은 근절되어야한다. 이는 자녀들에게도 좋지 않은 영향을 미치게 되며, 뿐만 아니라 사회에 미치는 영향도 무시할 수 없다. 그 폭력의 피해자는 거의가 여성이다. 여성들은 그것을 하나의 굴레로만 여길 것이 아니라 먼저 자신부터 자신의 문제 해결에 강하게 대처해 나가면서 그에 알맞은 사회제도와 사회의 새로운 인식들을 심어나갈 수 있도록 노력해야 한다.

- 여자와 그릇은 돌리면 버리고 깨진다.( )
  ▶ 남자와 연장은 돌리면 버리고 깨진다.( )
- 암탉이 울면 집안이 망한다.( )
  ▶ 수탉이 울면 집안이 망한다.( )
- 여자가 날뛰면(부지런 떨면) 집안이 망한다.( )
  ▶ 남자가 날뛰면(부지런 떨면) 집안이 망한다.( )
- 암탉 울어 날 샌 일 없다.( )
  ▶ 수탉이 울어 날 샌 일 없다.( )

여성의 경우 수동적이고 다소곳해야만 했다. 이는 여성의 활동을 제한하려는 남성들의 위와 같은 속담에서도 알 수 있다. 지금도 여성정치인으로 등장한 한 여성 장관에 대한 기사에서 편견과 비꼬는 말, 주관적인 표현이 많이 사용되고 있음을 통해서도 증명된다. 노처녀 장관, 여자가 똑똑해서, 팔자가 세서 '노처녀'라고. '똑똑한 척 설쳐서'라고 표현하고 싶었는지 모른다. 우리는 '자녀가 없는 미혼 여성이 교육 정책을 균형있게 다룰 수 있을까?'라고 이야기하는 '남성문민시대'를 살고 있다.

신임 내각 명단이 발표될 때부터 의혹과 의심의 시선이 쏟아지더니……김숙희 교육부 장관을 언론은 '미혼의 장관'이라는 별칭으로 즐겨 부른다. 그러나 결혼을 성년이 되는 계기로 생각하는 우리나라의 관습에 따르면 '미혼'이란 말은 미성숙하고 미완성의 상태이며 따라서 불안하고 '위태위태한' 상태를 뜻하는 말이 된다… 상식적으로 장관의 업무를 관찰한 내용을 적을 때 사용되기 힘든 부정적이고 비하적인 단어들이 수두룩하다…… "자녀가 없는 미혼 여성이 교육 정책을 균형있게 다룰 수 있을까하는 의문도 따랐다고 하면서도" 그러나 구설수에 자주 오르곤 했던 새 정부의 여타 여성장관과는 달리 별다른 <잡음> 없이 대학 입시 등 <교육대사>들을 이끌어가고 있다고 소개하고 있다……

■ ■ ■ ■ ■ ■ 여성신문 1994. 2. 28.

그러나, 본인이 내는 잡음이 아니고 딴 남성이 낸 잡음 때문에 난처할 뻔했으나 당당하게 정말 잘 대처하는 모습을 보여주고 있다.

유교적인 사상은 곧 여성천시 사상이며, 이것은 엄격한 남녀 이분법이며, 분명히 구별이 아닌 차별의 의미를 담고, 여성을 공식적인 석상에서도 공공연하게 여성을 무시하게 하고 있다.

그 근원은 유교적인 상하질서를 근본으로 하는 사회관습과 가족제도의 영향이 큰 것으로 보인다. 폐습이다. 이러한 사회에서 여성은 칠거지악(七去之惡)의 노예였으며, 여성에게 삼종지도(三從之道)는 지상 명령이었다. 흔히 '가화만사성(家和萬事成)'이라고 이야기하는데 이것은 여성에 대한 억압을 통해서 이루어 내려고 했다.

여성에 대한 억압을 제거한 후에 '민주가화만사성(民主家和萬事成)'이라고 바꿔 보자.

여성의 삶에서 결혼이란 것만큼 많은 생각거리를 제공하는 것이 또 있을까? 그리고 그 많은 고민과 분노에서 가장 먼저 들려오는 말이 '여자는 출가외인(出嫁外人)'이라는 말이다. 그러면 남자는 출가내인(出嫁內人)인가?

요즈음 젊은이들의 은어 가운데에 '남존여비(男尊女卑)'라는 말의 뜻이

'남자가 존재하는 한 여자들은 비참하다'로 통하기도 한다고 앞에서 말한 바 있다. 이런 세상은 원하지 않는다. 여성에 대한 억압은 속담이나 격언을 통해서도 이루어지는데, 속담도 언어로 언중의 절대적인 지지를 얻어야만 민간의 입에서 오르내리는 것으로, 이러한 속담 중에는 상대방을 빈정거리며 놀리는 뜻과 인간 신체 부위를 인용한 속담들이 많다. 특히 여성에 관해서는 빈정거리며 놀리는 내용이 많은데 비해, 여성을 칭찬하거나 본보기로 삼은 속담은 거의 없음이 의아할 정도로 남존여비를 주장하는 여성차별의 극심한 현상을 실증적으로 보여준다. 이것이 널리 통용되고 있다는 것은 그만큼 많은 사람들의 의식이 그와 같다는 것이다. 지금부터 여성에게 억압적인 요소로 작용하고 있는 말(속담)들을 여성에게 힘주는 말들로 바꿔 써 보자.

다시 말하면 **'누이 좋고 매부 좋고 → 언니 좋고 형부 좋고'**식으로 여성의 입장에서도 한번 써보자는 것이다.

우선 모든 권리 주장이나 자신을 표현하는 것이 사적이든 공적이든 말문화로 시작하는데, 이 땅에서의 여성들에게는 말할 권리가 봉쇄되었음을 아래의 속담에서도 알 수 있다.

여자 목소리가 담장을 넘을 정도는 되어야 도둑도 쫓고 사람들도 부를 수 있다.

- 여자하고는 대사를 논하지 마라.
  - ▶ 여자와 대사를 논해야 일의 되어가는 바가 보인다.
- 여자 목소리가 담장을 넘으면, 집안이 망한다.(　)
  - ▶ 남자 목소리가 담장을 넘으면 집안이 망한다.(　)
- 계집 입 싼 것
  - ▶ 사내 입 싼 것

  (여자는 입이 가벼워서 큰 일을 도모할 수 없다는 것이다.)
- 암탉이 울면 집안이 망한다.
  - ▶ 암탉이 울어야 알을 낳는다.
  - ▶ 암탉이 울면 새벽이 오고, 동도 튼다.

- 여자 음성이 크면 과부된다.( )
  ▶ 남자 음성이 크면 홀아비 된다.( )
- 소더러 한 말은 안나도, 아내에게 한 말은 난다.( )
  ▶ 소더러 한 말은 안나도 남편에게 한 말은 난다.( )
- 여자 셋이 모이면 사발도 말을 한다.( )
  ▶ 남자가 셋 모이면 사발에 술이 넘친다.( )

그런데, 목소리의 규제에다가 안방이나 안채에 제한시키고, 게다가 입 큰 것까지 부끄럽게 여기도록 하고('여자 입이 크면 옹녀처럼 성욕이 강하다.'는 근거 없는 낭설까지 퍼뜨리고 혹시라도 입이 크게 보여서 음탕한 여자로 몰릴까 두려워 안 그래도 주눅들어 말 크게 못하고 안 하는 여자들을, 입도 크게 또록또록 못 벌리게 했으니), 또 외부적으로 요샛말로 PR까지 못하게 막았으니, 그야말로 폐쇄된 공간에서, 정보에도 어둡고, 주변적이고 사적인 삶만 허용된 것임을 알 수 있다.

여성 스스로가 자신이 강하다는 것을 인식하지 못하게 만드는 분위기이다.

여성들이 '공식적인 말하기'에 익숙하지 못하고 목소리가 답답한 경우가 많은 것이 하루아침에 형성된 것이 아니다.

여성들은 이제부터라도 적어도 자신의 생각은 어느 곳에서도 당당히 발표할 수 있게 준비하자.

그런 잘못된 규제에서 철저히 벗어나자.

처 자랑은 남편을 사랑하게 하고, 자식 자랑은 자신감 있는 사람을 만드는데,

- 처 자랑은 온불출, 자식 자랑은 반불출
  ▶ 남편 자랑은 온불출 자식 자랑은 반불출

위 속담에서 보듯이 여성을 칭찬하거나 본보기로 삼는 것은 거의 없

다. 게다가 여성들 또한 다른 여성의 불행을 즐기는 경향을 나타내기도 한다. 남을 칭찬하기보다 헐뜯고 비난함으로써 생기는 생활의 갈등들의 한 원인이기도 하다. 그리고 앞의 속담을 '자식추기 세대차 줄이고, 처추기 홀애비 줄인다.'로 바꾸어 생각해 보자. 오늘날 여성들의 변화와 함께 세상의 변화를 알아야 한다.

- 큰어머니 날(제사) 지내는 작은 어머니 떡 먹듯 한다.
  ▶ 본 남편 날 지내는 작은 남편 술 먹듯 한다.
- 첩꼴 첩이 못 본다.
  ▶ 기둥서방 꼴 기둥서방이 못 본다.

1) 과부 놀려먹기(→홀애비 놀려먹는 속담은 거의 안 보인다.)

'과붓집'은 집 가운데 가장 남자들의 관심을 많이 끄는 곳인지, 남자들이 관심을 많이 갖는 곳인지, 그에 대한 비유들이 꽤 많다. 여성들에게 금욕적이기를 아니, 무성(無性)적이기를 요구하는 사회에서 여성들은 '칼'을 품고 생활하게 되었으며, 특히 과부가 재가를 할 경우에는 그 자손들의 벼슬까지도 금한다는 위협을 가했다. 그러니 '칼'이라는 것보다 더한 덫을 쳐 놓은 것이다.

- 장난을 하는 것은 과붓집 숫캐.( )
  ▶ 장난하는 것은 홀아비집 암캐.( )
- 과붓집에 가서 바깥 양반 찾기.( )
  ▶ 홀아비집에 가서 안사람 찾기.( )
  (엉뚱한 곳에 가서 사람이나 물건을 찾는 경우)
- 과붓집 똥떡가래 내세우듯( )
  ▶ 홀아비집 똥떡가래 내세우듯( )
  (고집이 세고 융통성이 없는 경우)
- 말 많은 것은 과붓집 종년( )
  ▶ 말 많은 것은 홀아비집 종놈( )
  (남자 주인이 없으면 하인들이 활개를 친다는 것)
- 같은 값이면 과붓집 머슴살이( )

▸ 같은 값이면 홀아비집 식모살이( )
　(같은 조건이면 자기가 능력을 발휘할 수 있는 곳이 좋다는 것)
● 젊은 과부 한숨 쉬 듯( )
▸ 젊은 홀아비 한숨 쉬 듯( )
　(정도가 지나치게 걱정을 많이 하는 경우)

　지나가는 홀아비에게 여자들이 모여 서서 이런 말로 빈정거린다면 그 남자의 마음은 어떠하며, 또 어떤 일이 일어났을까? '과부와 숫캐'. 어떤 과부가 이러한 말에 당혹감을 느끼지 않겠으며 분노하지 않겠는가. 하지만 또 어떤 이가 겉으로 그 화를 드러낼 수 있겠는가.

　홀아비는 이가 서말, 과부는 은이 서말

2) '처녀' 놀려먹기
● 처녀가 애를 배도 할 말이 있다.( )
▸ 총각이 애를 낳아 와도 할 말이 있다.( )
　(처녀의 제일 큰 잘못을 애 밴 것으로 여기는 것에 비해 총각이 애 특히 아들을 낳아서 들어가는 경우는 어떠한가?)
● 이웃집 처녀도 내 부엌에 들여 보아야 안다.( )
▸ 이웃집 총각도 내 부엌에 들여 보아야 안다.( )
● 같은 값이면 처녀.( )
▸ 같은 값이면 총각.( )
● 노처녀에게 시집가라 한다.( )
▸ 노총각에게 장가가라 한다.( )
● 유리와 처녀는 깨지기 쉽다.( )
▸ 유리와 총각은 깨지기 쉽다.( )
　(처녀는 누가 깨며, 무엇이 깨진다는 것인가.)
● 처녀 오장은 깊어야 좋고, 총각 오장은 얕아야 좋다.( )
▸ 총각 오장은 깊어야 좋고, 처녀 오장은 얕아야 좋다.( )
　(여자는 자신의 생각을 내보여서는 안 되지만, 남자는 자신의 생각을 드러낼 줄 알아야 호걸 대접을 받는다는 것이다.)

현대 젊은이 문화(?)에서도 여성의 몸과 관련시킨 것들이 많음은, 변하지 않은 남성들이 아직도 여성 몸에 많은 관심을 갖고 있기 때문이다.

- 광대뼈가 나오면 팔자가 세다.
- 못된 여자 엉덩이하고 젖가슴만 크다.
- 놀던 계집 결단이 나도 엉덩이짓은 한다.
- 죽은 년이 밑 감추랴
- 여자 나이 40이면 개도 안쳐다 본다.
  ▶ 남자 나이 40이면 개도 안쳐다 본다.
- 처녀 젖가슴 만지듯

정신대 : ROTC의 여자 친구들

슉슉이 : 팔등신 미녀

쌕쌕이 : 팔등신 보다는 못하지만 그럭저럭 봐 줄만한 여자

씩씩이 : 뚱뚱하고 못생긴 여자.

3) 딸과 외가

- 딸은 두 번 서운하다.(   )
  ▶ 아들은 두 번 서운하다.(   )
- 첫 딸은 살림 밑천이다.(   )
  ▶ 첫 아들은 살림 밑천이다.(   )
    (이 경우 첫애가 딸인 부모를 위로하기 위한 말로도 쓰이나, 이는 딸들이 눈치보며 희생을 요구당하는 '장녀 컴플렉스'에도 영향을 미친다.)
- 딸 삼형제 시집 보내면 고무 도둑도 안 든다.(   )
  ▶ 아들 삼형제 장가 보내면 고무 도둑도 안 든다.(   )
    (딸을 시집 보내는데 많은 비용이 드는 것에 반해, '며느리 셋 들이면 한밑천 잡는다'나 '아들 삼형제 장가들이면 일꾼 며느리가 셋이다'와는 극히 대조적인 오늘날의 잘못된 결혼 풍습을 나타낸다. 게다가 '죽어도 그 집 귀신이 되어라', '죽어도 시집 울타리 밑에서 죽어라'는 등은 딸을 출가외인으로 여기는 말들

이다.)
- 영감밥은 누워서 먹고, 아들밥은 앉아서 먹고, 딸밥은 서서 먹는다.
  (남편에의 의존적인 삶이 시간이 흐를수록 점점 힘들어지며, 사위에게 의존해 사는 딸에게의 의존은 더 힘이 든다는 것이다.)
- 아들 못난 것은 제집만 망하고, 딸 못난 것은 양사돈이 망한다.( )
  ▶ 딸 못난 것은 제 집만 망하고, 아들 못난 것은 양사돈이 망한다.( )
  (여자가 행실이 나쁘면 남자의 행실이 나쁜 것 보다 배 이상의 비난을 했다.)
- 외갓집 콩죽에 잔뼈가 굵어진다.( )
  ▶ 친갓집 콩죽에 잔뼈가 굵어진다.( )
- 외손자를 귀애하느니 절굿공을 귀애하지.( )
  ▶ 친손자를 귀애하느니 절굿공을 귀애하지.( )
- 외손자는 업고 친손자는 걸리면서 업힌놈 발시리다 빨리가자.( )
  ▶ 친손자는 업고 외손자는 걸리면서 업힌놈 발시리다 빨리 가자.( )
  (외손자보다 친손자를 더 중하지만 남(사돈집)의 눈이 있어 어쩔 수 없이 외손자를 더 위하는 척 한다.)
- 딸의 굿에 가도 화대가 셋.( )
  ▶ 아들의 굿에 가도 화대가 셋( )
- 딸자식은 도둑이다.( )
  ▶ 아들 자식은 도둑이다.( )
- 딸이 셋이면 문을 열어놓고 잔다.( )
  ▶ 아들이 셋이면 집이 없다.( )
- 딸 없는 사위( )
  ▶ 아들 없는 며느리( )
- 딸은 키워봐야 소용없다.( )
  ▶ 아들은 키워봐야 소용없다.( )

이 말을 명절이면 더욱 절실하게 느낀다고들 한다. 시집간 딸은 명절 때 시집에 가서 일하고 차례를 지낸 후 친정에는 하루나 이틀 뒤에 잠시 다니러 온다. 그래서 아들 있는 집은 북적북적 대는데 딸만 있는 집

은 더욱 쓸쓸함을 느낀다는 것이다. 그리고 어떠한 곤란한 일(예: 빚보증)
이 있을 때에도, 사위는 어려워 말을 꺼내기도 어렵지만, 아들이나 며느
리의 경우에는 며느리는 제껴 놓은 채 모든 일을 결정해 버리는 것이다.
그러나 이제는 집을 살 때에 부부가 공동명의로 하거나 아니면 여자의
명의로 하는 경우가 늘고 있다.

   잘 큰 딸 하나 이백 아들 안 부럽다.

4) 시어머니와 며느리
  ● 이웃집 며느리 흉도 많다.(　)
   ▶ 이웃집 사위 흉도 많다.(　)
  ● 며느리가 미우면 발뒤축(젖꼭지)이 달걀 같다고 나무란다.(　)
   ▶ 사위가 미우면 발뒤축이 달걀 같다고 나무란다.(　)
  ● 며느리가 미우면 손자까지 밉다.(　)
   ▶ 사위가 미우면 손자까지 밉다.(　)
  ● 시어머니 부를 노래 며느리가 먼저 부른다.(　)
   ▶ 장인 부를 노래 사위가 먼저 부른다.(　)
  ● 의젓잖은 며느리가 사흘만에 고추장 세보탱이 먹는다.(　)
   ▶ 의젓잖은 사위가 사흘만에 처갓집 암탉 다 잡아 먹는다.(　)
  ● 부뚜막 땜질 못하는 며느리 이마의 털만 뽑는다.(　)
   ▶ 부뚜막 땜질 못하는 사위 이마의 털만 뽑는다.(　)
  ● 논 팔아 굿하니 맏며느리가 춤춘다.(　)
   ▶ 논 팔아 굿하니 맏사위가 춤춘다.(　)
  ● 맏며느리 춤출까봐 굿 못한다.(　)
   ▶ 맏사위 춤 출까봐 굿 못한다.(　)
  ● 시어머니 역정에 개배떼기 걷어찬다.(　)
   ▶ 장인 역정에 개배떼기 걷어찬다.(　)
  ● 집안이 망하려면 맏며느리가 수염이 난다.(　)
   ▶ 집안이 망하려면 맏사위가 젖가슴이 나온다.(　)
  ● 모진년의 시어머니 밥내 맡고 들어온다.(　)
   ▶ 모진놈의 장인이 밥내 맡고 들어온다.(　)

- 죽먹은 설거지는 딸 시키고, 비빔그릇 설거지는 며느리 시킨다.( )
  - ▶ 죽먹은 설거지는 아들 시키고, 비빔그릇 설거지는 사위시킨다.( )
    (남의 딸보다 자기 딸을 위한다.)
- 떡 다 건지는 며느리 없다.( )
  - ▶ 처가 빚 다 갚는 사위 없다.( )
    (며느리는 걸핏하면 시어머니를 속이려고 한다는 뜻)
- 십년 같이 산 시어머니 성도 모른다.( )
  - ▶ 십년 같이 산 장모 성도 모른다.( )
- 고양이 덕은 알고, 며느리 덕은 모른다.( )
  - ▶ 고양이 덕은 알고, 사위 덕은 모른다.( )

이처럼 며느리를 칭찬하거나 격려하는 속담은 '눈 씻고' 봐도 없다. 고부간의 관계를 이러한 식으로 설정하는 것은 옳지 못하다. '재하자유 구무언(在下者有口無言)'이란 말 속에서 며느리는 다만 세월이 흐르기만 기다려 나이 덕이나 봐야 시집살이를 면하게 되는 것이다. 그러나 '시집 살이 한 며느리가 시집살이시킨다'고 '죽먹은 설거지 딸 시키고, 비빔밥 먹은 설거지 며느리 시키는', 심술까지도 많았던 것이 여성으로 표현되 고 있다. 고부간의 관계를 이러한 식으로 이야기하는 반면에 '사위 사랑 은 장모'라고 이야기하는데 왜 며느리 사랑은 시어머니가 아닌 시아버 지라고 하며 게다가 거기에 마저 시어머니의 시기가 개입되는가. 여자 들은 모이면 패가 갈리고 이러한 성향은 사람들에게 '여자는 안돼'라는 생각을 하게 만든다. 여성들간의 질시와 반목은 두드러지는 것처럼 보 인다. 그러나 오늘의 '어머니와 딸', '시어머니와 며느리'는 생물학적인 관계로서 보다 같은 여성으로서의 유대감을 만들어가는데 힘쓰면서 자 매 같고 친구 같은 관계를 꾸릴 수 있어야 한다. 그리고 이러한 관계를 통해서 모임을 만들고 조직화시킴으로써 여성들간의 'sisterhood'(여성자 매애)를 형성하여 화해와 친목을 도모해야 한다.

그 시어머니에 그 며느리라고 하니

맏며느리 속 풀라고 굿상 차리는 시어머니
시어머니 속 풀라고 노래방 같이 가는 며느리

5) 여성에 대한 행동제약과 무시

● 여자와 장날은 쑤석거리면 탈난다.( )
  ▶ 남자와 장날은 쑤석거리면 탈난다.( )
● 색시 버릇은 다홍치마적에 앉혀야 한다.( )
  ▶ 신랑 버릇은 신혼 시절에 앉혀야 한다.( )
● 뒷간과 처가는 멀수록 좋다.( )
  ▶ 시가는 멀수록 좋다.( )
    (맞벌이들은 처가와 가까이 살려고 애쓰는데)
● 여자는 높이 돌고 낮이 돈다.( )
  ▶ 남자는 높이 돌고 낮이 돈다.( )
    (여자가 아무리 능력이 있어도 소용이 없다는 의미이다.)
● 여자는 약해도 어머니는 강하다.( )
  ▶ 강하고 어머니도 약하지 않다.( )
  ▶ 여자는 강하고 어머니는 더 강할 때도 있다.( )
● 삼년된 각시 호롱불에 속곳 말린다.( )
  ▶ 삼년된 신랑 호롱불에 속곳 말린다.( )
● 미친년 널 뛰듯 한다.( )
  ▶ 미친놈 널 뛰듯 한다.( )
● 첩살림 밑빠진 독에 물 붓기( )
  ▶ 기둥서방 용돈 밑빠진 독에 물 붓기( )
● 첩이 길쌈하랴( )
  ▶ 기둥서방이 물길어 주랴( )
● 여편네 벌이는 쥐벌이( )
  ▶ 남편 벌이는 고양이 벌이( )
    (이 경우 '홀아비는 이가 서말 과부는 은이 서말'이라는 속담과
    대조를 이룬다. 물론 여편네와 과부의 차이는 알 수 있다. 여자
    가 주도적으로 하면 오히려 돈도 낭비하지 않고 잘 챙겨 모으
    며 어떤 어려운 상황에서도 생활력과 적응력은 발휘한다는 것
    이다. 여편네의 경우 남편이 주도적이기 때문에 그러한 실력
    발휘를 할 기회를 갖지 못한 경우가 많다.)

- 만만한 년 제 서방굿도 못본다.( )
  ▶ 만만한 놈 제 마누라굿도 못본다.( )
- 막간애미 애 핑계 댄다.( )
  ▶ 막간애비 애 핑계 댄다.( )
- 못난 색시 달밤에 삿갓 쓰고 나선다.( )
  ▶ 못난 신랑 달밤에 삿갓 쓰고 나선다.( )
- 미운 마누라 죽젓광이에 이 죽인다.( )
  ▶ 미운 남편 죽젓광이에 이 죽인다.( )
- 곁방년이 코 곤다.( )
  ▶ 곁방놈이 코 곤다.( )
- 길 닦아 놓으니까 미친년( )
  ▶ 길 닦아 놓으니까 미친놈( )
- 먼저 지나간다.( )
  ▶ 먼저 지나간다.( )
- 여자가 울면 삼 년 재수가 없다.( )
  ▶ 남자가 울면 삼 년 재수가 없다.( )
  (모든 일에 여자의 참여를 견제하고 있다.)
- 여자는 세 발 앞도 못 본다.( )
  ▶ 여자는 한 발 앞을 보더라도 똑똑히 본다.
- 여자는 시집가면 남이다.( )
  ▶ 남녀가 결혼하면 두 집안이 한집 된다.( )
- 여자는 자기를 기쁘게 해주는 사람에게는 애교를 아끼지 않는다.( )
  ▶ 여자는 기쁨을 주는 사람에게 감사할 줄 안다.( )
- 여자는 첫째가 인물이고 둘째가 마음씨다.( )
  ▶ 남자나 여자나 첫째가 마음씨다.( )
- 여자는 하루 아침에도 열두번 변한다.( )
  ▶ 여자는 자꾸 변하면서 발전한다.( )
- 여자는 혀가 길고 남자는 손이 길다.( )
  ▶ 남자는 혀가 길고 여자는 손이 길다.( )
- 여자가 살림을 못하면 남자가 등골 빠진다.( )
  ▶ 부부가 서로 잘해야 잘 산다.( )
- 여자가 안 낀 살인 없다.( )

▸칼은 남자가 쓰고 여자가 죽었다고 한다.( )
● 여편네 통은 커봤자 깡통이다.( )
　▸여자의 통이 커야 나라가 잘 된다.( )
● 여편네 셋이 모이면 간사할 간자가 된다.( )
　▸여자 셋이 모이면 방아를 찧어 떡을 만든다.( )
● 여자가 손이 크면 팔자가 세다.( )
　▸여자가 손이 크면 인심을 얻는다.( )
● 딸은 출가하면 남이다.( )
　▸딸이 출가해야 장인장모가 된다.( )
● 여자는 남편 사랑을 먹고 산다.( )
　▸부부는 서로의 사랑으로 살아간다.( )
● 게으른 여편네 밭고랑세듯( )
　▸게으른 남편 걸레질하듯( )
● 게으른 여편네 아이 핑계대듯( )
　▸게으른 남편 바깥일 핑계대듯( )
● 계집이 늙으면 늑대가 된다.( )
　▸남자가 늙으면 늑대가 된다.( )
● 아이 못 낳는 년이 밤마다 용꿈 꾼다.( )
　▸아이 못 낳는 놈이 밤마다 용꿈 꾼다.( )
● 여자는 상들고 문지방을 넘으면서 열두 가지 생각을 한다.( )
　▸남자는 문열고 안방을 들어오면서 열두 가지 생각을 한다.( )
● 열길 물속은 알아도 한 길 여자 속은 모른다.( )
　▸열길 물속은 알아도 한 길 남자 속은 모른다.( )
● 여자와 가재는 가는 방향을 모른다.( )
　▸남자와 가재는 가는 방향을 모른다.( )
● 담배 한 개피는 마누라하고도 안 바꾼다.
　▸껌 한개는 남편하고도 안 바꾼다.
● 집과 계집은 가꾸기 나름.( )
　▸집과 남편은 가꾸기 나름.( )
● 여자는 제 고을 장날을 몰라야 팔자가 좋다.( )
　▸남자는 제 고을 장날을 몰라야 팔자가 좋다.( )
　 (여자가 똑똑하면 팔자가 세다고 규제하고 있다.)
● 여자가 고집이 세면 팔자도 세다.( )

> ▶ 남자가 고집이 세면 다된 일도 망친다.( )
- 첫 과일은 여자가 따지 않는다.( )
  - ▶ 첫 과일은 남자가 따지 않는다.( )
- 남자는 씨요 여자는 밭이다.( )
  - ▶ 남자의 씨와 여자의 씨가 합쳐져야 생명이 이루어진다.( )
    ('아버님 날 낳으시고 어머님 날 기르시니'에서처럼 여자는 출산의 도구일 뿐인 것이다. 반면에 씨를 뿌려주는 이가 남성이므로 행동의 주체자는 늘 남성이었다. 여성의 삶은 이러한 금기담들에 의해 갇혀 있을 수밖에 없었다. 이외에도 예는 많다.)
- 여자가 밤에 세수를 하면 곰보 신랑에게 시집간다.( )
  - ▶ 남자가 밤에 세수를 하면 곰보 색시에게 장가간다.( )
- 여자가 밤에 머리를 빗으면 근심이 생긴다.( )
  - ▶ 남자가 밤에 머리를 빗으면 근심이 생긴다.( )
- 여자가 휘파람을 불면 팔자가 사납다.( )
  - ▶ 남자가 휘파람을 불면 팔자가 사납다.( )
- 첫손님이 여자면, 그 날은 재수가 없다.( )
  - ▶ 첫손님이 남자면(안경 쓴 사람), 그 날은 재수가 없다.( )
- 정월 초하룻날 여자가 들어오면 일년내내 재수가 없다.( )
  - ▶ 정월 초하루날 남자가 들어오면 일년내내 재수 없다.( )
- 여자는 새머리( )
  - ▶ 남자는 새머리( )
    (과학적으로 지적 능력은 주름진 뇌의 표면과 벽과 관계가 있으며, 주로 유전적인 요인이나 개발에 의해 좌우된다.)

서구에서 인간이라는 말인 영어의 man과 불어의 homme에서 보듯 "우주의 근원은 인간이며, 곧 남성"이었다. 우리 사회에서도 남편은 하늘보다도 높은 존재임을 나타낸다. 여성이 진정한 자유와 평등을 회복하는 데는 무엇보다 남성 중심의 가치관에 빠져 의식적이든 무의식적이든 자기를 업신여기는 행위의 뿌리가 얼마나 깊은지 깨닫는 것이 중요하다. 바로 이 내면적 속작인 여성 콤플렉스에서 벗어나 외부의 압력을 밀쳐내는 것이 우리 시대 여성 운동의 과제일 것이다.

명심보감의 부행편(婦行篇)을 보면, '부녀자들은 몸가짐을 얌전히 하고 복종적일 것', '자기의 예속된 신분 이상을 바라지 말 것', '여성은 자라서는 문 밖으로 놀러 다니지 말아야 하며, 다만 집안에서 남자들이 먹는 술과 음식, 의복 등을 만드는 것을 낙으로 삼을 것', '정사(政事)는 물론이거니와 사회 일에도 관심을 가지지 말고 가정 내에서의 활동만을 할 것'등의 내용이 담겨져 있다. 예로부터 유교의 남녀 윤리관에 근거한 것으로써 아직도 우리 사회에 깔린 문제점이다. 때문에 사회의 기본인 가정에서 그러한 생각이 있음은 물론이다. 대부분의 남자가 그러하듯이 아버지들도 여성의 행동이 정숙하고 소위 여성스럽기를 바란다. 어떠한 아버지의 경우는 짧은 치마는 절대 못 입게하고, 매니큐어, 머리모양, 화장, 액세서리 등 모든 면을 간섭한다고 한다. 기능적으로 가부장적인 가치관의 영향은 부부간의 평등한 관계보다는 수직적인 관계가 나타나고, 부부관계보다는 부모와 자녀의 관계가 우선시 되어진다.

'여성은 오복이 들면 팔자가 세다'고 한다. 1994년 4월 17일, 음력으로 3월 7일은 오복이 든 길일이라 하여 전국적으로 예식장이 만원이었다고 한다. 역술적으로는 연(年), 월(月), 일(日)을 뜻하는 음양 오행의 여성 글자인 갑술(甲戌), 무진(戊辰), 계유(癸酉) 가운데 드물게 다섯 가지 합이 나오는 날로 장수, 재물, 지식, 무애, 해로 등 다섯 가지 복을 불러들이는 날이라는 것이다. 이 '오복'과 여성의 삶을 살펴보면 그 중에 '해로'가 들어 있는데, '결혼해야 해로도 되니 결혼이 오복을 위한 필수로 생각되는 사회임을 알 수 있다. 그러나 독신 여성이나 독신 남성의 증가가 한 시대의 조류를 형성하고 있는 지금에는 어울리지 않는다. 또 오복 중에 '지식'이 들어간다는 것은 '여자가 너무 많이 알면 팔자가 세다'고 믿었던 한국 사회의 모습으로 볼 때, '여성은 오복이 들면 팔자가 세다'라는 오류를 낳는다.

조선시대의 사대부들은 무시, 천시해야할 어떤 것에 명칭을 부여할 때에는 무속을 천시하여 '음사' 혹은 '좌도'라고 일컬었던 것처럼, 여성을 의미하는 '음' '좌' 등을 사용하였다. 공적 사회로 나가기 위해 필요한 지식 축적과 조직적 교육은 여성에게는 금기시 되면서 남성들의 독점 영역으로 자리잡은 성의 정치적 복선이 깔린 '언어 정치'의 권모술수라고 볼 수 있다. 현대 사회는 '오복'이 정해진 사회가 아니라 개인에 따라 유동성을 지니는 사회이기는 하지만, 오복을 한번 재구성해 보아야 하지 않을까. 예를 들어, '건강, 재물, 지식, 자유, 일'로 바꿔서 생각하자.

6) 이중적 성(性)관에 의한 여성의 성(性) 비하

- 촌년이 전 서방을 하면 갈지자 걸음에( )
  ▶ 촌놈이 씨앗을 보면 갈지자 걸음에( )
- 육계장 아니면 밥을 안 먹는다.( )
  ▶ 보신탕 아니면 밥을 안 먹는다.( )
- 가관기생이 열녀되랴.( )
  ▶ 기둥서방이 열부되랴.( )
- 도둑때는 벗어도 화냥때는 못 벗는다( )
  ▶ 도둑때는 벗어도 오입쟁이 때는 못 벗는다.( )
- 멋에 치어 중 서방질( )
  ▶ 멋에 치어 계집질 ( )
- 계집 뒤가 반지르 하면 애가 든다.( )
  ▶ 사내 뒤가 반지르 하면 애가 든다.( )
    (반반하게 생겨도 못생겨도 탈로 잡았다.)
- 한 번 가도 두 번 가도 화냥( )
  ▶ 한 번 가도 두 번 가도 바람( )
- 먹지 않는 종, 투기없는 아내( )
  ▶ 먹지 않는 종, 투기 없는 남편( )
- 아이 못 낳는 년이 밤마다 용꿈 꾼다.( )
  ▶ 아이 못 낳는 놈이 밤마다 용꿈 꾼다.( )
- 가는 년이 물 길어다 놓고 갈까.( )
  ▶ 나가는 놈이 돈벌어다 놓고 갈까.( )
- 나가는 년이 디딜방아 찧고 갈까.( )

   ▶ 나가는 놈이 디딜방아 찧고 갈까.( )
● 나가는 년이 세간 사랴.( )
   ▶ 나가는 놈이 쌀 사놓고 갈까.( )
● 여색은 목숨을 치는 도끼다.( )
   ▶ 여자는 생명의 어머니이다.( )

7) 계속 이러면 '남자는 외로워'다.

● 남자가 부뚜막 살림을 간섭하면 살림을 못한다.( )
   ▶ 남자가 부뚜막 살림을 같이 하면 살림이 늘어난다.( )
● 여자가 앓으면 집안이 망하고, 여자가 앓으면 살림이 안 된다.( )
   ▶ 남자가 앓으면 집안이 망하고 여자가 앓으면 나라가 망한다.( )
● 남자가 여자에게 눌리면 집안이 안 된다.( )
   ▶ 남자든 여자든 눌리면 집안이 안 된다.( )
   ▶ 여자가 남자에게 눌리면 집안이 안 된다.( )
● 남자는 배짱이요 여자는 절개다.( )
   ▶ 남자는 성실이요 여자는 배짱이다.( )
● 남자는 안에서 하는 일을 말하지 않으면 일이 잘 된다.( )
   ▶ 남녀가 안팎의 일을 같이 나누면 여자는 밖에서 하는 일을 말
     하지 않는다.( )
● 남자의 원수는 술과 계집이다.( )
   ▶ 남자의 원수는 술과 담배고 반려자는 여자이다.( )
   ▶ 여자의 원수는 술과 사내다.( )
● 남편 밥은 누워먹고, 아들 밥은 앉아 먹고, 딸 밥은 서서 먹는다.( )
   ▶ 아내 밥은 누워먹고, 딸 밥은 앉아 먹고, 아들 밥은 서서 먹는
     다.( )
● 남편은 두레박이요, 아내는 항아리다.( )
   ▶ 아내는 두레박이요 남편은 항아리이다.( )
● 남자는 배 여자는 항구( )
   ▶ 남자는 배, 여자는 바다( )
● 사내 나이 열다섯이면 호패를 찬다.( )
   ▶ 여자 나이 열다섯이면 출세를 한다.( )
● 계집 바뀐 것은 모르고 젓가락 바뀐 것은 안다.( )
   ▶ 사내 바뀐 것은 모르고 젓가락 바뀐 것은 안다.( )

- 밤새도록 통곡해도 어느 마누라 초상인지 모른다.(   )
  - ▶ 밤새도록 통곡해도 어느 남편 초상인지 모른다.(   )
- 계집 둘 가진 놈의 창자는 호랑이도 안 먹는다.(   )
  - ▶ 사내 둘 가진 년의 창자는 호랑이도 안 먹는다.(   )
- 누이 믿고 장가 안 간다.(   )
  - ▶ 언니 믿고 결혼 안 한다.(   )
- 더러운 처와 악처라도 빈방보다 낫다.(   )
  - ▶ 의처증인 남편보다 빈방이 낫다.(   )
- 담배 한 개피는 마누라하고도 안 바꾼다.(   )
  - ▶ 껌 한 개는 남편하고도 안 바꾼다.(   )
- 아내 없는 처가는 가나마나(   )
  - ▶ 남편 없는 시댁은 가나마나(   )
- 아무리 악처라도 열효자 보다 낫다.(   )
  - ▶ 아무리 악한 남편이라도 열효녀 보다 낫다(   )
- 쥐 먹을 것 없어도 사위 먹을 것 있다.(   )
  - ▶ 쥐 먹을 것 없어도 며느리 먹을 것 있다.(   )
- 노닥노닥 해도 마누라 장옷(   )
  - ▶ 노닥노닥 해도 남편 두루마기(   )
- 씨앗 죽은 눈물(   )
  - ▶ 기둥서방 죽은 눈물(   )
- 불 없는 화로, 딸 없는 사위(   )
  - ▶ 불 없는 화로, 아들 없는 며느리(   )

남성을 대입해서 써 보는 속담 연습을 통해서 여성에게만 강요하는 것의 부당성과 어불성설을 다시금 발견하고, 새로운 여성상을 세워 나가는 작업이 필요함을 깨달을 수 있기 바란다. 또한 시대에 맞고 억압적이지 않은 남성상의 정립과 연결시켜 다시 써 보자. 더불어 남성과 여성, 아니 같은 인간으로서 도리와 상호규약을 새로 만들어 성에 의한 구분이 더 이상 차별이 되지 않는 그런 언어들을 만들어 쓰자.

다음의 속담들은 여성과 관련시켜 긍정적으로 써본 것이다.

- 구슬이 서말이라도 꿰어야 보배.
  - ▶ 아무리 능력이 있어도 사회적으로 실현해야 인정받는다.
- 윗물이 맑아야 아랫물이 맑다.
  - ▶ 아버지가 비폭력적이라야 아들도 비폭력적이다.
- 지렁이도 밟으면 꿈틀한다.
  - ▶ 착한 여자도 괴롭히면 항거한다.
- 불난 집에 부채질하기.
  - ▶ 피해 당한 여성들을 더 이상 피해자로 만들지 말라.
- 호랑이를 잡으려면 호랑이 굴에 들어가야 한다.
  - ▶ 남성문화를 고치려면 남성사회도 알아야한다.
- 여자가 한을 품으면 오뉴월에도 서리가 내린다
  - ▶ 여자의 잠재 능력이 상당함을 나타낸다.
    (여자가 독하다는 뜻으로 사용했으나,)
- 가는 말이 고와야 오는 말이 곱다.
  - ▶ 남편이 잘해야 아내가 잘한다.
  - ▶ 남편 말이 고와야 아내 말도 곱다.
- 종로에서 뺨맞고 개천에서 화풀이
  - ▶ 바깥에서 욕먹고 집에서 화풀이.
- 천리길도 한걸음부터.
  - ▶ 여성운동도 나 하나부터.
- 똥묻은 개가 겨묻은 개 나무란다.
  - ▶ 똥묻은 남자가 겨묻은 여자 나무란다.
- 형만한 아우 없다.
  - ▶ 언니만한 동생 없다.
    (여성자매애의 기초가 된다.)
- 누이 좋고, 매부 좋고.
  - ▶ 오빠 좋고, 올케 좋고.
    (여성의 입장에서 말 만들기)
- 여자팔자는 뒤웅박 팔자다
  - ▶ 무슨 팔자든 제하기 나름이다
- 남자는 하늘, 여자는 땅
  - ▶ 남자는 하늘? 그렇게 고집하면, 여자는 우주다.

5. 대중매체와 언어

자본주의 사회에서의 대중매체는 굉장히 큰 힘을 가진 채로 구석구석까지 영향력을 미치고 있다. 그러기에 매스컴 광고를 통한 자본의 획득을 노리게 되는데 그 표현방법의 가장 중요한 방법이 바로 언어이다. 그런데 가만히 보고 있노라면 상당 부분에서 여성의 상품화가 보여지고 있음을 알 수 있게 된다. 성의 상품화라고 한다면 일반적으로 '매매춘'을 떠올릴 것이다. 물론 사실이다. 하지만 대부분의 사람들이 광고에서 행해지고 있는 부분들에 대해서는 잘 인식하지 못한 채 지나가는데, 그만큼 교묘하다고도 할 수 있겠고 또 이미 너무 거기에 물들어 버린 탓이라고도 할 수 있겠다. 비근한 예로,

> 남편은 여자하기 나름이에요.
> 가구는 여자예요.
> 여자와 커피는 부드러워야 제 맛 아닌가요.

여자의 맛?('남자의 맛'도 있는가?) 이러한 선전 문구들은 우리에게 아주 익숙해져 있으며 우리들도 생활하면서 한번씩은 써 먹어본 경험이 있는 말일 것이다. 남편이 잘못하는 것은 다 여자 탓이고, 여자는 항상 부드러워야 한단 말인가. 그리고 '가구가 여자'라는 말은 '여자가 가구'라는 말도 된다. 여자가 왜 움직이지 못하고 늘 집안에서 장식적인 기능을 하기도 하는 가구란 말인가. 광고에서의 성 상품화는 보여줌으로써도 이루어진다. 예를 들어 일본의 한 스타킹 광고에서는 스타킹을 선전하기 위해 스타킹을 신은 여성의 하체를 보여주고 있으며, 우리나라의 경우에도 이러한 현상은 심화되고 있다.

이러한 광고 메시지는, 여성은 다른 생산수단의 소유를 위해 노력하

는 것보다는 몸과 적당한 지적 자원을 도구로 남편이나 남자 잘 만나는 게 최고야 식으로 어려서부터 심어 준 신데렐라 콤플렉스를 확인 강화하는 것이다.

'몸이나 예쁘게 가꿔 신데렐로처럼 남편감 잘 잡는 것'이 '몸이나 예쁘게 가꿔 남자 잘 잡는 것'으로 정도이지 기본틀은 별 바뀐 것이 없다.

아이들이나 어른의 사는 방식과 가치관에 많은 영향을 끼치는 만화, 오락, 인터넷세계는 어떠한지도 주의깊게 모니터링을 해야 할 것이다.

2001년 5월 KBS 위성 TV 밀레니엄 포럼에서 '매매춘여성의 인권' 문제를 다루었다. 일부 매매춘여성들은 그 프로그램에 참석할 매매춘여성을 도우는 단체 대표에게 "이것은 직업이기 때문에 부끄러워할 필요가 없다. 그리고 돈을 벌기 위해서라면 어떠한 일도 불사할 수 있다"고 했다고 한다. 그러나 이어 그들이 돈을 벌 다른 방법이 주어졌다면, 할 수 있다면 그 짓을 하지 않겠다고 하였단다. 실제로 그 지역의 여성들이 제빵 기술을 익혀 빵가게를 열고 빵을 팔았었는데 대부분이 '그 더러운 여자들의 빵을 왜 사먹느냐'고 빵을 사 주지 않아 폐업을 할 수밖에 없었다고 한다. 요즘에는 늦었지만 컴퓨터를 열심히 배우려는 열도 높다고 한다. 그것이 취업으로 연결되지 않을 때 허탈감은 또 어디로 향할까? 2001년 한 통계는 한국의 가임여성(15세~45세) 13명 중 1명이 매매춘을 하고 있다고 한다. 그들 모두가 다 그러한 의식상태로 되어 있는 것은 아닐 수 있다. 그러나 떳떳한 자립의 방법이나 기술을 익혔다면, 다른 선택을 할 생각을 가진 여성이 대다수인 점을 염두해 둘 때 성장기에 경제적 독립을 할 수 있는 여성교육의 필요성을 새삼 절실하게 느낀다. 이들을 위해서도 자활프로그램의 운영과 더불어, 윤락행위방지법이 만들어진 이상 법대로 철저히 집행할 필요가 있다. 나아가서는 힘든 일에 적은 돈을 벌지만 매매춘의 방법을 택하지 않고 사는 많은 여성들을 위해서나 후세의 여성들을 위해서도 매매춘 금지의 법 집행은 확실히 이루어져야 할 것이다. 이것이 그 포럼에 참석한 나를 비롯한 참석자들의 입장이었다. 물론 법의 집행에는 여성이 자신의 몸을 도구로 하여 돈을 벌려고 하는 것도 잘못이지만 더 근본적인 잘못은 돈과 힘을 가진 남성이 적극적으로 그것을 매개로 하여 자신의 성적·지배적 욕구를 채우려고 하는 점이기에 남성들의 의식과 생활의 구조조정이 수반되어야 할 것이다.

최근에 와서 몇몇 광고는 다행스럽게 시대에 부응하는 인간상 및 여성상을 담아 그 메시지를 확산시키는데 일조를 하기도 한다. 그러나 자본주의의 꽃이라는 대부분의 '광고'가 간접적으로나마 자본주의의 악인 매매춘 - 인간이기를 포기하는 일 - 을 확대하는 일에 앞장서고 있는데 그것은 그 꽃을 길고 아름답게 피워가는 방법도 더불어 살아가는 성숙함도 아니다. 혹 도발적인 인간의 모습으로 일시적인 구매의욕은 불러일으켜 잘한 광고로 보일 - 지 모르나, 본질적으로 사람의 삶에 도움을 주는 성공한 광고는 더더욱 아니라는 평가를 곧 받게 될 것이다.

제 5 장

다양하게 바꿔쓰며 시각 교정하기
- 어릴 때부터 다양한 역할관 심어주기 -

어린 시절, 할머니나 어머니가 들려주시던 옛날 이야기에는 많은 여성들이 있었다. 콩쥐, 장화, 홍련, 심청이, 춘향이, 백설공주, 신데렐라, 엄지공주 등등 동화 속의 주인공들은 얼굴이 예쁘고 마음씨도 착한데, 못된 마녀나 심술궂은 의붓 형제들에게 구박을 당하다가 백마를 탄 왕자님에게 구출되어 모든 불행에서 해방된다.

그런데 사람이 자신의 처지나 운명에서 벗어나는 방법은 꼭 '구출되는' 것뿐일까? 여자 주인공이 누군가를 구출하거나, 자신의 불행한 처지를 스스로의 노력으로 벗어나는 전형은 왜 없을까? 신데렐라 공주를 신데렐로 왕자로 바꾼다면? 멋진 공주에게 장가가는 것이 자기 운명을 해결하는 유일한 방법이라고 믿으며 크는 소년도 있을까?

2001년 7월 28일 영화 '슈렉'을 스텔라 수녀님과 함께 보러 갔다. 스텔라 수녀님은 2001년 1월 겨울(winter)스쿨에서 나에게 여성학 수업을 들었다. 40세에 수도원의 도서관 관리에 필요한 공부를 하러 서울여대 3학년으로 편입하여 나를 만나게 된 것이다. 학기 후도 이메일로 서로 안부를 묻곤 하는 친구이다. 방학에 약속을 서로 주고받아 탑골공원 앞에서 만나 영화관에 갔다. 나의 경우 특별한 경우를 빼고는 친구간에는 대부분 서로 만남에 드는 비용은 '서로 부담없는 각자내기' 방식을 택하고 있다.

그 방식을 택하게 된 것은 일련의 결단 이후부터이다. 여성학자로서 나는 부자에 속한다. 서울시에 남편이름으로 된 집이라도 3층집을 가지고 있으니까. 그러나 2년 전부터 나는 여성학자나 일반 여성이나 그녀의 노력에 대해 응당히 지불하고 받아야 하는 수고비나 사례같은 것은 철저히 하도록 하는 풍토를 만들어 나가야 한다고 생각하여 나부터 앞장서기로 하였다. 여성의 시간과 경제력과 여성의 개인적·가정적·사회적 자존심 찾기가 직결되어있다는 것을 피부로 철저히 경험한 후에 나온 결단이다.

여성들은 대체로 집에서도 가사노동의 성격상 생색나지 않는 잡다한 곳에 작은 돈을 푼돈으로 지출해 왔다. 가계부를 일일이 쓰지 않으면 표시가 나지 않는다. 표시가 나지 않으면 여성들은 가정에 경제적으로 기여한 바가 없는 것으로 대우받게 된다. 그 점도 하나씩 개선·실천하는 방안을 생각하고 있다. 여성들의 평소 경제적·법적으로 안일한 삶은 영화 슈렉에 나오는 피오나 공주처럼, 괴물(익룡; 溺龍)로부터 자신을 구출하기 위해 온 슈렉과 당나귀는 위기를 느끼고 마음이 급한데 익룡이 잡으러 추격하고 있음에도 자신의 위기 상황을 제대로 알지 못하고, 낭만에 젖어 첫 만남의 분위기와 예의 운운하며 우스꽝스럽게 행동하는 모습을 갖는 것과 별 다르지 않을 것이다.

슈렉에서도 난쟁이 영주는 자신이 가진 권력으로 세계적인 미인 중에 자신의 부인을 '낙점'하는 권리를 갖는다. 요술의 거울이 지적한 세 미인은, 계모에게 잡혀 무지막지한 일을 하고 있는 '신데렐로'와 일곱난장이와 연결된 '백설공주'와 익룡에게 잡혀 높은 탑의 꼭대기에 갇혀 백마 탄 왕자의 구출을 기다리고 있는 피오나 공주이다. 거울은 백설공주를 소개할 때에 '일곱남자와 좀 복잡한 남자관계를 가진 것 같은' 것으로 소개한다.

슈렉은 처음에 피오나 공주를 '골칫덩이'로 지칭한다. 자신이 탈출할 생각은 않고 탑의 꼭대기에 누워서 다른 사람의 구출이나 바래고 있는 공주를 비난하는 것이다.

클래식 오페라와 팝의 혼합인 '파페라'의 기수는 인도네시아 여성스타 바네사 메이이고 그녀와 비슷한 류로서 본드 역시도 여성이다. 퓨전 시대 예술계의 선두주자가 여성들인 점은 여성이 지닌 평소의 포용적이고 유연한 기질 및 관대한 수용성에 기인할 것이다.

여아 교육에서부터 당당한 여성들로 키워가기

한국여자축구

49년 6월 한국에서도 서울의 4개 여자중학교간에 여자축구경기가 있었다. 어떤 연유에서인지 그것을 계속 이어나가지 못하여 맥이 끊어져 버렸었다. 40년이 지난 이후 1990년에야 국가대표선수단이 만들어졌다. 필자도 60년대 중학교를 다닐 때 학교 내 핸드볼 대회 때 학급대표 선수를 하였다. 내가 중학교를 졸업하고 얼마 후 한국여자 핸드볼이 세계를 제패한 뉴우스를 접하였다. 핸드볼의 기반이 그런대로 있었던 것으로 여겨졌다. 나는 축구는 한 번도 해 보지 못했다. 학교에서건 동네에서건 어디서건 공을 차 볼 기회는 없었다. 단지 길을 가다가 남자아이들이 가지고 노는 축구공이 실수로 나에게 굴러왔을 때 차 볼 기회는 왔지만 평소 연습을 한번도 해 보지 못한 터라 공을 제 방향으로 보낼 수 있을 지 염려되어 손으로 집어 던져주었다.

2001년 8월 3일 저녁 울산문수 경기장에서 있었던 '타이거풀스 토토컵 국제여자축구대회' 4개국 대회 중 한일대회의 장면을 TV중계로 보고는 여자축구에 애착이 생겼다. 나도 한 번 차 보았으면 좋겠다. 또 주부 축구팀에 들어가면 얼마나 오래 뛸 수 있을까?를 생각해 보며 아주 재미있게 몰두할 수 있었다.

양쪽 팀이 모두 공을 아주 잘 빼앗았는데 그 다음 패스가 연결이 되지 않아 다른 팀의 선수에게 도로 빼앗겼다. 또 골대에 넣는 슛이 처음 차성미가 강선미에게 보내서 골인하여 점수를 딴 그 한 골을 넣을 때를 빼고는 골인을 앞두고 서로 유기적으로 연결해주거나 정확하지 못해 점수로 연결되지 않아 몇 번씩이나 안타까웠다. 그러나 신기에 가깝게 서로 연결하는 때도 몇 번 있었다. 노르웨이, 미국, 호주, 중국, 일본 등이 여자축구에 있어 역사가 우리보다 훨씬 길고 우리보다 앞선다 한다. 그렇지만 역사가 아주 짧은 한국여자축구가 국가적·사회적 지원만 계속 된다면 남자축구보다 세계정상 탈환이 훨씬 빠를 것이라는 예측을 처음보는 나에게도 들게 했다. 아니나 다를까 신문에서도 뉴스에서도 같은 말을 하고 있었다. "여자축구 미래는 밝다"(동아일보). 축구경기 중계를 보며 응원단에서 아주 열열히 응원하는 것도 재미있었고 여학생들도 꽤 있어서 마음 한가운데 다음 경기 때는 수업 듣는 학생들도 가서 체험하게 하는 것이 양쪽 - 아니 여러 쪽에 - 다에게 좋겠다고 생각해 두었다. 발로 뛰는 축구경기장에서 '발병난다'는 아리랑 노래를 듣는 것도 해학적이어서 재미있었다. '아리랑 아리랑 아라리요 - 발병난다'

여자 축구라 심판도 여성 셋으로 구성되고, 해설 중에 축구공의 무게도 남자와 같고, 경기시간도 남자와 같고 라는 말을 들을 때 묘한 느낌이 전해왔다. 축구중계를 같이 보는 선생님들 중에도 여성이라는 점을 염두에 둔 듯, 미리부터 체력이 딸리겠다는 걱정을 하셨는데 끝까지 체력은 넘쳐흘렀다. "체력이 다 소모되면 집중력이 떨어지고 패스미스가 나온다"고 아나운서도 설명을 했지만, 아나운서도 "체력은 아무 이상 없습니다"하곤 하였다. 중계방송 중 시합의 휴식 시간과 끝에 광고가 나갔는데 광고에 나온 인물은 히딩크였다. '한국축구대표팀 감독'으로 소개되고 있었다. '한국축구대표팀'이라? - 남여 모두의 대표팀 감독일까? 하고 생각해 보았다. 앞으로 나오는 작품들 중에서는 당당한 여자축구선수 캐릭터도 맹활약을 할 수 있을 것이다. 아니나 다를까 이 책의 교정을 보는 기간에 우리 여자축구팀은 강자인 중국 여자축구팀을 이기는 기적에 가까운 쾌재를 불렀다. 또 며칠 전 새벽에 자고 일어나니 딸이 메모를 써 두고 없어졌다. 식탁위에 메모가 있어 보았더니 '마음이 답답하여 잠을 잘 수가 없어 북한산을 다녀 점심때쯤 들어오겠다'고 하며 오전 4시 30분이라고 써 놓았다. 그 옆에 핸드폰이 놓여있어 잊어버리고 안가져간 것을 모르고 걱정을 했다. 8시쯤 되니 딸로부터 전화가 왔다. 산밑에 사시는 할머님 댁에 들러 식사를 같이 하고 있다는 내용이었다. 오후에 딸이 집으로 왔길래 자초지종을 물으니 새벽에 가슴에서 평소에 하고자 하는 바 일에 대한 욕구가 치솟아 누워있을 수가 없더라는 것이다. 무엇인지 알지만 짐짓

무슨 욕구? 하였다. '자아실현욕구'라 하며 웃는다. 자신이 실현하고
싶은 어떤 일, 자신이 무엇이 되고 싶은 욕구 - '엄마가 매일 생각하
고 쓰고 있는 것이 딸들에게 하고 싶은 일하도록 도와주자'가 아닌가
요? 하며 강조 확인한다. 딸이 성공이 불확실하고 경제적·정신적·
시간적·신체적·문화적 등등의 투자를 많이 요구하는 어려운 일을
하려고 하여, 보수적인 아버지는 반대하고 나는 나의 여성학적 입장
으로 인하여 딸이 진정 원하는 일이면 돕고자 하나 나의 능력에 넘치
는 일이라 내심 어려워하고 있다. 이러한 나의 내심이 가끔 어떤 가정
일로 화가나면 바깥으로 나오니 딸이 자기를 마지못해 도울려고 하는
나의 표면적 태도를 재차 다져두는 것이다. 인간의 욕구는 동서양에
서 거의 다음과 같이 분류되고 있다. 메슬로우의 정리처럼

자아실현
욕구 :
자기충족감과
자신의 잠재력의 실현

탐미적 욕구 : 질서, 미

인지적 욕구 :
배우고, 이해하고, 탐구함

자존심의 욕구 :
인정받고, 존중받고자함

소속감, 사랑의 욕구 : 다른 사람과
친하고, 수용하고, 소속되기 바람

안전 욕구 : 편안하고 안전하며, 위험이 없길 바람

생리적 욕구 : 음식, 갈증, 기타

인본주의 심리학 발달의 기수인 아브라함 메슬로우(Maslow)는 인간의
동기를 분류하는 흥미있는 방법을 제시했다. 그는 동기의 단계를 설정
했다. 즉 근본적인 생물학적 요구로부터 이 근본적인 요구가 만족된 후

에야 중요성을 띄는 복잡한 심리학적 동기까지 단계가 있다는 것이다. 한 수준에 있는 요구들이 최소한 부분적이라도 만족되어야만 그 다음 수준의 욕구가 행동을 결정하는 중요한 인자가 된다. 음식과 안전이 확보되지 않으면 이러한 요구들의 충족이 그 사람의 행위를 지배하며, 더 높은 동기는 별의미를 가지지 못한다. 대부분이 근본적 욕구를 만족하는 것이 쉬울 때만이 사람은 미의식이나 지적 흥미에 대해 관심을 갖고 정열을 쏟는다. 사람들이 음식과 집, 그리고 안전을 얻기 위해 전전긍긍하는 사회에서는 예술적 과학적 노력이 번성할 수 없다고 보고 있다. 앞으로의 여성과 남성 캐릭터들은 특히 여성인물 창조시에, 이전보다는 좀 더 폭넓고 다양한 욕구를 가지고 실현하는 인물들로 묘사하게 될 것이다.

다양한 매체를 통해, 동화 다시 쓰고 보여주기는, 우리에게 내면화된 전형을 새로 만드는 일이다. 의존적이고 수동적인 공주나 여성의 이미지에서 보다 적극적이고 독립적이며 존중받을 여성의 이미지나 실체를 한번 만들어보자. 자신을 주인공으로 하여서도 해 보자.

역사속 여성인물 찾기 나선 차옥덕씨
"고구려·백제를 한 여성이 세웠다는 걸 아시나요"

차옥덕(51) 씨는 좀 별난 여성학자다. 여신, 역사 속 여성인물 찾기에 '혈안'이 돼 있는가 하면, 여성과 관련된 문화유적지만 찾아다닌다. 현실 여성문제보다 과거에 집착이 강하다는 오해도 받는다. 역사학자도 아니면서 아는 척 한다고, 구시대 여성들에게서 뭘 배우겠느냐고. 차씨의 '해명'은 이러하다. "우리가 아는 역사 속 여성은 고작 조선시대에 머물러 있습니다. 삼국시대만 해도 여성들이 말을 타고 들판을 달렸어요. 고려 말에는 박유라는 정승이 축첩제도를 제안했다가 장터 여성들에게 몰매 맞을 뻔한 일도 있었답니다. 그뿐인가요. 상고시대의 여성들은 우리의 상상을 넘어설 만큼 위대했습니다."

지난 3일 '제7회 여성 주간'을 기념, 여성학자는 물론 역사학자들의 관심도 끌어모았던 '서울 역사 속의 여성 인물 찾기' 세미나에서 차씨가 주제 발표한 '소서노'가 그 대표적인 여성이다. 고구려 첫 왕비로, 남편인 주몽보다 8세나 많았던 졸본부여의 공주. 북부여에서 도망 온 주몽을 왕으로 삼아 고구려를 세웠지만 정치적 실세는 소서노였다는 것이 차씨의 주장이다.

"고구려나 백제 등 나라를 두 번이나 세웠던 소서노의 삶이 역사에 거의 남아있지 않은 건, 삼국사기나 삼국유사가 남성들에 의해 쓰여졌기 때문"이라고 차씨는 주장한다.

그가 역사 속 여성 인물 찾기에 관심을 기울인 것은 서른넷의 나이에 이화여대 여성학과 대학원에 들어가면서다. 다른 학문도 아니고 여성학과라고 남편과 시댁에서 반대도 했다. 그러나 남편은 공부하고 그가 일하러 다니다 일곱 살짜리 아들을 교통사고로 잃었던 터라, 여성의 삶에 관한 공부는 절박했다.

역사 속 여성인물을 세상에 알리기 위해 그는 현장을 뛰어다닌다. 13일에는 서울여성플라자에서 '일본 역사 속의 한국여성'을 주제로 또 한차례 세미나를 갖는다. 여성유적지 답사도 열심이다. 경기도 원당·연천·전곡 등 구석기시대 여성들의 생활상을 알아보는 답사로 시작해 정희왕후·문정왕후와 관련된 광릉·태릉, 소서노의 혼이 서려있는 풍납토성, 김삼의당 유적이 남아있는 남원 등지로 여행을 떠난다.

"일요일은 좀 집에 붙어있지" 하고 핀잔주는 남편과 아이들을 뒤로 하고 신바람나게 떠나는 여행. 그의 꿈은 여성의 시각으로 삼국사기를 새로 완성하는 것이다.

■ ■ ■ ■ ■ ■ 조선일보, 2002. 7. 9.

다음의 심청전 다시 쓰기와 외국동화 다시 쓰기, 신화 바꿔보기, 다시 쓴 장희빈 등도 여성학 수업 중 '다시 쓰는 동화, 신화'라는 제목으로 학생들에게 제출하게 한 보고서 중에서 골라 실은 것이다.

1. 효녀상 다시 세우기 – 심청전 다시 쓰기

현대판 원더우먼형 심청

유난히 정의감에 불타오르던 심학규 일병은 행정
반 앞 게시판에 붙은 월남파병 모집 포스터를 뚫어
지게 보다가 무언가를 결심한 듯 힘차게 행정 반으
로 들어간다. 월남에서의 생활은 피비린내 나는 지
옥 바로 그것이었다. 이제 더 이상 버텨낼 힘을 잃
은 적군은 밀림 깊은 곳으로 숨어버리고, 때때로 아
군의 막사를 기습하는 게릴라 전술로 맥을 이어나
가고 있었다. 그즈음 아군 총사령부에서는 초토화
작전을 검토 중이었고, 곧 밀림 전역에 고엽제를 살
포하기에 이르렀다. 월남에서의 마지막 작전. 심 일
병 역시 그 작전의 선봉에 서게 되었다.

지독한 더위와 우글대는 독벌레들, 사방에서 날
아다니는 총탄들 속에서 심 일병은 정신을 잃고 말
았다. 깨어보니 고국의 한 병원이었고, 총알이 머리

섬 남쪽에서 대청도쪽으로 3Km
떨어진 작은 바위섬이다. 인당
수에서 연꽃을 타고 조수에 밀
려 떠내려 오던 심청이가 이곳
연봉바위에 걸려 임금님께 전했
다고 하는 섬이다. 물에서 보면
연꽃봉우리처럼 생긴 바위가 2
개 보이고 하늘에서 보면 연꽃
이 핀 것처럼 보인다는 전설이
담긴 바위섬이다.

를 스쳐 정신을 잃은 후로 거의 한 달을 의식불명상태로 있었다는 이야
기를 들었다. 이렇게 파란만장한 그의 군 생활은 끝나게 되고, 완쾌 후
에 제대를 하여 사범대를 마저 다니고는 중학교 아이들을 가르치게 되
었다.

그곳에서 심학규는 같은 학교 여선생님과 결혼을 하였는데 1년쯤 되
던 때에 평소에도 건강이 좋지 않던 그의 부인은 아이를 낳다가 죽게
되고 말았다. 사랑하는 딸, 청이를 낳고는 하늘나라로 가버린 것이다.

외아들에다가 몇 년 전에 양친이 모두 세상을 떠나셨기 때문에 그는 손수 청이를 보살피는 수밖에 없었다. 청이를 보육원에 맡기고 출근을 했다가는 학교가 마치면 바로 돌아와 청이를 돌보면서 지냈다. 그러나 아내에 대한 그리움과 사랑으로 재혼은 꿈도 꾸지 못하였다.

이렇게 10년이라는 세월이 흘렀다. 그런데 언제부터인가 자신의 건강이 좋지 못하다는 것을 알게 되었다. 체중이 급격하게 줄고 시력이 나빠지기 시작한 것이다. 병원에서도 그 원인을 알 수 없다고 하였다. 결국 청이 나이 11살에 심학규는 실명을 하게 되고, 그의 실명은 두 부녀에게 정신적, 물질적으로 큰 타격을 안겨주게 되었다. 졸지에 소녀 가장이 되어버린 청이는 어린 나이에도 자신이 해야 할 일을 찾아야 한다는 생각이 들어 수소문 끝에 신문배달을 하게 되었다. 그나마 다행이랄까(?) 국가에서 월남 상이용사에게 약간의 연금을 지원해 주었기 때문에 그럭저럭 먹고사는 데는 문제가 없었다. 청이는 부지런하고 똑똑했고 어려운 환경에서도 늘 우수생이라는 칭찬을 들었다.

그러나 중학교부터는 수업료 및 준비물, 참고서비, 용돈 등등의 경제적 장애물이 청이의 앞을 가로막았다. 할 수 없이 청이는 진학을 포기하려고 했으나 아버지는 그래도 학업은 계속하도록 권유하였다. 공부를 계속하는 대신에 청이의 부담은 몇 배로 늘어났다. 수업을 마치자마자 돈벌이를 해야만 했고 밤에는 늦게까지 집안 일을 해야 했다. 물론 심학규의 고통도 적지 않았다. 어린 딸 청이에게 집안과 자신을 맡길 수밖에 없는 자신의 처지가 무척이나 가슴아팠다.

그런 어느 날 담뱃가게 최씨 영감이 그의 귀를 솔깃하게 하는 말을 했다. "5,000만원만 있으면 눈을 뜨게 하는 수술을 할 수 있다"는 것이었다. 그 날부터 그는 밤낮으로 고민을 하면서 한숨만 내쉬었다. 하지만 형편을 뻔히 아는 그로서는 딸에게 그런 말을 입 밖에 낼 수가 없었다. 한편 어렵게 공부하는 가운데서도 청이는 1등을 놓치지 않았고, 중학교 3학년 때는 전국 영어 웅변 대회에서 최우수상을 받게 되어 미국 대학들을 돌아 볼 수 있는 기회를 얻게 되었다. 그러나 아버지를 혼자 두고 갈 수가 없어서 망설였지만, 펄쩍 뛰며 다녀오라는 아버지의 말에 용기를 얻은 청이는 평소에 관심을 기울여 주던 최씨 영감에게 아버지를 부탁하고 다녀오기로 했다. 이를 부탁하러 간 길에 청이는 아버지가 수술비 5000만원 때문에 무척 괴로워하고 계시다는 말을 듣게 된다. 그러나 일단 청이는 미국행 비행기를 타기로 결정한다.

미국 방문단 일행은 중학생 2명과 고등학생 3명으로 구성되어 있었다. 그 곳에서 청이는 이창훈이라는 고등학생을 알게 되어 오빠라고 부르며 따르게 되었다. 돈 많은 집안의 수재답지 않게 겸손하면서 명랑한 창훈의 아버지는 정계 고위직에 계셨고, 그는 장래 외교관이 될 꿈을 가지고 있었다.

한 달간의 미국 연수를 마치고 집에 돌아온 청이는 더욱 창백해진 아버지의 모습을 보고는 돈을 마련할 방법을 찾았다. 고민 끝에 해외입양과 간병인 모집에 관한 정보를 듣게 되어 무언가 방법이 있을 거라는 생각에 입양상담소를 찾게되었다. 보통은 어린이를 대상으로 하지만 예외의 경우가 이번에 있다는 말을 듣고는 5,000만원의 선불을 약속 받고 계약서에 도장을 찍었다. 이것이 자신을 키워준 아버지에 대한 보답이라고 생각했던 것이다. 떠나기 전에 아버지에게 사실을 말씀드리자 아버지는 처음엔 나무라셨으나 자신이 눈을 뜨게 되면, 다시 청이를 만나 돌봐줄 수 있으리라는 생각에 심하게 말리지는 않았다.

청이가 도착한 곳은 도심 변두리 숲이 우거진 곳의 조용한 별장이었다. 그 곳에는 그리 인상이 좋아 보이지 않는 중년의 남자가 혼자 살고 있었다. 무언가 쫓기고 있는 듯한 불안감이 그의 얼굴에 묻어 있었다. 그 중년 남자의 이름은 데이비드이었고, 정신분열증세를 나타내고 있었으며, 상태가 아주 좋지 않아서 언제 어떻게 될지 아무도 모른다는 것이 청이를 안내해 준 사람의 말이었다. 간병인을 외국인으로 고용한 것은 그의 가문이 명문가라 세상에 알려질 것을 두려워한 때문이라는 것이다. 그는 가끔 발

작을 일으키기도 하지만 평소에는 조용하고 사색을 좋아하는 것처럼 보였지만, 얼굴에서 생기를 찾아 볼 수는 없었다. 청이는 간병을 정성껏 하는 것이 자신의 일이라고 여기는 마음에서 있는 힘을 다해 간병을 하였다. 그 결과 청이는 그 곳에서 학교를 다닐 수 있는 배려를 받게 되었다.

청이는 계속 아버지의 소식을 알려고 하였지만 연락이 되지 않았다. 그도 그럴 것이 심학규는 필리핀 땅을 밟아보지도 못하고 치료비를 몽땅 전문 브로커에게 사기를 당하고는 오갈 데가 없어, 국가 소유의 월남 참전 상이용사를 위한 요양원에 들어가게 된 것이다.

청이가 미국 땅에 온지 꼭 4년 만에 데이비드는 결국 자살했고, 그동안의 청이의 노고와 절대 사실을 발설하지 않겠다는 다짐하에 청이는 시내에 조그만 집을 얻을 수 있었다. 평소에 병에 대해 관심이 많았던 청이는 하버드대 의학부에 입학했다. 1학년의 캠퍼스는 따사롭기 그지 없었다. 그리고 그 곳에서 뜻하지 않게 한국에서 대학을 마치고 유학 온 창훈을 4∼5년 만에 다시 만나게 되었다. 이러한 만남으로 다시 서로를 사랑하게 되었고 앞날을 약속하였다. 창훈이 먼저 공부를 마치고 고국으로 돌아왔으며, 최연소 외교관의 꿈을 이룰 수 있었다. 청이 역시 최고의 안과전문의로 인정받았다. 둘은 결혼을 했고, 아버지를 찾는 중에 청이의 나이 40을 바라보게 되었다.

힘겹게 살아온 삶 속에서도 항상 아버지에 대한 생각은 지울 수가 없었다. 그러는 가운데 '월남 파병 고엽제 희생자'라는 문제를 두고 미국에 대한 조사가 이루어졌다. 창훈은 그 가운데 자기의 부인이 그렇게도 못 잊어하는 아버지, 심학규의 이름을 발견하였다. 두 사람은 바로 그날로 요양원에 찾아갔다. 청이와 심학규는 힘들었던 20년의 세월을 넘어 부녀간에 뜨거운 만남을 가지게 되었다. 그리고 이미 안과 분야에서는 세계 최고의 명성을 가지고 있던 청이가 아버지의 눈을 수술하기로 하였고 한 달 후 심학규는 시력을 되찾게 되었다.

청이 아버지 왈. "나에게 이런 날이 다 오다니! 나에게 이런 날이 다

오다니! 과연 의사선생님 당신이 내 딸 청이? 청이 내 딸? ……

　잘 큰 딸 하나 백 아들 안 부럽구나. 그런데 청아 나를 돌보아주던 뺑덕어머니가 안 보이네. 어디 갔을까? 잘 모셔드려라. 너에게는 염치없지만……"

현실 사회 속의 심청

　미국 방문은 청이에게 커다란 자극을 주는 계기가 되었다. 그것은 다름 아닌 선진 사회에서의 여성관이었다. 아직도 유교주의의 잔재가 강하게 남아있는 한국에서는 상상도 못할 일들이 미국에서는 널리 행해지고 있던 것이다. 한 달간의 미국 방문은 이렇게 청이의 가슴에 작은 씨앗을 뿌려 놓았다.

　집으로 돌아온 청이는 다시 고달픈 일상으로 힘겨워해야 했다. 한 달간의 공백으로 아버지의 병세는 더욱 악화되게 되었다. 지난번에 최씨 영감님이 말씀하신 5,000만원이라는 단어가 자꾸만 청이의 머릿속에서 맴돌았다. 하지만 그만한 돈을 구할 수 없는 청이는 수소문을 하여 월남 참전 상이용사를 위한 요양원이 있다는 것을 알게 되었다. 그래서 청이는 자꾸만 악화되어가는 아버지의 병세를 어찌할 수 없어 아버지를 요양원으로 보내기로 결심했다. 아버지를 떠나보내기 전날 밤에 이 사실을 말씀드렸고, 그럴 수밖에 없는 청이의 마음을 이해하는 심학규는 아무 말 없이 가냘픈 한숨을 내쉴 뿐이었다.

　아버지를 떠나보내고는 청이는 더욱 혹독하게 살아갔다. 간혹 이웃들의 핀잔어린 눈빛을 받게 되어도 아랑곳하지 않고 묵묵히 할 일을 해나갔다. 일을 마친 늦은 밤 가끔 혼자 퍼질어 울만큼 힘들었으나 그래도 시간은 흘러 청이는 19살로 대입을 맞게 되었는데 사건이 일어나고 말았다. 가난하게 홀로 사는 그녀에게 유혹의 손길들이 가끔씩 뻗쳐오고는 했어도 별탈없이 자신을 곧추세워 왔는데, 어느 밤에 느닷없이 최씨 영감의 아들인 준석이 찾아와 대학을 보내주겠다며 그녀를 겁탈하려고 덤빈 것이다. 그녀는 사투를 벌인 끝에 위기는 모면했으나 놀란 마음은 가라앉지를 않았다. 그래도 바로 몸을 추스려 그 상황을 경찰에 신고했다. 그러나 소위 민중의 지팡이라는 경찰과 검찰 그리고 언론, 그들은 은근히 확실한 증거를 대라면서 청이를 오히려 비행청소년으로 몰아가는 것이었다. 결국 청이는 다시 법원에 고소를 했지만 결과는 신통치가 않았고 시간을 질질 끌뿐이었다. 더욱이 그녀를 궁지로 몰아 넣는 것은 주위 사람들의 수근거림과 슬슬 피하며 비웃는 듯한 따돌림이었다.

더군다나 이런 일에 겹쳐 지병으로 고생하시던 아버지가 세상을 뜨셨다. 이런저런 일들을 겪으면서 그녀는 자신이 여자라는 사실을 실감하였다. 그것은 청이가 장래의 목표를 세우는데 기반이 되었다. 한국, 이 땅의 여성 인권을 되새김 해보게 하였고 여성의 권익을 위한 일이 바로 자신의 일이라는 확신을 갖게 하였다.

그녀는 자연스레 법대에 입학을 했고 변호사의 길을 가기로 했다. 불합리한 여성권익의 현장에 대해 변호했으며 여성취약지구에서 여권 신장을 위한 강연을 하기도 했다. 그러던 중에 그녀는 여성인권보장을 위한 최고의 효율적 방법이 법적 명령이라는 것을 깨닫게 되어 정계로 진출하였다. 결국 여성들이 뽑아 준 국회의원, 그야말로 여성에 의한 최초의 국회의원이라는 영광을 얻게 되었다. 그녀는 끊임없이 여성인권을 위한 많은 법들을 제의했고, 제대로 실천되게 하였다. 이제 청이의 마지막 바램은 "여성만을 위한 여성이 아닌 인간 모두를 위한 여성이 되어도 되는 날"이 오게 하는 것이었다.

심청이가 남자인 경우 1

희생의 제물은 왜 여자로만 하였을까?

만약 청이가 딸이 아닌 아들이었고, 앞 못 보는 아버지를 혼자 돌보아야 했다면 주위 사람들에 의해 심 봉사는 새 장가를 갔을 것이다, 아니면 어느 정도 아이가 자랄 때까지 주위에서 돌아가면서 돌봐준다든지 하는 방법을 사용했을 것이다. 또 남자 아이기 때문에 힘든 머슴살이를 하더라도 생계를 이어나가게 하여 적어도 인당수에다 목숨을 바치는 일은 하지 않게 하였을 것이다. 가부장을 구하기 위해서나 더더욱 여성을 구하기 위해 재물로 남자, 특히 하나밖에 없는 아들을 바치는 일은 없는 문화니까. 하여 청이가 아들이었을 경우를 상상하여 이야기를 써본다면 여러 가지 시사하는 바가 있을 것이다.

심 봉사의 아들 청이의 나이가 15살이 되니 뺑덕어미가 중심이 되어 동네에서는 너도나도 청이 중매를 하고 나서기 시작했다. 청이가 아들로서 혼자 살림살이에다 늙은 아버지를 돌보는 것은 절대 있을 수 없다고 생각하거나, 무척이나 안타깝게 여겼을 것이기 때문이다. 결국 그 해 가을에 혼례를 올렸는데, 물 한 그릇에 속곳 한 벌이 전부였다. 청이와 결혼한 처자는 이웃마을에 살던 여자로 살림을 하는 데나 시아버지를 돌보는 데나 빼어났다. 아무렇게나 하고 다니던 심 봉사나 지저분하기만 하던 집안도 정리가 되어가기 시작했다. 이럭저럭 시간은 흐르고 먹고사는 것도 혼례를 올리기 전보다는 수월했다. 부부가 함께 남의 밭을 갈아 삯을 받고, 갯벌에 나가 조개나 낙지 등을 잡아다 팔아 살림을 꾸려 나갔다. 그런데 한 가지 걱정이 있었다. 다름이 아니라 말없이 착하기만 한 며느리인데 5년이 지나도록 태기가 비치지 않는 것이었다. 심 봉사는 가끔씩 밥상머리에 앉아 눈을 꿈벅거리면서 '손자나 한번 안아봤으면…' 하면서 중얼거리고는 했다. 이 말을 듣는 며느리는 죽을 죄를 지은 것만 같아 몸둘 바를 몰라하면서 밥 먹던 수저를 내려놓고는 부엌으로 나가버리는 것이다. 그러나 심 봉사는 더 이상 며느리에게 뭐라고 할 수가 없었다. 그는 다시 그때를 떠올렸다.

청이가 혼례를 올린 지 1년이 되던 해 여름에 소화도 시킬겸 밖으로 나온 심 봉사는 장마 때문에 약해진 돌다리를 지팡이로 더듬거리면서 걷다가 낙석이 되어 미끄러져 버렸다. 한여름이라 물은 시원하기조차 했지만, 장마에 불은 물 때문에 급류에 휩쓸리게 된 것이다.

"사람 살려! 사람 좀 살려줘요! 아이고, 심학규 죽네."

그러나 아무도 지나는 사람이 없어서 한참을 버둥거리고 있는데, 한 화주승이 지나갔다.

"쯧쯧, 먹 감는 줄 알았더니 장님이셨구려. 자 이걸 잡아요." 하면서 심학규를 급류 가운데서 구해주었다. 그러는 사이에 청이와 다른 남정네 둘이 멀리서 달려오고 있는 것이 보였다.

스님은 심학규를 구해주고는

"무슨 업으로 이 지옥에서 헤매시오. 그러고 보니 전생에 옥황상제가 사랑하시던 개의 눈을 화젓가락으로 쑤셨구려. 그러니 장님에 마누라에 자식까지 잃는 마음 고생을 하지."

이 말을 들은 심 봉사는 놀랍기도 하고 두렵기도 하였다.

"아니 그것을 어찌 다 아시오. 그런데 자식을 잃는다니 그게 무슨 소리요?"

"그 액을 막으려면 공양미 300석을 부처님께 시주하시오. 그러면 되오. 어쨌든 며느리 복은 있구려. 당신은 그 며느리 덕에 당신 업을 다 갚겠소. 그러니 며느리한테 잘해야 합니다."라고 이야기하고는 이내 그 자리를 떠나버렸다. 그래서 가끔 자기도 모르게 '내가 무슨 복에 손자를 안아보나.'하고 중얼거리다가도, 그 화주승의 이야기 때문에 터놓고 며느리를 닥달하지 못하는 것이었다.

그런데 하루는 아들네 부부가 갯벌에 나갔다 오더니, 청이가 안절부절을 못하면서 강아지 오줌 마려운 것 참듯이 좁은 마당을 분주하게 오가는 것이다. 사연인 즉, 인당수에 빠뜨릴 여자를 찾고 있었는데, 아무도 나서지 않는다는 것이었다. 그러나 며느리는 말없이 가만히 앉아서 무슨 생각을 골똘히 하고 있는 듯이 보였다. 며느리의 머릿속에는 공양미 300석이라는 말과 동네 사람들의 수근거림, 그리고 손주를 한번 안아보고 싶다는 시아버지의 말이 맴돌고 있었다. 자신의 배와 시아버지를 번갈아 바라보던 며느리는 그 날 밤 살던 집을 몇 번이고 뒤돌아보면서 몰래 집을 빠져나왔다.

다음날 아침 청이가 눈을 떴을 때는 아침이면 늘 분주하게 텃밭과 부엌을 오가며 아침상을 준비하던 부인 대신, 마당에 쌓여있는 벼 300석을 보았다. 사건의 전후를 알아차린 청이는 바닷가로 달려나가 보았지만 배는 이미 떠나 수평선에 걸려 있었고, 부인의 흔적은 어디서도 찾아볼 수 없었다. 화가 나다 못해 허탈하기조차 한 그가 갯벌에 주저앉아 울고 있을 때, 동네 사람들은 위로의 말을 건네고 지나갔다.

“마누라야 또 얻으면 되지만, 부모야 어디 그런가? 어쩌겠나 이미 가버린 사람을. 돌아가 아버님 잘 모시게.”

끌려오다시피 집으로 돌아온 청이는 며느리를 찾는 아버지에게 모든 사실을 말씀드렸다. 그 말을 다 들은 심 봉사는 한숨만 내쉴 뿐 아무 말도 하지 않았다.

다음날 청이는 300석의 쌀을 절에 시주하기 위해 옮겨 나르기 시작했다. 그러나 몇 달이 지나 절이 완공되도록 아버지는 눈을 뜨지 못했다. 어느 날 청이는 갯벌에 나가 앉아 있었다. 그런데 혼례 때 청이가 부인에게 해주었던 새댁의 속곳이 찢겨진 채로 미역과 불가사리 같은 해초와 엉켜서 바위 위에 걸쳐져 있는 것이 보였다.

‘불쌍한 마누라만….’

나라에서는 이 소식을 듣고는 며느리에게 효부상을 내렸고, 마을 어귀에는 조그마한 열녀비가 세워졌다. 열녀비가 세워지던 날 마을 사람들이 모두 구경을 나왔지만, 사돈댁 보기가 부끄러운 심 봉사는 그때나 그 이후로도 얼마 동안 문 밖 출입을 하지 못했다. 달라진 것은 그것뿐이었다.

심청이가 남자인 경우 2

이번에는 청이가 직접 인당수에 빠진 경우를 상상해 보았다. 남자를 재물로 바친다는 이야기는 들어보지 못했지만, 한번쯤 생각해보는 것도 흥미 있을 것이다.

청이는 아버지의 눈을 뜨게 하기 위해 공양미 300석에 팔려 인당수에 빠지게 되었다. 이를 불쌍히 여긴 용왕에 의해 청이는 용궁으로 가게 되었다. 화려하고 아름다운 용궁에 사는 사람들은 물질의 풍요를 누릴 수 있었고, 이는 청이를 사로잡았다. 그는 그곳에서 새로운 삶을 살 수 있는 기회를 부여받게 된다. 그리고 청이가 인당수에 빠지게 된 사연을 들은 용왕은 그를 기특하게 여겨 자신이 사랑하는 딸과 혼례를 올리게 하여 부마로 삼는다.

청이에게도 남성들이 거의 지니고 있는 야망이라는 것에 잠재되어 있었다. 그래서 그는 부마로서의 생활에 만족을 할 수가 없었고 왕위를 노리고는 반란을 일으키게 된다. 하지만 그 혼자만이 육지에서 온 사람이었고, 용궁의 삶에 아무런 불만 없이 행복한 그들과 함께 반란을 도모하여 왕위 찬탈을 꾀한다는 것은 역시 무리였다. 그의 계획은 모두 발각되어 드러나고 그는 영원히 빠져나올 수 없는 감옥에 갇히게 된다. 그렇게 얼마의 시간이 흐르는 동안 그것을 안타깝게 지켜보던 이가 있었으니, 그의 부인이며 용왕이 사랑하는 딸인 공주였다. 공주는 청이를 도울 방법을 강구하다가 아버지인 용왕에게 용서를 청한다. 사랑하는 공주의 간절한 부탁과 그로 인해 야위어 가는 딸을 보다 못한 용왕은 그를 구하는 대신에 육지로 쫓아내라고 결정하였다. 공주는 그를 더 이상 볼 수 없다는 것이 안타까웠지만 어쩔 수 없음을 알고는 수긍하게 되었는데, 용왕은 거기에도 조건을 내세웠다. 청이가 용궁에서 본 사실들을 육지에 나가 이야기를 하지 못하게 벙어리로 만들어야 한다는 것이었다.

그는 그렇게 육지로 쫓겨나 평생 말 한마디 못하고 살다가 무인도로 들어가 버렸다.

■ ■ ■ ■ ■ ■ 93학번

2. 외국 동화 다시 쓰기

제제 공주님의 모험

옛날 옛날에 톨레룽가라는 아주 작은 나라가 있었습니다. 톨레룽가는 지금의 독일이라는 나라 근처에 있었다고 전해집니다.

톨레룽가를 다스리는 여왕님과 그의 남편인 재상 사이에는 딸 셋과 아들 하나가 있었습니다. 첫째 딸 미미는 궁정의 꽃과 나무를 가꾸는 것을 좋아했습니다. 둘째 딸 베베는 강아지, 오리, 말, 염소 등 동물을 돌보기를 좋아했습니다. 셋째 아들 노노는 심술꾸러기로 미미가 아끼는 꽃을 꺾거나 베베가 돌보아 주는 동물을 못 살게 굴어 미미와 베베를 자주 화나게 했습니다.

반면 이 심술꾸러기 왕자님은 자기가 직접 만든 음식을 사람들이 맛있게 먹는 것을 매우 좋아하여 요리를 즐겨 했습니다. 미미와 베베, 노노는 여왕님의 오똑한 코와 아버지인 재상의 호수 같은 눈동자, 앵두 같은 입술을 꼭 닮아 매우 아름다웠습니다.

하지만 막내 제제는 언니, 오빠와는 달리 여왕님의 까만 피부, 쌍꺼풀이 없는 작은 눈과 재상의 큰 코를 닮아 아주 평범한 인상이었습니다. 그래도 제제 공주님의 밝은 미소와 씩씩하고 정의로운 행동은 모든 사람들의 사랑을 받기에 충분했습니다.

제제 공주님은 형제들과 달리 궁전 안의 인공적인 뜰을 답답해하며 궁밖의 산과 들에서 친구들과 뛰어노는 것을 좋아했습니다. 제제 공주님은 달리기를 아주 잘했는데 달릴 때면 산토끼 같이 빨라 궁전의 신하들도 잡을 수가 없었습니다.

어느덧 7년이라는 세월이 흘러 세 공주와 왕자는 건강한 젊은이로 자라났습니다. 여왕님과 재상은 네 형제 중 한명이 톨레룽가의 왕위를 잇기를 바랐습니다. 그러나 큰 딸인 미미 공주님은 왕이 되기보다는 사람들에게 기쁨을 안겨줄 정원사가 되고 싶어했고, 베베 공주님은 불쌍한 동물들을 치료하는 수의사가 되겠다고 했습니다. 여왕님과 재상은 미미와 베베의 소망을 격려해주었습니다. 여왕님과 재상은 '그렇다면 노노 왕자와 제제 공주 중 누가 나라를 더 잘 다스릴까' 고민하기 시작했습니다. 그러던 어느날 제제 공주님이 부모님을 찾아와 이렇게 말했습니다. "두 분 부모님의 은혜로 지금까지 아무 걱정없이 평안하고 행복하게 자라왔습니다. 하지만 저도 이제 15살이 되었으니 혼자 힘으로 다른 나라를 돌아다니며 저의 능력을 시험하고 많은 것을 배우고 싶습니다. 꼭 허락해주세요!"

사실 여왕님은 총명하고 용감한 제제가 왕위를 이어주었으면 하고 바라고 있었기 때문에 이러한 제제 공주님의 소원을 허락하지 않았습니다. 하지만 끈질긴 제제 공주님의 설득과 간청으로 마침내 승낙을 했습니다. "그래, 잘 다녀오거라. 허나, 너를 걱정하는 가족들을 위해 편지를 꼭 보내고 어디를 가나 남에게 폐를 끼치지 않도록 조심해야 한다."

허락을 받은 제제 공주님은 본격적으로 여행준비에 들어갔습니다. 여행계획을 짜고 여행에 필요한 것들을 매일 준비해갔습니다. 특히 구급약으로는 톨레룽가에서만 나는 약초를 말려 넉넉히 싸 넣었습니다. 제제 공주님은 어려서부터 자연에서 뛰어놀고 운동을 좋아했기 때문에 남보다 튼튼했지만 길고 험한 여행을 안전하고 건강하게 보내기 위해 몸과 마음을 단련하고 무술도 익혔습니다. 또한 여행할 여러 나라 사람들을 더 잘 이해하기 위해 그 나라의 문화와 역사에 대해서 열심히 공부했습니다.

드디어 집을 떠나는 날, 사랑하는 가족과 헤어지는 것이 슬펐지만 제제 공주님은 마음을 굳게 먹고 길을 떠났습니다. 공주님은 여러 나라를 돌아다니며 각 나라에 살고 있는 사람들을 만났습니다. 그리고 새로운 기술과 학문을 접했습니다.

자연에 대해 많은 경험을 가지고 있는 공주님은 험한 여행길에도 현명하게 대처해 나갔습니다. 제제 공주님은 독이 없는 나무열매를 따먹고 푹신한 이끼 위에서 잠을 자기도 했습니다. 밝고 성실한 제제는 처음 만나는 사람과도 잘 어울렸는데 어떤 친절한 사람의 집에서 머물게 될 때에는 집안일이며 농사일, 가축 돌보기 등 집주인에게 폐가 되지 않으려고 성실하게 일했습니다.

제제 공주님이 '팅팅바'라는 나라를 방문할 때의 일입니다. 팅팅바의 프프 왕자님이 갑자기 열병으로 몸져 눕게 되었는데 어떤 약으로도 열이 내리지 않아 온 나라가 근심에 싸이게 되었습니다. 그래서 팅팅바의 여왕님은 왕자의 병을 낫게 하는 사람에게 큰 상을 내리겠다는 방을 나라 안팎에 써 붙여 놓았습니다.

제제 공주님도 이 방을 보게 되었는데 방에 쓰여진 프프 왕자님의 증세가 고향인 톨레룽가의 허약한 어린이에게 잘 걸리던 열병과 같음을 알게 되었습니다. 제제 공주가 고향에서 챙겨온 약초가 바로 그 열병을 고치는 데는 특효약이었습니다.

"내가 가져온 약초로 고통받는 사람들을 돕게 되었으니 너무 감사한 일이다. 빨리가서 약초와 약초를 다리는 비방을 가르쳐 드려야지!"

공주님은 오랜 여행으로 몸이 피곤하고 더러웠지만 사람을 빨리 살려야겠다는 생각으로 곧장 프프 왕자가 있는 궁전으로 달려갔습니다.

제제에게 자초지종을 들은 팅팅바의 여왕님은 크게 기뻐하며 병석에 누워있는 프프 왕자에게 제제를 데러갔습니다.

높은 열로 식은땀을 흘리며 잠든 프프 왕자는 병으로 여위었지만 매우 아름다운 얼굴을 가진 젊은이였습니다. 제제 공주님은 프프 왕자님의 잘 생긴 얼굴에 왠지 마음이 설레였습니다.

'참 매력적인 사람이구나! 잘 생긴 외모로 많은 이의 눈을 기쁘게 해주는 프프 왕자의 목소리를 들으며 함께 이야기를 나눈다면 얼마나 좋을까?'

제제 공주님은 시종이 약을 다리는 동안 프프 왕자의 병을 낫게 해달라고 기도를 드렸다. 아파서 정신이 없는 왕자에게 다린 약을 억지로 먹인 지 약 30분이 지나자 놀랍게도 프프 왕자가 깨어났습니다. 궁전 안의 모든 사람들이 기쁨에 환호성을 지르며 어쩔 줄 몰라 했습니다. 사람들이 기쁨에 들떠 우왕좌왕 하나 제제 공주가 큰 소리로 말했습니다.

"프프 왕자님은 며칠 동안 먹지도 못한 채 정신을 잃고 잠만 잤기 때문에 힘이 다 빠졌을 겁니다. 어서 연하게 끓인 죽을 식혀서 갖고 오세요!"

그제서야 궁안 사람들은 흥분을 가라앉히고 프프 왕자에게 먹을 것을 가져다 주고 백성들에게 왕자의 쾌유를 알렸습니다.

죽과 과일을 먹고 기운을 차린 프프 왕자에게 여왕님은 그동안 일어났던 일을 설명해주고 생명의 은인인 제제 공주님을 소개했습니다. 그런데 제제를 소개받은 왕자는 '고맙다'는 말을 하기는커녕 제제를 머리에서 발끝까지 한번 훑어보더니 이렇게 말하는 것이었습니다.

"난 지금 지쳐서 아무도 만나고 싶지 않아요. 다 나가세요!"

여왕님이 아무리 달래도 프프 왕자는 얼굴을 돌린 채 막무가내였습니다. 여왕님은 하는 수 없이 제제 공주님에게 이렇게 말했습니다.

"제제, 미안해요. 프프가 너무 힘들어서 그런가봐요. 나중에 인사하기로 해요.”

여왕님은 모두 프프의 방에서 나가게 하고 자신만 남았습니다. 사람들이 나가고 시종이 방문을 닫자마자 안에서 프프 왕자가 지르는 큰 고함소리가 복도에 서 있는 제제 공주님을 포함한 모든 사람들의 귀에 들려왔습니다.

“누가 저런 냄새나고 더럽고 못생긴 애를 내 방에 들어오게 했어요? 당장 궁전에서 쫓아내세요!”

“프프야, 저 아가씨는 너를 살려준 생명의……”

“그만하세요. 저 애를 안 쫓아내면 난 죽어버릴테야!”

이 말을 함께 들은 사람들은 제제 공주님의 얼굴보기가 부끄러워 다 어디론가 가버렸습니다. 제제 공주님은 무척 화가 나고 자존심이 상했습니다. 마침 그 복도에는 큰 거울이 있었는데 이것을 본 제제 공주님은 거울 앞에 서서 자신을 바라보았습니다.

오랜 여행으로 까맣게 타고 거칠어진 피부, 빗지 않아 삐쳐 올라간 곱슬머리, 투박하고 해어진 땀냄새가 밴 옷, 흙이 묻은 긴 장화…… 빨리 병을 고쳐주어야 한다는 생각으로 정신없이 달려오는 바람에 옷이나 머리를 다듬을 시간이 없었던 제제 공주는 비록 왕자에게 모욕을 당했지만 거울에 비친 농부같은 건강하게 빛나는 자신의 모습이 매우 아름답고 자랑스럽게 느껴졌습니다.

하지만 사람을 외모로만 판단하고 예의라곤 없는 병든 눈과 마음을 가진 프프 왕자에게 매우 화가 났습니다. 그리고 잠시나마 프프 왕자의 외모만을 보고 마음이 끌린 자신 또한 부끄러웠습니다.

그 다음 날 제제 공주님은 계획대로 여행을 마저 하기 위해 짐을 챙긴 후 여왕님께 인사를 드리러 갔습니다. 여왕님은 마침 프프 왕자와 정원에서 쉬고 있었습니다. 제제가 인기척을 하고 다가가자 프프 왕자는 제제에게 인사를 하기 싫어 자는 척 했습니다. 제제 공주님이 작별 인사를 하자 여왕님은 매우 섭섭해하며 많은 보물을 내려줄테니 몇 달 더 묵으며 편히

쉬라고 애원했습니다. 하지만 제제 공주님은 웃으며 거절했습니다.

"저는 상금을 노리고 약초를 드린 것이 아닙니다. 그리고 왕자님이 높은 지위에 있었기 때문도, 왕자님이 잘 생겼기 때문도 아닙니다. 왕자님이 아니라 거지나 노예, 오래 못 사실 노인이었더라도 저는 그 약초를 아낌없이 드렸을 겁니다. 귀한 보물은 여행하는 데 오히려 거추장스럽고 부담이 될 뿐입니다."

그리고 자는 척하는 프프 왕자에게 이렇게 말했습니다.

"프프, 당신은 탁월한 미남일지는 모르지만 탁월한 왕이 될 만한 사람은 아닙니다. 외모로 사람을 판단하고 무시하는 그런 왕을 어느 누가 지도자로 따르겠습니까? 외모의 아름다움은 한 때입니다. 그리고 당신의 천박한 아름다움보다 모든 사람에게 기쁨을 주는 이름모를 들꽃이 더 가치있고 아름답다고 생각합니다."

이 말을 들은 여왕님과 프프 왕자의 얼굴은 붉으락푸르락 했고 옆에서 듣고 있던 시종들은 제제 공주님의 정의로움과 용감함에 감탄을 하였습니다. 제제 공주님은 시종들에게 인사를 한 뒤 다시 길을 떠났습니다.

■ ■ ■ ■ ■ ■ **92학번 유혜원**

B.C. 7~8세기 경에 정리된 그리이스 신화 속의 인물 중에는 양성적인 인물도 있다. 헤르메스와 아프로디테의 아들 헤르마 프로디테이다. 그와의 결합을 원하는 님프 살마키스의 요청을 받아들여 두 개의 성을 가진 양성공유자가 된다.

프로메테우스는 천상의 불을 훔쳐서 인간들에게 준 남신(男神)이다. 한 학생이 여신으로 바꿔 써 보았다. 실제로 우리나라의 단군이 여성이라는 설을 펼치는 학자도 있다. 기존의 연구들에 대해 나름으로의 근거를 가지고 이견을 제시해 볼 수 있는 태도는 발전하는 연구자의 자원이고 기본이다.

3. 신화 바꿔 써보기

여신 프로메테우스

여신 프로메테우스가 천상의 불을 훔쳐서 인간들에게 준 것에 화가
난 여신 제우스는 화풀이로 프로메테우스 대신 여동생 에피메테우스와
인간들을 괴롭혀 주기로 마음먹었습니다.

그래서 솜씨 좋은 헤파이스토스에게 명령해서 진흙을 반죽해서 판도라
를 만들게 했습니다. 판도라는 이름 그대로 신들에게 온갖 선물을 받은
남자로 미의 남신인 아프로디테에게도 지지 않는 빼어난 미모를 비롯해,
남자로서 갖추어야 할 것을 하나에서 열까지 모두 갖추고 있었습니다.

다만 아테네만은 제우스의 어린애 같은 장난에 진절머리가 나고, 남자
에게는 필요치 않다고 생각해서 판도라에게 현명함을 주지 않았습니다.

한편 에피메테우스는 '다음에 생각하자' 라는 이름 그대로 눈앞에 보
이는 것만을 생각하는 인물로, 매력적인 판도라를 보자 신들로부터 선
물을 받아서는 안 된다는 언니 프로메테우스의 충고를 무시한 채 판도
라를 남편으로 맞았습니다.

판도라는 지혜가 없는 호기심이 지치리 만큼 많았기 때문에 지상에 도
착하자 마자 절대로 열어서는 안 된다는 상자 뚜껑을 열어, 속에 무엇이
들어 있는지 알아보려고 했습니다. 그것을 본 프로메테우스가 비통한 신음
소리를 내며 필사적으로 달려가 뚜껑을 닫았지만 이미 때가 늦었습니다.

일설에 의하면 상자 안에서 온갖 재앙이 튀어나와 온 세상에 퍼졌다
고 합니다. 그리고 간신히 '희망'만이 상자 속에 남았다고 합니다. 다른
일설에 의하면 상자에서 나와 행방 불명된 것은 모두 선한 것이고 나머
지는 한심한 '희망'만이 남았다고 합니다.

상자에서 튀어나와, 온 세상에 퍼진 것 중 '질투'라는 것은 지상의 남자들로 하여금 서로의 아름다움과 추함을 평가하고 미워하게 했습니다. 프로메테우스는 상자 속에 남아있던 것 중에서 '자기 자신을 안다'고 하는 극악을 꺼내 남자들에게 뿌렸습니다. 그러나 이것은 효력이 너무 강해서 자신이 못 생긴 것을 알고 자살하는 남자들이 속출했습니다. 그대로 두면 남자들이 모두 자살을 하고 지상에는 판도라만이 최후의 남자로 남게 될 형편이었습니다.

프로메테우스가 상자 속을 들여다보니 아직 '희망'이 남아 있었습니다. 프로메테우스는 이것을 마지막까지 붙잡고 있던 자신의 '선견지명'에 만족해하며 온 세상의 남자들에게 '희망'을 뿌렸습니다. 그 결과 자살을 멈추었습니다. 남자들은 서로 질투하면서도 자신의 못생김에 절망하는 일이 없어지고, 대신에 자신이 최고로 밉지는 않다고 생각하며 살아가게 되었습니다.

■ ■ ■ ■ ■ ■ 95학번 이달영

이 외에도 '단군은 여성'이었다, 혹은 '바다의 용왕과 산신은 여신'으로도 글을 써 보자.

4. 역사 속의 여성 다시 읽기

한국의 역사 속에서 지금까지 가장 악한 여자로 알려져 있는 여성이 장희빈일 것이다. 장희빈의 입장에서는 할 말이 없을까? 장희빈에 대해 여성의 관점도 잃지 않고 다시 살펴본다. 그러기 위해 장희빈과 관련된 주요인물부터 살펴본다. 장희명(희빈)과 인현왕후와 숙종의 릉은 서울과 경기도 접도 지역인 은평구 구산동 넘어 바로 경기도 고양시의 서오릉에 있다.

장희빈 :   장희빈의 본명은 희명. 조선조 숙종의 빈이
었다. 궁녀로 들어가 숙종의 총애를 받고 1686년 숙원이
되었으며 1688년 소의로 있을 때 왕자 균을 낳아 원자로
책봉됨과 동시에 희빈으로 올랐다. 1690년 남인의 비호
하에 원자가 세자로 책봉되고 앞서 폐위된 민비의 뒤를
이어 정비로 책립되었으나 1694년 갑술옥사 후 다시
희빈으로 격하, 1701년에는 무고의 옥에 연루, 사사되
었다.

경기도 고양시, 조선조 제19
숙종의 후궁인 희빈 장씨의

인현왕후 :   이조 숙종의 계비. 민유중의 딸. 숙종 7년
(1781년) 가례를 올리고 숙종의 계비가 되었으나 점차
왕의 총애를 잃어 숙종 15년(1689) 왕자 균의 세자책봉
문제로 기사환국이 일어났을 때 장씨의 무고로 폐위되
었다가 숙종 20년(1694) 갑술옥사로 복위되었다.

숙종 :   이조 제19대의 왕. 재위 1674~1720년. 취는 순, 자는 명보.
현종의 아들. 어머니는 명성왕후 김씨, 비는 인현왕후. 현종 8년 왕세자
로 책봉, 1674년 즉위하여 남인,
서인, 소론, 노론의 당파싸움과
왕자(경종), 희빈 장씨의 문제로
비참한 살육사건이 빈번했었다.
대동법을 실시하여 실효를 거두
었고 토지개혁과 주전을 본격화
하는 등 경제시책에도 결실을 보

숙종 세자시의 금보
(The gold seal of the King)

였다. 또한 압록강변의 옛땅을 회복시키고 백두산 정상에 정계비를 세
워 국경을 확정했으며, 선원록, 대병집례 등을 간행, 대전속록, 신증동국
여지승람을 편찬하였고, 특히 성리학의 전성기를 이루었다.

숙종과 인현왕후의 묘
소재지 : 경기도 고양시 용두동 산 30-1 {西五陵 소재}
사　적 : 제 198 호

인현왕후전에 나타난 기존의 장희빈에 대한 해석에 대하여

인현왕후전은 작자 미상이나 민비의 궁녀가 쓴 것이라 추측된다. 그 내용을 볼 것 같으면 천한 궁인이었던 장희명이 조사석의 도움을 받아 입궐하였다가 후궁이 되어 왕을 모시는 귀한 몸이 된다. 그러나 본시 악독한 성품을 지닌 장씨는 온갖 간교한 술책으로 왕을 유혹하여 민비를 몰아낸 후 왕의 총애를 받던 최숙의를 고문한다.

결국 왕은 최숙의의 착한 성품으로 인하여 총기를 되찾고 폐위하였던 민비를 다시 불러들인다. 분에 못 이긴 장희빈은 복수를 결심하고 무당을 불러들여 왕비를 저주하였으며, 급기야는 왕비의 시녀를 시켜 왕비에게 독이 든 음식을 먹게 한다.

이로 인해 민비는 죽음을 맞게 되고 장희빈은 기뻐하지만 머지 않아 사실이 탄로나 장희빈은 사형 당하게 된다.

이러한 줄거리에 의하면 장희빈은 매우 악랄한 인물이며 이에 반해 인현왕후인 민비는 천하에 없는 선량한 인물로 그려진다. 이는 작자가 민비의 궁인이라는 데서 한쪽에 치우친 편견이 들어가 있을 수 있다는 생각을 할 수 있다.

현대판 『장희빈전』을 쓸 때 내가 문제삼고 싶은 것들

① 과연 장희빈은 어떤 여자였을까?

장희빈은 조선시대 사대부의 정숙하고 현숙한 여자들과는 달리 자신의 야심을 위해 온 힘을 다해 노력하는 여자가 아니었을까? 특히 자신의 남편인 숙종이 다른 여인을 사랑할 때 불같은 질투를 느끼고 자신을 소의로 강등시키고 다른 많은 후궁들과 민비를 다시 사랑할 때, 온갖 정이 다 떨어지는 느낌을 갖는 것은 여자로서 당연한 것이 아닐까 한다.

② 그렇다면 민비는?

온갖 고난과 시련을 묵묵히 버텨온 후덕한 여인? 민비를 그렇게 보고 싶지만은 않다. 그녀는 한 남자를 사이에 두고 밀고 당기는 공방전 끝에 진 패자이며 운명을 개척하기보다는 주어진 상황을 그저 받아들이기만 하는 무기력한 여인이기도 하다. 더구나 훗날 다시 왕비에 복귀한 것도 본인의 노력이 아니라 최숙의 때문인 것을 보면 그녀는 죽을 때까지 자신의 운명의 주인공이 되지는 못했을 것이다.

③ 경거망동(輕擧妄動)한 숙종

숙종은 생전에 많은 여인을 울린 바람둥이였다. 병상에 누워 신음하는 인경왕후를 내버려둔 채, 요염하고 강한 장희빈에게 몰두하고 있었다. 뿐만 아니라 인경왕후의 뒤를 이어 들어온 인현왕후 민비를 외롭게 내버려두기도 했다. 게다가 장희빈이 왕자를 낳고 기세가 당당해지면서 소유욕 강한 중년 여성으로 변해가자 새로이 찾은 여인이 최숙의이다. 숙종은 남자로서 경솔하고 우유부단하고 어리석은 사람이었다.

▪ 소설에 들어가기 앞서

우선 나 나름대로 인물들의 분석을 해 보았다. 물론 이것은 개인적인 시각에 불과하므로 다른 사람들의 견해와는 차이가 있을 수 있다. 장희빈에 대한 일생을 자세히 그리기에는 시간과 역량이 부족하기에 주요 사건을 중심으로 하여 단순구성을 이용한 단편소설을 쓰기로 하였다. 왕과 왕비 이전에 한 남자와 여자라는 것을 생각하면서 읽어주셨으면 하는 것이 나의 바램이다.

소설 장희빈전

〈Ⅰ〉

작은 사기 그릇 안에 달이 떠 있었다. 이 달이 내 속에 들어가면 나는 영원 속으로 빠져들겠지…… 자정이 넘은 괴괴함 속에 온 궁전은 불이 휘황하게 빛나고 왕과 신하들, 그리고 수많은 궁녀들이 주위에 서 있었다. 그들도 그릇 안에 있는 죽음의 달을 의식하고 있는 것일까.

희빈 장씨. 한때 국모의 자리에까지 이르렀으며 세자의 어머니였던 그녀가 서서히 죽음을 들이키고 있다. 그녀의 주위에 있던 모든 부귀영화가 사라진 지금, 그녀는 초라한 한 여인에 불과할 뿐이다.

검붉은 피가 붉은 입술을 무섭게 덮어 내린다. 그녀는 마지막 기운을 짜내 왕과 신하, 그리고 궁녀들을 향해 말을 내뱉는다.

"내 지금 저승에 가서 먼저 길을 닦아 놓으마. 너희 연놈들이 오기만을 기다리고 있을 게야. 내가 당한 고통의 백 배, 아니 천 배로 갚아줄 테다."

말을 마치기가 무섭게 번개가 내리치고 천둥소리가 사방에 흩어진다. 보는 이들은 순간 가슴이 섬뜩해지고 소름이 쫙 끼치는 것이었다. 왕의 명령에도 불구하고 아무도 눈을 허옇게 뜨고 죽은 희빈의 시체에 손대려 하지 않았다. 그들은 그렇게 날이 밝을 때까지 기다릴 뿐이었다.

〈Ⅱ〉

인현왕후 김씨는 희명을 불렀다. 하찮은 궁녀 주제에 왕의 총애를 받은 그녀를 소홀히 해서는 아니 됨을 느꼈기 때문이다. 희명은 졸이는 가슴으로 대비 앞에 섰다. 차마 고개를 들지 못한 채 부들부들 떨면서. 인현왕후는 천천히 살펴보았다. 아무리 보아도 마음에 드는 구석이 없다. 인덕이라고는 눈을 씻고 찾아봐도 없어 뵈는 데다가 천박한 미가 줄줄 흐르는 듯하여 불쾌감마저 느껴졌다.

눈은 가늘고 길게 올라가 독기가 있어 보이고 날카롭고 오똑한 콧날은 강한 자존심이 있음을 알려주며, 얇고 가는 입술은 교활해 보였다.

'요망한 년, 네 년이 분명 왕의 총기를 흐려 놓았을 테지.' 그녀는 당장에 희명을 궁 밖으로 내 몰아야겠다고 생각했다.

'이제 민영(민비)을 왕비로 맞이하기로 결정지었으니 왕의 마음도 곧 돌아서겠지.'

그러나 그것은 그녀의 착각이었다.

〈Ⅲ〉

민비가 궐에 들어와 새 왕비가 되었다. 그러나 그녀를 맞이하는 숙종의 마음은 무겁기만 하였다.

'지금 희명은 어디서 무엇을 하고 있을까? 아! 보고 싶구나.'

그러나 이러한 생각을 하고 있음에도 그는 민비와 동침해야 했다. 그는 처음부터 민비가 마음에 들지 않았다. 그리 밉상은 아니었으나 희명과 같은 애교와 사랑스러움이 없었다. 그냥 투박하기만 했다. 그는 자면서도 오직 희명만을 생각했다.

'언제쯤 그녀를 다시 볼 수 있을까……'

〈Ⅳ〉

희명 아니, 지금은 장소의다. 그녀는 부른 배를 쓰다듬으며 만족한 웃음을 지었다. 그녀는 생각했다. 그 동안 자신이 얼마나 많은 고초를 겪었던가. 그 오랜 기다림이 오늘에 와서야 비로소 빛을 보는 듯 했다. 이 아이가 원자라면…… 그렇게만 된다면 자신은 더욱 더 왕의 총애를 받을 수 있을 것이며 확고한 자리를 잡게 될 것이다. 그런 생각 중에 소의는 아랫배의 통증을 느꼈다. 조금 후에는 '앗!' 하는 비명을 지를 만큼 고통이 더하여갔다.

궁의가 달려오고 취선당에는 긴장이 감돌았다. 그러나 긴장은 멀리 떨어져 있는 숙종에게도 느껴지는 것이다. 오랜 기다림에 초조해질 무렵 숙종은 왕세자를 순산하였다는 소식을 전해 들었다.

"장한지고. 장소의를 희빈에 봉할 것을 명하노라."

희빈은 산고도 느낄 수 없었다. 태어난 아이가 원자라는 사실이 그녀의 고통을 잊게 한 것이다. 그녀는 갓 태어난 아이의 얼굴을 들여다보았다.

"고마운 것. 이 어미는 너만 있다면 더 이상 바랄 것이 없느니라. 너는 이 어미가 괄시받지 않고 살도록 할 터이다. 네가 왕세자가 되어야만 이 어미는 안심할 수가 있단다."

〈V〉

민비는 장소의가 원자를 생산했다는 소식을 벌써 듣고 있었다. 물론 소의가 희빈으로 책봉된 사실까지도……. 그녀는 몹시 불안하였다. 그렇지 않아도 자신은 총애 받지 못하는 데다가 아이도 낳지 못한 몸인 것을 생각하면 더욱 그러했다. 민비는 사실 장희빈이 공주를 낳았으면 하고 은근히 바랐었다. 더구나 여아의 옷까지 지어 놓았는데……. 그녀는 자신이 지어놓은 옷을 들고 장희빈을 찾았다. 희빈과 마주한 순간, 그녀는 희빈의 눈에서 경계의 빛을 읽을 수 있었다. 그러나 그녀는 그 시선에 아랑곳하지 않고 천연덕스럽게 이야기했다.

"희빈, 그간 얼마나 고초가 심하셨소. 나는 그대가 여아를 낳을 줄만 알았는데 다행히도 원자를 생산했구려. 갓 태어난 아이에게 여아의 옷을 입히면 장수한다 하여 내가 한 벌 지어 왔으니 원자에게 입히시구려."

그러나 중전의 말이 그녀에게 화를 불러일으킬 줄 누가 알았으랴. 장희빈은 화를 가슴에 담아 두었다.

'그래. 네가 원자를 생산치 못한다 하여 나까지도 못할 줄 알았더냐? 무엇이 어쩌고 어째? 장수하라고 여아의 옷을 지어와? 여아일 줄 알고

당연히 여아 옷을 지어놓았겠지. 내 이 아이의 앞날을 위해서라도 너를
그냥 두지 않으리라.'

〈Ⅵ〉

민비는 소리 없이 눈물을 흘렸다. 그녀는 이제 더 이상 중전이 아니
었다. 그녀는 이제 민녀일 뿐이었다. 이제 와서 분하고 서러워도 어쩔
수 없다. 하기야 어쩌면 내 인생이 이런 것이라고 이미 체념하고 있는
것인지도 몰랐다. 어차피 임금의 총애를 받지 못하였던 몸, 벌써 떠났어
야 했는지도 몰랐다. 이렇게 생각하니 마음이 조금 가벼워진 듯하다.

원자를 왕세자로 책봉한다는 왕의 말은 많은 파란을 불러일으켰다.
왕세자 책봉에 찬성하는 남인과 거세게 반대하는 서인. 숙종은 격노하
여 반대하는 서인들을 죽이거나 귀양보냈다. 오직 남인들만이 충신으로
보였고 서인들은 간신처럼 느껴졌다.

희빈 장씨는 똑똑한 여자였다. 서인들이 거세게 반대하리라는 것도,
그것이 왕의 화를 돋우리라는 것도 알고 있었다. 이제 그녀는 화가 난
왕을 좀 더 부채질하리라 마음먹었다.

그녀는 자기가 아끼던 검둥이에게 비상을 먹여 죽게 한 뒤, 중전이
세자에게 내린 음식에도 비상을 넣었다. 아니나 다를까 분노한 왕은 민
비를 폐위시켰다. 그럼으로써 장희빈은 꿈에 그리던 중전의 자리에 오
를 수 있었던 것이다.

〈Ⅶ〉

4년간 중전 장씨는 궐 안의 모든 것을 장악하고 살았다. 정치적인 역
량도 숙종보다 뛰어났던 탓에 중전 장씨는 남인을 통해서 정사를 손안
에 쥐고 흔들었다. 그러나 이것이 왕과의 사이를 벌여놓는 계기가 될 줄
이야……. 숙종은 모든 일에 의욕을 잃었다. 자신보다 뛰어나게 그리고

날카롭게 정치를 하는 그녀가 두려웠다. 그리고 예전의 여자답고 부드러운 맛이 사라지고, 강하고 신경질적인 여인네로 변해 가는 중전에게 정나미가 떨어졌다.

숙종이 어느 날 밤 허탈하게 궐 안을 걷고 있는데 이상한 광경이 눈에 띄었다. 한 무수리가 정화수를 떠다놓고 절을 하다가는 소리 죽여 눈물을 흘리는 것이었다. 그가 다가가자 그녀는 소스라치게 놀라 어찌할 바를 몰라했다.

"도대체 어인 연유로 이 야심한 밤에 해괴한 짓을 하느뇨? 바른 대로 대어야 할 것이로되,

한치라도 거짓이 있을 시엔 죽음을 면치 못하리라."

"천녀는 예전에 민중전 마마께옵서 아껴주시던 최 무수리이옵나이다. 하온데 오늘이 중전마마의 생신이옵기에 정화수를 떠다놓고 무사평안을 빌었나이다. 야심한 밤에 마마의 심기를 어지럽힌 죄, 죽어 마땅한 줄 아옵나이다."

숙종은 최 무수리의 얼굴을 들여다보았다. 동그랗고 커다란 맑은 눈은 조금도 거짓이 없어 보였다. 그는 오랜만에 여자다움을 느낄 수가 있었다. 그날 이후 숙종은 그녀의 거처를 찾기 시작했다.

이 사실은 궁인들 사이에 소문이 났고 어느덧 장 중전의 귀에 들어갔다. 그녀는 화를 누를 길이 없어 당장 최 무수리를 잡아들였다. 최 무수리는 두려웠으나 침착하게 중전을 쳐다보았다.

"이년, 네가 지은 죄를 네가 알렸다."

"황공하오나 저는 아무런 잘못이 없나이다."

"무엇이라고? 저런 발칙한 년을 보았나. 애들아, 저년의 물볼기를 매우 쳐라! 내 저년의 입버릇부터 고친 후에 심문할 것이니라."

사실 그녀는 무수리의 말보다 그녀의 싱싱한 젊음에 질투를 느낀 것이었다. 장 중전은 물볼기를 맞으면서도 신음하지 않는 무수리를 보자 더더욱 화가 치밀었다. 인두로 최 무수리의 살을 지지자 비명을 질러대

는 그녀를 보면서 장 중전은 쾌감을 느꼈다.

그 때, 내전에 들어오는 호통이 있었으니…….

"이게 뭣하는 짓들이냐!"

중전은 순간 가슴이 뜨끔하였으나 태연한 척하였다.

"무수리가 버릇이 없어 벌하고 있었나이다. 마마께옵선 개의치 마시옵소서."

숙종도 내전에서 하는 일이라 물러나려 하였으나 중전이라는 여인이 인두를 들고 지져대는 모습을 보고 그 잔인한 행동에 화가 치를 떨었다. 과연 어떤 여인이기에 그런 고통을 당하는 것일까. 가까이에서 그 여인의 얼굴을 본 숙종은 깜짝 놀랐다. 그리고 분노에 몸을 떨어야 했다. 숙종은 당장 최 무수리를 형틀에서 풀어내도록 명했다. 중전은 그저 멍하니 지켜볼 뿐이었다.

〈Ⅷ〉

이제 무수리가 아닌 최숙의는 생각에 잠겨 있었다.

'이제 장 여인의 시대는 끝났어. 두고 보아라. 네가 죽는 모습을 재미있게 지켜 보아줄 테다.'

그녀는 한낱 무수리가 아니었다. 서인들의 계획에 의해 세워진 인물이었던 것이다. 숙종이 그녀를 처음 보았던 날도 사실은 주도면밀하게 꾸며진 연극인 셈이다. 그녀는 우선 민비를 복원시키는 것이 시급하다 생각하였다. 그래서 생각한 것이 장 중전을 모략하여 왕이 멀리하게 하는 일이었다.

숙종은 그간 중전에게 지쳐있던 터라 쉽게 떼어놓을 수 있었다. 그 다음에는 숙종에게 민비의 어질고 선량함을 이야기하였다. 왕은 자신이 과거에 했던 일을 후회하기 시작했다. 마침내 숙종은 민비를 복원하고 장 중전을 다시 후궁으로 만들었다.

〈Ⅸ〉

"요즘엔 어찌 지내시던가요?"

"별다른 기색은 없어 보인다만…… 다만 근자에 와서 무당을 곁에 두고 지내는 것 같습니다."

"잘 살피세요. 또 무슨 계략을 부릴지 모르니까요. 그런데 중전마마의 병환엔 차도가 있으신지요?"

"아무리 좋은 약을 써도 듣지 않는 것 같습니다. 하기에 그분이 걸어오신 고초가 어지간 했어야지요. 몸이 어찌나 허해지셨는지 뵈올 때마다 눈물이 앞을 가린답니다."

"큰일입니다. 이러다가 중전마마께서 승하하시기라고 하신다면 장희빈이 가만히 있지 않을텐데요. 더구나 그녀는 왕세자의 생모가 아닙니까? 그때 일도 생각해 보아야 하지 않겠는지요?"

최 무수리를 왕의 곁에 가까이 다가가도록 각본을 짜고 뒤에서 물심 양면으로 도와준 인물, 그는 다름 아닌 서인 김학수였다.

최 무수리, 아니 최숙의는 생각하였다. 과연 왕자 균이 왕위에 오르는 날이면 자기는 어찌될 것인가? 그녀는 문득 물볼기를 맞던 때가 생각났다. 무언가 대책이 있어야 했다.

〈Ⅹ〉

복위된 지 얼마 되지 않아, 중전 민씨는 세상을 떠나고 말았다. 이 때 그녀의 운명을 가장 반가워한 것은 역시 장희빈이었다. 그 죽음이 자신의 운명을 마감시킬 날카로운 비수인지 모른 채…….

그 날 아침이었다. 민비의 내인 중에 이 내인이란 여인은 평소 장희빈과 친하게 지내오던 터였다. 민비는 그날 아침에 게젓을 먹었다. 다른 날에는 밥을 반 공기도 들지 않던 것을 그 날은 한 공기를 다 먹었던 것이다. 그래서 모든 사람들이 차도가 있다며 즐거워하였는데 얼마 지나지 않아 갑작스레 죽은 것이다. 이 내인이 이 사실을 얘기하였을 때 희빈은 왠지 의심쩍은 생각이 들었다.

'지금은 민비가 죽은 때이니 만큼 다른 사람들의 시선도 예민할 것이다. 섣불리 행동하였다간 목숨을 부지하기 어렵겠구나. 혹 내가 취선당에 무당을 둔 것이 꼬투리가 될지 모르니 잠시 내보내는 것이 좋겠구나.'

그리하여 무당이 기물을 챙겨 막 나가려는 때 의금부의 군졸이 들이닥쳤다. 무당과 이 내인은 숙종 앞으로 끌려가 심문을 받게 되었다.

무당은 살점이 찢기고 모진 매에 정신을 여러 번 잃다보니 죽음이 두려워졌다. 그래서 죽어 가는 목소리로 애원하기 시작했다.

"목숨만 살려주시옵소서. 천녀가 돈에 눈이 멀어 중전마마를 저주하여 부적 붙인 인형을 묻어 놓았사옵니다. 죽을죄를 지었나이다."

포도대장이 이번에는 이재인에게 물었다.

"너는 오늘 아침 중전마마의 수랏상을 보았을 터. 그래 오늘은 무얼 내갔더냐?"

"아뢰옵기 황송하오나 흰 죽과 게젓을 내어갔나이다."

"궁의가 말하기를 게젓에 꿀을 넣으면 음과 양이 상극이 되어서 피를 토한다 하였거늘, 중전마마가 그렇게 돌아가시지 않았더냐. 이실직고하렷다."

이 내인은 초죽음이 되어있는 무당을 보고, 맞고 난 후 거짓 자백을 하느니 안 맞고 하는 것이 나을 성싶었다.

"소인은 다만 희빈 마마가 시키는 대로하였을 따름이옵니다. 죽여주시옵소서!"

숙종은 악녀 장희빈에게 사약을 내리라 하였다. 사약이 내려지자 장희빈은 그 사실을 도저히 받아들일 수 없었다.

"내가 왜 사약을 받아야 하느냐. 도대체 내가 무얼 잘못했느냐 말이야. 난 세자의 어미야. 너희들이 무슨 죄를 받으려고 이러는 게야. 어서

썩 물러나지 못할까?”

장희빈은 사약 그릇을 던져버렸다. 궁인들이 기겁을 해서 달아났다. 숙종은 그 소식을 듣고 불같이 화를 내었다.

“어서 가서 팔다리를 붙들어서라도 먹여라. 만약 이번에 너희들이 다시 돌아온다면 내가 너희를 용서치 않으리.”

두 번째 사약이 내려지자 희빈은 체념한 듯 원자인 균을 불러달라 하였다. 희빈은 균을 붙잡고 하염없이 눈물을 흘렸다.

“세자는 잘 들으시오. 이 못난 어미는 세자를 남겨놓고 먼저 가지만은 항상 세자를 지켜보고 있을 것이니 행동을 바르게 해야 할 것이오.”

숙종은 희빈과 세자가 함께 있다는 말을 듣고 부리나케 달려왔다.

“세자는 어서 처소로 돌아가라. 내관들은 어서 세자를 처소로 모시고 가라. 밖으로 한 발자국도 움직이게 해서는 아니 될 것이니라.”

이 광경을 지켜보던 장희빈의 입가에 비웃음이 맴돌았다.

“참으로 대단하신 분이외다. 도대체 왕손이 무에 그리 대단하기에 천륜을 갈라놓으려 하시는 게요. 그래 그 잘난 왕손이 자라, 전하처럼 무능한 왕이 되기를 바라시는군요. 인재도 고르게 등용하지 못하고 이쪽을 등용했다가 저쪽을 등용했다가 무고한 신하들만 다치게 하였으며 한 왕이 세 왕비를 맞이하여 하나도 제대로 건사하지 못하시었으니 참 대단한 성군이외다. 나는 민비를 이겼으니 민비가 물러간 것이고, 나 또한 최숙의에게 졌으니 이번에는 내가 가야지요. 내 차라리 장부로 태어났던들 이리 쉽게 죽지는 아니하였을 터인데…… 한때나마 나의 주군으로 섬긴 것이 부끄러울 따름이오.”

장희빈은 자신의 죽음을 지켜보고 달을 보았다. 눈시울을 시큼하게 하는 달이다.

■ ■ ■ ■ ■ ■ ■ 94학번 김달영

학생들이 제출한 보고서들을 살펴보았다. 우리에게 익숙한 이야기들 속에 숨겨진 성차별적인 요소들이 학생들의 새로운 시각으로 읽기를 통해 속속히 드러나고 있음을 볼 수 있다.

심청이 이야기에서 아버지가 장님이 아니고 어머니가 장님이었다면, 또 청이가 딸이 아닌 아들이었다면 어떤 식으로 이야기가 전개되었을까? 과연 어머니가 아들에게 인당수에 몸을 던져 자신의 눈을 뜨게 하도록 내버려두었을까? 이러한 질문을 통해 우리는 남성 특히 가부장을 위한 여성희생을 요구하는 남성중심 사회의 여성억압을 피부로 느끼게 된다.

제제 공주 이야기는 우리에게 익숙한 신데렐라나 잠자는 숲속의 공주류의 공주 이야기와는 다른 시원함을 준다. 여성에게 외모와 수동성보다 모험, 씩씩함, 내면의 힘의 중요성을 '들꽃의 아름다움보다 더 천박한' 프프 왕자의 나약함과 비교해서 재미있게 말해주고 있다.

판도라의 상자도 여성의 어리석음과 저주를 상징화하여 우리에게 편견을 갖게 하는 신화 중의 하나이다. 신화의 주인공의 성별을 바꾸어 봄으로써 한 성에 지워진 왜곡된 규정이 얼마나 잘못된 것인지 잘 보여주는 예였다. 또한 장희빈에 대한 새로운 해석도 이미 쓰여진 역사 속에 숨겨진 성불평등의 요소를 읽어내는 좋은 시도였다고 생각된다.

이 책을 읽는 여러분도 동화나 신화, 구전 민담들에 대해 여러 다른 각도로 생각해 보며 경직된 고정관념에서 탈피해 보자. '이몽룡전'(춘향전이 아니라), '신데렐리우스 왕자', '잠자는 숲속의 왕자'는 어떤가?

주인공의 성별을 바꾸는 것 뿐 아니라 여러 가지 상황이나 배경을 바꾸어 동화나 신화를 다시 쓰는 작업은 우리에게 깊이 내면화된 성차별적인 의식을 객관적으로 볼 수 있게 해주며, 새로운 전형을 만들어 내는 데도 아주 좋은 방법이 될 것이다.

제 6 장

싱크대를 같이 돌립시다
~ 부엌 일 중에도 세계와 문화를! ~

여기서 '싱크대'는 실제 부엌의 싱크대를 뜻하는 동시에 싱크대(옛이름은 '부엌구석')로 대변되던 여성의 삶의 상황이나 지향을 상징하기도 한다.

나는 몇 년 만에 부엌일을 맡아 하게 되었다. 내가 직접 싱크대의 개수대 앞에 서서 일을 해 보려고 했을 때, 역겨운 냄새에 약간 주춤했고 그보다 더 괴로운 것은 바로 눈과 몸 앞에 찬장이 마주칠 듯 한 것이었다. 계속 막힌 벽에 답답함을 느끼며 쌓여있는 설거지를 해야 했다. 이 순간 나는 이게 아닌데! 이게 아닌데! 계속 이렇게들 살아오면서도 어찌 아무 말도 안하고 있었을까? 숱한 팔 올림과 돌림을 하며 보냈을 여성들, 일종의 인종과 굴욕의 부엌공간 속의 여성의 역사에 참을 수가 없었다. 눈을 뜨고 사는 시간의 거의 3분의 1에 해당하는 시간을 싱크대 근처에서 보내며 사는 게 보통 여자들의 삶인데, 과연 여자들이 이 공간을 만들었는가? 누가 이렇게 구조물들을 일하는 사람에 대한 배려없이 갖다 붙여놓도록 설계를 했을까? 무배려의 설계와 한 번 되어 있는대로 변경이나 거부나 개선없이 살아가는 그 여자의 벽들을 향해 잡은 그릇을 마구 던져버리고 싶었다.

결혼 후 바로 시집에서, 아니면 여자의 몫으로만 이 일이 반복해서 주어질 때 쌓인 설거지를 해야 하는 여자 치고 참담한 감정을 느껴 보지 않은 사람이 있을까? 다음은 이런 솔직한 심정을 담은 어느 한 학생의 레포트를 발췌한 글이다.

삼촌, 고모, 고모부, 사촌 오빠네가 우리 집에 왔었다.

남자들은 거실에 앉아서 음식을 기다리며 TV를 시청하거나 세상 돌아가는 얘기를 나누고들 있었고 여자들은 모두 부엌에서 음식을 만드느라 분주했다. 허기가 지셨는지 고모부와 삼촌, 특히 아빠는 위엄 있는 목소리로 재촉을 하셨고, 여자들의 수많은 손놀림 끝에 음식이 다 만들어지고 상위에 차려지자 정신없이 드시기 시작하셨다.

그때 나를 포함한 여자들은 식탁에 앉아 마치 음식이 남기를 기다리는 듯한 모습으로, 아니 그보다는 식사가 끝난 후 빈 그릇을 기다리듯 부엌에 엉거주춤 앉아서 식사하는 모습을 보거나 남자들의 요구에 시중을 들어야 했다.

식사가 끝나자 남자들은 의기양양한 표정으로 상에서 한 자리 뒤로 물러났고 보기 사나운 허물처럼 남겨진 상에서, 여자들은 그릇들을 치우느라 닦느라 분주한 총총 걸음을 해야 했다. 부엌의 한편에서는 설거지를 하고 있는 동안 한쪽에서는 과일을 깎아 내가야 했다. 남자들은 다시 그들의 이야기를 이어갔으며, 부엌 쪽에는 조금의 관심도 보이지 않았다. 과일을 내간 후 나머지 잔일을 끝마치고 나서 조금 앉아 있으니 이젠 모두들 집으로 돌아가기 위해 발걸음을 재촉했다. 오랜만의 친척들의 만남 속에서 내가 한 일은 상차리고 나르고 치우고 그릇 씻고, 그 외엔 기억이 나지 않는다.

여자들이 집에 손님이 오는 것을 왜 유별나게 부담스러워 하는지 남자들은 알까? 즐거운 대화가 이루어지는 즐거운 만남, 즐거운 시간을 보내는 사람들이 그 즐거움을 위해 들러리와 하인이 된 듯한 기분을 알까? 그 들러리와 하인이 된 듯한 시간 속에서 화도 나고 짜증도 나고 소리도 질러버리고 싶었다. "왜 여자들만 이 부엌에 있어야 해요?"라고 따지고도 싶었지만 그러지 못했다.

언제쯤이면 여자들이 이 들러리 같은 모습에서 벗어날 수 있을까! 내가 한 가정을 꾸리고 나면 그게 가능해질까? 그런 모습들이 전혀 어색해지지 않을 시기가, 그래서는 안 된다는 말을 떳떳이 말할 수 있을 때가 언제쯤 올까! 왜 나부터 용기를 내진 못할까? 이 공간의 구조는 나를 더욱 삶의 들러리로 만들고 있는 것은 아닐까?

위의 글은 이 학생의 생각뿐만이 아닌, 거의 모든 여성들의 생활일 것이고 생각일 것이다. 이제는 이 공간에 변화가 일어나야 한다. 거의 대부분의 여성 삶이 시간적으로나 그 비중에 있어서나 2분의 1이상이 이루어지고 있는 가정공간에서도 개혁이 일어나야 한다. 지금 당장 소매를 걷어올리고 이 억겁의 무게를 같이 나눌 수 있는 공간으로 재배치하자! 혁명을 하려고 하면 분명히 반혁명 세력이 거부반응을 보일 것이다. 나 역시 이 혁명을 시작할 때도 또 하고 난 후도 수시로 제기하는 "남들 부엌처럼 하자"는 것에 대해 "그럼 설거지나 부엌일 모두 너·당신이 하렴"으로 혁명을 유지시켰다. 가사노동을 가족이 공유하더라도 시간을 쪼개어서 써야하는 사람에게 부엌·싱크대에서 일해야 할 것들이 차지하는 시간의 비중은 크다. 특히 매일 해야 하는 일들이기에. 아니면 1년 365일 매끼니 마다하는 일과 시간이기에.

1. 일하는 사람이 배려된 공간 구성인가? – 공간의 정치학

아래의 글은 전통 사회구조에서의 여성의 차별화된 공간과 공간영역 및 현대사회에서까지 남아 있는 구분된 공간에 대해 학생들이 토론한 내용의 일부이다.

경은 : 과거에 남녀가 구분되었던 공간을 어디서 볼 수 있을까?

인수 : 옛날 속담에서도 볼 수 있잖아. '여자 목소리가 담장을 넘어가면 집안이 망한다'며 여자의 말하기를 막고, 또 여자의 목소리조차도 담장을 넘어가면 안 된다며 여성은 집안에 머물러야 함 즉 활동을 제한하고 있잖아.

경은 : 그래. 실제로도 여성의 바깥 출입은 극히 한정되어 있었고 어쩌다 외출할 때는 쓰개치마 같은 것으로 얼굴을 가리고 다녀야 했으니까.

종연 : 어쩌면 널뛰기 같은 전통놀이도 바깥 세상을 동경하는 여성들의 심리를 잘 나타내 주는 것 같아.

인수 : 그러면 주거공간 속에서는 어떠했는지 생각해 보기로 하자. 집안에서도 여성의 움직임은 별로 자유롭다고 볼 수 없는 것 같아. 대부분의 공간의 중심영역은 남성들이 차지하고 있었고 여성은 안채나 별당 같은 곳에 기거하는 경우가 많았으니까.

경은 : 그리고 남성에게 할애된 공간이 더 많지 않았니? 예를 들어 사랑방 같은 거 말이야. 남성들의 사교공간으로 이용되었잖아.

종연 : 방안에서조차 공간은 나누어졌어. 남성은 아랫목, 여성은 윗목. 옛날에는 나무를 때던 시절이라 아랫목은 따뜻하고 윗목은 차가웠다고 해.

인수 : 여성의 주 작업공간인 부엌도 여성이 사용하기에는 불편함이 많았잖아. 주로 허리를 구부려야 했고 부엌의 턱도 높아서 드나들기에 힘들었을 거야.

경은 : 남성들에게 부엌에 들어가지 못하도록 한 걸 보면 여성의 작업공간인 부엌을 천한 장소로 여겼다는 것도 알 수 있어.

종연 : 생각보다 공간에서의 여성의 차별화 영역이 많다. 거의 대부분의 경우 여성의 공간은 폐쇄적이었고 남성의 공간에 예속된 경우가 많았던 것 같아.

인수 : 요즘도 부엌 같은 경우 아들이 들어오는 것을 막는 부모님이 계시잖아. 딸보고 하라고 그러시면서 말이야.

■ ■ ■ ■ ■ ■ ■ 92학번 경은, 종연, 인수의 토론 중에서

공간을 누구의 편의대로 누구의 의도대로 쓰고 있는가를 잘 들여다보면 여기에도 강자, 약자의 힘이 작용하고 있음을 알 수 있다. 만약 공간 활용의 결정권이 당신에게 있다면, 어느 누구에게도 방해받지 않고 당신의 권한만큼 자신의 공간으로 여기며 자신이 일하기에 가장 바람직한 공간으로 꾸밀 수 있다. 공간을 주로 사용하는 사람의 입장이 배려될 수 있다면, 삶과 일과 건강과 구성원의 관계에 많은 변화와 발전이 이루어질 수 있을 것이다. 한사람의 일방적인 일로 요구하다가 같이하는 일로 바뀔 수도 있고, 일하는 사람의 정신적 고립감이나 권태롭고 소모적인 시간에서 새로운 활력을 일구는 사람을 살리는 타인을 위한 공간이며 동시에 나의 정신과 삶을 살리는 가치와 즐거움의 공간으로 거듭나게 할 수 있는 것이다.

이에 여성들 아니 우리들의 주 생활환경에도 새로운 혁신이 필수적이다. 근대화 이후나 이전이나 남성중심사회에서는 여성이 하는 일을 낮게 평가해왔다. 그래서 여성이 일하는 공간을 남성이 만들며 여성에 대해서는 배려가 없었다. 직접 그곳에서 일하는 여성보다는 다른 가족 구성원이 보기에 익숙하고 자신들 편한 대로 가정공간을 만들었다. 건축에 종사하는 목수나 설계자나 모두 남자였다. 그들은 해주는 식사를 먹는 자로 익숙해 있다. 거의 모든 부엌이 획일적으로 구성되어 있다.

각 여성이나 일하는 사람들의 심리적 문화적 욕구·라이프 스타일·인생에 대한 가치관·식사 스타일·직장과 가족의 하루 시간의 배분기준·신체구조 등등에 따라 가사영역을 일하는 사람 중심으로 바꾸자. 배려심과 합리성과 창의력과 상상력을 동원하여 평소에 느끼고 있던 불편한 점을 과감히 고쳐, 여성만의 영역이라는 부엌의 고정관념을 깨고 가족 모두의 살림과 문화의 영역으로 바꾸어 보는 것이다.

그 동안의 어머니들은 하루에 5시간 이상을 '벽을 마주 대하고, 아니 벽과 박치기라도 하게 할 듯 벽을 딱 앞에 맞닥뜨려 놓은 답답한' 곳에서 식사 준비를 하거나 설거지를 해왔다. 여성 고립과 자폐의 공간이었다. 그리고 가족들은 그러한 '여성의 뒷모습 보기'와 '뒷면 전혀 못 보기'를 아주 당연하게 또 고쳐서는 안 될 무슨 불문율의 공간인 듯이 여겨왔다.

밥을 푸고 국을 푸고 수저를 놓고 식탁을 닦는 모든 일까지도 어머니에게 다 미루어 왔다. 어머니는 소가 아니다. 집안 일은 주부 혼자서 헉헉대면서도 묵묵히 다 해내야만 하는 일이 아니다. 당연히 가족 모두가 함께 해야 하며, 그럴 때야말로 삶 자체가 가족 전체의 즐거움의 일부분이 될 수 있다. 주부에게만 일임할 때 그것은 시지프스의 형벌이다. 가족이 함께 하면 그 일은 행복을 불러다 줄 수 있다. 각자의 시간을 조금씩 내어서-마음먹기 나름이다 - 가사에 참여하면 그만큼 더 주부나 가족으로부터 서로 사랑을 더 받을 수 있다. 정신위생상이나 가정경제상으로나 가족간의 유대 강화로나 자신의 잠재능력이나 욕구 - 의외로 남자들이나 아이들도 요리를 하고 싶어한다 - 를 펼칠 수 있는 시간으로 또 작은 평화와 가족의 기쁨을 쌓을 수 있다. 주부는 주부 나름으로 자신의 힘을 식사 시간대나 가사에 완전히 소진하지 않기에 보다 나은 가족관계 유지를 위해서나 또 건강한 여성의 문화생활을 위해 시간을 배분할 수 있기에 그 활력은 본인에게는 물론 다른 가족에게도 기쁨이나 발전의 자원으로 되돌아온다.

맞벌이·맞일 부부인 경우에는 더욱 그렇다. 집안 일을 누구 한 쪽에 떠맡길 수는 없다. 한쪽에 일방적으로 요구하면 틀림없이 이혼으로 향하게 된다는 것을 요즈음의 이혼통계가 증명한다. 직업주부 경우, 남편이나 시부모의 '가사노동의 일방적 요구'가 부부나 가족에 대한 불만 이유의 상위권 순위에 들어 있다.

바쁜 생활 속에서 서로의 시간과 행복을 위해서 부엌일을 편리하고 효율적으로 고치는 것은 필수적이다. 생활의 중요한 일부인 가사를 합리적이고 효율적이고 즐겁게 할 수 있어야 한다. 이러한 점들을 고려하여 부엌·거실·다용도실 등을 가족 모두가 참여하는 즐겁고 문화적이고 재미있는 공간 - 서로를 배려한다는 것이 느껴지는 것으로도 작은 행복을 느낄 수 있다 - 으로 만들어야 할 것임을 일깨워주고자 한다.

　가사노동의 공간을 '형벌'의 공간에서 사람을 살리는 '살림'의 공간으로 전환시키자는 것이다. 사실 가사노동은 전근대사회의 성별분업에 의거하여 여성의 몫으로 여겨온 것이다. 따라서 여성이 전적으로 많은 역할과 일을 수행하기를 요구당했을 뿐만 아니라 남자와는 달리 사회와는 고립되는 다양한 업무를 담당하였다. 가사노동에서 가족 성원에게 할당된 업무의 내용을 살피면 확실해진다. 가사업무는 크게 가내업무와 가외업무로 나눌 수 있다. 여성은 대부분의 가내일을 다 하고, 가외업무에는 공적이고 사회적인 일이 포함되는데 그것이 사회참여의 일이라기보다는 서류 심부름정도이다. 아들이나 남편이 가장 자주 수행하는 가사노동의 내용은 대개의 경우 쓰레기통 비우기 및 약간의 물건 사기, 전기와 관련된 일이나 집수리 등이다.

　인류학 연구에서는, 남녀가 모두 사회의 복지 증진에 직접 참여하여 유급직 부분과 가사부분간의 구조적인 양분이 없고, 결정을 내린 자들이 또한 그 결정을 직접 수행하고 있는 사회에서 여성들이 훨씬 더 평등한 역할을 담당한다고 이야기한다. 여자의 운명과 프롤레타리아 계급의 운명의 유사성은 오래 전부터 인식되고, 이들의 증대하는 집단의식은 고립된 사상가의 의식처럼 발전할 수도 있고 또는 도덕적, 인간적 의식으로까지 성장할 수 있다.

　우리가 지금 경험하고 있는 식의 분업에 대한 전반적인 인식은 앞으로 제거될 것이다. 통합주의적 세계관은 마르크스가 이상향적 공산주의를 염두에 두고 생각했던 바와 닮았다. 누구도 배타적인 활동의 영역을 가지지 않고 각자가 원하는 어떠한 분야에서든지 성취해 나갈 수 있으며 사회가 전체 생산을 규제할 수 있다. 예를 들어 오늘은 이 일을 하다가 내일은 다른 일을 할 수 있어서, 생각이 떠오르는 대로 오전에는 사

냥 가고, 오후에는 물고기 잡고, 저녁에는 가축을 기르다가, 저녁식사를
마친 뒤에는 비평을 할 수 있는 것이다. 하지만, 영구적으로 사냥꾼, 어
부, 목자, 비평가가 될 필요는 없다. 사색과 발명, 창조, 소비, 출산, 가
사 등의 이런저런 나의 이미지는 '어디에서도 동일한 나'로 융합될 것이
다.

　조선의 숭유정책으로 이루어진 특색 중의 하나가 남녀간의 엄격한 구
별이었고, 이는 조선시대의 주택 건축양식에 커다란 영향을 주었다. 남
녀 구별에 의한 공간의 엄격한 성별 분화가 그것이다. 여속사(女俗史)의
연구에서는 고려도경의 '여름이면 시냇가에서 남녀 구별없이 목욕을 하
였다'라는 기록을 내세워 고려 이전의 남녀관계는 자유로웠다고 하나,
여기서의 남녀무별(男女無別)이 혼욕의 뜻이 아닌 이상 이 기록만으로 단
정하기는 곤란하다. 하여간 고려말에서부터 주자학의 전래와 더불어 송
유의 남존여비 사상이 들어오게 되어 삼강오륜 중 남녀유별(男女有別) 항
목을 내세워 여인들을 규방에 유폐하고 삼종지례(三從之禮)를 강요하기
에 이르렀다. 그리고 남녀칠세부동석이라든가 남녀불공식(男女不共食) 등
의 도의가 지켜져야 했으니, 이는 본래 한 사람이 앉을 만한 좌석에 같
이 앉지 말라는 뜻이었다. 그러나 이들은 같은 방에 남녀가 앉아 있을
수 없고 또 같은 상에서 남녀가 밥을 먹을 수 없는 것으로 해석하여 남
녀 구별을 더욱 극심하게 하였다. 또 이러한 남녀구별과 고려말의 풍기
문란에서 내외법이 생기게 되어 친족간에도 남자가 함부로 부녀에게 접
근하는 것을 부덕(不德)으로 여겼고, 여자는 중문 밖을 나가지 못하게 하
고는 출입할 때에는 이에 상응하는 보조 조치로서 너울로 얼굴을 가리
게 하였다. 주택 건축에서도 크게는 안채와 사랑채를 별동으로 두어 남
녀를 격리시켰고, 작게는 안방과 사랑방, 내측과 외측을 두게 되었다. 또
한 식사 방법도 밥상을 따로 받게 하였으며, 초기부터 '부부별침'을 명
하여 중·상류 주택에서는 사랑채에 침방을 두고, 서민주택에서는 사랑
방에서 취침을 하게 되었다.

요즘의 아파트에는 안채나 침방이라는 곳이 없다. 또한, 이 단어도 젊은 사람들에게는 생소할 것이다. 여기서 간략하게 안채와 사랑방, 침방에 대한 설명을 하고, 안채와 침방의 그림을 보고자 한다.

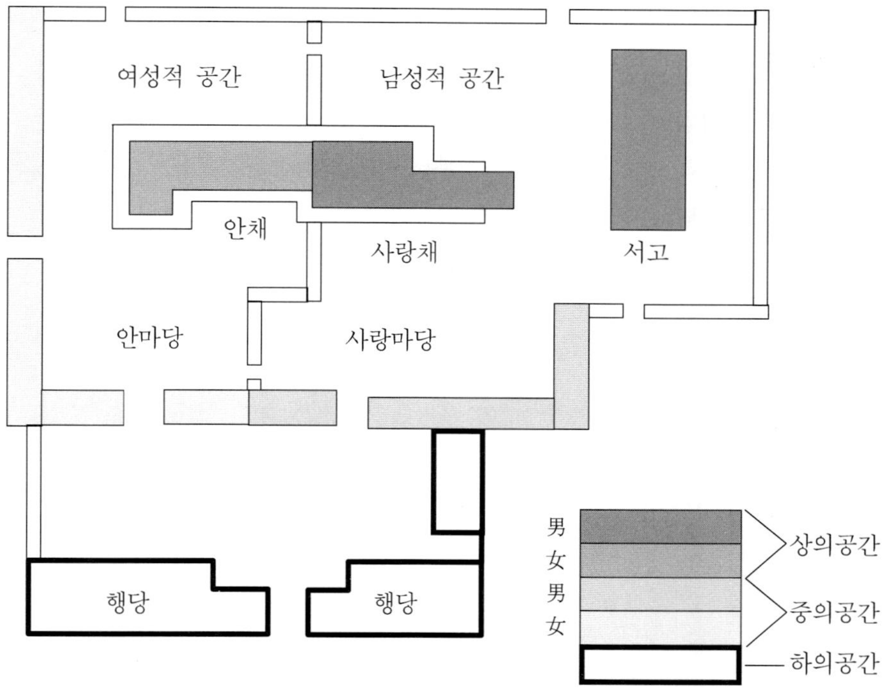

안 채 : 안방 - 여주인의 일상 거처실이고 또 밤에는 침실이 된다. 이 공간에는 직계존속 외에는 남자의 출입이 금지되어 있는 바, 이는 내외법에 따른 것이다. 그만큼 은밀한 공간이기 때문에 주택에서 가장 안쪽에 자리잡는다.

사랑방 : 주인의 이상 거처실이다. 가부장적 가족제도였던 만큼 상류 주택에서의 사랑방은 상당히 중요한 위치이다. 주인은 중앙 관서에 출입하는 현직의 고위층이거나 지방에서는 전통적으

로 내려오는 동성부락, 또는 문중을 대표하는 어른이기 때문에 정치, 사회 방면의 교류가 활발하다. 그리고 이 교류는 사랑방에서 이루어졌기 때문에 이 사랑방의 기능은 주인의 일상거처는 물론 내객의 접대 및 문객들과의 대화를 위한 곳이었다.

침 방 : 주인은 부인과 동침할 때를 제외한 평상시에는 이 방에서 취침한다. 이는 조선시대가 숭유정책에 입각해 내외법을 엄격히 한 나머지 태종초부터 부부별침을 명하였기 때문이다. 서민 주택에서는 침방과 사랑방을 겸하여 사용하였고 중상류에서는 별도로 두었다.

2. 공간과 여성의 질병

여성들은 많은 병들을 여성의 성과 관련하여 자의로, 타의로 앓아 왔으며, 지금도 앓고 있다. 여성이 여성의 몸을 스스로 통제하지 못하게 하는 여러 제도들이 여성의 몸을 혹사시키게 해왔고 또 그렇게 하고 있다. 아들을 낳을 때까지 아이를 계속 임신해야 했고 낳아야 했고, 낙태를 법적으로, 불법적으로, 과학적으로, 또 비합리적으로 해오면서 정신적으로, 신체적으로 받은 상처는 이루 말할 수가 없을 것이다. 자궁암, 자궁제거, 유방암, 유방제거, 모두 출산 양육 특히 '고추 선호 사상'과 상관이 깊다.

또 그러한 상황이 여성들의 주생활 공간의 환경 조건과 무관하지 않으리라고 보이는 이 땅 여성들만의 고질적인 질병이 있다. '화병'이다. '화병'이란 말은 병명이 아니라 질병의 증상을 일컫는 것으로 신경성 질환이다. 어감처럼 뜨거운 병이다. 물을 마셔도 마셔도 식어 주지 않는, 꺼지지 않는 답답하고 불안하고 억울한 마음에서 주로 오는 병이다. 우울증, 구토, 머리 통증, 심한 체온 변화 등의 증상으로 숨이 막혀 치명적으로 죽기까지 한다.

여성들은 가부장적 대가족제도 하에서 시집살이의 원칙, 즉 '보았어도 들었어도 알아도 말하지 말라'에 준해서 살지 않을 수 없었는데 자기 자신의 의사표현이나 행동의 억제요구는 - 속으로 삭이고 참고 은폐해야 하는 거짓말을 해야 하는 것을 여자의 도리로 주입 받았기에 - 강한 스트레스를 주는 것이다. 그런 스트레스가 누적되어 정신적으로, 육체적으로 이런 화병으로 나타난 것이다. 이외 일하는 여성과 주부의 직업병은 어떤 것들이 있는지 살펴보자.

일하는 여성의 질병

① 부종과 유산 - 오랫동안 서서 일하는 직업을 가진 사람들 중 다리가 붓고, 흔하게 유산을 수반한다.

② 변비, 설사 - 사회 생활에서 일을 하면서 스트레스를 받아 생기는 경우가 많으며 여성은 남녀 성차별과 직장내의 성희롱 등으로 인하여 더욱 스트레스가 가중된다.

③ 어깨 결림 - 사무직 여성들에게 주로 많으며, 은행원, 출판사 편집 직원과 같이 같은 자세로 오래도록 작업하는 사람에게 자주 있다.

주부의 직업병

① 주부 습진 - 손에서 물이 떠날 날이 없는 주부들에게 자주 생기는 것으로 계속되는 가사노동으로 생기는 염증이다.
② 피로, 권태 - 집안일에 전념하는 주부들이 온 몸의 피로와 권태감을 자주 호소한다.
③ 근육통 - 하루종일 집안에서만 움직이는 주부들에게 자주 온다.

이밖에도 가정 주부들은 '부엌증후군'에 시달리고 있는 경우가 많다. 남편이나 아이들이 잘 먹을지 어떨지 알 수도 없는 식사준비를 한다는 것이 불안하고 그것의 반복에 공허하다는 생각을 하면서도 부엌에 들어간다. 머리가 아프다. 요즈음 잠을 잘 자지 못해 수면부족 상태이다. 쌀을 씻을 때 구역질이 나서 울컥거린다. 전기밥솥의 스위치를 누르고 야채를 냉장고에서 꺼낼 때 가슴이 짓눌리듯이 고통스럽다. 손이 떨려 부엌칼을 바닥에 떨어뜨려 그것을 주우려고 쭈그리다 그대로 바닥에 푹 엎드려 운다. 똑같은 일이 지겨워서 울고, 가사와 자녀교육에 온 힘을 기울이다가 자녀가 성장하면, 보람을 찾을 일거리를 준비해 두지 않아 방황하게 된다. 남편도 바빠서 밤늦게나 귀가를 한다. '나는 무엇을 해야 하나' 하며 고민하고, 건강 상태도 나빠진다. 이는 '빈둥지증후군'으로 아기 새가 둥지를 떠난 후의 어미 새의 문제와 유사하다.

84년부터 40대 후반에서 60대 초반 주부의 '자율신경실조증' 환자가 늘어나기 시작했다. 진단명은 '자율신경실조증'이지만 환자에게 고통적인 것은 가정의 상황이 자신을 무가치하게 느끼게 한다는 것이다. 자녀교육에서 손을 떼고, 남편은 한창 일을 하기 때문에 밤늦게 돌아와서 아내에게는 눈길을 돌리지 않거나 무시한다. 이렇듯이 '빈둥지증후군'이란 남편과 자녀가 집을 자주 비워 빈둥지와 같은 집에 별다른 가치를 두는 일도 없이 홀로 남겨졌다는 우울감이 원인이 되어 우울상태로 시작한다.

자식을 기르는데 전력투구 해왔기 때문에 자식이 슬하를 떠나면 자기 시간관리 능력과 갑자기 홀로서야 하는 상황에 우울 상태에 빠지는 것이다. 미리 사회적 문화적 관계를 형성할 수 있는 구조를 향해 나아가 보자. 우선 직·간접적으로 가사노동에 시달리거나 몰입해 있는 가정주부들의 일상에 대한 견해를 설문조사를 통해 알아보자.

나이	35	38	40	45	47	48	49	50	52
직업	가정주부	전업주부	주부	가정주부	주부	주부	주부	없음	무
가장 싫은 가사노동	빨래청소	다림질	이불개기	설거지	먼지털기	행사	창틀닦기	유리창닦기	빨래
하루 중 부엌에서의 소요시간	4시간	2시간 30분	4시간	4시간	3시간	7시간	6시간	5시간	4시간
부엌구조에서 아쉬운점	너무 어둡다	수납 공간 부족	조리대가 넓었으면	다용도실 설치	좁은 공간	후황	후황	큰그릇 놓을 수납장	만족
가사는 가족과 함께?	예	예	예	예	아니오	아니오	아니오	예	예
취미생활	볼링	등산, 테니스	분재	등산, 수영	걷기	방구조 바꾸기	커피 마심, 수영	수영	화초 가꾸기
집안 구조에서 신경써야 할 곳은?	주방	부엌, 화장실	거실	화장실	화장실	유리 (밝기 조절)	부엌	화장실	부엌
주방에서 바꾸고 싶은것	다용도실의 설치	싱크대 찬장	창문을 넓게	싱크대를 높게	라디오, 전화	구조	가스렌지	만족	선반, 수납공간

바꾸고 싶다면 어떻게?	냄새의 배출 고려	부엌을 다용도 실로	밝고 예쁘게	설거지통 2개로	위의 것들 설치	식탁, 냉장고 위치	최신 렌지 오븐으로	없다	선반에 문을 부착 (안보이게)
싱크대의 불편한 점	닦기가 불편	키가 낮다	키에 안 맞음	너무 낮다	너무 낮다	청소 불편	청소 불편	없다	없다
가족과의 대화	자주	자주	자주	가끔	가끔	거의 없다	가끔	자주	자주
가족들이 도와 주었으면 하는 것	청소	자기방 정리	물건을 현위치	집안 정도	이불 개기	유리 청소	마당 청소	청소	청소

위의 표에서, 같은 주부이면서도 직업에 대해서 각각 다르게 쓰고 있는 것을 통해서 가사노동에 대해 나이에 따른 인식 변화를 확인할 수 있다. 30대의 경우 '전업주부, 가정주부'라고 쓰고 있는 반면에, 40대는 '주부', 50대는 '없다'라고 쓰고 있다. 또, 대부분의 여성들이 많은 시간을 부엌에서 보내고 있으며, 그 공간을 불편하게 생각하고 바꾸고 싶어함을 볼 수 있다.

가사노동을 도와주는 여러 기구와 제품들이 진정 누구를 위하여 만들어졌나를 생각해 보자. 이러한 기구들이 사용자인 여성들의 입장이 별로 고려되지 않았다는 나의 지적에 "나는 지금까지 여러 가지를 만들었지만 한 번도 그것을 사용하는 사람의 입장을 생각해 본 적이 없다"라고 전자 공학과를 다니는 한 학생이 반성하듯 이야기했다. 지금까지 이는 매우 일반화되어진 상황이라고 보여진다.

그러다가 최근에는 주 사용자인 여성의 편익을 고려한 제품들이 많이 나오고 있다. 여성 전용 인터넷 사이트와 여성 전용 이동전화서비스, 또 여성 전용 쇼핑몰 등이 생겨 여성 고객들을 위한 차별화된 제품들이 출시되고 있다. 또, 이전에는 여성 사용자들의 의견을 수렴하여 가구를 만들어내기도 했다. 이 가구는 여성들이 어떠한 불편을 가지고 있고 어떠한 것을 원하는지를 고려함으로써, 지금까지 남성들의 의지대로 만들어졌던 것들을 새롭게 디자인한 것이다. 디자인 설계를 하는 여성 근로자가 일익을 담당했을 것이다. 여성도 남성과 함께 고려의 대상이 되기 위해서는 이러한 전문직 여성들이 계속 늘어나야 할 것이다.

3. 일하는 사람 중심으로 삶의 공간을

집안을 좀더 구체적으로 살펴보면, 집의 구조는 부엌과 거실 사이에 벽이 있어서 가정주부들이 부엌에서 일할 때는 TV나 TV를 보는 가족들과 별개의 경험 영역에서 일하는 소외감 내지는 가족 오락에서의 소외나 격리감을 겪게 된다. 마찬가지로 누군가는 매일 해야 할 일인데도 세탁실이 좁고 구석에 있기 때문에 거의 말소리조차 들리지 않아 목소리를 크게 하거나 앞으로 가서 말을 해야 한다. 이는 세탁을 매일 더러워지는 옷과 해도해도 끝이 없는 일로 여겨지게 하며, '더 지겨운 일' 중에 하나로 만들어 버린다. 그래서 좀 여유가 있는 경우에는 화장실에 세탁기를 들여놓는 경우가 많은데, 부엌 옆에 들어가는 통로를 만들어 세탁기를 옆에 두는 것이 좋을 것 같다. 세탁실은 가족 모두가 이용하기 편하게 서서 다리미질과 손빨래를 할 수 있게 하고 세탁기를 그 옆에 두는 것이다. 그리고 벽면은 상체는 보이고 세탁기는 보이지 않을 정도로 벽을 뚫어 창으로 만든다. 물론 대화도 할 수 있고 가족들을 볼 수 있다. 다음에는 될 수 있는 대로 문은 달지 않고 세로의 블라인드를 다는 것이다. 이처럼 가족들과 공동 경험대를 넓히고 대화를 할 수 있도록 하는 설계에 중심을 두고 부수적으로 가장 힘이 덜 들게 집안 일을 할 수 있도록 하는 노력이 필요하다.

이제는 일상 생활 공간을 돌려보자. 일하기 편리한 부엌, 삶에 도움이 되는 가사공간으로 돌려보는 것이다.

부엌에서 가정주부의 경우 혼자 일할 때가 많으며, 게다가 대부분 벽을 보고 일을 하게 되는 경우가 많은데 이는 여성들로 하여금 소외감을 느끼게 만든다. 이러한 닫힌 가사 노동의 공간을 열린 공간으로 만들어 보자.

닫힌 가사노동의 공간을 즐거운 공간으로 바꿀 수 있는 가정주부들을 위한 8가지 제안을 해보고자 한다.

제안 1 :

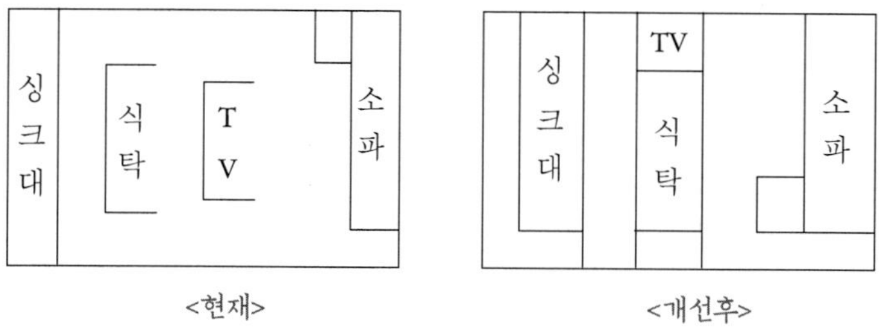

위의 그림은 싱크대를 벽 쪽에서 거실의 소파가 보이게 설치하여 가족들과 얼굴을 마주한 채 대화를 하면서 가족들과 함께 식사를 준비하고 끝낼 수 있게 설계한 것이다.

오랫동안 고정불변으로 벽을 향해 있는 방식에서 변화시키는 것이 그리 쉽지만은 않을 것이다. 그러나 주 가사공간과 가사의 변화나 개혁 없이는 여성의 상황 변화도 크게 기대하기 힘든 점을 생각하자. 그리고 그 동안의 여성들의 경험과 지혜와 가족들의 이해로 부엌 가구부터 몇 번의 새로운 배치를 해나가다 보면 자신들의 공간에서, 낯설지만 일하는 사람의 상황이 제일 많이 고려된 가장 적합한 구조를 찾아내는 것이 가능한 일일 것이다.

제안 2 :

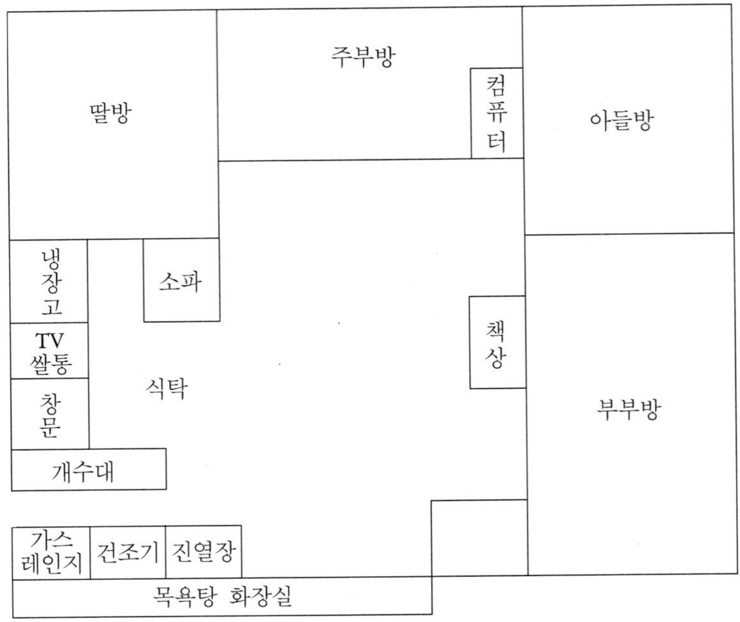

제안 2의 그림을 보면,

- 우선 전체적인 배치를 재택 근무나 시간제 주부의 입장을 제일 많이 고려했다.(실평수 30평 4인 가족의 필자 집이다) 남자건 여자건 최대한으로 가사를 같이 하며 동선을 줄일 수 있는 배치를 생각했다. 계절마다 변화를 주고 싶을 때 가족들과 함께 대청소도 할 겸 가구 배치를 자주 바꾸는 편이다.

- 현재는 식사 준비 때나 도중에 온 가족이 각기 필요로 하는 것을 스스로 할 수 있도록 했다. 원하는 반찬을 꺼내는 것이나 원하는 만큼의 밥 푸기, 또한 식사 도중 밥이나 반찬을 만들고 있을 때 식탁을 차리거나 숟가락 챙기는 일들을 각자 맡아서 하도록 되어 있다. 또 개수대 쪽에서 설거지를 시작하면 다른 사람들은 식탁을 치

우거나 후식을 준비하도록 한다.

- 가족이나 손님들이 소파에 앉아서 TV를 볼 때 개수대에서 일하더라도 TV를 같이 볼 수도 있으며 또한 마주 보며 대화할 수도 있다. 그리고 개수대에서 일을 할 때 문을 닫지 않는다면 온 가족의 방에서의 활동도 볼 수 있다.

- 긴 시간이 드는 음식을 하는 중에는 수시로 책상에서의 일도 할 수 있게 거실 한쪽에 전화기도 있는 책상을 두었다.

- 컴퓨터로 작업할 때도 가스 불 위에서 요리되고 있는 음식을 가끔씩 볼 수 있도록 방문을 떼어버려 서로 보이게 놓았다.

- 음식물이 익기를 기다려야 할 시간 동안, 쉬고 싶을 땐 소파를 이용하며, TV나 라디오를 켜둔다.

이러한 개선의 노력은 가사노동의 공간 곳곳에서 이루어질 수 있으며 옥상이나 지하실을 취미공간으로 활용할 수도 있다.

제안 3 : 식탁의 변화

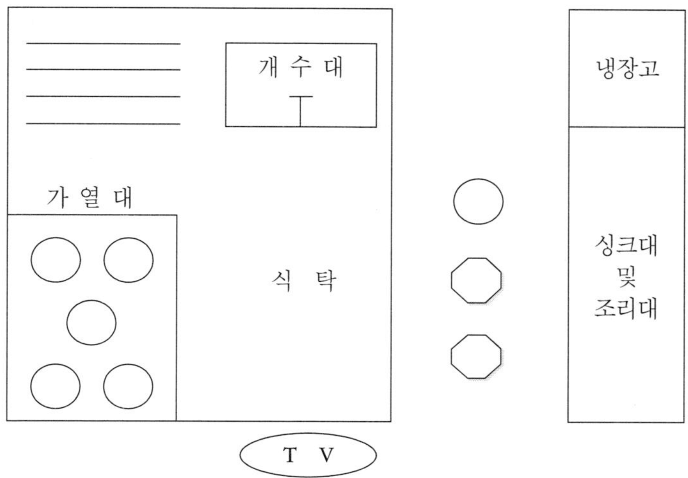

　기존의 식탁은 밥상의 개념으로, 밥을 차리고 그 위에서 밥을 먹기도 하지만, 먹고 난 후에는 싱크대로 가져가 설거지를 하는 번거로움이 있는데, 만약 식탁 위에서 바로 설거지를 할 수 있다면 얼마나 편리할까? 제안 3, 4와 같이 좁은 공간에서도 식탁의 면적을 차지하지 않고 싱크대와 같이 식탁을 사용할 수 있게 싱크대 안으로 밀어 넣었다가 다시 뺄 수 있는 식탁을 만드는 것이다.

　싱크대에서 설거지를 할 때, 밑의 싱크대 문을 열어놓고 한 발을 올리고 배를 싱크대에 대고 하면 덜 피로하다고 한다. 아기를 미끄러지지 않게 안고 서서 일하다보니 중년 여성들의 배가 나오는 것은 아닌지 모르겠다. 어쨌든 이러한 것들을 좀더 과학적으로 연구해서 지금보다 더 나은 부엌생활을 할 수 있도록 해야 할 것이다.

　선수촌에서는 국가대표들을 위해서 많은 체력 단련과 과학적 연구가 이루어지고 투자되고 있다. 그런데 국가 재생산의 주문처인 가정내의 '재생산 노동시설'에 대한 과학적인 연구가 없는 것은 그것이 여성들의 영역으로 여겨졌던 것과 무관하지 않음을 알 수 있다.

　앞으로 이러한 점들을 자각하고 국가적으로, 그리고 기업들이 동시에 나서서 실질적이고 열린 공간으로 인간화된 재생산 공간으로 만들어 나가야 한다. 기업들은 재질과 색깔만 변경시켜 높은 가격만 형성할 것이 아니라 저렴한 가격과 좋은 아이디어 상품과 기획으로 공간의 변화에 크게 기여할 수 있을 것이다. 지금껏 주방에는 변화와 개혁이 없었기 때문이다. 이것이 국가가 국민의 삶의 질을 높이는데 중요한 첩경이 될 것이다. '재래식 변소'를 '수세식 변소'로 바꾸려는 가구에 대해서는 국가적으로 지원금을 내주듯 부엌 개조에도 지원을 할 수는 없을까.

　제안 4는 무슨 일을 하던지 가족들과 마주보는 것과 일의 능률면을 고려하여 싱크대의 구조를 바꾸어 보았다.

　부엌 가까운 곳에 책상을 두어 수시로 여성들이 책을 보거나 공부할 수 있는 공간을 마련하고, 설거지도 두 군데서 할 수 있도록 했다. 또는 한군데는 설거지를, 한군데는 야채, 과일 씻는 등의 공동 취사를 목적으로 만들었다.(특히 명절, 제사와 같은 공동 모임시)

제안 4 :

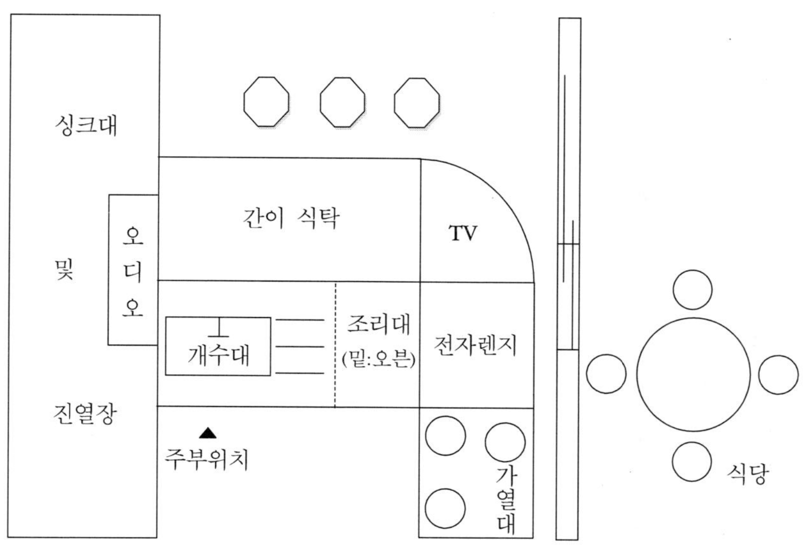

제안 5 :

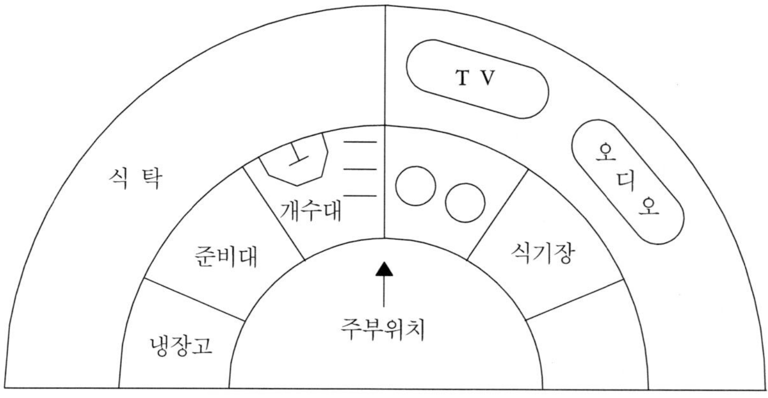

이 제안은 넓은 가사공간을 확보하는 경우 주부의 동선이 길어지고 그릇 보관 등이 불편한 점과 동선을 모은 경우 공간이 좁아져버리는 단점을 보완하여 설계해 보았다. 그러므로 이들을 절충하고 식구들과 마주하는 공간이 많아지게 되었다.

제안 6 : 아기방의 변화

주부가 아기를 돌보려고 자주 아기방을 들여다보는 번거로움을 없애기 위해 아기방의 방문을 떼어내고 작은 문을 만들어 방안을 볼 수 있게 하여 아기를 보호하는 효과와 편리함을 도모할 수 있다.

제안 7 : 쌀 씻는 기계

여성학 수업은 다양한 학문 분야를 전공하는 학생들의 무대이다. 나는 이 학생들에게 각 전공과목과 기존 분야에서 가사와 관련된 사용자의 입장에서 유용한 일상용품들을 만들어보는 것을 레포트로 내주었다. 그중 한 학생의 아이디어를 소개한다.

전공인 기계공학을 살려 여성을 위한 새로운 기계장치를 고안하고자 했다. 하지만 어떻게 어디서부터 생각해야 할지 막막했다. 며칠 동안 생각에 생각을 거듭했다. 처음에는 리포트를 잘 써서 좋은 점수를 받으려는 생각이 지배적이었지만 시간이 흐르고 날이 갈수록 자존심 문제로 바뀌게 되었다. 4년 동안 전공을 공부해 왔으면서도 간단한 기계장치 하나 고안하지 못한다면 등록금과 4년이라는 시간이 아깝지 않겠는가?

많은 궁리 끝에 어느 날 저녁을 먹다가 돌을 씹었다. 갑자기 무엇인가 머리를 스치고 지나갔다. 빨래하고, 밥짓고, 식기를 세척하는 제품은 판매되고 있지만, 쌀을 씻는 기계는 아직 만들지 않은 것 같다. 요즘 쌀은 깨끗이 도정되어지기 때문에 돌을 좀처럼 찾아보기 힘들지만 그래도 가끔은 돌을 씹게 된다. 그리고 쌀의 유통과정에서 먼지의 흡착 등으로 쌀을 씻지 않고 밥을 지을 수는 없다.

　이제 방향은 설정되었지만 어떻게 설계해야 할지 더 큰 걱정이 생겼다. 창조란 참으로 힘든 것이라는 생각이 들었다. '그냥 책이나 인터넷을 통해서 레포트를 쓸 것을 괜한 짓을 해서 고민만 늘었다'라는 생각도 들었다. 하지만 한번 뽑은 칼을 다시 집어넣을 수가 없었다. 쌀 씻을 때 돌을 고르는 원리부터 차근차근 다시 생각해 보았다. 오랫동안의 궁리 끝에 비중차를 이용해서 돌을 고르고, 물의 흐름을 이용하여 불순물을 제거하는 장치의 대략적인 형상을 고안하게 되었다.

▪ 제품 설명서

　용기 A에 쌀을 넣고 모터를 회전시켜 물이 회전하도록 한다. A용기의 쌀은 물을 따라 B로 넘어가고 비중이 큰돌은 A에 그대로 남게 된다. B에 쌓인 쌀은 압력차이에 의한 물의 흐름을 통해 깨끗하게 씻겨진다.

제안 8 :

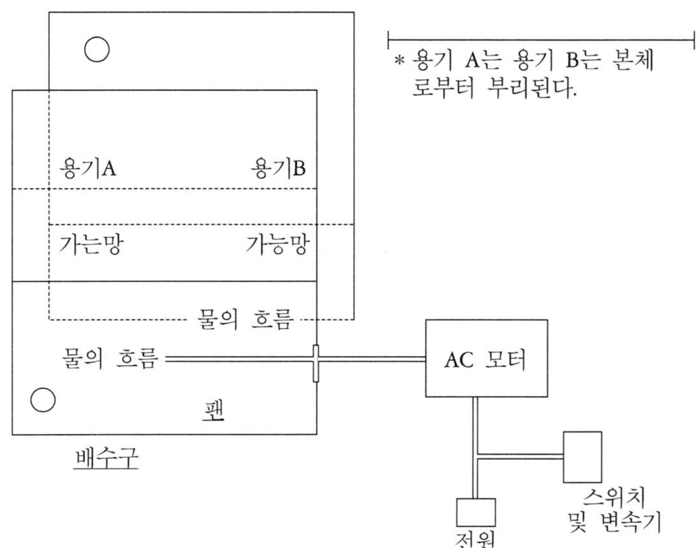

다음은 어느 한 학생의 싱크대에 대한 아이디어를 소개한다.

> 가족들을 등지고 일하시는 어머니. 벽을 바라보고 있는 싱크대.
> 왜 나는 이것을 항상 당연시 여기고 그래야만 하는 것이라고 생각해왔을까?
> 나도 모르는 사이 그것은 고정관념으로 내 머릿속에 자리잡고 있었나 보다.
> 어느 조사에 따르면, 집안에서 주부가 하는 일의 종류만 800가지에 이르는 데다가 하루 평균 가사 노동의 시간이 근로기준법상의 근로시간을 상회하는 7.6시간이라는 조사결과가 있다. 이것은 가사노동이 매우 힘든 하나의 노동임을 알려준다. 그렇다면, 가사노동을 하는 공간 역시 일하는 사람 중심으로 공간이 바뀌어야 할 것이다. 가사노동을 하는 사람이 남성이든 여성이든, 가사노동이 힘들고 외로운 일이 아닌, 즐거운 공간, 한 가족 모두가 함께 할 수 있는 공간이 되어야 할 것이다.
> 그런 공간이 되려면 어떤 구도로 배치되어야 할까? 그것에 대해 오랜 생각 끝에 내 나름대로의 아이디어를 하나 생각해 보게 되었다.
> 아래의 그림과 같이 싱크대와 식탁이 붙어있는 것인데, 가사일을 하는 사람은 싱크대의 공간 사이로 TV를 볼 수도 있고, 가족들과 마주보고 대화도 가능하다. 또, 식탁이 바로 연결되어 있기 때문에 음식들을 가족들이 손쉽게 조달할 수도 있어서 많은 움직임이 없이도 가능하다. 더불어 조리대는 음식을 하지 않을 때 책상으로도 활용할 수가 있다.
> 식탁은 쓰지 않을 때 안쪽으로 접힘이 가능하고 양쪽으로 늘려서 사용할 수도 있으므로 공간 활용이 매우 크다.

지금까지 8가지 제안들을 살펴본 바와 같이 가사노동 주체의 입장에서 생각함으로써 좀더 효율적인 방법들에 대한 모색이 가능하다는 것을 알 수 있다. 그것은 앞으로 점차 현실화시킬 수 있을 것이다.

제 7 장

여성·어린이·남성의 인간적 삶은?
- 법·정치·여성 -

태초에 여성이 있었고 그리고 남성이 있었고 그리고 한참 후에야 아이도 태어나기 시작했다.

여성이 웬(?) 아이를 낳고 키우는 동안 바깥을 돌아다니며 전쟁과 승리를 익히던 남성이 법과 정치라는 것을 만들어서 여성을 둥지로 들여 온 다음부터는 마치 법과 정치가 있은 다음에 여성이 태어난 것처럼 되어왔다.

이미 엄마가 된 여성은 이게 아닌데 하면서도 혹시라도 남자들이 이 이쁜 자신의 아이를 해칠까 보아 '법'이라는 것으로 만들어 '정치'라는 것을 하는 대로, 즉 그들 남자가 하라는 대로 살아주기로 했었다.

여성·아이·남성의 인간적 삶, 누구와 무엇에 의해서 이루어질까? 그리고 여성인 내가 힘들 때, 나에게 가장 친절할 사람과 나에게 도움이 될 것은 무엇인가? 21세기, 아니 현대, 아니 앞으로의 여성의 삶에서 사회참여가 없는 삶을 상정할 수가 없다. 한국에서 일반 여성의 사회참여가 인정된 것은 긴 역사를 볼 때 짧은 기간이다. 불과 50여 년 밖에 되지 않는다. 여성 자신의 의사에 준한 사회참여에 대해서 저지·억제하는 법과 많은 관습이 있어왔다. 이에 여성들은 사회활동 초보에 속하는 그룹이다. 그러므로 정부차원에서 1995년 세계 하위수준 90위에 속하는 한국 여성들의 사회참여율을 제고키 위해 한국 '여성의 사회 참여 확대 방안'을 내놓게 되었다. 이에 대해서는 모든 한국 여성의 삶이 좌지우지 될 수 있는 것이므로 여성과 남성이 같이 관심을 가지고 주지하여 제대로 이루어지도록 살펴나가야 할 것이다.

개인이 어려움에 처한 다른 개인을 돕는 것에는 경제적·시간적·공간적·법적·물질적·정신적 한계가 있다. 그 개인의 어려움이 우리 사회와 국민의 기본적 준비와 자원에 관한 것일 때 사회와 법은 그 어려움의 해결에 적극 개입해야 한다. 결국 어려움에 처한 국민에게 가장 친절한 도우미는 법과 정책과 그 구체적 기관이고 기관에서 일하는 복지 요원 복지사 및 공무원이 된다. 그 법과 예산을 책정하고 집행을 감독하는 정치와 정치인 또한 그 충원과정에 대해 적극적 개입을 해야한다.

112, 119전화부터 하는 연습을 하자.
"법은 멀고 주먹은 가깝다" - 가정폭력방지법 및 성폭력특별법이 만들어져 있다. 그러나 아직도 약육강식적 동물세계의 원칙을 말해야 하다니.
2001년 7월 초 경기도 안산에서 남편이 5시간 동안이나 부인의 머리를 가게 안의 시멘트 바닥에다 두드려 급기야는 죽게 한 사건이 발생했다. 아무도 신고해 주지 않았다. 심지어 같은 방안에 친척 동생뻘 되는 여동생이 있었음에도. 상습적인 폭력에 시달려왔고 쉼터에도 한번 다녀 간 것으로 되어있다. 포장마차를 직접 운영하며 자식 때문에 살았다고 한다.
왜 이리 폭력에 대해 무감각하며, 그 폭력이 생명을 앗아갈 수 있다는 사실을 잊고 112에 전화 한 통화 못 해 줄까? 112는 아직도 가정폭력에서 여성을 구해 주지 못하는가? 신고를 받고 가서도 아직도 가정일로 치부하며 폭력남편을 1시간만에 방면하여 다시 더 가중된 폭력을 하게 방치하기도 하지만 일단은 신고해서 방비의 시간을 갖고 법적 대처를 해야한다. 우리 여성들은 왜 죽음을 예방하지 못하는가?

이 글을 쓰고 있는 오늘도, 같은 하늘아래서 또 맞아서 죽는 여성
이 있다. 법이 집행되어야 할 행동을 하기 이전에 남자여, 때리고 싶
으면 이혼을 해 주시오. - 남자여, 때리고 싶으면 제발 이혼을 해 주
시오.

남자여, 부인을 때리면서 살려면 이혼을 해 주시오.
첫째는 당신이 살인범이 되지 않기 위해
둘째는 부인과 아이가 다시 못 올 길을 가지 않기 위해

부디!!
가족들을 놓아주시고 당신의 영혼을 스스로 살펴 돌보소서.

여자여, 맞으면서도 자식 때문에 살려면 이혼을 하시오.
당신과 남편과 자식이 서로 못할 짓을 하지 않기 위해
복잡한 과정은 당신의 자매들이 함께 할테니.

부디!!
그 왕국에서 벗어나 당신과 자식의 생명과 정신을 돌보소서.

여성에게 법제도의 변화가 중요한 이유는 여성의 삶과 가치관을 바꾼
다는 사실이다. 특히 가정폭력방지법 및 성폭력특별법은 여성 자신이나
남성에게 여성의 인간화에 기여하고, 주부의 가사노동의 공로를 인정하
여 이혼시 재산분할청구권을 부여한 가족법개정은 어느 정도 여성의 자
립 기반을 만들 수 있게 하였다. 즉 그동안 여성 자립의 여건이 되지 않
아 억압받으면서도 독립하지 못하고 있었던 아내들이 남편의 억압으로
부터 벗어날 수 있는 경제적·정신적 계기가 되기도 하였다. 이것은 법
률이 삶과 의식을 바꾸는 중요한 요소임을 확인하게 한다. 따라서 여성
해방을 위해서는 걸림돌이 되는 여성 억압적 법률의 개정과 여성의 권
리를 확보하는 법제정부터 해야 한다. 1960년대부터 지속되어온 가족법
개정 운동을 비롯하여 그 동안 치열하게 벌여온 여성운동의 핵심주제가

법률개정 및 제정운동이었던 데서 이러한 명제의 당위성이 잘 나타난다.

21세기에 들어선 지금 우리나라의 여성관련 법률은 선진국 수준에 육박한다. 그러나 아직도 많은 분야의 법률이 가부장적 시각을 벗어나지 못하고 있다. 법은 제정이나 개정도 중요하지만 현실세계에서의 실천도 이에 못지 않게 중요하다. 법집행에는 예산이 뒤따라야 하는데 예산지원을 받지 못해 법이 실현되지 못하기도 한다. 성차별적인 법률의 개정과 아울러 이의 실천을 위한 예산확보 등 법집행에 대한 감독 또한 앞으로의 여성운동의 과제로 대두되고 있다.

여성이 그 사회에서 어떤 위치를 차지하는가를 단적으로 보여주는 지표는 여성의 권리와 의무를 규정하는 법적 장치이다. 대한민국 정부수립과 더불어 제정된 헌법에서는 양성평등을 기본권으로 규정하고 있다. 그러나 하위법인 민법(가족법)과 재산법 등은 대한제국 말기와 일제시대의 관습을 그대로 답습한 남존여비, 남계혈통 중심의 가정규율을 법제화함으로써 여성은 남성에게 종속된 존재로서 억압된 삶을 당연시해 왔었다.

여성의 가정내 열악한 지위와 사회적 노동의 제약이 성차별적인 법적제도의 탓임을 깨달은 여성들의 반세기에 걸친 법개정운동의 결과 여성의 권리를 신장하고 여성을 위해로부터 보호하는 법률의 개정 및 제정을 획득하기에 이르렀다.

우리나라의 여성정책은 1980년대에 들어서면서 급속히 발전하기 시작하였으며 이는 곧 정부에 여성정책 전담부서를 만드는 작업과 여성관련 법률들을 제정하는 작업으로 나타났다. 여성정책의 기준이 되는 여성관련 법제도들이 1980년대부터 하나, 둘 제정 또는 개정되기 시작하여 이제는 세계적으로도 법제도적 차원에서 성평등이 상당히 이룩된 국가로 평가되고 있다. 그 과정에서 1983년에 국무총리산하에 여성정책심의위원회 설치, 1988년에는 여성업무 전담부서인 정무장관(제2)실 설치, 1998년에는 대통령직속 여성특별위원회 설치, 그리고 2001년 1월 29일에는 현재의 여성부가 신설되었다.

이러한 여성정책 발전의 요인으로는 우리나라 여성들의 교육수준이 높아지면서 여성의 경제활동참여에 대한 인식이 달라지기 시작한 점, 전술한 바 여성문제를 해결하고자 하는 여성단체들의 활동이 활성화되기 시작한 점등을 들 수 있다. 동시에 무엇보다 직접적인 계기는 우리나라가 1984년 12월 유엔의 「여성차별철폐협약」을 비준한 후부터 이 협약 가입국으로서의 의무수행 일환으로 여성관련 법률 제·개정을 적극적으로 시도함으로써 이를 통해 여성의 법적 권리에 관한 제도적 보장이 상당히 폭넓게 이루어졌다고 할 수 있다.

'여성차별철폐협약'이란 유엔이 정한 '세계여성의 해'(1975년)이후 유엔 총회에서 1979년에 채택한 '여성에 대한 모든 형태의 차별을 철폐하는 협약'을 의미하는 것으로, 우리나라는 1984년 12월 국회에서 동의를 얻어 비준함으로써 1985년 1월 26일부터 국내법과 같은 효력을 발휘하고 있다.

모두 16개 조항으로 구성된 협약에서 우리나라는 비준할 당시 국내법과 상충되는 부분인 제9조(여성 및 자녀의 국적관련조항)와 제16조(혼인과 가족관계관련 일부조항)를 유보했었다. 그러나 1990년 1월에 단행된 '민법'(가족법) 개정에 의해 대부분의 유보조항이 철회되었으며, 1997년 11월의 '국적법' 개정으로 국적관련 유보조항도 철회되었고 현재는 제16조의 한 조항인 '가족의 성(姓)을 선택할 권리'만이 유보조항으로 남아있는 상태이다.

우리나라의 여성관련 법제도는 선진국 어느 나라에 비교해도 뒤지지 않을 정도로 잘 만들어져 있으나 아직도 호주제 등 가부장적인 요소들이 남아있어 앞으로 지속적인 성차별 요소의 발굴과 개선노력이 요구되며, 현재 잘 만들어진 법률들도 제대로 집행이 되지 않고 있는 문제의 해결이 과제로 대두되고 있다.

이 장에서는 헌법에 보장된 기본권과 가족, 일, 성 등 생활세계에 걸친 여성관련 법률의 의미와 내용을 간략히 짚어보고 성차별적인 요소의 지적과 아울러 앞으로의 개정방향을 제시하고자 한다.

1. 기본권 : 헌법과 양성평등

우리나라의 헌법은 양성평등을 기본이념으로 하고 있으며, 특히 전통적으로 남존여비, 남성중심적인 인습으로 인해 여성이 겪고 있는 불평등을 없애고 여성의 모성기능을 보호하기 위한 여성고유의 기본권을 설정하고 있다. 이것은 평등의 개념을 산술적 평등에 두지 않고 기본적인 인권으로서의 평등권에 대한 철학적 인식을 바탕으로 한다.

헌법에 규정된 기본권으로서의 평등권 조항은 원칙적인 규범과 개별적 평등의 구현을 담고 있으나 현실적으로 시행이 부진함에 따라 1990년대에 들어서 국가의 실천의지를 정책하고 구체적 실천지침을 마련하는 두 개의 법률이 기본권 강화의 장치로 마련되었다. 즉 '여성발전기본법'과 '남녀차별금지 및 구제에 관한 법률'이 그것이다.

(1) 헌법상의 평등조항

우리나라의 현행 헌법은 평등에 관한 조항을 여러 곳에서 다음과 같이 규정하고 있다.(윤후정, 신인령, 1989 : 72)

- 모든 영역에 있어서 각 인의 기회균등(헌법 전문).
- 법 앞의 평등(제11조 제1항 제1호).
- 성별, 종교, 사회적 신분에 의한 차별 금지(제11조 제1항 제2호).
- 사회적 특수계급의 금지 및 영전일대(榮典一代)의 원칙(제11조 제2, 3항).

- 교육의 기회균등(제31조 제1항).
- 근로관계에서의 성차별금지(제32조 제4항).
- 혼인과 가족생활에서의 양성평등(제36조 제1항).
- 선거와 선거운동에서의 평등(제41조 제1항, 제67조 제1항, 제116조 제1항).
- 국민경제의 균형성장(제119조 제2항), 지역간의 균형발전(제123조 제2항).

평등에 관한 이러한 조항들은 평등의 '원칙적인 규범'과 각 생활영역에 따라 구체적으로 적용되는 '개별적 평등'으로 분류될 수 있다. 이 원칙에 위배되는 법률이나 관습법 등은 효력이 없으며, 행정・사법 등 국가기관은 이 원칙에 반한 행동을 할 수가 없고, 입법기관에서는 이 원칙을 입법의 지도원리로 해야 한다는 의미를 가진다.

(2) 여성특유의 기본권 규정

여성을 위해 특별히 규정된 기본권은 인간의 존엄성에 대한 관념을 토대로 한 남녀 모든 국민의 기본적 인권보장으로서의 기본권과 모성에 대한 특별보호의 형태로 나타나고 있다.

① '법 앞의 평등'조항에서 "누구든지 성별, 종교 또는 사회적 신분에 의하여 정치 경제 사회 문화 등 모든 생활영역에서 차별을 받지 아니한다"고 규정하여 성차별금지를 명문화한 양성평등의 원칙 조항을 두고 있다.
② 헌법 제32조 제4항은 "여자의 근로는 특별한 보호를 받으며 고용, 임금 및 근로조건에 있어서 부당한 차별을 받지 아니한다"고 규정하여 여자의 근로에 대한 특별보호와 근로관계에서의 여성차별금지를 명문화하고 있다.
이 조항에 의해 근로기준법 제5조, 제50~62조에서는 근로관계에

서의 성차별금지와 모성보호를 상세히 규정하고 있다.

③ 헌법 제32조 제3항은 "국가는 여자의 복지와 권익의 향상을 위하여 노력하여야 한다"고 규정하여 사회보장권 보장에서의 여성특별배려를 선언하고 있다. 그리하여 국가는 모성, 기타 여성의 건강유지와 빈곤해소 등을 위해 특별한 정책을 실시하는 등의 노력을 할 의무를 진다.

④ 제36조 제1항은 "혼인과 가족생활은 개인의 존엄과 양성의 평등을 기초로 성립되고 유지되어야 하며 국가는 이를 보장한다"고 규정하여 혼인과 가족생활에서의 성차별을 금지하여 양성평등을 확보하기 위한 구체적 보장을 하고 있다. 또 그 제2항에서 "국가는 모성의 보호를 위하여 노력하여야 한다"고 하여 모든 생활관계에 있어 국가의 모성보호의무를 규정하고 있다.

(3) 평등권의 개념

현대 민주제 사회의 최대과제는 실질적 평등을 실현하기 위해 자유와 평등의 조화를 꾀하고 전통적인 '기회의 평등'의 확보와 '결과의 평등'을 실현하기 위한 노력간의 균형을 도모하는 것이다. 그것은 곧 '자유'의 평등 뿐만 아니라 '생존'의 평등까지를 요구하는 것이며, 실질적 평등과 '결과의 평등'을 실현하기 위한 종래의 추상적·형식적 평등의 수정과 타파를 의미하는 것이다(윤후정, 신일령, 1989 : 18~20).

평등이란 법상 동등하게 취급하고 차별하지 않는 것을 말하지만 법적 평등이란 수학적·기계적 절대 평등이 아니라 상대적 평등을 의미한다. 평등원칙이란 사실이 동등할 때에만 타당하므로 사실상 동등한 것을 법적으로 동등하게, 사실상 동등하지 아니한 것은 법적으로도 동등하지 않게 취급되어야 하는 것이다. 즉, 각각의 사실에 따라 취급되지 않으면 안 되는 것이다. 예컨대, 성인과 어린이는 정신적·신체적으로 현저히 차이가 있는데 이들 차이를 무시하여 법의 세계에서 전혀 동일하게 취급한다면 오히려 불평등을 강제하는 것으로 될 수밖에 없다. 따라서 모든 인간은 평등하게 처우받되 정당한 이유가 있거나 합리적 근거가 있는 차별 내지 불평등은 허용된다는 것이며 그것이 상대적 평등설, 즉 배분의 정의론이다. 이는 개인의 능력 또는 구체적·사회적 조건하에서 개인의 구체적인 차이를 전제로 하고 이러한 차이에 상응하는 취급을 인정하되 정의에 반하는 불합리한 차별은 인정하지 않는다는 것이다.

근래에 와서 종래의 차별철폐 이론만으로는 현실적으로 평등실현이 곤란한 문제들이 제기됨에 따라 특정집단에 대한 '우선처우론'이 대두되었다. 이 이론은 미국의 경우 주로 인종과 여성을 보장의 대상으로, 그리고 그 보장영역은 취업과 교육분야인데 이는 과거의 차별제도에 의해 불이익을 받은 데 대해 보상함으로써 실질적인 평등을 실현하기 위한 우선적 처우를 인정하는 것이다. 단순한 '차별금지' 등 기회균등만으로는 실질적으로 평등해질 수 없는 사람, 즉 경쟁에서 불리하고 역사적으로 차별 받아온 흑인 또는 여성을 '우호적으로 대우할' 필요가 있다는 것이다.

우리나라의 경우 막연한 합리성 기준을 언급하고 있는데 일반적으로 여자의 근로에 대한 특별보호나 모성보호, 연소자보호, 기타 등은 합리적 차별로 인식되고 있다.

(4) 여성발전기본법(소관기관 : 여성부)

여성발전기본법(1995년 제정, 1998년·1999년 개정)은 "헌법의 남녀 평등이념을 구현하기 위한 국가와 지방자치단체의 책무에 관한 기본적인 사항을 규정함으로써 정치·경제·사회·문화의 모든 영역에 있어서 남녀평등을 촉진하고 여성의 발전을 도모함을 목적으로 한다"(법 제1조).

이 법은 개인의 존엄을 기초로 하여 남녀평등의 촉진, 모성의 보호, 성차별적 의식의 해소 및 여성의 능력개발을 통하여 건강한 가정의 구현과 국가 및 사회의 발전에 남녀가 공동으로 참여하고 책임을 분담할 수 있도록 함을 그 기본이념으로 한다(법 제2조).

따라서 여성은 모성기능(임신, 출산, 수유기능)을 제외하고는 남성과 동등한 인권과 잠재력, 가정과 사회·국가의 발전에 참여할 권리와 책임을 가진다는 새로운 여성관을 전제로 하는 것이다.

이 법은 직접적 강제성이 적고 프로그램적·강령적·추상적·일반적인 성격을 가지고 국가와 지방자치단체, 국민에게 책임과 의무를 부여하는 여성정책의 기본방향을 제시하는 정책선언적인 성격을 갖는다. 또한 모든 영역을 포괄하고 있는 시행기관도 다양하기 때문에 법의 성격과 내용은 복합적이며 종합적이다.

① 여성의 사회참여확대

이 법은 정책결정과정(법 제15조 제1항), 정치(법 제15조 제2항), 공직(법 제16조), 고용(법 제17조), 국제기구나 국제회의, 국제협력활동(법 제27조), 자원봉사활동(법 제34조) 분야에서 여성의 참여확대를 도모하고 이를 실현하기 위한 국가와 지방자치단체의 책무와 재량에 대해 규정하고 있다.

② 여성의 모성보호

이 법은 모성보호를 여성의 임신, 출산, 수유기간중의 보호로 규정하여(법 제18조) 모성보호와 육아지원을 분리하고 있다. 즉, 모성보호는 여성의 고유한 임신, 출산, 수유기능의 보호로서 여성특별보호로 규정하는 반면, 육아지원은 남녀 모두 또는 가정을 그 대상으로 하는 것이다.

그리고 이 법은 모성보호가 가정과 사회, 기업, 국가에게 인력을 제공하는 사회적 기능을 가진다는 것을 전제로 하여 모성에 대한 특별보호와 이를 이유로 한 불이익금지(법 제18조 제1항), 취업여성의 모성보호비용에 대한 사회적 부담(법 제18조 제2항)에 대해 규정하고 있다.

③ 여성과 가족의 복지증진

이 법은 저소득 모자가정, 미혼모, 가출여성, 요보호여성의 발생예방과 선도보호(법 제22조 제2항) 뿐 아니라 사회구조의 변화에 따른 여성복지수요에 부응하기 위한 시책을 강구할 책무(법 제22조 제1항)를 국가와 지방자치단체에게 부과함으로써 종래의 잔여주의적 복지정책을 탈피하고 보편주의적 복지정책을 지향하고 있다.

또한 이 법은 농어촌여성과 노인여성의 복지증진을 특별히 도모하고 있다(법 제22조 제3항). 그 외 영유아의 보호와 건전한 교육을 위한 보육시설 확대 기타 필요한 조치(법 제23조 제1항) 및 방과후 아동보육(법 제23조 제2항), 민주적이고 평등한 가족관계확립(법 제24조 제1항), 맞벌이부부·편부모가족에 대한 지원(법 제24조 제2항), 성폭력범죄의 예방과 피해자보호(법 제25조 제1항), 가정폭력문제에 대한 시책강구(법 제25조 제2항), 가사노동가치의 정당한 평가 및 법제도나 시책에의 반영(법 제26조)을 남녀평등과 여성발전을 도모하기 위한 정책으로써 제시하고 있다.

④ 성차별의식의 해소

이 법은 (1) 가정교육(법 제19조), 학교교육(법 제20조), 사회교육(법 제21조)에서의 남녀평등의식교육, (2) 대중매체의 성차별내용개선(법 제28조)을 통하여 성차별의식을 해소할 국가와 지방자치단체의 책무를 부과하고 있다.

⑤ 여성발전기금의 설치

이 법은 법의 목적을 실현하기 위한 사업을 지원하기 위하여 국가가 여성발전기금을 설치하는 것을 규정하고 있다(법 제29조 제1항). 기금의 재원은 국가의 출연금, 국가 외의 자가 출연하는 현금·물품·기타 재산과 기금의 운영수익금, 다른 기금으로부터 전입금, 금융기관으로부터 차입금, 기타 여성부장관이 인정하는 수입금으로 조성된다(법 제29조 제

2항, 시행령 제29조). 기금의 관리는 여성부장관이 담당한다.

기금은 여성의 권익증진, 여성단체사업의 지원, 여성관련시설의 설치 및 운영의 지원, 여성의 국제협력사업의 지원, 여성의 능력개발, 여성의 사회교육 및 여성지도자 양성, 여성의 자원활동, 잠정적 여성우대조치 및 여성관련 문제에 대한 조사·연구 및 홍보, 유공자 포상 및 격려, 기타 여성부장관이 여성발전을 위하여 필요하다고 인정하는 사업에 사용된다(법 제30조, 시행령 제32조).

⑥ 여성주간의 실시

이 법과 남녀평등에 대한 범국민적 관심을 높이기 위해 1년 중 1주간 여성주간을 지정, 실시하도록 규정하고 있다(법 제14조, 시행령 제26조).

(5) 남녀차별금지 및 구제에 관한 법률(소관기관 : 여성부)

이 법은 헌법의 남녀평등이념에 따라 고용·교육·재화·시설·용역 등의 제공 및 이용, 법과 정책의 집행에 있어서 남녀차별과 성희롱을 금지하고, 이로 인한 피해자의 권익을 구제함으로써 사회의 모든 영역에서 남녀평등을 실현함을 목적으로 한다(법 제1조).

이 법의 제정의의와 주요 내용은 다음과 같다.

제정의의

① 여성부장관 소속하의 남녀차별개선위원회는 남녀차별과 성희롱 사건에 대해 조사하고, 국민들의 피해를 신속·공정하게 구제할 수 있는 행정서비스를 제공하고 있다. 조사결과, 남녀차별사항이라고 결정되면 남녀차별행위의 중지, 원상회복, 손해배상 등의 시정조치가 권고되고, 경제적 능력이 없는 피해자에게는 소송비용을 지원하게 된다.

② 여성에 대한 차별과 성희롱 뿐 아니라 남성에 대한 차별과 성희롱

도 금지하고 있다.

③ 고용, 교육에서 뿐 아니라 재화·시설·용역 등의 제공 및 이용, 법과 정책의 집행에서 발생하는 남녀차별과 성희롱까지도 폭넓게 금지하고 있다.

④ 이미 취업한 근로자 뿐 아니라 취업하고자 하는 구직자, 각급 학교나 학원에서 교육을 받고 있거나 교육받고자 응시하는 사람들도 이 법에 의해 보호받을 수 있다.

⑤ 공공부문과 민간부문을 포괄하여 적용된다. 그러므로 국가 기관과 지방자치단체, 각급 학교와 기타 교육기관, 기업, 신문·방송 등 모든 언론기관, 각종 단체와 그 종사자 모두가 이 법의 적용을 받는다.

⑥ 성희롱이 남녀차별임을 명시하고 성희롱을 금지시킬 뿐 아니라, 공공기관의 장과 사용자에게 성희롱의 예방을 위한 교육 등의 조치를 실시할 의무를 부과하고 있다.

⑦ 국민의 인권을 보호하는 인권보장법의 기능을 하며 또한 남녀평등의 실현을 위해 채택된 유엔여성차별철폐협약과 북경 행동강령을 보다 충실히 이행할 수 있는 법·제도적 장치라고 할 수 있다.

주요내용

① 이 법에 명시된 '남녀차별'의 개념은 정치적·경제적·사회적·문화적 생활의 모든 영역에서 인간으로서의 기본적 자유를 인식·향유하거나 권리를 행사할 때 합리적인 이유 없이 성별을 이유로 행해지는 모든 구별, 배제 또는 제한을 말한다(법 제2조 제1호). 동법에서 차별의 판단기준은 「합리적 이유 여부」에 두고 있으며 「잠정적 여성우대조치」를 차별의 예외로 하고 있다.

② 이 법은 모집·채용, 임금, 승진, 배치, 퇴직·해고, 교육, 재화·시설·용역 등의 이용, 법과 정책의 집행 등 분야별로 남녀차별행위

유형을 구체적으로 명시하여 남녀차별철폐를 위한 구체적 실천지침을 제시하고 있다.

③ 이 법은 성희롱을 '업무, 고용 기타 관계에서 공공기관의 종사자, 사용자 또는 근로자가 그 지위를 이용하거나 업무 등과 관련하여 성적 언동 등으로 성적 굴욕감 또는 혐오감을 느끼게 하거나 성적 언동, 기타 요구 등에 대한 불응을 이유로 고용상의 불이익을 주는 것'이라고 규정하고 있다(법 제2조 제2호). 여기서 '업무·고용 기타 관계'라 함은 직업으로써 행하는 직무관계, 임금을 받고 일하는 관계 및 이에 준하는 관계를 말하고 '지위를 이용하거나 업무 등에 관하여'란 행위장소가 직장내인지 여부를 불문하고 공공기관의 종사자·사용자 또는 근로자의 지위를 이용하거나 기타 업무관련성이 존재하는 경우를 말한다. 또 '성적 언동 등'이란 상대방이 원하지 아니하는 성적 의미가 내포된 육체적·언어적·시각적 행위를 말하며, '고용상의 불이익'이란 채용탈락, 감봉, 승진탈락, 전직, 정직, 휴직, 해고 등과 같이 채용 또는 근로조건을 불리하게 하거나 고용환경을 악화시키는 행위 등을 말한다.

④ 이 법은 직장내 성희롱 판단기준을 다음과 같이 예시하고 있다.

[1] 성적인 언어나 행동에 의한 성희롱 예시

　　가. 육체적 행위

　　　　㉠ 입맞춤이나 포옹, 뒤에서 껴안는 등의 신체적 접촉행위

　　　　㉡ 가슴·엉덩이 등 특정 신체부위를 만지는 행위

　　　　㉢ 안마나 애무를 강요하는 행위

　　나. 언어적 행위

　　　　㉠ 음란한 농담을 하거나 음탕하고 상스러운 이야기를 하는 행위(전화통화를 포함한다)

　　　　㉡ 외모에 대한 성적인 비유나 평가를 하는 행위

　　　ⓒ 성적인 사실관계를 묻거나 성적인 내용의 정보를 의도적으
　　　　로 유포하는 행위
　　　ⓔ 성적인 관계를 강요하거나 회유하는 행위
　　　ⓜ 회식자리 등에서 무리하게 옆에 앉혀 술을 따르도록 강요
　　　　하는 행위
　　다. 시각적 행위
　　　ⓐ 외설적인 사진·그림·낙서·음란출판물 등을 게시하거나
　　　　보여주는 행위(컴퓨터 통신이나 팩시밀리 등을 이용하는 경
　　　　우를 포함한다)
　　　ⓑ 성과 관련된 자신의 특정 신체부위를 고의적으로 노출하거
　　　　나 만지는 행위
　　라. 기타 사회통념상 성적 굴욕감을 유발하는 것으로 인정되는 언
　　　　어나 행동

[2] 고용상의 불이익을 주는 것의 예시

채용탈락·감봉·승진탈락·전직·정직·휴직·해고 등과 같이 채용 또는 근로조건을 일방적으로 불리하게 하는 것.

개정고용평등법(2001년 11월 시행)하에서는 지금까지 구조적이고 사회적으로 간접성차별을 받아오던 여성노동자들이 그 부당함을 법에 호소할 수 있게 되었다. 즉 채용기준에 신체조건을 포함시키던 일, 지방근무 기피 승진 누락, 부부사원 우선 정리해고, 군필자 우대 채용 규정 등으로 여성의 상황을 무시한 불이익이나 차별 부분에 법적 심의를 가능하게 하였다. 한 예로 지방근무를 고과에 가산하는 것은 직접적인 차별은 아니지만 여성에게 사실상 불이익을 줄 수 있는 규정이기 때문이다. 한국여성노동자회는 근무성적평정이나 원격지 근무와 관련된 '보이지 않는' 차별은 거의 다 여성에 대한 간접 차별이라고 보고 대표적 사례들을 모아 법적으로 정당한 해석의 획득을 위한 노력과 때에 따라서는 투

쟁으로 선례를 만들어 줄 계획이라고 한다.

간접 차별 논란은 71년 미국 대법원이 교도소 관리를 채용할 때 신장과 체중 기준을 두는 것이 성차별이라고 판결하면서 드러나게 되었다. 우리나라에서 간접차별의 개념은 99년 남녀고용평등법에 도입됐으나 규정이 모호해 사문화됐었다. 또 99년 농협에서 부부 사원을 우선 해고한다는 방침에 따라 해고된 여성 근로자 3명이 소송을 제기했으나 법원은 1심에서 "부부 중 누가 그만 둘지는 선택의 문제"라며 차별을 인정하지 않았다.

[3] 고용환경을 악화시키는 것의 예시

위협적·적대적인 고용환경을 형성하거나 성적 굴욕감으로 업무능률을 저해하는 것

　※비고 : 성희롱 여부의 판단은 피해자의 주관적 사정을 고려하되, 사
　　　　　회통념상 합리적인 사람이 피해자의 입장이라면 문제가 되
　　　　　는 행동에 대하여 어떻게 판단하고 대응하였을 것인가를 고
　　　　　려하여야 한다.

⑤ 이 법은 공공기관의 장과 사용자의 성희롱 방지의무(법 제7조 제2항, 영 제4조), 예방교육, 예방조치를 위해야 할 구체적 내용과 지침을 명시하고 있다.

⑥ 이 법은 남녀차별의 권리구제를 위해 남녀차별신고센터를 설치·운영하며

　　㉠ 남녀차별개선위원회에의 신고(법 제21조)

　　㉡ 조사(법 제22·23·24조)

　　㉢ 합의권고와 조정(법 제25·226·27조)

　　㉣ 시정권고

　　㉤ 공표, 고발, 벌칙

등의 방법을 구체적으로 명시하고 있다.

2. 부부재산계약제

일찍이 우리 법에도 '부부재산계약제'가 있었으나 이 법을 활용하는 사람이 없어 거의 사문화되다시피 하였다. 그러다가 2001년 5월에야 비로소 한 부부가 이 법에 준해 계약을 하겠다고 하여 대법원에서 구체적인 규약을 정하기에 이르렀다.

부부재산 계약 약정서

부부재산 계약 약정서? 이혼이 없는 사회이면 이런 것은 필요 없을 텐데. 결혼을 계약으로 하듯 부부재산도 결혼하기 전에 미리 부부재산 약정등기 처리규칙에 의해 합의를 봐두자. 다음은 '계약재산제'의 효력에 관한 간략한 법률 해설이다.

① 이제 막 결혼하려고 하는 남녀가 장차 그들이 부부로서 함께 사는 동안에 두 사람의 재산관계는 이렇게 저렇게 하자 하는 것을 미리 약정하여 두는 것을 [부부재산계약]이라고 하는데, 이러한 당사자들의 자유로운 부부재산계약에 따라서 그들 부부간의 재산관계가 자율적으로 규정되도록 하는 것이 계약재산제이다(민법 제829조 제1항).

② 따라서 약혼중인 남녀가 행복에 찬 장래를 설계하다가 서로 의견이 일치하여, 앞으로 결혼 후에 남편이 벌어들이는 모든 소득은 아내가 전적으로 관리하여 재산증식을 꾀하기로 하고 그 소유권

도 50%를 아내에게 귀속시키는 것으로 약속을 하였다면 그러한 내용의 부부재산계약이 그들 결혼생활 내내 유효하게 발효할 것이며, 만에 하나라도 그들이 파경을 맞이하여 재산정리를 하여야 할 경우에도 역시 위와 같은 혼전 재산계약이 유효하게 영향을 미칠 것이다.

③ 그런데 이 부부재산계약은 반드시 혼인신고를 하기 전에 부부가 아닌 상태에서 체결하는 [혼전계약]이어야지, 혼인신고를 마친 뒤에 부부로서 맺는 계약이어서는 안 된다(민법 제829조 제1항). 혼인신고 후에 맺는 부부간의 계약은 앞에서 이미 설명한 바 있는 [부부간 계약의 취소권]에 의하여 언제라도 그 취소가 가능하기 때문이다.

④ 친족법에는 [부부가 혼인 성립 전에 자기들의 재산에 관하여 어떤 약정을 한 때에는 혼인중 이를 변경하지 못한다](민법 제829조 제2항)라고 규정하여 혼전 부부재산계약의 사후변경을 금지하였다. 그 이유는 특히 여자의 경우에 있어서 좋지 않은 남편의 위압에 눌려 자기의 이익을 희생시킬 염려가 있거나 애정에 눈이 멀어 앞뒤 안 가리고 불리한 조건을 받아들일 우려가 있기 때문이다.

⑤ 그러나 다음과 같은 경우에는 혼전 부부재산계약을 혼인중에 변경할 수 있도록 하였다.

(a) 혼전 부부재산계약에 의하여 부부의 일방이 다른 일방의 재산을 관리하는 경우에 부적당한 관리로 인하여 그 재산을 위태롭게 하였을 때에는 원소유자는 그 재산을 자기가 관리할 것을 법원에 청구할 수 있는데 이때 법원이 조정을 거쳐 재산 관리권을 원래의 소유자에게 옮기라고 판결한 경우(민법 제829조 제3항 전단, 가사비송 마류사건 2). 이때, 문제가 된 재산이 부부의 공유로 되어 있는 재산이라면 자기 지분만큼만 따로 떼어 달라고 분할을 청구할 수 있다(민법 제829조 제3항 후단).

(b) 혼전에 부부재산계약을 체결하면서 그 계약 내용 가운데에 결혼 후에도 필요하다면 재산관리자를 바꾸거나 또는 공유재산을 분할할 수 있다고 미리 약정을 해 놓은 경우에는 그 관리자의 변경 및 공유재산의 분할이 가능하다(민법 제829조 제5항).

(c) 그밖에도 정당한 사유가 있는 때에는 가정법원의 허가를 얻어 부부재산계약을 변경할 수 있다(민법 제829조 제1항 후단, 가사소송법 제2조 제1항 가사비송 마류사건 5).

⑥ 부부재산계약의 내용에 관하여서는 얼마든지 자유롭게 당사자의 의사에 따라 약정할 수 있다. 다만 혼인의 본질적 요소나 남녀평등의 이념 내지 사회질서에 반하는 내용이어서는 안 될 것이다. 예컨대, 처의 재산은 무조건 남편의 소유로 귀속되도록 계약하는 것이라든지, 부부 사이의 부양의무를 면제하기로 계약하는 것이라든지, 처가 재산거래를 할 때는 남편의 동의를 받아야만 한다라는 따위의 계약은 있을 수 없는 것이다.

⑦ 부부재산계약을 체결하는 방식은 반드시 서면으로 하여야 하는 것은 아니고, 단순한 구술에 의한 계약도 유효하다. 그러나 이 혼전 부부재산계약을 혼인신고 때까지 등기해 두지 않으면 나중에 그런 계약이 있었다는 것을 제3자 또는 부부의 승계인(즉, 상속인, 포괄적 수증자)에게 대항하지 못한다. 결혼 후에 계약 변경이 있었을 경우에도 그 변경이 있은 때에 역시 등기를 하여야만 대항이 가능하다(민법 제829조 제4항, 제5항). 예컨대, A남과 B녀가 결혼하면서 장차 혼인 생활 중에 취득하는 재산은 형식상 남편의 명의로 소유권등기를 해놓되 실제상 소유는 지분을 반반으로 하는 부부의 공유로 할 것을 구두약속 하였다고 하자. 그런데 남편은 이를 어기고 자기 앞으로 소유권등기가 되어 있는 것을 기화로 제3자인 C남에게 재산을 매각처분하고 말았다. B녀는 부부재산계약상 재산의 절반은 자기 소유임을 주장하면서 C남에게 자기 지분에 대하여

는 반환하라고 청구할 수 있을까? 부부재산계약을 등기해 놓지 않은 이상 부부 사이에서 은밀히 행하여진 부부재산계약의 내용을 제3자인 C남이 어떻게 알 수 있단 말인가. 결국 위 사안에서 B녀는 C남에게 대항할 수 없다는 것이다.

⑧ 부부재산계약의 등기는 비송사건 절차법 제133조(부부재산에 관한 등기신청)의 규정에 의하여 행해진다. 이것은 [부동산등기부]와 다른 별도의 [부부재산계약등기부]에 등재하도록 되어 있으므로, 부부 중 일방의 채권자가 어떤 부동산이 부부의 공유인지 아니면 단독소유인지를 알아보기 위해서는 부동산등기부만을 열람하는 것으로는 불충분하고 부부재산계약등기부까지 살펴보아야 할 것이다.

⑨ 만일 결혼 전에 상대방의 사기나 강박에 의하여 부부재산계약을 체결하였다면 취소할 수 있고, 배우자의 사망, 이혼 등으로 혼인이 해소된다면 그때부터 부부재산계약도 종료하게 된다.

3. 남녀고용평등법이란?

고용에 있어서 남녀의 평등한 기회 및 대우를 보장하는 한편, 모성을 보호하고 직업능력을 개발하여 근로여성의 지위향상과 복지증진에 기여함을 목적으로 제정된 법률(1987.12.4. 법률 3989호)을 말하는데 남녀평등을 실현하기 위해서 우리는 남녀고용평등법을 제정하였다.

개정고용평등법(2001년 11월 시행)하에서는 지금까지 구조적이고 사회적으로 간접 성차별을 받아오던 여성노동자들이 그 부당함을 법에 호소할 수 있게 되었다. 즉 채용기준에 신체조건을 포함시키던 일, 지방근무

기피 승진 누락, 부부사원 우선 정리해고, 군필자 우대 채용 규정 등으로 여성의 상황을 무시한 불이익이나 차별 부분에 법적 심의를 가능하게 하였다. 한 예로 지방근무를 고과에 가산하는 것은 직접적인 차별은 아니지만 여성에게 사실상 불이익을 줄 수 있는 규정이기 때문이다. 한국여성노동자회는 근무성적평정이나 원격지 근무와 관련된 '보이지 않는' 차별은 거의 다 여성에 대한 간접 차별이라고 보고 대표적 사례들을 모아 법적으로 정당한 해석의 획득을 위한 노력과 때에 따라서는 투쟁으로 선례를 만들어 줄 계획이라고 한다.

간접 차별 논란은 71년 미국 대법원이 교도소 관리를 채용할 때 신장과 체중 기준을 두는 것이 성차별이라고 판결하면서 드러나게 되었다. 우리나라에서 간접차별의 개념은 99년 남녀고용평등법에 도입됐으나 규정이 모호해 사문화됐었다. 또 99년 농협에서 부부 사원을 우선 해고한다는 방침에 따라 해고된 여성 근로자 3명이 소송을 제기했으나 법원은 1심에서 "부부 중 누가 그만 둘지는 선택의 문제"라며 차별을 인정하지 않았다.

4. 남녀평등의식과 부모 성 함께 쓰기

2001년 현재 부모성 함께 쓰기를 실천하며 호적에다 올린 경우는 두 건이라고 한다. 3월 9일 「세계 여성의 날」을 기념하는 한국 여성대회에서 이색적이고 획기적인 선언이 있을 것이라는 보도가 있었다. 아들, 딸은 엄마, 아빠의 피를 고루 물려받았음에도 아버지의 성만을 따른다는 것은 불평등이다. 그 때문에 남아선호 사상이 기승을 부려 태아살해 성비파괴와 같은 사회문제가 일어나고 있다고 전제, 어머니의 성도 아버지 성에 병기하는 복성을 제의할 것이라 한다. 갑순이 아버지 성이 이씨요 어머니성이 김씨면 이김갑순으로 하자는 뜻이다. 전통 가족제도에 대한 위력적인 도전이 아닐 수 없다.

역사적으로 부모의 성을 병기하는 나라가 없지는 않았다. 스페인과 포르투갈에서 역사의 어느 시기에 본인의 이름에 아버지의 씨족명과 어머니의 씨족명으로 성명을 삼았었다. 프랑스에서도 1539년 프랑수아 1세는 본인과 아버지 어머니의 세례명으로 성명을 삼게 했다. 독일은 이미 10여년 전부터 부모가 의논해서 자신들의 성을 자녀들에게 통일적으로 물려 줄 수 있는 법이 만들어져 있다.

천재 화가인 피카소의 본명을 그대로 적어보면 [파블로 - 디에고 - 호세 - 파우라 - 네포뮈세노 - 레메디오스 - 트리니다드 - 루이스 - 이 - 피카소]로서 우리들의 의식으로서는 이해하기 어려운 긴 이름이다. 파블로가 이름이요 루이스가 아버지 성, 피카소가 어머니 성이며 그 나머지는 세례받을 당시 증인들의 성이다.

하지만 지금 서양 여자들의 대부분은 결혼을 하면(성을 잃는 것으로 보아 시집을 가고 있는 것이다) 본성을 잃고 남편 성을 따라야 한다. 메리 스미스가 요한 피터슨에게 시집가면 메리 피터슨이 되고 이름까지 증발, 요한 피터슨 부인이 되어버린다. 그래서 결혼해도 자기의 성을 유지하려는 것이 미국 여권운동의 중요 과제가 되고 있다.

결혼하면 여자가 성을 상실하게 돼있는 일본에서도 연전에 50대의 여교수가 결혼 이후에도 본성을 갖게 해야 한다고 국가를 상대로 소송을 제기하고 있다. 그렇고 보면 결혼 후에도 자신의 성과 이름을 고수하는 우리나라는 성을 둔 여권 측면에서만은 선진국이라 할 수 있다. 그러나 그것은 고려시대 이후 아버지를 분명히 하자는 부계중심사고의 한 단면인 것이다. 아버지가 누구냐를 중시하기에 아버지 성을 고수하는 것이다.

성(姓)이란 한자는 [女+生]으로 태어난 어머니의 혈통을 의미한다. 아버지는 모르고 어머니만 알았던 모계사회의 유물이 성이다. 중국 고대 최초의 팔대성이 강 - 희 - 사 - 원 - 영 - 길 등 모두가 여변인 것도 어머니 성이 성의 뿌리라는 증거다. 곧 자녀들에게 어머니 성을 살려주자는 것은 고대에 빼앗겼던 성의 복권운동이라고 할 수도 있다.

한편 학력이 높으면 높을수록 오히려 남녀 평등의식이 낮은 것으로 조사됐다. 대한주부클럽연합회가 지난달 12일부터 6일 동안 서울에 사는 성인 남녀 629명을 대상으로 실시한 설문조사에 따르면, 고졸 이하의 남녀평등 실천지수가 77.85점(100점 만점)인 반면, 대졸은 77.46점, 대학원졸은 70.45점으로 학력이 높은 사람들의 남녀평등지수가 오히려 낮게 나타났다.

남녀평등 실천지수는 한국여성개발원이 만든 한국형 남녀평등의식검사의 80문항 중 가정, 직장, 사회문화 등에 관련된 15개 문항을 뽑아 설문조사를 한 뒤 합산한 것으로 합계가 높을수록 평등의식이 높다.

연령별로는 20대 79.99점, 30대 75.40점, 40대 75.83점, 50대 이상 72.24점으로 나이가 많을수록 평등의식이 낮았다. 직업별로는 사무직 73.57점, 서비스직 76.86점, 전문직 77.13점, 교사 78.71점, 전업주부 80.17점, 학생 82.68점으로 전업주부와 학생의 평등지수가 높았다. 특히 교사의 경우 여자 교사가 83.16점인 반면 남자 교사는 69.94점으로 나타나 큰 차이를 보였다.

성별로는 남성이 66.51점, 여성이 82.20점으로 여성의 평등의식이 훨씬 높았으며, 특히 남성의 경우 미혼(70.20점)보다 기혼(64.60)의 평등의식이 낮은 것으로 나타났다.

항목별로는 '동일한 업무를 담당하는 남녀 직원은 같은 월급을 받아야 한다'가 평균 3.6점(4.0점 만점 기준)으로 평등지수가 가장 높았으며,

'여자가 욕설, 음담패설을 하는 것은 남자보다 보기에 더 좋지 않다'가 2.5점으로 가장 점수가 낮았다.

지금까지 남녀 평등에 대한 의식조사와 여성의 성을 쓰자는 움직임을 봤다. 우리는 여성의 잠재력과 가능성을 검토하여 능력과 자질을 개발하는 풍토를 조성해야 하며, 또한 가정의 운영을 여성에게만 부여할 것이 아니라 사회적으로 검토하고 지원하여 유토피아의 가정을 만들 책임이 있다.

5. 식당이나 극장에서도 탁아방을 운영한다
– 지자체 · 법 · 직장 · 부모가 함께 키우는 아이들 –

국가적 지원의 부재

유아기의 아이들을 키우는 신세대 부부들을 고객으로 맞으려는 최신 식당들과 극장에서는 탁아방을 영업 시간내내 운영하기 시작했다. 그럼에도 공공기관에서는 아직 여성들의 모임이나 교육시간에도 임시 탁아방이라도 운영하고 있지 않다.

"영유아기 투자, 나라의 미래를 좌우한다" 국제아동기금(UNICEF)은 지난해말 세계아동현황보고서를 통해 국가가 영유아기에 집중 투자해야 한다고 강조해 눈길을 끌었다. 출생 후 3년 동안 시력과 감정조절, 습관적 행동, 언어인지 등 뇌의 주요부분이 거의 다 발달하고 그것이 일생동안 영향을 미친다는 것이다. 이 보고서는 "영유아기의 투자가 성인이 된 뒤의 투자보다 훨씬 효과가 높으며 사회경제적 불평등과 성차별 등 사회분열을 치료하는 데도 훌륭히 기능할 수 있다"며 각 국이 과감한 투자에 나설 것을 촉구했다. 그러나 우리의 현실은 이와 크게 다르다. 영유아에 대한 국가의 투자가 OECD 가입국 가운데 꼴찌 수준이라는 발표가 있을 정도이다.

전문개정 : 1998. 9. 17 법률 제5567호
제3조 [국가 및 지방자치단체의 임무]
① 국가 및 지방자치단체는 보호자와 더불어 유아를 건전하게 교육할 책임을 진다.
② 국가 및 지방자치단체는 유아교육의 진흥을 위하여 다음 각 호의 시책을 강구하여야 한다.
  1. 유아교육 종합계획의 수립
  2. 유아교육의 내용과 방법의 개선
  3. 유아교육을 위한 교재·교구의 연구·개발과 보급
  4. 유아교육 담당교원의 조성과 연수
  5. 유치원의 설립·운영
  6. 유아교육에 소요되는 경비의 지원
  7. 기타 유아교육진흥을 위한 시책
③ 국가는 유아교육 시책이 부진하거나 예산조치가 부족하다고 인정되는 지방자치단체에 대하여 예산확충 등 필요한 조치를 하도록 권고할 수 있다.
이 법은 1999년 3월 1일부터 시행한다.

위의 법이 왜 존재하는지 의문이 생길 정도이다. 지키라고 있는 법인 것을…

• 친정 어머니, 시어머니를 육아로부터 해방!
• 탁아정책 제대로 실시!
• 이것은 여성인력 활용의 첫 걸음!
• 한 아이 뒤에 한 여성이, 또 한 아이 뒤에 한 여성.
• 육아를 개인적인 문제에서 공동의 문제로 전환해 나가자!!

위의 구호를 현실화시키기 위해 정부는 적극 도와야한다.

소외된 삶의 뿌리를 찾아서

우리 과에서는 작년부터 학생회 사업의 일환으로 ‘소외된 삶의 뿌리를 찾아서(약칭 소·삶·뿌)’라는 이름을 내걸고 자원활동을 나가고 있다.

나의 경우 단순한 호기심과 선배들의 권유가 자활(자원봉사활동이 아닌 자원활동이다)의 동기였지만, 2년 정도가 지나 지금은 후배들과 함께 하고, 단순한 이론적 학습에서 그치는 것이 아니라 내가 할 수 있는 실천 활동이란 것에 대해 의의를 두고, 한 달에 두어 번 꼬박꼬박 아이들과 함께 하고 있다.

지금은 하루종일 아이들과 놀아주고, 청소나 설거지 같은 작은 일을 하는 것에 자활 활동이 제한되어 있지만, 앞으로는 ‘소삶뿌’안에서 자체 행사를 기획하고, ‘소삶뿌’ 신문제작, 홍보, 그리고 과내의 사업만이 아닌, 단대나 학내의 학우들에게 알리고 확장하려는 계획을 가지고 있다.

나의 경험을 바탕으로 탁아 문제, 특히 안산과 같이 공단지역이 밀집되어 있고 여성들도 직장에 나가 생계를 꾸려야 하는 저소득층 가정이 주류를 이루는 도시에서의 탁아소의 필요성에 대해서, 그리고 탁아소 아이들의 기본적인 교육 방침에 대해서 간단히 써 보려고 한다.

산업예비군이 되는 불안정한 여성노동자

우리가 자활을 나가는 탁아소는 다른 국립 탁아소나 유아원처럼 시설이 아주 좋고 그 설립 목적이 영리를 목적으로 하는 것이 아니라, 정부의 탁아 정책의 부재 속에서 빈민지역이나 공단 지역에서 방치되는 가난한 맞일 부부의 어린이들을 위해 만들어진 비영리 민간 탁아소이기 때문에 환경이 아주 열악하고 재정상의 어려움이 항시 뒤따르는 곳이다.

자본주의 사회 속에서 육아문제는 한 가정이나 여성만의 문제로 위치지워지고, 이는 국가 권력 및 자본의 이해와 사회적으로 통념화된 가부장제 이데올로기에 의해 뒷받침된다.

6~70년대 급격한 성장을 이룩한 한국경제는 농촌의 파괴, 대외 의존적인 수출 정책 속에서 노동자들에게 저임금을 강요하게 되고, 더 많은 양의 이윤을 창출하려는 자본의 논리는 한 가족이 절대적 빈곤에서 탈피하고, 최소한의 생계를 유지하기 위해 여성의 노동에의 참여를 낳게 되었다. 그러나 전통적인 육아관을 강요하는 사회와 산업 예비군이 되는 불안정한 여성노동자의 위치는 탁아 문제 해결에 대한 국가의 책임과 의무를 최소화함으로 인해 저임금과 양육의 곤란 속에 설 수밖에 없는 현실이다. 실례로 탁아소의 자모 중 한 분은 10년째 한 공장에 다니고 계신데, 한달 월급이 60만원이 채 안 된다고 한다.

핵가족화 사회에서 부모의 취업은 곧 자녀의 방치로 연결되는 사회 속에서 여성 노동자의 자녀 양육에 대해 사회적으로 해결하기 위한 움직임이 나타날 수밖에 없고, 이는 탁아소 설치를 확대해 나가는 한편, 탁아 문제 해결에 대해 국가적인 해결을 요구하게 되었다.

지난 70년대부터 빈민 지역에 세워지기 시작한 민간 탁아소는 85~6년을 거치면서 양적으로 팽창했다. 이는 탁아문제가 단지 여성만의, 몇몇 가정만의 문제가 아닌 일하는 노동자 전체의 문제로 인식되기 시작하였음을 의미하며, 정부의 소홀한 탁아 정책을 비판하려는 움직임이었다고 할 수 있다.

이에 따라 87년에 민간 탁아소들이 '지역사회탁아소연합회'로 개편되고, 지탁연의 탁아법 제정 투쟁이 활발하게 되자, 대학생들의 탁아소 자원활동이 증가하게 되었다. 안산이라는 지역적 특수성을 감안할 때, '사회학과' 학우들의 학문의 실천을 넓히고, 학교와 지역사회와의 연계를 위해서 탁아활동은 앞으로도 지속되어야 한다고 생각되며, 계속해서 탁아소 자활뿐만 아니라 빈민 활동 등 여러 측면에서 소외된 삶을 살아가고 있는 계층에 대해 관심과 실천의 영역을 넓혀갈 생각이다.

┃참고┃ 아래 자료에 따르면 직장과 국공립보육시설이 2000년도에도 가장 낮은 것을 볼 수 있다.
2000년 현재 취업모의 0~5세의 아동은 190만 명으로 이중 가정에서 양육이 가능한 아동을 제외한 실제 보육을 필요로 하는 아동은 109만 여명에 이르고 있다.

<보육대상 아동 추계>

(단위: 천명)

구 분	대 상 아 동			
	1998	1999	2000	2001
0~5세 아동 ①	4,303	4,293	4,274	4,250
취업모의 0~5세 아동 ②	1,910	1,920	1,933	1,940
보육대상아동 ③	1,177	1,083	1,090	1,094

'91년 영유아보육법이 제정된 이후 보육사업을 실시한 결과 2000년 9월말 19,266개소의 보육시설에서 684,000명의 아동이 보육 받고 있다.

<보육시설 및 보육아동 현황>

구 분		1993	1994	1995	1996	1997	1999	2000 9월말
합 계	시설수	5,490	6,975	9.085	12.098	13,315	17,605	19,266
	아동수	153,105	219,308	293,747	403,001	456,664	556,957	684,361
국·공립 보육시설	시설수	837	983	1,029	1,079	10,960	1,258	1,292
	아동수	55,133	70,937	78,831	85,121	86,560	91,260	101,096
민간 보육시설	시설수	2,419	3,091	4,125	6,037	6,809	9,622	11,195
	아동수	80,400	119,968	170,412	255,844	301,977	400,906	506,118
직장 보육시설	시설수	29	37	87	117	132	184	203
	아동수	560	976	2,388	3,596	4,251	5,823	7,637
가정 보육시설	시설수	2,205	2,864	3,844	4,865	5,278	6,541	6,576
	아동수	17,012	27,427	42,116	58,440	63,876	58,968	69,510

(출처: 여성특별위원회, 여성백서 2000)

주위사람들과 함께 키워가야 한다

사회에 대한 올바른 인식과 올바른 가치를 가지게 하는 것은 교육에 있어서 절대적으로 중요한 부분이다.

탁아소 내의 교육 목표를 설정하는 가치 기준을 보면 첫째가 '공동체 의식을 함양시키는 교육'으로서 아이들에게 주위의 다른 사람들과 모두 함께 살아야 한다는 '사회 속의 나'를 인식시켜주는 가치로, 이는 아이들이 서로 싸웠을 때 잘못을 따지고, '미안해' 등의 사과를 하게 한다든지 큰언니들은 동생들이 어려운 일을 할 때 도와준다는 식의 탁아소 규칙에서 드러나고 있다. 어려서부터 이러한 교육을 받는 것은 부모님 밑에서 마마보이나 공주님으로 자라는 아이들보다는 아이들 자신의 인격 형성에 바람직한 것이라 생각된다.

둘째는 '노동에 대한 가치를 지니는 교육'으로써 생산 현장에 종사하고 계신 부모님들께 고마운 마음을 가지도록 교육시키는 것이고, 셋째는 '여성과 남성에 대한 올바른 가치를 지니도록 하는 교육'으로서 성차별 의식이 팽배해 있는 사회에서 성별에 관계없이 인간은 평등하다는 존엄성을 강조하고, 성에 대해 왜곡되지 않은 올바른 이해를 가지도록 하는 가치이다. 이것은 자모들에게도 특히 강조되는 부분이기도 하다.

여기서 짚고 넘어가야 할 것은 아이들에게 올바른 생활 태도를 가지게 한다는 부분은 어느 정도 효과적으로 진행되고 있지만, 이에 반해 지적인 교육은 상당히 뒤떨어지고 있다는 점이다. 아이들은 12시간 내내 탁아소에 맡겨진 채 하루를 보내고 있고, 교사들도 많은 아이들을 한꺼번에 상대해야 하기 때문에 다른 집 아이들처럼 영재교육이다, 무슨 학원이다 등의 조기 교육이 이루어지고 있지 못하다. 고등 교육을 제대로 받지 못하면, 그리고 공부를 잘하지 못하면 사회에서 그들의 부모와 똑같은 위치에 놓일 수밖에 없다는 것이 심각한 문제라고 생각되고, 이를 위해 정책적인 지원이 필수적이라는 생각이 든다.

자활을 나가면서 탁아소의 아이들에 대해 불쌍하고 안쓰러운 마음이 많이 들고, 열악한 탁아 환경을 접하게 되면 정부의 무관심한 탁아정책과 자본의 논리에 대해 화도 많이 난다. 그리고 직접 아이들을 대하고 선생님들과 만나는 것이 힘들고 어느때는 부담스럽지만, 사회 속에서 내가 할 수 있는 자그마한 부분이라는 생각에 보람과 자부심을 느끼고, 앞으로도 계속 일구어야 할 부분이라는 다짐과 반성을 하게 된다.

공동육아에 대하여

1993년 [삶의 여성학]의 저자 박혜란 씨는 여성의 일과 양육은 선택할 문제가 아니며, 미래를 짊어질 국민이며 노동자인 우리의 아이들을 함께 키워야 한다고 주장하고 있다. 이에 대한 대안으로 공동체적 의식을 가진 시민으로 키워내는 적극적인 의미에서의 공동육아소를 주장했었다. 8년이 지난 지금 공동육아는 40여 곳에서 만들어져 운영되고 있으며 이중 30곳이 공동육아연구회(www.gongdong.or.kr)의 지원을 통해 이루어지고 있다. 약 400여 (추산) 부모들이 참여하고 있다. "우리 어린이집"(신촌지역 공동육아 협동조합)의 구체적이고 실천적 참고자료를 보자.

우리 어린이집(www.scwoori.or.kr)은 1994년 1월 공동육아연구회와 뜻을 같이 하는 사람들의 제안을 바탕으로 하여 조합 설립을 준비하기 시작하여 10여 회의 준비모임을 거쳐 1994년 8월 22일에 임시개원하고 9월 3일에 본 개원을 하여 지금까지 운영되어 오고 있다. 또한, 1999년 8월에는 본 조합에서 취학 아동 대상의 방과후 부분을 분리한 도토리 방과후 어린이집(dotori.wo.to)을 별도 설립하여 특기 교육에 치중하거나 맞일 부모로 인한 방치 상태에 내몰리고 있는 아이들을 보듬고, 지역 사회와 교육 문제에 보다 적극적으로 참여하는 방안을 모색하고 있다. 우리 어린이집의 터전은 마포구 성산 1동 성서초등학교 아래 주택가에 자리잡고 있다.

공동육아의 이념은 "부모와 교사, 어린이 모두가 주인공이 되는 교육의 자치적인 터전이 될 것 / 기존의 유치원처럼 돈을 내기만 하면 좋다는 것이 아니라, 어린이들을 같이 키우고, 그 꿈을 모두가 나누어 가는 터전일 것 / 부모와 아이들, 교사가 평등한 관계를 맺고, 자연과의 관계를 소중하게 여기고 살아가는 터전일 것 / 성별, 국적, 연령, 장애의 유무로 차별이 없는 보육과 교육을 중시하는 교육적인 공간이고, 영리 추구를 하지 않을 것"이다. 우리 어린이집은 이 이념을 기초로 해서 5개 교육목표를 다음과 같이 세우고 있다.

1. 우리는 미래사회를 이끌어 갈 창조적이고 주체적이고, 몸과 마음이 고루 발달한 건강한 인간상을 추구한다.
2. 자연과 함께 살아가는 삶을 지향한다.
3. 어른과 어린이, 어른과 어른, 어린이와 어린이의 평등한 관계를 지향한다.
4. 연령과 교육 영역의 벽을 허물고, 장애우와 함께 어울리는 통합교육을 지향한다.
5. 생활교육으로 자립심을 기른다.

현재 우리 어린이집은 30가구의 자녀 35명(생후10개월~7살 / 8살 이상 : 도토리 방과후 어린이집)의 아이들이 8명의 교사와 함께 생활하고 있다. 공동육아 어린이집은 협동조합 방식을 채택하고 있다. 협동조합은 어린이가 한 명이면 450만원, 어린이가 두 명이면 550만원씩 출자금을 내어 이웃에서 비교적 큰 마당이 있는 집을 전세로 얻어 부모들이 직접 어린이집을 설립하고 운영하는 주민 자치적인 육아 방식이다. 각 가정의 출자금은 취학 아동이 10세가 되어 더 이상 보육의 필요가 없어졌을 때 또는 다른 이유로 탈퇴할 때 돌려주게 된다. 그 외에 출자금 10%가 되는 가입비와 매월 보육료를 지불하게 된다. 모든 조합원 부모는 아마(아빠와 엄마의 줄임말)활동을 한다. 아마활동에는 품앗이 활동(노력봉사 및 노동력제공), 터전 안팎 청소, 부모 일일 교사, 각 소위활동, 차량아마 등등이 있다. 아마제도는 어린이

뿐만 아니라, 함께 활동함으로써 부모와 교사가 서로를 이해해 가는 데 큰 역할을 하고 있다.

아이들의 일상생활은 비교적 자유롭게 이루어진다. 집에서처럼 자고 싶을 때 자고 일어나고 싶을 때 일어나는 것이다. 나들이, 자유놀이, 음악활동, 미술활동, 모둠활동, 통합놀이, 놀이마당, 텃밭 등의 활동을 한다. 우리 어린이집에서 "나들이 때 차오면 어떻게 해야 해?"라는 주제로 3월 14일 갖은 긴급 모둠이야기를 옮겨보았다.

배   경 : 오전 나들이 길에서 재희, 정욱, 남수가 큰길로 마구 뛰어다니고, 집 뒤로 숨어서 불러도 대답도 안하고, 도망다니고 해서 그것에 대해서 오후에 긴급 모둠을 했다.

무지개 : 애들아! 아까, 우리 나들이 길에서 돌아올 때 재희랑 정욱이랑 남수가 어떻게 했지?

정   욱 : 뛰어 갔어.

재   희 : 뛰었어.

한   결 : 숨었어. 어디에 숨었니?

재   희 : 이쪽에 내려가는 데가 있는데, 숨는 데가 있었어. 애들이 안가니까, 재희도 안 갔어.

무지개 : 그래서 무지개가 어떻게 했니?

재   희 : 마당에 나가 있었어.

무지개 : 애들아! 나들이 갈 때 어떻게 해야 돼?
           (정욱이가 마루로 나가려고 함)

무지개 : 정욱아, 우리 지금 모둠한다. 무슨 모둠하니?

정   욱 : 우리가 뛰어 가서.

무지개 : 그래, 중요한 얘기하니까, 같이 모둠하자.
           (정욱이가 자리에 앉고)

무지개 : 애들아! 나들이갈 때 어떻게 해야 돼?

재   희 : 어른 잘 따라가고 짝 손잡고…

예   림 : 어른 쫓아가야 돼.

한   결 : 어-어른이 하는 말 잘 들어줘야 돼.

초   록 : 잠깐! 잠깐!

남   수 : 손 잘 잡고, 차오면 피해…

정   욱 : 어른들 잘 따라하고 손도 잘 잡아야 돼.

    인 하 : …
    초 록 : 차 온다, 차 온다, 차 온다.
    인 하 : 차 와.
    무지개 : 차오면 어떻게 해야 돼?
    인 하 : ……
    재 희 : 방구껴야 돼.
    한 결 : 앞으로 쑝 지나갈 때 옆으로 숨어야 돼.
    무지개 : 그래, 너희들 잘 아는구나. 재희랑, 남수랑, 정욱이가 너희
          들 걱정하게 해서 미안하대.
    재 희 : 한결아, 미안해.
    정 욱 : 애들아 미안해.
    남 수 : 예림아 미안해.

해서 소근이들은 나들이 때 어른들이 하는 말 잘 들어주기로 약속을
했습니다.

공동육아에서는 선생님, 엄마, 아빠의 호칭대신 **별명**으로 불리어지는
데 위에서 지도교사는 무지개이다. 어떤 분은 강아지 똥이라는 이름으
로 불리어진다. 아이와 아이로서 동등해지는 과정인 것이다. 서로 평등
한 관계이다.

최근 매스컴에서 공동육아에 대한 위의 내용에 대해 대부분 긍정적인
반응을 보여 주었다. 하지만 공동육아 과정을 겪으면서 조합원들은 여
러 가지 어려움을 겪게 된다.

다수가 주체가 되는 경우는 의사결정 과정이 어렵다. 공동육아라는
같은 목적을 가지고 있지만 그 방법론의 차이에서 오는 이견 조정이 그
리 쉬운 문제는 아니다. 그리고 민주적으로 모두의 의견을 반영하고 조
율하다보니 의사결정 기간이 길고 또한 힘들기도 하다.

다음으로 안정되지 않은 경영을 들 수 있다. 일반 어린이집보다 비싼
보육료에도 불구하고 아이 대 선생님의 비율이 낮은 관계로 늘 경영상

의 어려움에 노출되어 있다는 것이다. 이런 어려움들은 어린이집 경영에 아마추어들인 부모들이 운영을 맡고 있다는 점에서 더욱 가중될 수 있다. 그 달 보육료로 그 달을 꾸려 가는 형태라서 갑자기 생기는 결원 등에 대해 경제적인 영향이 크고, 선생님들이 갑자기 결원이 생긴 경우 또한 어린이집 운영을 흔들 수 있는 원인이다.

공동체적인 참여를 이끌어내는 것이 공동육아의 또 다른 숙제이다.

공동육아를 하기 위해서는 충분한 고려와 각오가 필요하다. 공동육아의 바람직한 면과 그와 더불어 그 어려움까지 충분히 고려하고, 능동적으로 참여할 수 있는 자신의 의지에 대한 자문을 먼저 해보는 것이 반드시 요구된다.

• 공동육아연구회(www.gongdong.or.kr)에 들어가시면 지역별 어린이집을 알 수 있습니다.

「5살때의 필자(필자 옆부분이 아버님)」
"딸들은 아버지가 기대하고 격려하는 만큼 잘 자란다고 한다."

현모양처(賢母良妻)에서 현부양부(賢夫良夫)도 절실한 세상

다음으로 아버지가 아이들의 인지적 능력의 발달에 미치는 영향을 살펴보겠다. 아버지가 없는 가정에서 자라난 아이들이 그렇지 않은 아이들보다 표준화된 지능검사에서 낮은 점수를 얻고 있다고 한다. 그러나 이것이 편모 밑에서 자랐기 때문에 그런지 아니면 사회·경제적 지위의 차이에서 오는 것인지 아직 분명하지가 않다. 그러나 아버지가 있는 가정에서 아이들간에 이루어지는 개인차에 관한 연구들을 보면 아버지의 행동 특성이 자녀들의 지적 발달에 크게 영향을 미치고 있다. 자녀들의 이야기를 잘 들어주고 자녀들을 지배함이 없이 자녀들의 활동에 참여하는 아버지의 경우 더 상상력이 풍부하고 융통성이 있으며 영리하고 또한 학업성적도 우수하다고 한다. 분석적이고 허용적인 아버지는 인지적 능력의 발달을 촉진하는 것에 반하여 지배적이고 폭군 같거나 거부적인 아버지는 경직되고 절대주의적 태도의 아버지와 마찬가지로 문제 해결 능력을 포함한 인지적 능력의 발달을 저해하는 경향을 보이고 있다.

성취동기와 아버지의 양육행동과는 어떤 관계가 있는가를 살펴보겠다. 아버지의 행동 특성은 남자아이들과 여자아이들의 성취동기에 지속적으로 영향을 미치고 있다. 아버지의 온정, 애정, 관여는 성취동기를 높이는 것에 반해 아버지가 제약을 가하면 성취동기를 저하시킨다. 아버지가 지나치게 간섭하고 과도하게 통제하면 아이들은 아버지와 충돌하게 되고 아버지의 기대를 충족시킬 수 없음을 발견하게 되면 그 결과 성취할 수 있는 활동에 전혀 관여하려고 하지 않는다. 대학교에 다니는 남자아이들이나 여자아이들이나 다 같이 고득점자는 대개 자기의 아버지가 통제하지 않으며 수용하는 존재로 자각하고 있다. 반면에 저득점자는 자기 아버지를 심리적으로 거리가 있고 전제적이며 벌을 주는 존재로 자각하고 있다고 보고하고 있다. 아버지는 이와같이 학교의 성적에만 아니라 딸의 직업선택이나 생애발달에도 커다란 영향을 미치고 있다고 한다.

여성들의 경우 머리로 생각하기보다는 가슴으로 먼저 느끼는 경우가 대부분이다. 이때 내 삶을 선택하는 결정권이 나에게 있어야겠다.

여성의 전시대의 삶들에서의 재발견을 통해서도 민족적 주체성을 정치화하는 것이 필요하다. 급변하는 사회와 국제 정세 속에서 다양한 가치관과 사상이 뒤섞인 시대에 살면서, 정치적으로 올바른 관점을 가지고, 나름대로의 판단을 통해 행동하고 삶의 방향을 정하고 자기 삶의 주인으로 서야 한다.

12살짜리 미국 소녀가 경비행기를 직접 조종, 대서양을 건너 스코틀랜드에 도착했다는 기사가 신문에 실려 사람들을 놀라게 했다. 우리나라의 경우 곱고 얌전하게만 교육되어 온 여성들의 경우 아니, 나라면 그 나이에 무엇을 배우며 생각하고 있었을까? 여성이 스스로를 발전시키지 못하고 일상에 함몰되어 있을 때, 이 미국 소녀처럼 자기 삶의 주인으로 서기 위해 '여성학'은 인간화된 삶의 방식을 구성하는데 영향을 미치고 도움을 줄 수 있다.

그러한 과정에서 토론이라는 형식은 필요불가결하다. 그런데 토론을 하면서 상대방을 적으로 간주하고 자신의 견해를 힘으로 수용하도록 이끄는 논쟁의 방법은 옳지 못하다. 그러면서도 여성들은 재빠르고 쉽게 이의를 제기하지 못했음에 비해 남성들은 곧 '남성학'이라는 반응을 보였다.

한국에서 남성학을 널리 전파하겠다는 한 남성은 자신의 부인에게 "당신 혹시 여자들한테 맞아죽는 거 아녜요?"라는 지극한 배려의 말을 들으면서 살고 있단다. 이는 여성과 남성이 서로를 적대시하고 있는 것을 바탕으로 하는 사고일 것이다. 서로 견해를 달리하는 각각의 토론자는 자신의 고유한 담론의 논리에 따라 의견들을 대화로 피력하고, 어느 하나의 통일된 담론을 도출하는 것이 아니라 문제 제기의 방식을 취하는 것이 효과적이다. 충분한 시간을 들여 토론을 거친 뒤 하나의 통일된 담론을 도출하기 위해서는 각자의 토론 훈련과 성숙하고도 열린 마음이 필수적이다.

육아일기

하나. 애 봐준 공은 없나

며칠 전 하루종일 집에서 생후 4개월 된 조카를 홀로 돌본 일이 있었다. 계획에 없던 일이었지만 사랑스런 조카와 같이 있고 싶어서, 또 여성학을 배운 입장에서 한번쯤은 육아의 하루 경험도 좋으리라는 생각에 자청해 한 일이었다.

조카의 하루 일과는 7시부터 시작됐다. 조카의 기상에 맞추어 같이 기상하고, 안아주기를 보채는 조카를 안고 흔들고 얼르고 보통 코미디언은 저리 가라 할 정도로 나는 아이에게서 눈을 떼지 못하고 웃기려고 애를 쓰며 비몽사몽간에 2시간 정도를 때웠다. 간신히 잠재워서 자리에 눕히고 나도 다시 눈을 붙이고 단잠에 빠진지 겨우 한 시간만에 조카는 소리를 지르며 깨어났다. 언짢은 마음과 피곤한 몸을 이끌어 다시 조카를 안고 서성거리기도 하고 내 배 위에 서게 하기도 하면서, 엎고 흔들기도 하고 내 재주 있는 것은 다 떨어서 울지 않도록 보고 그리고 배고파하는 것 같아 우유를 타서 식힌 후에 입에 물리기도 했다. 사람이 먹으면 뒤로 뱉어내는 것은 애나 어른이나 똑같은 모양이다. 얼굴을 찡그리고 벌겋게 되도록 힘을 준 조카에게서 똥냄새가 나기 시작했다. 황당했으나 나는 잠시 코를 잡은 채 기저귀를 풀어주었다. 똥은 기저귀와 엉덩이에 범벅으로 묻어 있었고, 나는 조카의 다리를 한 손으로 잡아든 채 휴지로 엉덩이의 똥을 닦아주고는 물휴지로 깨끗이 씻어준 후 애기분까지 바르는 정성을 보였다. 조카는 나의 정성이 갸륵했던지 웃음을 되찾았고, 나는 필사적으로 아기를 재우기 위한 노력을 기울였으나 겨우 30

분 재우는 것에 만족 할 수밖에 없었다. 조카가 자는 30분 동안 나는 혹 누군가 떠들어 깨울까봐 또 전화벨이라도 울려서 아이가 잠 못자고 보챌까 마음을 졸이며 처음으로 밥 한 술 뜨고 아이 한번 쳐다보고 물 한 모금 입에 물고 하늘 한 번 쳐다보듯 먹고 신문을 볼 수 있었다. 30분만에 잠에서 깬 조카를 다시 얼르고 안아주고 별의별 것을 다한 후에야 3시경에 완전히 곯아떨어지게 할 수 있었고, 나도 그 옆에서 신경을 곤두세운 채 약 2시간 30분 동안의 잠을 자다깨다 했다. 5시 30분경 조카의 울음소리에 화들짝 놀라 깬 나는 우유를 타서 조카에게 먹이기 시작했고, 6시경 누나가 오고나서야 조카로부터 해방감을 느낄 수 있었다.

나의 그 각고의 노력에 대한 보상은 누나의 한마디 "수고했다."

애봐준 공 없다더니 내가 쉽게 본 줄 아는 모양인지 자기 아이만 반갑다고 쳐다봤지 나에게는 감사의 눈길 한 번 제대로 안 줬다.

아이보는 일은 아르바이트보다 훨씬 마음과 몸이 힘들었다. 저녁에 나는 팔과 다리가 아파서 정상적인 컨디션을 잃어버렸음은 물론이고 육아가 생각했던 것보다 훨씬 힘들고 까다롭다고 느꼈다. 앉아있거나 안고 있다 엎어지기라도 하면 그동안 수고는 '도로아미타불'이 아닌가. 잘 한 것은 표 안 나고 아차 실수 한 것만 표날 것 같다. "애보느니 차라리 일해주겠다"든 말이 실감났다.

'울보' 별명이 붙을 정도로 걸핏하면 울거나 잘 아파서 저녁에 잠을 제대로 자본 적이 없으시다는 우리 엄마, 셋방살이 할 때는 주인집 눈치 보느라고 아빠 공부할 때는 공부방해 될까봐 시어른 계실 때는 불편하실까봐 저녁일이 어느 정도 끝나면 먹을 것을 싸가지고 동네 빈 놀이터나 가까운 공원에서 나의 어린 시절을 다 보내셨단다. 집안 일은 내가 잠깐씩 잘 때 틈을 봐서 하시고 밥을 앉아서 먹어보질 못했다는 엄마. 일년 365일 감기를 달고 있고 콧물은 마를 틈이 없어 콧수건은 항상 이름표처럼 차고 계셨단다. 병원 드나드는 것을 안방 드나들 듯 하셨다니.

"진작에 나도 애 키워 보면 효자 될 것 같다" 했더니, "장가 빨리 보내
줘야 효자 되겠네" 하시며 웃으시는 우리 엄마.

그래도 설마 나는 그렇게 안 컸겠지 했는데 나 키우는 것 옆에서 본
엄마 친구분 말씀, "너 엄마에게 잘 해드려라!", "넌 그냥 큰 줄 알지?"
철들어서 부모님께서 나의 공부와 건강을 위해 정성들여 주신 것은
나도 잘 안다. 어디 명문대학 일등한 부모만 고생했는가. 재수 삼수할
때 엄마의 머리는 하얗게 새어버렸다.

다음에 내 2세를 갖게 되면 나도 엄마처럼 할 수 있을까? 나는 우리
아빠보다는 아이를 많이 돌봐 줄거다. 육아의 수고와 고통과 즐거움을
아이의 엄마와 함께 나누리라. 또 아빠가 되려면 자장가도 부를 줄 알아
야지. 내가 어릴 때 어머니, 할머니께서 불러주시던 것이 어렴풋이라도
생각이 나지만 촌스럽다고 할는지 또 그걸 악보로 옮길 실력도 안되고
그래서 음악 교과서에 나오는 슈베르트의 자장가를 익히기로 했다.

<자장가>
잘자라 잘자라 귀여운 아기야
옥같이 어여쁜 너
귀여운 아기야
잠잘 적에 하느작 하느작 나비 춤춘다.

잘자라 잘자라 귀여운 아기야
옥같이 귀여운 너
귀여운 아기야
잠잘 적에 하느작 하느작 나비 춤춘다.

이 자장가는 어느 학우에게 들은 자장가로 그 학우는 여성들만 자장
가를 부르는 것이 고정된 성역할의 모순에서 오는 잘못된 편견이라고

일축하고, 남성들도 여성들만의 일이라고 생각해왔던 아기보기, 즉 가사노동 중에서 아기돌보기와 같은 양육활동은 남녀가 동등한 역할행동으로 취급하고 서로 나누어 아이를 양육해야 한다고 주장했다. 나도 그 학우의 말을 듣고 수긍 아니 동의하였다. 우리 사회에서는 아이를 남자가 돌보면 그 남자를 '병신' 또는 '마누라 잘못 만나 고생한다'라는 말로 비난한다. 그래도 만화가 '반쪽이' 최정현 씨는 마누라만 잘 만난 것 같던데…….

여성의 사회진출이 늘어가고 있는 지금 남성과 여성이 함께 아이를 돌보는 것은 당연하고, 이것이 아무 거리낌 없이 이루어질 날도 머지 않았다.

둘. 가상육아일기

으앙~ 병원이 떠나가도록 울어대는 탄생의 외마디

2001년 2월 19일, 우리 부부의 분신이 태어난 것이다. 나를 닮아 못생겼지만 아빠를 닮아 멋있게 생긴 아들이다. 아기의 이름은 '철(哲)'이라고 지었다.

철이는 엄마 젖을 먹이며 나날이 건강하게 자라주었다. 좀 불편하기는 했지만 자연 환경을 생각하는 지구인으로서 1회용 기저귀 대신에 백색 무명천을 끊어 그것을 사용했다. 처음에는 여간 불편한 것이 아니었지만 경제적으로나 아기의 위생을 생각해서 잘한 것 같다. 남편은 기저귀를 가는 것은 마다했지만 강제로 시켰다. 남편이 은행에 다니므로 일찍와서 철이를 잘 돌봐준다. 그래서 나만의 시간 여유를 지탱할 수 있다.

내가 낮 동안 아기를 돌보는 대신 남편은 주로 저녁에 아기를 봐주었다. 밤에 갑자기 울 때도 서로 번갈아 가며 봐주기를 약속했다.

철이는 무럭무럭 자라 3살이 되었다. 부모가 하는 대로 따라하려는 습성이 눈에 띄게 드러나자 우리 부부는 신경을 써서 생활했다. 서로의 대화는 경어를 쓰고, 남편의 일방적 아내에게로의 떠맡김, 즉 빨래나 밥 짓기, 설거지 등도 가끔 좀더 많이 하라고 하기도 했다. 처음에는 무척이나 반대를 하던 남편도 철이의 앞에서는 어쩔 수가 없는가 보다.

남편은 철이를 남자답게 키우겠다고 총이나 칼, 자동차 같은 장난감을 사왔지만, 나는 대학교 때의 '여성학'을 되새기며 인형이나 소꿉놀이, 병원놀이같은 것을 주로 사주었다. 그러나 결단코 여자가 되라는 식의 강요는 하지 않았다. 철이는 총싸움도 또래 아이들과 잘하고 칼로 엄마 아빠를 못살게 굴기도 했지만, 나는 인형옷을 갈아 입히도록 하고 목욕도 시켜주라고 했다.

철이와 나는 자주 외출을 했는데, 나는 만나는 사람마다 인사를 다정하게 했다. 철이도 어른들을 만나면 '안녕하세요' 했다.

철이가 4살 때 함께 목욕탕에 갔다. 철이는 방방 뛰고 난리를 치고 다녔다. 그래서 나는 철이한테 빨래하는 것을 가르쳐주었다. 그랬더니 쪼그리곤 앉아 잘도 비벼댔다. 거품이 이는 것이 재미있었나 보다.

그해 나는 둘째 아이를 낳았다. 운좋게도 딸이었다. '승희'라고 지었다. 철이는 동생을 무척 사랑스러워했다. 승희가 울면 달래주기도 하고 머리를 쓰다듬고 놀아주었다. 나는 승희와 철이가 잠자리에 들기전에 책을 읽어주었다. 백설공주도 읽어주고 허클베리핀의 모험도 읽어주었다.

남편은 철이랑 같이 칼싸움도 해주었지만 인형놀이도 기꺼이 해주었다. 승희 또한 철이와 비슷하게 키웠다.

철이가 초등학교에 들어갔을 때 나는 더욱 관심을 써주었다. 철이가 집에 오면 양말은 제 손으로 빨도록 가르쳤고, 자기 방도 스스로 청소하도록 권유했다. 워낙 정리를 잘하고 깔끔해서 청소할 필요도 없었지만.

나는 철이랑 더 많은 대화를 했다. 학교에서 무슨 일이 있었는지 사소한 일도 다 이야기해 주었다. 그러면 나는 재미있게 듣고 꼭 엄마의 생각을 말해 주었다. 반면 아빠랑은 대화할 시간이 적어지게 되었다. 물론 회사일이 바쁘기 때문이었다. 나는 한 가지 제안을 했다. 철이에게 매일 아빠에게 보내는 편지를 쓰도록 말이다. 맞춤법도 가르칠 겸, 아빠와 철이의 친목 도모를 위한 계기가 되었다.

나는 철이에게 친구들과 자주 놀라고 했다. 여자 친구들도 물론이다. 숙제를 하고 나서 밖에 나가 놀도록 했다. 단 귀가 시간은 4시. 나는 요즘 아이들이 학원인 과외에 시달리는 게 불쌍해서 내가 손수 공부를 지도했고, 꼭 필요하다고 생각되는 것, 철이가 해보고 싶어하는 것만 학원에서 배우도록 했다.

철이의 교육은 끝이 없었다. 두더지 게임을 하듯이 여기저기에 함정이 도사리고 있다가 튀어나올 듯하다. 주위의 아이들을 보아도 엄마가 되고 아빠가 된다는 것은 정말 힘들다. 좋은 아빠되고 좋은 엄마되는 것도 공부해야겠다. 가상으로 육아일기를 써보았다 모르는 부분이 많아서 상세히 쓰지는 못했지만, 나는 이렇게 생각한다. 한 사람의 인성은 어렸을 때 형성되는 것에 주안하여 가르치고 키워야 한다는 것이다. 예절바른 어린이로서는 누구보다 내가 먼저 솔선수범하고 나서서 여성의 역할을 구분짓지 않고 여유있게 대화로써 풀어나가야 한다. 나는 내성적이고 말수도 적은데 어려서부터 부모와 떨어져 있어서였나 보다.

아직은 부모로서의 역할을 절실히 느끼지 못하겠지만 실전에 강하리라고 본다. 왜? 여성학 강의를 들었기 때문에.

"인간배아 복제 허용" 촉구

한국생명공학연구원은 현재 입법과정에 있는 생명윤리기본법(가칭) 시안과 관련, '인간배아 복제 연구를 허용해 달라'는 내용의 건의문을 24일 국회와 관련 정부부처 등에 보냈다. 생명공학연구원 임직원 3백명 명의로 작성된 건의서에서 연구원들은 "법이 시안대로 통과될 경우 우리나라 생명공학 발전이 크게 위축될 것"이라며 "간배아와 체세포 복제 연구를 선별적으로 허용하고, 동물 연구를 지나치게 규제하지 말아야 한다"고 주장했다.

제 8 장

후반전이 남았다
- Win, Win, Win 대안 -

　전근대사회에서는 인간의 평균 수명이 50정도였다. 앞으로는 평균 수명이 100~120이상으로 늘어날 전망이다. 현재 50이 된 사람이라고 하더라도 앞으로 50여 년이 더 남았다. 50여생은 새로운 기술교육이 뒷받침되어야 낙후되지 않을 것이다. 가정생활을 일생의 업으로 삼았던 여성들에게는 특히 남은 50년의 인생에 대한 대비는 필수적이다. 그럼으로 국가적으로나 사회적으로 그 대비를 도우려고 하고 있기는 하다. 전반 50년에 대해 남은 50년은 인생에 있어서 후반전이다. 전반전에 부실했다 하더라도 후반전에 대한 철저한 대비로 역전의 기회를 마련할 수 있을 것이다. 전반전과 후반전 사이에는 단순한 휴식 시간이 아닌 재충전과 재정비의 과정이 필요하다. 그 과정은 시간적으로나 경제적으로나 정신적으로나 일정량의 투자를 필수적으로 요구한다. 장거리를 달리기 위해 자동차에 기름을 다시 넣고 정비를 하는 것과 마찬가지이다. 이에 여성과 남성 또 가정이나 사회에 두루 도움이 되고 서로 같이 설 수 있는 방안들을 실험적인 가설들로나마 고구(考究)해 보고자 한다.

1. Win, Win, Win 전략과 대안

'전략' '정복' '지피지기 백전백승' 등의 말은 전쟁을 필요악으로 여기며 좋아하는 남성들 및 남성문화의 산물이다. 전략이라는 말에는 어쩐지 한편을 소외시키는 경향이 엿보인다. 이 말투 자체가 치열한 생존경쟁의 정글에서 서로 기밀을 뺏고 2인자를 밟고 서려는 사람들에게는 무력하고 유약하고 세상 이치를 모르고 장차 패배가 예측되는 소리로 보일 것이다. 그러나 우리가 돈을 악착스럽게 벌고 난 다음의 갈 곳은 어디인가?

'개같이 벌어서 정승같이 쓴다'는 결과 중시론적 즉 과정에서는 누구를 속이고 누구의 희생을 강요하고 억압했는지 묻지 말라는 라이프스타일이며 이제 미덕이 아니다. 추방해야 할 악덕으로 번 돈에 대해서는 거부할 수 있는 자세가 요구되는 시점에 와 있다.

우리는 90년대 와서 추하게 퇴진하고 죽어간 소위 근대화 속의 부끄러운 '재벌'을 많이 보아왔다. 그 결과가 우리 한국인과 한국사회에 어떠한 부정적 악영향을 미치고 있는가는 오늘의 한국사회의 부정과 폭력, 더 큰 죄악은 인간성과 부끄러움 나아가 도덕적 기준의 상실을 초래케 한 점이다. 일시적 죄를 지어도 돈을 벌면 된다는 식이다. 남이 모르게, 드러나지 않게 갖은 도둑질을 하여서라도 상전에게 잘 바치고 아래 사람들에게도 적당히 시혜를 베풀면 사람 좋고 인심 좋고 원만한 사람인가? 특히 세무공무원의 세금도둑질, 은행원의 고객 돈 도둑질, 기업인 특히 총 책임을 맡은 자와 경리를 맡은 자들의 기업자금 및 임금부분 도둑질, 일반인들의 남의 물건 도둑질, 이렇게 도둑질해서라도(돈을 번 것으로 보일지 모르나 그것은 번 것이 아니다.) 적당한 때에 사회적으로 적당히 기증하면 문제가 없는가?

최근에 나타난 현상으로 학생들도 부모나 사회의 나쁜 습성을 이미

익혀서 자신이 잘못하고 실수한 점을 인정하고 합리적 평가나 다른 대처를 기하기보다 거짓말을 하고 교수나 다른 학생들 탓을 한다. 요령위주의 사회가 만든 병폐를 교육현장에서 만나는 것이다.

'부끄러운 일인 줄 알지만 목구멍이 포도청이라? 혹은 조직을 위해? (조폭들인가?)' 부정과 폭력, 소수 다른 생각을 가진 사람의 억압을 불사하는 것은 시대의 여러 병폐 중 가장 큰 병폐이다. 근대화 과정에서 정경유착을 통한 검의 돈의 축적은 대다수 국민의 바른 정신의 마비와 망각을 가져왔다. 이것은 가장 큰 악이며 두고두고 치유해도 힘든 역사적 고질병이며, 우리 세대가 해결해야 할 과제로 남게 되었다. 또한 조폭을 정당화시키고 합법화하고 활성화시키는 듯한 일부 대중문화와 매스컴의 태도에는 경악을 금치 못한다.

사태가 점차 나빠지면 요즘 중국처럼 한 두어달에 한번씩 사형이라는 극약처방을 주장하게 될 지도 모른다. 아니면 발빠른 처방의 한 가지로, 좁은 택시 속에서도 운전석과 손님석 사이에 범죄 예방벽을 세워 놓게 될 지도 모른다. 그것은 인간임이 부끄러운 공간이다. 우리나라에서도 60년대쯤에 한동안 있었다고 한다.

2. 여성 mentor나 여성후원처를 찾아가자
– 여성부, 여성차별개선위의 힘 –

여성부가 있는 21세기니까 좀 기대해 보자. 다가가기에 어려움도 있을 것이나 의외로 요즘에 많은 도움처가 있다. '여성발전센터'나 '여성인력개발센터', 각 구청의 사회복지부나 가정복지 및 여성정책 관련과와 여성 창업지원센타, 여성기업후원회, 다양한 여성부의 여성정책프로그램… 등이 있다.

첫 번째 이야기. "남녀차별인지 아닌지 한 번 조사하겠다." (여성부)
"문제가 된 조항을 삭제하고, 앞으로 차별이 생기지 않도록 노력하겠다."   (국민건강보험공단)

한 직장에 몸을 담고 있는 부부 사원들은 최근 여성부와 국민건강보험공단 사이에 있었던 작은 '해프닝'을 보며 남몰래 떨어온 가슴을 쓸어내렸을 것 같다.

여성부(http://www.moge.go.kr)의 남녀차별개선위가 처음 내린 '직권조사' 결정은 결정 자체만으로도 대단한 효력을 냈다. 여성부는 보험공단이 구조조정을 한다며 부부사원 중 한 사람을 해고 대상 기준에 넣은 것이 남녀차별일 수 있다며 이를 가리겠다고 나선 것. 보험공단은 그날로 부랴부랴 "차별 우려가 있는 조항을 기준에서 빼겠다"고 발표하고 나섰다.

두 번째 이야기. "대기발령을 취소하겠다. 제발 없었던 걸로 해달라."   (A기업)
"그렇게는 못한다. 내가 받은 정신적 고통이 너무 컸다."
                                                          (여직원 B씨)

임신한 비서직 여직원에게 퇴직을 권유하고 대기발령낸 기업에 대해 15일 여성부의 '제재' 결정이 내리기 전에 일어난 일이다. 회사는 여직원의 대기발령을 취소하고 '구제신청 취하'를 빌었지만, 그 여직원은 눈물을 흘리며 고개를 가로저었다. 여성부는 결국 그 기업에 "그동안 그에게 주지 않은 수당 뿐만 아니라 정신적 고통에 대한 보상금으로 3백만원을 지급하라"고 권고했다.

차별구제 신청을 받고 여성부가 조사에 들어가 결정을 내리기까지는 보통 2～3개월이 걸린다. 그러나 차별 구설에 오른 기업들은 대부분 여성부가 '조사하겠다'고 팔만 걷어 붙여도 화들짝 놀라 어떻게든 문제를 수습해보려 한다. 그래서 위원회 회의까지 올라가는 사건이 드물다. 합리·미래지향·첨단 등 기업의 '이미지 관리'가 더욱 중요해진 시대에 성차별은 아무래도 점수를 까먹는 요소이기 때문이다.

요즘 들어 여성부 관련 기사가 보도되면 독자들의 다양한 의견이 쏟아진다. "남의 얘기 같지 않군요" "정말 그 정도로 심합니까" 등등. 오늘로 출범 1백 10일을 맞은 여성부의 '파워'가 갈수록 실감난다.

여성이 경쟁력이다 - "모든 부처(部處)로 여성담당관 확대하자"

한국경제신문사는 현정택 여성부 차관을 비롯한 각계 전문가와 함께 "여성기업과 인력의 경쟁력 강화와 발전방안 모색"을 주제로 최근 여의도 중소기업회관에서 좌담회를 열었다.

한국경제신문이 올 들어 전개하고 있는 "여성이 경쟁력이다" 시리즈의 중간점검을 겸한 이번 좌담회에선 여성경제인들을 위한 깊이 있는 논의가 이뤄졌다. 본사 이치구 중소기업 전문기자(부장)의 사회로 현정택 여성부 차관, 최동규 중소기업청장, 이영아 21세기여성정보화 포럼 대표 등이 참석해 여성인력활용 방안, 여성 중소기업 전담 부서 설치, 여성경제인을 위한 조달부문 지원방안 등을 집중 논의했다.

<참석자>
• 현정택 여성부 차관
• 최동규 중소기업청 청장
• 김영수 기협중앙회 회장

- 김유채 중소기업진흥공단 이사장
- 신수연 여성경제인협회 회장
- 이영아 21세기여성정보화포럼 대표

- 사회 = 지금 한국 인구구성에서 남녀의 비율이 거의 같다.
출생비율은 1백 10대 1백의 비율로 남성이 높지만 여성은 평균 수명이 길기 때문이다.
이같은 여성인력을 활용하기 위해서 선행돼야 할 과제는 무엇이라고 생각하는가.
- 현정택 차관 = 직장과 가정일이 공존할 수 있다는 것을 인정하는 분위기를 만드는 것이 중요하다고 생각한다.
여성인력 활용의 핵심 가운데 하나가 기혼 여성 활용이기 때문이다.
가정과 직장 중에 하나를 선택하는 것이 아니라 함께 할 수 있는 정서와 환경을 조성해야 한다.
- 사회 = 중소기업진흥공단에선 최근 신입직원의 절반 이상을 여성으로 뽑고 있다.
이같은 여성고용 확대는 중요한 여성지원사업의 하나다.
그렇다면 여성부가 계획하고 있는 주요 사업은 무엇인가.
- 현 차관 = 우선 부 내부적으로 조직 체계를 잡는 일을 하겠다.
여성정책을 담당하는 종합부처로서의 위상을 갖추기 위한 노력을 계속할 것이다.
또한 가정과 직장의 양립 등을 위한 정책과 구체적인 시행 프로그램을 만들어 나갈 것이다.
실질적이고 몸에 와 닿는 정책을 펴겠다.
- 김유채 이사장 = 중진공도 적극적인 지원에 나서겠다.
인구의 반이 여성인데도 직장에서는 10%도 안 된다는 건 문제다.
중진공은 지난 79년부터 올 4월까지 여성기업 1천 2백 36개업체에 모두 4천 5백 13억원을 지원했다.
이는 전체 지원실적 2만 7천개 업체(12조 6천 8백억원)의 5%에 해당한다.
올해는 여성기업종합지센터 건립에 1백 24억원 등 모두 1백 95

억원을 투자할 계획이다.

· 이영아 대표 = 지원정책들이 발표될 때마다 여성기업인들은 큰 힘을 얻는다.

하지만 정말 현장에 있는 여성기업인들이 몸으로 느끼는 정책의 혜택을 받기까지는 시간이 많이 걸리는 것 같다.

실제 큰 도움을 받지는 못했는데 특혜만 받고 있다는 말이 나오면 섭섭하다.

· 사회 = 실제 여성경제인들이 여전히 많은 어려움을 겪고 있는 것으로 안다.

여경협 회장으로서 현장의 상황은 어떤 것 같은가.

· 신수연 여경협 회장 = 여성부가 출범하는 등 전반적인 분위기는 많이 좋아졌다.

하지만 현장엔 아직 반영되고 있지 않은 것 같다.

여성기업인 가운데 41%가 관례적인 남녀불평등에 대해 애로사항을 호소하고 있다.

특히 남성 중심의 접대문화에 좌절하는 사례가 많은 것 같다.

완전한 걸림돌이 없다고 느낄 때까지 상당 기간이 소요될 것 같다.

· 사회 = 그렇다면 여성기업을 실질적으로 지원하기 위해 개선되어야 할 것이 무엇인지 최 청장께서 설명해달라.

우선 여성기업의 현황에 대해서도 알고 싶다.

· 신 회장 = 현황을 말하자면 99년 통계청 자료에 따르면 한국의 여성사업체 수는 93만 3천개로 전체 사업체수 2백 78만 6천개의 33.5%를 차지한다.

여성기업들은 주로 숙박·음식업(39.6%)과 도·소매업(32.7%)을 하고 있다.

· 최동규 청장 = 미래는 "미창유연"의 사회다.

아름답고 보다 창조적이고 놀이를 중요시하는 소프트한 시장이 열리는 것이다.

다분히 여성의 강점이 요구된다.

이같은 변화되는 환경에서 조만간 여성들도 소기업과 소상공인 관련 법에 의한 지원을 받게 된다.

따라서 제도적 환경은 많이 개선될 것으로 보인다.

미국 등 외국의 경우 여성기업지원 발전법 분야에서 10년 가까이 앞서 있다.

정부 구매액에 있어서 5% 이상을 여성기업들이 채우게 하는 곳도 있다.

이같은 지원이 시장기능에 대한 역차별이 아니라는 공감대가 형성돼 있다. 5%가 무슨 역차별이 되겠느냐는 것이다.

• 김 이사장 = 여성기업 지원의 실질적인 창구가 중진공이다.

그동안 여성기업 지원금액이 꾸준히 늘고 있지만 아직 전체의 5% 수준밖에 안된다.

재임기간 중에 8%를 달성하겠다.

• 사회 = 단체수의계약에 대해 언급한 것 같은데 김 회장의 의견을 듣고 싶다.

수의계약때 여성기업을 특별히 우대할 수는 없는지.

• 김영수 회장 = 정부에서는 여성기업의 판로개척을 위해 여러 가지 노력을 하고 있지만 실적이 부진한 게 사실이다.

지난해 공공기관의 여성기업 생산제품 구매실적을 보면 총 63조원 가운데 1.2%인 7천 5백억원에 불과했다.

단체수의계약중 일정비율을 여성기업에게 할당하는 방안을 검토했지만 시장원리의 위배와 남성경영인에 대한 역차별 등 위헌소지가 있다는 의견을 들었다.

그래서 계약때 제도적이고 관행적인 차별을 줄이는 노력 등에 우선 힘쓰고 있다.

• 사회 = 미국 중소기업청에는 여성국이 따로 있다.

청장이 여성인인 경우도 많다.

미국에 여성국이 있다면 한국에서도 중기청 안에 여성기업담당과가 생겨도 될 것 같은데.

• 최 청장 = 행자부나 기획예산처에서 협조해준다면 지금 당장이라도 만들 생각이 있다.

현재는 여성기업을 담당하는 총괄 부서인 중소기업 정책과에서 업무를 전담할 수 있도록 하고 있다.

• 현 장관 = 동감한다.

중앙부처 가운데 이미 6개 부처에 여성정책 담당관이 있지만 과장급 담당관을 더 늘리는 게 필요하다고 생각한다.

중기청 같은 청 단위에서도 여성 관련 기구를 만드는 것이 바람직하다고 생각한다.

물론 관련 부처의 협조를 받는 게 쉽지는 않겠지만 노력해야 한다고 믿는다.

- 사회 = 여성 인력의 사회 참여가 선진국보다 낮다고 일반적으로 알고 있다.

어느 정도로 낮은 상황인가.

또 이같은 상황을 어떻게 해야 한다고 생각하는가.

- 현 차관 = 개발도상국보다도 낮은 수준이다.

전반적인 참여율이 50%도 안 되고 있다.

우수한 인적자원이 제대로 활용 못 되고 있다.

직급이 올라가면 이런 경향은 더 심하다.

관리직 비율은 여성이 3%정도다.

반면 선진국이든 개발도상국이든 외국은 대부분 두 자리수가 넘는다.

따라서 국가경쟁력을 높이는 차원에서도 여성인력의 활용방안은 반드시 마련돼야 할 상황이다.

여성부 차원에서는 물론 관련 기관들과 중장기 방안을 마련하겠다.

고부가가치를 창출할 여성재원에 맞는 정책창출도!

재능있는 혹은 자신의 재능을 모르고 산 여성이 자신의 재능이나 소질을 펼치고자 하나 자신의 힘만으로는 역부족일 때 누구의 지원을 생각하는가? 누구의 어떤 지원을 요청할 수 있는 사회였었는가?

특히 연예적 자질이 있는 여성이 자신의 끼나 소질을 살리려고 할 때, 쉽게는 아니 그것도 어렵게는, 남성 중심사회에서 살아남기 위해 보다 힘있고 유능한 남자의 그늘로 찾아드는 것이 상례로 받아들이기가 쉽다. 왜? 도처에 남자들이 실세니까. 그 과정에 사랑이나 결혼이 개입될 수도 있다. 그러나 부정적으로는 다른 자원이 없는 여성은 힘있는 남자의 요구 사항으로 자신의 몸을 성공의 매개물로 활용하기도 하였다. 그래서 연예 관련산업에 종사하고자 하는 여성들은 거의가 다 '몸바쳐서'의 오물을 뒤 집어쓰기가 일쑤였다. 그래서 여성들이 그쪽 산업에 종사하고자 다가가려 고 하면 많은 저항에 부딪힌다. 그리고 주춤하게 되고 더 어렵게 된다.

그 중에 아직 문화영화연예관련 후원처가 없는 것은 21세기 대중문화 산업의 영향력과 여성에 대한 무지에서일까?

아니면 아직 여성정책의 역사가 일천해서일까?

재능 있는 여성들의 죽음과 함정

가부장사회에서는 남성중심사회유지를 위해 가문이나 특히 남자가부 장을 위해 여성에게 죽음을 반 강요했던 경우가 허다하다. 여성자신은 원하지 않았으나 가문의 강제적 종용으로 목숨을 던지게 되어 열녀가 된 여성들, 대표적으로 전남영광의 7녀의 죽음과 전란 이후의 역사적 기록들에 등재된 숱한 여성의 몸 공양, 또 아버지 가부장을 위해 미덕으 로 떠받쳐지는 남성중심 가부장사회의 효녀 심청이류 - 이들의 죽음은 그 방향으로 위치 지은 여성교육과 법과 규범의 탓이다. 아버지와 가문 장차는 남성중심사회를 위한 희생양이 된 여성억압이고 죽음인 것이다.

근래 여성들의 죽음과 자살 원인- 남편의 폭력을 피해 달아나다 아파 트에서 공중 낙하하여 죽고, 남편과 시집의 괴롭힘을 피해 죽고, 경제적 정신적 공황장애로 죽고, 가끔은 일탈된 사랑의 예측된 귀결로써 택한 죽음을 갖기도 한다. 이러한 죽음의 또 다른 한 원인은 결혼이다.

보스니아의 과학자 밀레바마리치나 멕시코의 대중문화를 대표하는 아 이콘이 된 화가 프리다 칼로(Frida Kahlo)는 어릴 때 소아마비를 앓아 다 리를 절었다. 어릴 때의 이 비활동적일 수 있는 몸은 오히려 그녀들에게 일상을 찬찬히 들여다보고 꼼꼼히 사람과 생의 깊이를 깨닫게 한 모양이다. 특히 프리다 칼로는 7세때 소아마비로 다리를 절게 됐고 18세 때 교통사고로 척추, 오른 쪽 다리, 자궁을 크게 다쳐 평생 30여 차례의 수술을 받는 등 병고로도 크게 시달리고 시간도 많이 뺏겼다. 그럼에도 47세라는 생애 - 자신의 의도대로 살 수 있은 20여 년에 불멸의 화가로 자신을 발전시켰다. 프리다 칼로는 자신이 겪는 육체적 고통과 정신적 고통을 영감을 불러오는 자원으로 받아들여 당대의 거장 칸딘스키나 피카소로부터도 인정받는 초현실주의 화가로 나아갔다. 세계적 벽화예술가로 '애정편력이 화려해' 프리다를 고통스럽게 했던 남편 디에고 리베라와의 결혼생활 역시 남보기에 드라마틱하나 사랑하고 믿는 연인으로부터 소외당하는 당사자 프리다의 갈등과 고통은 30여 차례의 육체적 고통보다 극심했을 것이다. 그녀의 생애는 대단한 기대 속에서 영화화되고 있다 한다.

여성예술가나 전문가의 애정에 대해서도 '애정편력이 화려해'로 너그러이 보아주었는가? 밀레바마리치, 이 재능있는 여자의 함정은 아인슈타인과의 결혼이었다. 소아마비의 몸으로 홀로 유학을 가서 1900년대 스위스공대에 유일한 여학도로 공부하며 아인슈타인과 사랑하고 결혼하고 아들 둘을 낳고 아인슈타인으로부터 이혼을 당하고 두 아들을 양육하여 큰아들은 미국과학자교수로 키웠으나 정신병이 있는 작은 아들의 병간호를 하다 죽게된다. 아인슈타인과 같이 한 밀레바마리치의 과학적 업적은 아인슈타인의 노벨상 그늘에 묻혀버렸다.

여성적 리더십이 한국정치 대안

한나라당 박근혜(朴槿惠)(http://www.parkgeunhye.or.kr)부총재는 30일 "깨끗함·섬세함 등 여성적 리더십이 대안(代案)"이라고 강조했다. 이화여대 '여성 직업과 리더십' 특강에서다.

朴부총재는 "정치가 권모술수로 하는 것 같지만 그렇지 않다. 21세기 국가경영에선 효율성이 중요하다"며 "여성의 장점을 살리면 정치가 더 잘 될 수 있다는 희망이 있지 않겠느냐"고 말했다. 또 "정치 불신이 오히려 여성 정치인에 대한 기대를 불러일으킨다"며 "세계적 추세도 그렇다"고 덧붙였다. 수강생들에겐 "가야 할 길도 멀고 할 일도 많지만 여러분들 중에서 최고지도자가 나올 수 있다"고 격려했다. 그러나 朴부총재는 자신의 차기 대선주자 가능성에 대해선 "선택은 국민이 하는 것이다. 신뢰받는 정치인이 되도록 열심히 하겠다"고만 말했다. 한편 朴부총재는 지난달 13일 김영삼 전 대통령에게서 "여성적 리더십이 통하는 세상"이란 조언을 들었던 것으로 알려졌다.

3. 美 기업에 여성CEO 돌풍
− 조직 장악력과 대외 정치력에서 창의력과 유연한 사고 쪽으로 −

최근 미국에서 여성 최고경영자(CEO)돌풍이 거세다. 남성들이 독점하다시피 했던 '코너 오피스'(중역실)에 여성들이 속속 진출하고 있다. 산업의 무게중심이 제조업에서 정보기술로 이동하면서 나타난 현상이다. 경영인의 덕목이 남성에게 유리한 조직 장악력과 대외 정치력에서 창의력과 유연한 사고 쪽으로 바뀐 때문이라고 전문가들은 말한다.

뉴욕의 인터넷 벤처기업인 인포로켓은 지난 11일 월트디즈니와 인포시크 그룹의 합작사인 고 네트워크에서 수석 부사장을 지낸 베스 하거티를 CEO로 영입했다. 인터넷 홈페이지 제작언어인 HTML을 대체할 차세대 언어로 각광받는 XML 개발업체인 미국 님블닷컴도 같은 날 마이크로소프트에서 익스플로러 영업책임자로 있었던 수잔 델벨을 CEO로 기용했다. 컴퓨터업체인 휴렛 패커드는 지난해 7월 미국의 상위 20대 기업 가운데 처음으로 여성인 칼리 피오리나를 CEO로 영입했다. 20여 년 간 AT&T에서 근무하면서 그녀가 보여준 과감한 경영혁신·대형 프로젝트 수행능력이 보수적인 휴렛 패커드를 개혁시킬 것이란 기대를 모았기 때문이다. 여성 경영인의 약진이 두드러진 곳은 컴퓨터·인터넷 등 정보통신분야와 화장품·금융·광고미디어 등 전통적으로 여성시장이 큰 분야다.

인터넷 경매업체인 E베이의 CEO 맥 휘트먼, 인터넷 서점 아마존의 수석 재무전략가 조이 코베이, 온라인 증권업체인 찰스슈왑의 부회장 다운 레포, AOL의 마케팅 담당 사장 잔 브랜트, 세계 7대 광고사인 오길비 앤드 마더사의 CEO 셸리 라자루스, 파이낸셜 타임스, 이코노미스트를 소유한 피어슨의 CEO 마조리 스카디노 등 열거하자면 끝이 없다. 비아그라 돌풍을 일으켰던 화이저의 카렌 케이튼, '드레스 캐주얼'로 인기를 끈 바나나 리퍼블릭의 쟌 잭슨, 바비 인형 제작사인 마텔의 질 바라드 등도 CEO로 활약중이다. 보잉사의 데비 홉킨스는 수석부사장·재정담당이사로 일하고 있다.

4. 여성 소비자층은 여성 임원의 아이디어가 훨씬 중요
- 여성의 다양한 경험과 사고, 의사결정 방식 -

우선 세계화·정보화 시대를 맞아 여성이 능력을 발휘할 수 있는 기회와 분야가 넓어졌다는 점을 들 수 있다. 지난해 말 미국의 대표적 여성 CEO 50명을 선정해 보도했던 경제전문지 포천은 "여성이 남성보다 유연한 사고를 갖고 있어 급변하는 기업환경에 훨씬 빠르게 적응하기 때문"이라고 분석했다. 과거에는 정치력 등 대외관계가 기업경영에 중요한 변수였으나 기술, 창의력 등 순수한 경영능력이 중시되는 것도 여성 돌풍의 중요한 배경이 됐다. 국제적인 경영자 헤드헌터 업체인 콘 페리의 관리이사 만데라인 콘딧은 "과거 기업이사회는 남성 경영자의 사교장이었으나 경영실적이 갈수록 중요해지면서 여성의 다양한 경험과 사고, 의사결정 방식이 큰 의미를 갖게 됐다"고 말했다.

캐털리스트는 최근 기업 이사회에서 여성이 차지하는 비율이 높을수록 수익성이 높았다는 자료를 내놓았다. 여성이사가 최소한 1명 이상 있는 기업이 미국 1백대 기업의 경우 96%였지만 1천위권 중소기업들의 경우 5%에 불과했다. 미국 인구의 51%를 차지하는 여성 소비자층을 공략하기 위해서는 여성 임원의 아이디어가 훨씬 중요해졌다는 것이다.

향후 전망은 미국 사회의 여성 고급인력에 대한 관심이 높아지고 있어 여성 CEO의 수는 계속 늘어날 것으로 보인다. 미국의 여성인력 전문 조사기관인 캐털리스트에 따르면 지난해 미국의 5백대 기업 가운데 CEO · 회장 · 사장 · 수석 부사장 등 최고경영자 계층의 직함을 갖고 있는 중역 2천2백48명 중 여성이 5.1%(1백14명)로 1995년(2.4%)에 비해 2배 이상 늘어났다.

최고 연봉을 받는 중역 2천3백53명 중 여성이 차지하는 비율도 3.3%(77명)로 95년의 1.2%보다 3배 가까이 증가했다. 전체 임원 1만1천6백81명 가운데 여성이 차지하는 비율은 11.9%(1천3백86명)에 이른다. 아봉 프로덕츠, 골든웨스트 금융은 여성이 절반 이상이었다. 웹사이트 서비스 업체인 서클닷컴은 지난 13일 미국 여성기업인협회(NAWBO)와 손잡고 여성 전문가 취업알선 · 교육 등을 담당하는 업무를 새로 시작했다. 이런 추세라면 2064년에는 5백대 기업 중역의 절반을 여성이 차지한다는 게 캐털리스트의 전망이다.

5. 미래 신과학 산업기술 여성에게 이롭게

① 21-2세기의 10대 여성산업을 키우자

인간만의 일과 인간만이 할 수 있는 산업

딸들에게 엔터테인먼트류와 전자상거래 연결의 고부가가치 창출 업종
에 뛰어들 준비를 하게 투자하자. 한 여성학자는 어린 자신의 딸에게
"주영훈 같은 사람이 되라"고 하였단다. 김지미 같은 사람도 되라고 할
수 있겠지. 자신이 새로운 역할을 창조하기도 하고 남에게 창조하도록
자원을 제공하는 능력을 가진 것이 공통적이니까.

엔터테인먼트류는 기존에 여성들이 해왔던 주변인에게 위로와 기쁨을
주는 서비스업의 기업적 변환형태일 뿐이다. 여성들에게 몇 가지의 방
향 전환방법만 익히게 하면 쉽게 도전할 수 있는 종목이다. 마치 IMF
경제체제에서 남편들이 구조조정여파로 해고당하자, 평소에 가정에서
사적으로 해내던 음식기술서비스를 식당이라는 대중적 서비스로 발빠르
게 전환시켜 가족을 살려내 듯, 그러한 노하우로 여성들은 또 다른 유망
여성 업종도 발굴해 낼 것이다.

직접 물건을 팔거나 배달하는 서비스가 아닌 업종 선택!

전세계적으로 기술 및 시장규모가 가장 빠르게 성장하고 있는 분야가
전자상거래다. 하여 전자상거래에 담을 소프트웨어가 미래시장을 좌우

한다. 전자상거래의 초기인 요즈음은 전자상거래가 한국경제의 과제이 자 가능성이다. 성장속도와 잠재력이 엄청나 21세기 경제강국으로 가는 진입로로도 꼽힌다. 한국은 미국 등 전자상거래 선진국을 2~3년의 격 차를 두고 뒤쫓고 있다. 길다면 긴 시간 격차다. 그러나 다른 산업에 비 하면 시차가 짧은 편이다. 전자상거래에 뛰어드는 수많은 기업이 이런 가능성에 투자하고 있다. 잘만 하면 선진국으로의 월반(越班)을 가져다 줄 전자상거래에 여성이 뛰어들 분야는?

한국의 경제 전문가들이 전자상거래에 주목하는 기본적인 이유는 선 진국에 비해 뒤떨어진 물류·무역·금융 등 산업 전반의 경쟁력을 단 숨에 끌어올릴 수 있는 지름길이기 때문이다. 산업연구원은 국내 기업 들이 B2B(기업간 전자상거래)를 전면 도입할 경우➡ 전자 30~35%➡ 유 통 31~33%➡ 자동차 28~31%의 비용절감 효과가 발생할 것이라 분석 하고 있다. 또 선진국에 비해 1.5배 가량 되는 물류비(국내총생산의 16%) 가 크게 줄고, 전자금융의 확산으로 불투명한 거래관행도 개선될 수 있 을 것으로 전망한다. 실제로 LG화학은 지난해 3월부터 구매를 온라인화 해서 구매단가를 최고 15%까지 낮췄다. 중간판매상을 거치지 않고 구매 부서의 업무를 크게 줄였기 때문이다. 지난 한 해 동안 절감한 구매비용 은 8백50억원으로 이 회사 당기순이익(3천2백억원)의 25%를 넘어섰다. 산업자원부는 전자상거래가 활성화되면 거래비용을 떨어뜨려 연평균 0.2~0.4%의 물가 하락효과도 발생할 것으로 보고 있다. 그러나 국내 인터넷 이용자 수는 이미 지난해 1천 5백만명을 넘어섰으나 전자상거래 활성화를 위한 사회적·제도적 인프라는 아직 부족한 편이다.

전자상거래 활성화를 위해선➡ 부품 표준화➡ 동종기업간의 협력 등 이 필수적이다. 그러나 국내 업계는 경쟁사끼리 기본적인 부품을 공유 하는 일조차 거의 없을 정도로 부품 조달체계가 폐쇄적이다. 삼성경제 연구소 정연승 선임연구원은 "전자상거래에서는 거래규모가 커질수록 중간단계 비용이 줄어들어 물건을 사고 파는 업체나 전자상거래회사의 수익이 커지는 '수확체증 효과'가 나타나야 한다"며 "국내에서조차 협력이 안되고 물량이 갈리면 이런 효과를 거둘 수 없으며, 해외 업체와의 경쟁에서 이길 수 없다"고 지적했다. 한편 전자상거래는 거래실적을 투명하게 노출시켜 탈세 소지를 근원적으로 차단한다. 따라서 전자상거래를 통한 매출은 부가가치세 등 세금을 낮춰주는 제도적 지원도 강화돼야 한다는 지적도 있다.

흔히 인터넷판매는 중간판매상을 거치지 않고 구매부서의 업무를 크게 줄였기 때문에 이익이 늘어날 것이라 생각한다. 유통업이라 하더라도… 1차 산업적 전자상거래는 구시대적 기업 관습이고 별 이익을 남기지 못한다. 한 예로 휴지·식료품 등을 인터넷으로 주문 배달해주는 서비스로 전자상거래 초기에 주목받았던 미국 온라인 잡화상 '피포드(http://www.peapod.com)'는 오히려 지난해 한 오프라인 유통업체에 팔렸다. 마진율이 2%에 불과한 데 포장·배달비용은 건당 40달러에 달해 적자를 견뎌낼 수 없었기 때문이다.

반면 개인간 경매를 중개하는 인터넷 업체 이베이(http://www.ebay.com)는 지난해 4천8백만 달러의 순이익을 냈다. 직접 물건을 팔거나 배달하는 서비스가 아닌 만큼 물류·구매 비용 등이 전혀 들지 않은 덕이다.

전자상거래 시장은 이처럼 명암이 뚜렷이 갈리고 있다. 하루에도 수많은 회사가 명멸한다. 전자상거래의 본고장인 미국에서도 이익을 내는 업체는 적은 반면 무수한 업체들이 도산해 전자상거래 회의론이 번지기도 했다. 그러나 최근엔 분위기가 반전되고 있다. 업체들이 그동안 고전한 것은 인터넷을 비즈니스에 적절하게 활용하지 못했기 때문일 뿐 '전자상거래 시장은 이제 시작'이란 주장이 힘을 얻고 있다. 미국 인터넷 마케팅 업체인 액티브미디어(http://www.activemedia.com)는 지난해 1백만달러 이상의 매출을 기록한 미국 전자상거래 업체 중 수익을 낸 곳은 39%

정도지만, 앞으로 1년 안에는 64%로 늘어날 것으로 내다봤다.

미국 마케팅업체인 IDC(http://www.idc.com)는 전자상거래 이용자가 지난해 3억2천만명에서 2003년께에는 약 6억명(인터넷 사용자의 38%)으로 늘어나 시장이 1조6천4백억달러 수준으로 급증할 것으로 전망했다.

여성으로 과학세상 보기

종이·나침반·인쇄술 등과 함께 인류 최고 발명품의 하나로 꼽히는 화약은 중국에서 처음 발명됐다. 화약을 만드는 방법이나 포탄을 적지에 떨어뜨리는 기술을 축적된 경험에 의존해야만 했던 중세까지만 해도 독일·영국 등 북유럽의 문명은 중국이나 이슬람세계에 비하면 야만적인 수준에 머물러 있었다. 그런데 근세에 들어서면서 패권은 유럽으로 넘어갔다. 동양의 경험적 기술은 한계에 부딪힌 데 비해, 유럽이 합리성에 기초를 둔 과학적 방법을 발전시키면서 기술에도 격차가 생기기 시작했다.

단적으로 말해서 17세기 후반에 등장한 뉴턴 역학을 이용해 탄도를 계산해서 포탄을 적진에 정확히 떨어뜨리는 소프트웨어를 가지게 된 유럽은 전쟁에서 쉽사리 우위를 점할 수 있게 된 것이다.

유럽은 화학을 근대 과학으로 발전시켰으나 동양의 화학은 연금술 수준을 벗어나지 못했다. 그래서 '베이징(北京)의 55일'이라는 영화에서 보았듯이 결국 중국은 영국에 무릎을 꿇게 된다.

동양의 기술이 화약이라는 하드웨어를 발명하는데 그쳤다면, 서구는 자연과학이라는 소프트웨어를 발전시켜 보다 큰 힘을 발휘한 것이다. 화약의 발명도 그렇지만 그에 앞서서 청동기·철기문명이 열린 것도 다 경험을 잘 살려 기술화한 인류의 지혜 덕분이다. 효소가 알려지기 수 천년 전부터 인간은 맥주와 포도주를 담가 마셨다. 이처럼 옛날의 발명은 대부분 원리의 이해에 앞서서 경험적으로 이뤄졌다. 그러나 오늘날 과학적 원리를 모르고 새로운 기술을 창출한다는 것은 생각하기 어렵다. 한편 맥스웰 방정식과 무선통신, 채드윅의 중성자와 핵에너지, 양자역학과 반도체나 레이저 등 순수한 과학적 발견이 예상치 못한 기술을 창출한 사례는 끝이 없을 정도다.

가장 좋은 사례는 1953년 무명의 두 청년 왓슨과 크릭에 의한 DNA 이중나선구조의 발견이라 하겠다. 그를 계기로 전통적인 생물학이 분자단위에서 생명현상을 규명하는 분자생물학으로 도약했을 뿐 아니라, 이중나선의 발견은 21세기에 인류복지에 가장 크게 기여할 것으로 기대되는 생물공학의 출발점이 되었다.

기초과학은 응용과학에 기반을 제공하는데 그치지 않고 그 시대의 문화를 규정하기도 한다. 코페르니쿠스 혁명이 얼마나 큰 세계관의 변화를 가져왔는지는 더 말할 나위도 없다.

칼 세이건이 주도한 외계생명체탐사 프로젝트는 얼마나 많은 사람의 상상력을 자극했던가? 허블망원경으로 본 우주를 바라보며 우리는 인간이 수천년 동안 던져왔던 "우리는 누구이며, 어디에서 와서 어디로 가는가?" 라는 질문에 비로소 과학적인 답을 내놓게 된 우리 자신을 발견하게 된다. 우주에서 인간의 위치를 알게 되면 우리의 생각과 언어의 색채가 바뀐다. 일상에서 편한 것과 의미 있는 것을 구분하지 않을 수 없다. 휴대폰을 귀에 달고 다니면서도 주고받는 말의 내용이 허망하다면 과연 편리하다는 것이 무슨 의미가 있을지 의문을 제기하지 않을 수 없다.

그래서 우리는 삶의 콘텐츠를 향상시키는데 있어서 인문학·사회과학의 기여를 필요로 하는 것이다.

서울대 인문대·사회대·자연대 교수들이 기초학문의 중요성을 환기하는 성명서를 발표했다. 국립대학이 실용적인 응용과학이나 공학에서 기업체가 스스로 감당하기 벅찬 부분을 담당하는 것은 당연하다.

그러나 당장 이익을 내야 하는 기업에서 손을 대지 않는, 그러면서도 미래기술의 원천이 될 기초과학을 육성하는 것은 그보다 더 중요한 국립대학의 사명이다. 기초학문은 응용학문의 기반을 제공할 뿐 아니라 삶의 가치를 향상시키는 콘텐츠를 제공하기 때문에 더욱 그렇다.

MIT의 노버트 위너 교수는 "기초과학은 어린 나무와 같아서 가끔 뿌리가 잘 자라고 있나 살펴보기 위해 나무를 뽑아보는 것은 참으로 어리석은 일"이라고 말했다.

우리나라는 그동안 기초과학에서 선진국에 많은 빚을 져왔다. 이제 겨우 뿌리를 내려가는 우리나라의 기초과학이 하루 빨리 풍성한 열매를 맺도록 충분한 물과 비료를 주면서 끈기를 가지고 지켜봐야 할 것이다.

■ ■ ■ ■ ■ ■ 김민숙 서울대 교수(분석학)의 글

IT신기술? 무엇의 약자냐? - IT(정보통신)신기술 개발과 여성 -

인류의 미래를 바꿀 수 있는 신기술개발에 여성의 상황은 어느 정도 고려되며, 여성의 미래는 어떻게 바꾸어야할까?를 곰곰히 생각하며 토론해 보자.

세계 IT기업의 키워드는 인류의 미래를 바꿀 수 있는 '신기술 개발'이다. 지난해 미국에서 특허 출원된 신기술은 모두 18만 여건. 이 가운데 IT기술의 경우 캘리포니아주 팔로 알토 인근에 위치한 IT연구소와 스탠퍼드대 연구팀 등이 기술 개발의 산실 역할을 하고 있는 것으로 평가받고 있다. 제록스의 첨단과학 기술연구소인 팔로 알토 연구센터(PARC)는 특히 '총성 없는 기술전쟁'을 피부로 느낄 수 있는 곳이다. 레이저프린팅 기술과 상업용 마우스, LAN 기술 등을 세계 최초로 개발한 이 연구소는 연내 상용화를 앞둔 신기술을 속속 공개해 미국 전역의 관심을 모으고 있다.

ABC-TV 등 미 언론은 인간 생활을 획기적으로 개선시킬 PARC의 신기술로 전자종이와 모듈라 로봇, 에어젯(Airjet) 등을 지목하고 있다. 3월 상용화 기술개발에 성공, 연말 때쯤 시장에 선보일 전자종이는 수백 만개의 작은 입자로 구성된 플라스틱 소재로 전자 신호에 따라 입자들의 음양이 바뀌며 문자와 그래픽을 만들어 낸다. 종이처럼 구부려 휴대할 수 있으며 플라스틱 소재여서 반영구적인 사용이 가능하다. 전자종이는 우선 백화점이나 식품매장 등의 가격 안내 표시에 먼저 활용될 것으로 보인다. 메이시 등 대형백화점들은 가격변경 때마다 매번 교체해야 하는 기존 종이대신 전자종이를 표시판으로 활용할 계획이다. 휴대폰 이용자들은 전자 신호를 다운로드 받아 전자종이에

인식시키면 신문이나 책처럼 만들 수 있으며, 식당 테이블보로 사용돼 메뉴판과 광고 및 정보, 게임 디스플레이 역할을 하게 된다. PARC 측은 전자종이를 의상소재로 활용, '입는 컴퓨터'도 구현할 계획이다. PARC 미디어담당자인 로이스 윙은 "육군이 어떤 지형에서도 위장이 가능한 군복개발에 관심을 보이고 있다"며 "휴대가 가능한 전자종이 상용화로 장소에 구애 받지 않는 전천후 컴퓨팅(Ubiquitous Computing)이 가능해졌다"고 설명했다. 독자적 기능을 갖춘 수많은 마디 로봇이 하나로 연결돼 복잡한 작업을 수행하는 모듈라 로봇은 재난사고 발생시 인명 구조에 결정적 역할을 할 것으로 기대된다. 이 로봇은 뱀이나 거미처럼 자유자재로 움직이며 인간이 출입할 수 없는 좁은 틈을 파고 들어가 생존자를 확인하고 식량이나 산소를 공급할 수 있다. PARC는 모듈라 로봇의 크기를 줄여 마이크로 단위로 제작, 수술이나 치료를 위해 인체 내부에서 활동할 수 있도록 하는 연구를 진행하고 있어 수 년내에는 의학분야에도 활용될 것으로 보인다.

수백 개의 구멍이 뚫린 판모양의 에어젯은 구멍에서 분사되는 공기를 통해 종이 등의 재료를 원하는 방향으로 정확하게 이동시킬 수 있다. 당초 프린터의 용지 걸림 현상을 해결하기 위해 개발된 이 기술은 각종 제조 공정에서 더욱 효과적으로 이용될 수 있을 것으로 평가받고 있다. 실제 굿이어 등 타이어 제조업체들이 고무 제작 공정에 이 기술을 도입하는 등 활용범위가 확대되고 있다. MIT대와 하이테크 전문지 테크놀로지 리뷰가 최근 출원된 특허 가운데 대표적 기술로 선정한 5개 분야에서도 IT기술이 주류를 차지하고 있다.

PARC와 수km 떨어진 곳에 위치한 휴렛 팩커드(HP)가 개발한 나노와이어칩(nanowire chip)은 반도체의 구성물질을 기존 실리콘 대신 나노미터(10억분의 1미터) 단위의 유기분자(organic molecular)로 대체, 크기는 훨씬 작으면서도 자료 저장용량은 수백만 배 큰 최첨단 슈퍼컴퓨터 개발을 가능하게 했다. 이밖에 PC를 연결해 슈퍼컴퓨터 업무를 수행하는 IBM의 분산컴퓨팅, 광섬유를 통해 자료전송은 물론 냄새나 촉감까지 전달하는 루슨트테크놀로지의 신 라만 증폭기(new raman amplifiers) 등이 미래 IT산업 판도를 바꿀 기술로 주목받고 있다.

■ ■ ■ ■ ■ ■ ■ 팔로 알토(캘리포니아)=이상연기자 kubrick@hk.co.kr

이달초 미국 라스베이거스에서 열린 '넷월드+인터롭 2001'전시회는 세계 정보통신(IT) 업계의 관심이 인간의 음성을 알아듣고 동작하도록 하는 음성 인식에 집중되고 있음을 보여줬다.

이 전시회에서는 한국내 벤처 엑스텔이 미국 센서리에 이어 세계에서 두 번째로 저가형 음성인식칩을 개발, 시연해 주목을 끌었다. 한국과학기술원(KAIST) 이수영 교수로부터 관련기술을 이전 받아 엑스텔이 자체 개발한 음성인식칩은 뇌의 청각기관을 모방한 신경회로망 방식으로 인식률이 95%를 넘는다. 개당 가격이 3~5달러로 20달러선인 동종 제품보다 훨씬 싸다. 음성인식칩은 VoIP(음성데이터통합), 리모컨, PDA, 휴대폰, 차량용 핸즈프리 등에 장착돼 인간의 음성으로 지시하면 동작하도록 해줘 활용범위가 넓다. 하이닉스반도체와 생산 계약을 맺고 8월부터 본격 양산에 들어가게 되면 외국업체가 독차지해 온 음성인식칩 시장 판도를 뒤바꿀 전망이다.

삼성SDS가 다음달 미국 시카고에서 열리는 Cable 2001에 출품 예정인 동영상 레이블링(Laveling) 기술은 짐 캐리 주연의 영화 '트루먼쇼'의 상품판매 방식을 구현시켜 전자상거래 시장에 혁신을 가져다 줄 것으로 평가 받고 있다. 동영상 레이블링은 TV의 일반 프로그램을 변환시켜 화면속 상품을 누르면 곧바로 쇼핑몰로 연결시켜준다. '비전엑트'로 불리는 이 신기술은 시청자가 프로그램을 시청하다가 어느 탤런트가 입고 있는 옷이 마음에 든다면 마우스로 옷을 클릭하면 된다. 그러면 화면이 해당 옷을 파는 쇼핑몰로 바뀌고 주문을 할 수 있다. 동영상 레이블링 기술의 원리는 방송 프로그램에 나오는 상품의 대표 프레임을 추출해 하이퍼링크를 달아주는 것. 광고를 구매로 연결시켜준다는 점 때문에 세계 각국에서 개발을 서둘러왔으며 삼성SDS가 세계 최초로 개발했다. 일반 TV프로그램에는 사용할 수 없지만 셋톱박스가 장착된 인터넷 TV나 디지털TV에서는 사용 가능하다.

비전인터렉티브가 최근 개발한 얼굴인식시스템은 편리성이 뛰어나 기존의 홍체·지문 인식시장을 빠르게 잠식해갈 것으로 전망된다. 문앞에 2, 3초만 서있으면 비전게이트로 불리는 얼굴인식시스템이 직원 얼굴을 확인하고 자동으로 문을 열어 줘 눈이나 손을 갖다 대야하는 홍체, 지문인식시스템에 비해 편리성이 뛰어나다. 얼굴인식시스템의 원리는 얼굴에 나타나는 특징 30~40가지를 암호키로 저장해 두었다가 실제와 비교하는 것. 기술적으로 해결해야 할 점이 많아 올해 들어서야 상용화가 시작됐다. 이 시스템은 현금 출납기, 신원·여권 확인,

VIP(중요인사), 블랙리스트 대상자 관리에도 쓰일 수 있고 휴대폰, PDA, 노트북, PC에 소형카메라가 장착되는 추세여서 얼굴인식시스템을 채택하면 웹사이트 아이디와 비밀번호를 일일이 외울 필요 없이 곧바로 접속이 가능하다.

■ ■ ■ ■ ■ ■ 정보통신, 2001. 05. 27.(일)

'아비 재택 이론'과 '아비 다수 이론'

과학으로 새롭게 생각하는 방법을 제시하는데 '성(性)'도 빠지지 않고 중요한 자리를 차지한다. 왜? 동물의 암컷과 달리 인간의 여성에게서는 배란기 현상이 밖으로 드러나지 않을까? 과학자들은 '아비 재택 이론'(Father - at - Home Theory)과 '아비 다수 이론'(Many - Fathers Theory)라는 두 가지 상반된 추리를 내놓았다. 전자의 '아빠는 집에' 이론에서 아내는 남편이 바람 피우지 못하게 하려고 '언제 임신할 수 있는지' 감추게 된다. 남편은 확실한 자기의 아이를 낳게 하기 위해 가정에 충실하게 되고, 이는 종족 번식에도 이득이 된다. 반면 후자의 '누가 아빠지?'이론에서 여성은 임신할 수 있는 기간을 감춤으로써 여러 수컷이 헷갈리게 만든다. 아기가 생기면 수컷들이 '자기 아이일지도 모르므로' 해꼬지를 안하니 번식에 유리했다는 것. 어느 쪽이 맞다고 생각하는가? "둘 다 옳다. 단지 인류 역사의 각각 다른 시기를 설명할 뿐"이라는게 책의 결론이다.

「아주 특별한 과학 에세이」의 저자는 과학이란 새롭게 생각하는 지적 게임이라고 인식하게 한다. 그럼 이 인식이 별로 부각되지 않는 과학칼럼 집필에 몰두하는 이유는 무엇일까? 마지막 장에 생각의 일단이 드러난다. 그는 '신과학'으로 포장된 반과학주의의 확장을 경계하면서 과학 지식과 인문학적 소양을 겸비한 저술가의 역할을 강조한다.

게놈정보 가공 여성전문가 키우자

다국적 연구단체인 인간게놈프로젝트(HGP)와 미국의 생명공학업체인 셀레라 제노믹스사는 인간의 DNA 설계도인 게놈(genome · 유전체)의 전모를 공동 발표했다. 사람의 각 세포에 존재하는 DNA 실타래인 게놈은 29억1000만 여 개의 문자(염기: A, C, G, T)로 나열돼 있으며 이 중 세포 내의 생명체 기능을 담당하는 효소와 단백질의 정보를 담고 있는 유전자는 2만 6588개(추가예상 약 1만2000개)인 것으로 드러났다. 또 개인간의 유전정보 차이는 평균염기 1250개마다 1개꼴인 것으로 확인됐다. 앞으로 구체적으로 인간을 구성하는 부품이 몇 개인지, 그 생체기능이 무엇인지는 과학자들이 풀어가야 할 숙제이지만 이번 발표는 인류가 질병으로부터 해방되고 생체부품과 그 작용원리를 파악할 수 있는 토대를 마련했다는 점에서 세계는 박수를 보내고 있다. 이러한 세기적 사건을 지켜보면서 한마디로 두렵다는 생각이 앞선다. 우리의 생명공학 분야 연구 여건은 너무나 열악해 경쟁력이 없기 때문이다. 지금 세계의 제약회사나 생물산업체는 물론 기술선진국들이 국운을 걸고 게놈연구에 달려들고 있는 것은 게놈정보가 바로 산업정보이기 때문이다. 즉 이로부터 신약이 개발되고 유전자 치료 같은 신의술이 생겨나고 있다. 그래서 게놈정보의 지적소유권 문제는 의약산업과 생물산업의 가장 치열한 경쟁 대상으로 등장해 있다. 국내 연구기관과 산업체가 이에 제대로 대처하지 못할 때 우리는 21세기 바이오산업을 포기해야 할지도 모른다. 따라서 우리 여건에 맞는 현실적인 게놈연구의 주제를 설정하고 산학연의 협력을 통한 총력적인 대처가 시급하다. 과학기술부는 1995년부터 게놈 연구의 시범 사업을 추진하였고, 2000년부터는 프런티어 연구 사업을 전개하면서 인간게놈 연구에 박차를 가하고 있다. 그런데 HGP에 아시아 국가 중에서 일본과 중국의 연구기관만 참여하고 있고 한국은 빠져 있다. 현재 국내 연구기관의 게놈정보 산출 능력은 셀레라사의 1% 정도이고 세계 정보 산출력에는 0.1%에도 미치지 못하고 있는 실정이다. 게놈정보의 컴퓨터 저장과 전산 해석 능력을 들여다보면 더욱 걱정스럽다. 인간과 모델 생물의 게놈 정보를 모두 무료로 줘도 담아놓고 분석할 전산시스템이 없고 게놈정보를 국가적으로 집대성할 기관조차 없다.

게다가 국내 연구자들이 산출한 유전정보는 외국기관을 통해 분석해야 하기 때문에 사실상 국내 모든 게놈 정보와 관련 생명공학 연구 결과가 밖으로 새나가고 있다. 더욱이 게놈 정보를 1차 가공할 생물정보학 전문가는 불과 몇 명 뿐이다. 더 나아가 연구에 필요한 게놈 분석장비들과 실험 소재가 대부분 수입품이기 때문에 단위 정보당 산출단가면에서도 국제경쟁력을 확보하지 못하고 있다. 인간게놈 연구는 1차적으로 보건복지를 위한 과제이지만, 기술선진국에서 에너지와 식량, 환경과 같은 주제를 병행 채택하고 있다는 점은 참조할 만하다. 인간게놈 정보와 더불어 모델동물의 게놈 정보는 의약이나 의술 개발에 필수적이며 식물의 게놈정보는 식량과 생물자원을 증산하는데 활용되고 있다. 또 산업 미생물이나 극한 환경 미생물의 게놈정보는 정밀 화학의 대체 산업기술로 이어지기 때문에 듀퐁과 같은 세계적인 화학회사들이 이 게놈정보에 매달리고 있다. 게놈연구는 개별적 접근에서 총체적 개념으로 과학의 패러다임을 바꾸어 놓았다. 즉 정보 전산기술과 로봇기술은 물론이고 화학 물리학 의학 생물학 등 모든 기초 과학분야가 총동원 돼 게놈이라는 주제에 맞추어 생명 현상을 탐구하고 있다. 그 대표적인 사례가 게놈 기능의 학제적 해석과 같은 게놈연구의 후속사업이다. 이 결과 DNA칩과 단백질칩 같은 신과학기술이 등장했고 이어서 분자반도체나 바이오컴퓨터 같은 생체모방기술이 등장할 것이다. 마지막으로 생명의 신비가 유형적인 형태로 다가옴으로써 그 활용 범위를 어떻게 정할지가 새로운 주제로 떠오르고 있다. 생로병사가 수록된 생명의 책이라고 할 인간 유전자 지도는 새로운 가치 기준과 윤리를 요구하고 있는 셈이다

생명조작 … 어린이의 상품화 가장 우려

생명 복제는 신이 준 또 다른 선물 중의 하나임이 분명하지만 이를 이용할 때는 하나님의 뜻을 제대로 헤아리고 시행해야 한다는 주장이 나왔다.

최근 강남대학교 초청으로 내한 강연을 가진 미국 신자연과학연구소(CTNS, Center for theoloy and natural science) 테프 피터스 소장은 이같이 주장하고 생명복제는 후세를 위해 제대로 쓰여야 한다고 덧붙였다. 피터스 박사는 생명복제는 인간복제로 이어지고 있으며 현재 세계 종교학계도 이에 대해 우려하고 있다고 지적했다. 실제로 최근 미국의 한 여론 조사에서 인간복제는 신의 뜻에 대한 거역이라는 비율이 74%를 기록, 아니다(19%)라는 응답의 5배 가량이나 됐다. 식량 증산과 의약개발 등 인류발전을 위해 생명복제는 필요하다는 게 최근 과학계 및 종교계의 추세다. 신과학 연구기관인 CTNS도 "신은 대리자인 인간을 통하여 계속해서 창조하신다고 보여질 수 있기 때문에 복제는 잠재적으로 선하다"고 최근 발표했다. 하지만 CTNS는 복제가 만약 인간 생식에 이용된다면 아이들의 존엄성이 상품화 전략에 의해 훼손되는 것을 막을 필요가 있다고 경고하고 있다. 현재까지의 인간복제는 인간의 개성과 동일성에 위협을 줄 것으로 우려되고 있으나 실제로는 그렇지 않다는게 신과학계의 입장이다. 신학적으로 볼 때 인간 영혼은 DNA로부터 형성되지는 않으며 영혼은 하나님과의 교감을 통해 사회적으로 형성된다는 것이다. 테드 피터스 교수는 개성 및 동일성 상실의 우려보다는 어린이 상품화에 대한 위험을 조심해야 한다고 경고했다. 생명복제가 몇 가지 고도의 생식 기술과 결합해 아이들을 품질 관리 표준에 따라 취급할 소지를 가지고 있다는 지적이다. 따라서 아이들의 존엄성 보호를 위해 지금이 조치를 취할 필요가 있는 시점이라고 피터스 소장은 강조했다. 인간의 가치와 존엄성은 신에 의해서 주어지는 것. 그러나 이 존엄성이 비윤리적 행위들에 의해 없어지거나 심지어 감소되지는 않더라도 훼손될 수는 있다는 게 피터스 소장의 주장이다. 인간은 성서에 나왔듯 신을 닮은 형태인데 설계를 통해 인위적으로 품질을 조작하는 것은 묵과할 수 없는 죄악이며 이에 대한 인간의 반성이 있어야 한다고 피터스 소장은 지적했다. 피터스 소장은 "신은 과거의 방식으로 잉태된 아기뿐만 아니라 복제된 아기에 대해서도, 그 유전적 조성에 상관없이 사랑하고 있다"며 "우리도 그에 대한 보답을 해야 하지 않느냐"고 덧붙였다.

생활속의 과학과 여성('신과학'과 '불가사의')
– 옛 선조들이 벼이삭이 날 때쯤 들판을 돌며 농악을 울리는 것도 –

과연 그런 일이 가능할까? 우리의 일상생활 주변에서도 이른바 '불가사의'한 일들이 목격되고 있다. 눈을 감고 책을 읽는다든지, 기로 물체의 위치를 옮기거나 인체의 질병을 치료한다든지, 피라미드 구조에서는 영하 40도에도 물이 얼지 않는다든지… 현대 과학에서는 '비과학적'이라거나 '사이비'로 치부되는 이런 현상들을 새로운 과학으로 설명하려는 '신과학(New Science)' 이론이 속속 등장하고 있다. 생체를 둘러싼 에너지장이 존재한다는 생명장이론, 불규칙한 자연현상을 설명하는 카오스이론 등이 대표적이다. 현대과학이 풀지 못한 숙제들을 실험을 통해 밝혀내려는 시도도 광범위하게 진행되고 있다. 공간이동 실험이나 기, 파동, 신에너지 실험 등이 그런 예들이다.

공간이동은 가능하나 = 미국 IBM사는 96년 초 "황당무계"한 광고를 한 과학잡지에 내보냈다. 광고내용은 이렇다. 미국에 사는 할머니가 일본에 사는 친구 할아버지에게 전화를 걸어 자기가 만든 닭고기 요리를 팩스로 보냈으니 맛있게 먹으라는 것이다. 일명 "입체팩스" 광고다. IBM 연구소는 실제로 물체를 분해해 공간이동을 시킨 후 다른 곳에서 나타나게 하는 팩스 기술을 연구중이다. 한 곳에 있는 물체를 양자(quantum) 상태로 분해해 송신한 후 이를 바탕으로 물체를 재구성하는 기술적 근거를 논문으로 밝히기도 했다. 공간이동을 입증한 사례도 있다. 지난 97년 12월 과학저널 "네이처"에는 깜짝 놀랄만한 논문 한 편이 실렸다. 오스트리아 인스부르크대학 연구팀이 텔레포테이션(teleportation : 물체의 순간이동)을 실험으로 입증했다는 것. 이 실험은 광자 수준에서 이뤄졌지만 과학자들은 원자나 이온 같은 다른 입자들도 마찬가지일 것으로 보고 있다. 이를 통신에 응용할 경우 지구와 화성간의 통신이 전혀 시차없이 이뤄질 수 있다.

또 피라미드의 신비 = 지난 1959년 체코의 전기기술자 드르발은 이색적인 특허를 획득했다.

특허 제목은 "파라오의 면도기"이다. 피라미드 모형을 만든 후 그 안에 낡은 면도날를 집어 넣으면 일정 시간이 지나 면도날이 원상태로 재생된다는 것이다. 드르발은 당시 이 특허에서 피라미드는 "특별한 에너지"를 갖고 있다고 주장했다. 국내에서도 피라미드 에너지와 관련된 실험결과가 수차례 나왔다. 한 가지 사례가 한국과학기술연구원(KIST) 정문조 박사의 실험이다. 정 박사는 다 써버린 건전지를 피라미드 모형안에 넣어두었더니 이틀 후 다시 충전돼 있는 것을 확인했다. 또 우유는 일반 대기상태에서는 2~3일이 지나 부패돼 썩는데 피라미드 구조안에서는 4~5일이 지나도 썩지 않는다는 것. 지금까지 밝혀진 피라미드 에너지의 효과는 음식물의 부패가 억제되고 술 담배 등의 미각을 순화시키며 물을 정화시켜 맛을 변하게 하며 식물의 성장을 빠르게 하고 인체 세포를 활성화시켜 피로를 풀어주거나, 각종 질병에 도움이 된다는 것 등이다. KIST 정 박사는 "피라미드는 우주에서 오는 전자파를 주로 수렴해 이를 땅에서 올라오는 지자기와 합류시켜 내부 바닥 한가운데에서 수직으로 3분의1 지점을 활성화시킨다는 것이 여러 실험을 통해 입증됐다"고 말했다.

여자·엄마 손은 약손 - 마음, 파동 에너지

근대 이전까지의 부족사회 중에서는 병을 고치는 사람은 거의 여자나 여자무당이었다. 집에서 아이가 아프면 제일 먼저 해보는 방법이 여성의 손과 마음과 눈과 소리이다. 엄마 손은 약손하며 '호호' 불어주거나 배를 만져 주면 때로 잘 낫는다. 한국표준과학연구원 방건웅 박사는 "만물의 파동을 해석할 수만 있다면 의학 약학 심리학 재료과학 등 생체와 관련된 모든 분야에서 말 그대로 혁명을 몰고올 것”이라고 말했다. 마음으로 기계를 조작한다. 흔히 TV에서 밀봉한 유리병 속에 물체를 집어넣거나 밖으로 꺼내는 초능력자들을 보게 된다. 그러나 이같은 현상은 초능력자들에게만 일어나지 않는다는 게 신과학자들의 주장이다. 호주 시드니공과대학은 실제 실험을 통해 물체를 마음으로 제어하는 초보적인 기술을 개발했다. 이 기술은 사람 머리에서 방사되는 뇌파를 이용한 것으로 장치의 이름은 “마음으로 작동되는 스위치(mind switch)”. 마음속으로 “오른쪽으로 움직여라” 하면 머리에 붙어있는 센서가 뇌파를 감지해 무선으로 컴퓨터에 송신하고 컴퓨터는 뇌파를 해석해 장난감 자동차를 무선으로 제어해 움직이게 한다. 방건웅 박사는 “마음이 갖는 에너지(기)를 일상생활에서 이용할 수 있게 된다면 현대과학이 개발하고 있는 초기술들은 의미를 잃게 될 것”이라고 말했다.

미국에서는 지난 83년 농작물의 생산력을 증대시키는 효과가 있는 “소닉 블룸”이라는 음악을 상품화해 히트를 친 적이 있다. 국내에서도 비슷한 연구가 진행돼왔다. 음악을 들려주면 채소에 벌레가 접근하지 않는다든지, 젖소의 우유 생산량이 늘어난다든지 등이 그런 경우다.

옛 선조들이 벼이삭이 날 때쯤 들판을 돌며 농악을 울리는 것도 이같은 원리에서 비롯됐다는 해석도 있다. 식물이나 동물이 음악에 반응을 한다는 것은 일종의 파동이 갖고 있는 에너지에서 비롯된다는 게 신과학자들의 설명이다.

웹에 이은 또 하나의 네트워크 혁명, GRID

우리네 옛 풍습에 품앗이라는 것이 있다. 개별 가족 단위로는 힘에 부치는 큰 일이 닥쳤을 때 마을 사람들의 힘을 보태 치러내는 것이다. GRID는 한마디로 첨단화한 품앗이라 할 수 있다. 엄청난 자원과 인력이 필요한 고난도의 과제를 효율적으로 수행하기 위해 곳곳에 산재한 고성능컴퓨터, 대용량 데이터베이스, 전문 인력 등 각종 IT 자원을 고속의 네트워크로 묶어 공유, 활용토록 한 협업 시스템이기 때문이다. 예를 들어 서울대 교수가 연구실에 앉아 포항공대에 있는 광가속기를 이용해 얻은 실험 결과를 대전 연구소의 슈퍼컴퓨터로 보내 분석할 수 있다. 이처럼 각종 IT 자원을 총동원한 GRID가 구축되면 기초과학은 물론, 산업 전반의 비약적 발전을 꾀할 수 있다. 전문가들이 GRID를 'e교육, e과학, e산업, e비즈니스의 기반이 되는 신개념의 사회간접자본(SOC)'(데이비드 세인스버리 영국 과학혁신장관), '21세기 국가 경쟁력 강화에 필수적인 IT 인프라'(마츠오카 사토시 일본 도쿄공업대 교수)로 정의하고 있는 것도 이러한 이유에서다. 연구기관간 정보 교류를 위해 고안된 www가 인터넷 혁명을 몰고 왔듯이 GRID가 상용화할 경우 일반인의 인터넷 이용 등 실생활에도 엄청난 변화를 가져올 전망이다. 일례로 저용량 PC를 보유한 가정에서도 영화 '매트릭스'에 등장하는 가상현실 몰입형 게임과 같은 첨단 서비스를 마음껏 즐길 수 있게 된다. GRID 네트워크에 접속만 하면 고성능 컴퓨터 등 각종 자원을 필요에 따라 빌려다 쓸 수 있게 되는 것이다. 또 개인의 정보 및 자원 동원 능력이 무한대로 늘어나 재택 근무 보편화는 물론, '1인 창업', '1인 연구' 등도 가능해진다. 한국과학기술정보연구원(KISTI) 박형우 슈퍼컴퓨팅 개발실장은 "GRID가 보편화하면 기업 연구소 등 직장의 틀을 벗어난 프리랜서 전문가들이 늘어나고, 국경을 넘는 협업 연구 활성화로 국적 개념도 약화해 모국이 아니라 세금을 적게 매기는 나라에 적을 두고 활동하는 연구자들도 생겨날 것"이라고 전망했다. GRID 연구에 가장 앞선 나라는 미국. 슈퍼컴퓨터센터 등 정부출연 연구소를 중심으로 1998년부터 다양한 GRID 프로젝트를 추진하고 있다. 수십 만대의 가정용 PC를 연결해 외계의 생명체를 탐색하는 'SETI@Home' 프로젝트가 대표적인 예. 이밖에 우주항공국(NASA)의 항공기 통합 설계, 미시간대 등이 참여한 지진 예측 분석 사업도 진행중이다.

미래 국가 경쟁력 GRID에 달렸다

정보통신부는 최근 '국가 GRID 기본 계획'을 수립하고, 세계 5위의 지식정보강국 도약을 위한 대장정의 시동을 걸었다. 과학기술부와 협조 체제를 구축하고 대학과 정부출연 연구소, 산업체 전문인력이 참여하는 'GRID 포럼 코리아'를 결성, 탄탄한 GRID 인프라를 구축한다는 것이 기본계획의 골자이다. 이를 통해 IT 생명공학(BT) 나노기술(NT) 환경기술(ET) 등 고부가가치를 창출할 수 있는 미래 도전 과제를 발굴해 지원하는 것은 물론, 자동차 조선 철강 건설 섬유 등 기존 굴뚝 산업의 기술 경쟁력도 한 차원 높인다는 계획이다. 국내 GRID 연구는 이제 막 걸음마를 뗀 단계로, 핵심 자원인 첨단 장비나 전문 인력이 선진국에 비해 크게 떨어진다. 그러나 네트워크 구축만큼은 세계 최고 수준을 자랑한다. 이상산 KISTI 슈퍼컴퓨터센터 단장은 "우리나라는 세계적 수준의 초고속정보통신망과 높은 인터넷 보급률, 신기술에 대한 빠른 적응력 등 IT 강국이 되기 위한 천혜의 조건을 갖추고 있다"면서 "출발은 다소 늦었지만 지금부터라도 고삐를 바짝 죄면 GRID 주도권 대열에 낄 수 있을 것"이라고 말했다.

無線 LAN 세상 …

숙명여대 여학생들이 잔디밭에 앉아 노트북 PC를 두드리는 장면이 소개되면서, 모든 비즈니스 線으로부터의 해방. 무선 랜(LAN : 근거리 통신망) 세상이 열리고 있다. 일반 사무실과 병원 등에서 사용되기 시작한 무선 랜이 대학 캠퍼스, 쇼핑센터, PC방 등으로 급속히 확산되고 있다. 무선으로 데이터를 송수신할 수 있게 해주는 무선 랜은 "선(線)"으로부터 해방된 세상이 어떤 것인지 생생하게 보여준다. 무선 랜은 생활과 비즈니스의 패턴을 혁명적으로 바꿔놓고 있다.

무선 랜 대중화의 발원지는 대학 캠퍼스다. 1999년 숙명여대 여학생들이 잔디밭에 앉아 노트북 PC를 두드리는 장면이 소개되면서 무선 랜이 우리 생활 속으로 들어오기 시작했다.

지금은 숙명여대를 비롯, 서울대 연세대 서강대 한양대 경북대 전북대 한림대 등이 경쟁적으로 무선 랜을 도입하고 있다. 이들 대학 학생들은 학교에서 무선랜카드와 노트북 PC를 빌려 유선에 연결하지 않고서도 대학내 아무 곳에서나 인터넷 서핑은 물론 수강신청, 과제물 전송, 도서관 자료검색 등을 하고 있다.

서울대 법학부 3년생인 육해공(25)군은 "교수들이 인터넷 가상대학에 강좌를 올리면 무선랜카드가 장착된 노트북으로 이 강의를 듣거나 수강소감, 토론의 장으로 활용하고 있다"고 말한다. 무선 랜을 도입한 병원의 모습은 처음보는 사람들에게는 조금은 생소하다. 4개 병동 중 1개 병동에서 무선 랜을 시범운영을 하고 있는 인천 길병원의 모습을 잠깐 들여다보자. 이 병원 간호사들은 의사들과 함께 회진을 할 때 꼭 노트북 PC를 지참한다. 의사 진찰이 끝나면 그 결과를 노트북에 입력하고 동시에 무선 랜을 이용, 중앙의 PC로 전송한다. 이렇게 전송된 자료는 일정기준에 따라 분류돼 환자치료에 활용된다.

"무선 랜 혁명"을 웅변하는 장면인 셈이다. 최근 개장한 인천공항 출입국 심사대에도 무선 랜이 설치됐다. 인천공항 관계자는 "공항내 안전을 맡는 책임자들이 PDA(개인휴대통신)를 들고 다니며 수상한 사람들의 신원을 무선 랜으로 조회하고 있다"고 전한다. 인천공항내 한국관광공사가 운영하는 면세점에도 무선 랜이 깔렸다. 20여 개의 POS(판매시점관리) 기기를 무선 랜으로 연결했다. 이밖에도 무선 랜 활용사례는 많다.

포항제철 포항공장은 공정원격제어장비에 무선랜시스템을 도입했다. 현재는 2Mbps를 쓰고 있는데 11Mbps 시스템을 테스트중이다. 유통업체나 물류업체가 재고관리를 하려면 일일이 창고에서 물량을 세봐야 한다. 하지만 무선랜을 도입하면 PDA나 노트북으로 한 상품의 바코드를 인식시킨 다음 "곱하기 얼마 → 엔터"하면 재고상황이 간단히 메인컴퓨터로 전송된다.

그래서 그랜드마트 등 할인점과 백화점으로 그 수요가 확산되고 있다. 삼성생명 보험설계사들은 무선 랜 도입이후 사무실을 들락거리며 노트북에 선을 연결했다 뽑았다 하는 불편이 크게 줄었다. 삼성디지컴 간태환 부장은 "일반 사무실에 무선 랜을 가설하면 레이아웃을 바꿀 때 별도 작업이 필요없어 비용절감 효과가 크다"고 말했다. 속도도 유선 랜과 비슷한 11Mbps급이어서 무선모뎀을 통한 인터넷보다 훨씬 속도가 빠르다. 인터넷망을 쓰다보니 통신요금도 따로 안 드는 장점이 있다. 한국전자통신연구원(ETRI)에 따르면 세계 기업용 무선랜 시장은 올해 10억 8천만달러, 3년 뒤인 2004년에는 22억달러에 이를 것으로 전망된다.

삼성전기 관계자는 "공중전화부스에 무선접속장치를 설치해 시내 어디서든지 초고속 무선 랜을 즐길 수 있는 날이 올 것"이라고 미래 모습을 그려 보였다.

[미래과학 글짓기]

미래과학에도 문제점은 있다.

6학년 1반 이효진

오늘날 우리는 과학의 큰 도움으로 살아가고 있다.

지금 이렇게 컴퓨터로 자신의 생각을 입력하는 것, 프린터 하는 것, 전기를 켜는 것, TV를 켤 때 간단히 리모컨으로 조정을 한다는 것 등 집안일, 학교생활을 비롯한 모든 사회 생활에서 수많은 편리한 과학이 이루어지고 있다.

그러나 인간은 지금이 충분히 편리함에도 불구하고 더 많고 더 풍부한 것을 원한다.

물론 그로 인해 모두가 편해지고 세상이 평화로워진다면 좋겠지만 모든 것에는 단점이 있기 마련이다.

최근 발체프박사 연구팀에 의해 발명된 사상 최초의 인공뇌 '신경컴퓨터'라는 생각하는 컴퓨터까지 개발되었다고 한다.

그러나 이 컴퓨터는 아기처럼 조심히 다루지 않으면 범죄를 저지를 수도 있고, 무시무시한 괴물로 변할 수도 있다고 한다.

지금 우리도 이 '신경컴퓨터'와 비슷한 위치에 있다.

지금 이대로 계속 과학이 발전해 나간다면 로봇이 집안일을 하는 것, 상상에서만 가능했던 모든 것들이 보편화될 것이다. 그러한 편리한 생활을 하는 것이 편하긴 하겠지만 연속적으로 살아간다면 사람은 그야말로 돼지가 되어버릴 것이다.

사람은 할 일이 있기 때문에 이 세상에서 살고 있는 것이다. 자신의 목표를 알고 이루기 위해…

그러나 과학발전이 모든 것을 해결해 준다면 사람들은 할 것도 없이 아무것도 안한 채 누워서 밥이나 먹고 그것도 귀찮으면 작은 약 하나만 먹어서 평생동안 배가 고프지 않아서 밥을 먹으려고 일어나지 않아도 될 것이고 눈빛으로 모든 사회 활동을 해결하고 동물과의 의사소통도 가능하며 자신이 사랑하는 동물이라면 자신처럼 말도 하게 하고, 사람과 같은 대우를 해준다면 완전히 사람과 동물과의 차이는 없어질 것이다.

또한 사람이 생각하지 않아도 그냥 컴퓨터가 다 원하는 것을 해결해 주기 때문에 내가 기르는 동물과 다름없는, 생각 없는 짐승의 하나가 될 것이다.

그렇게 된다면 세상이 혼란스러워질테고 세상은 더 잘 하려다가, 더 편리하게 하려다 오히려 모든 것이 마비된 빛이 없는 어둠속에서 살아갈 것이다.

새 천년이 되면서부터 갑자기 미래과학으로 모든 시선이 집중되고 있는 가운데 우리 모두가 더욱더 신중히 생각하고 또 생각해서 편리하고 질서 있는 대한민국을 만들도록 노력해 보았으면 한다.

SPACEGLUE(공간 접착)

초등학교 시절에 교실에서 공부를 하다보면 책상 위에 학용품이 이리저리 어지럽게 널려있는 경우가 많습니다.

가끔 연필이나 지우개가 도르르륵 굴러서 바닥에 떨어지는 상황이 발생합니다.

깔끔하고 주의력이 산만하지 않은 학생들은 물론 이런 경우가 드물겠지만 간혹 실수를 한 경험은 누구나 한번쯤은 있을 것입니다.

그래서 생각한 것이 공간 접착제입니다.

학용품을 사용한 후에 책상 위의 아무 공간이나 손이 닿기 쉬운 위치에 연필을 그냥 놓으면, 바닥으로 떨어지지 않고, 그대로 공간에 위치하면 매우 편리하겠다는 생각을 했습니다.

그때는 막연히 생각만 하고, 불가능한 희망일 뿐이라고 치부하였습니다.

중학생이 되었을 때 불가능이 현실로 가능하게 되었다는 소식을 접했습니다.

컴퓨터가 발전하면서 윈도우를 이용한 운영체제가 세상에 모습을 드러낸 것입니다.

아 이것이구나! 윈도우라는 창이 책상이었고, 작업을 하는데 필요한 도구는 필요할 때 언제나 사용할 수 있도록 가지런히 창 위에 가만히 자리잡고 있는 것이었습니다.

사람들은 살아가면서 가끔 엉뚱한 생각을 합니다.

그 시대의 관념으로 판단하기를, 불가능한 것이라고 치부해 버리는 주위의 많은 사람들에 의해서 무시되곤 하지만 지구의 어느 곳에서는 그것을 현실로 보여주는 개척자들이 있습니다.

역사적으로 이름을 남긴 사람들을 보면, 그분들의 생각을 주변에서 아무도 인정해 주지 않는 경우가 많습니다.

사람들은 새로운 것을 원하면서도, 그것을 손에 쥐어 주기 전에는 믿으려 하지 않고 배척합니다.

새로운 것을 창조할 수 있는 가능성을 가진 사람들 중에 극소수만이 굴하지 않는 신념으로 고독하게 그 뜻을 이룹니다.

그러나 많은 사람들이 그들의 영감을 현실화시킬 수 있는 격려와 자극의 결여로 인하여, 꿈을 접고 다른 길을 가는 경우가 있습니다.

spaceglue는 꿈과 미래를 보는 사람들을 인터넷이라는 매체를 통하여, 만날 수 있게 하는 공간이며, 그들의 힘을 모아서 현실화시킬 수 있는 접착제 역할을 하는 연결 고리입니다.

뛰어난 인재들은 혼자의 힘으로도 창조를 합니다.

그러나 여럿이 모여서 토론을 하면, 간혹 무심코 지나칠 수 있는 문제점을 발견할 수 있고, 개선된 대안을 제시할 수 있으며, 시간을 앞당길 수 있습니다.

spaceglue는 꿈이 있는 사람들의 참여로 존재합니다.

spaceglue는 팀의 구성을 기획하고, 팀의 운영을 지원하며, 미래 과학에 관한 힌트를 제공합니다.

소프트웨어 개발과 미래 과학에 관계되는 어떤 분야의 전문가도 참여할 수 있으며, 직장인과 학생을 위한 파트 타임제 팀도 구성될 예정이니, 폭넓은 관심을 바랍니다.

가정용로봇 인터넷 '척척'

동영상전송 – 이메일 읽어줘

가정용 로봇이 진화하고 있다. 기술변화의 핵심은 네트워크 기능. 공장에서 프로그램한 그대로만 움직이는 것이 아니라 로봇이 인터넷을 검색하고, 새로운 기능도 확장할 수 있도록 업그레이드가 가능해진 것이다. 99년 5월 일본 소니가 로봇강아지 '아이보(AIBO · Artificial Intelligence roBOt)'를 선보인데 이어 NEC · 혼다 등 일본 업체와 삼성전자 · 우리기술 · 한국과학기술원을 비롯한 국내 기업 및 연구기관도 가정용 로봇 개발에 박차를 가하고 있다.

• **로봇, 인터넷을 만나다** = 소니는 이달 초 아이보 탄생 2주년을 맞아 새로운 소프트웨어 3종을 발표했다. 이 중 가장 혁신적인 것이 인터넷 접속기능을 갖춘 '메신저'다. 메신저를 설치하면 로봇 강아지가 무선랜을 이용해 주인의 PC에 접속, 새로운 이메일이 도착했을 때 소리를 내서 알려주고, 편지 내용을 읽어주기도 한다. 주인이 지정한 웹사이트에 있는 글도 읽을 수 있다.

또 PC에서 로봇을 원격 조종하는 네비게이션 프로그램은 100m 떨어진 거리에서 아이보가 춤을 추도록 명령할 수 있다. 이 밖에 11가지의 게임 기능을 담은 '파티 마스코트' 프로그램도 소개됐다. 소니는 6월부터 3가지 프로그램을 각각 150달러에 시판할 계획이다. 로봇 가격이 1500달러인 점을 감안하면, 지능을 높이는데 만만찮은 추가 비용이 드는 셈이다.

NEC도 최근 인터넷 검색과 메시지 전달 기능을 갖춘 가정용 로봇 '파페로(PaPeRo · Partner-type Personal Robot)' 시제품을 공개했다. 파페로는 액정 화면이 달려 있어 인터넷으로 동영상을 주고 받을 수도 있으며, 650개의 단어를 알아듣는다. NEC는 올 연말 10종의 파페로를 동시에 출시해 소니의 아이보에 도전할 계획이다.

미국의 마이크로소프트는 PC 운영체제인 윈도를 4~8MB 크기로 압축해 가정용 로봇에 적용하는 연구를 진행중이다. 미국의 스티븐 스필버그 감독은 6월 말 성 관계가 가능한 섹스로봇을 소재로 한 공상과학 영화 '인공지능(AI, 개봉 · 상영 중임)'을 선보일 예정이다.

• **국내도 로봇개발 열기** = 삼성전자는 23~25일 서울 코엑스에서 열린 공장자동화 전시회 'KOFA 2001'에서 인터넷 기능을 갖춘 생활로봇 2종을 공개했다. 삼성전자의 가정용 로봇 아이꼬마(iCOMAR)는 펜티엄MMX 266MHz CPU를 두뇌에 채택했다. 카메라, 마이크, 인체감지 센서 등이 있어 외부에서 로봇을 원격제어해 집안 내부를 감시할 수 있을 뿐 아니라 영상통신도 할 수 있다. 삼성전자는 로봇이 가족을 인식하고 대화도 할 수 있으며, 가족간 메시지 전달이 가능하다고 설명했다. 장난감 로봇 앤토(ANTOR)는 20개의 관절이 있어 다양한 팔, 다리 동작과 허리, 몸 동작이 가능하다. 무선조종이 가능하고, PC프로그램을 통해 컴퓨

터로 제어할 수도 있다.

제어설비 업체 우리기술도 한국과학기술연구원과 함께 개발한 로봇 '아이작(ISSAC)'을 'KOFA2001' 전시회에서 선보였다. 아이작은 인터넷 신문 등 웹문서를 소리로 변환하고 동영상을 전송할 수 있다. 한국과학기술원 양현승 교수팀도 최근 인간과 문장으로 의사소통이 가능하고, 감정까지 표현할 수 있는 휴먼로봇 '아미(AMI)'를 개발했다.

로봇 자동제어 기술을 개발하는 포이테크놀러지의 정재묵 사장은 "로봇개발 업체들이 인터넷 접속 및 원격제어 기능을 강화하는 추세"라며 "하지만 네트워크 기능을 갖춘 로봇은 고가품이어서 대중화에는 다소 시간이 걸릴 전망"이라고 말했다. 실제로 삼성전자가 내년 상반기에 판매할 로봇 가격은 200만～300만원대이며, 우리기술의 아이작은 700만원이 넘는다. 폭 넓은 음성인식 기능이나 장시간 작동하기 위한 배터리 기술도 해결해야 할 과제다.

'가정부 로봇' 잇단 개발

로봇이 집안 일을 거들어주고 방범까지 책임지는 시대가 성큼 다가왔다. 지난해 아이작 아시모프 소설을 영화화한 '바이센테니얼맨'에서처럼 '가정부 로봇'이 국내 연구진들에 의해 속속 개발되고 있다. 제어설비 생산업체인 우리기술은 한국과학기술연구원(KIST)과 함께 가정용 홈로봇 '아이작(ISSAC)'을 개발했다. 키 71.5cm에 몸무게 20kg인 아이작은 PC를 기반으로 한다. 센서가 있어 장애물을 피해 다닐 수 있고 카메라를 눈처럼 부착, 주변 영상을 실시간으로 전송하기도 한다. 음성인식·합성 기능을 지녀 간단한 지시어를 알아듣고, 인터넷 신문 등 웹 문서를 소리로 변환해준다. 삼성전자도 '아이꼬마(iCOMAR : internet COmmunicable Mobile Avatar Robot)'와 '앤토(ANTOR : ANdroid TOy Robot)' 등 인간친화형 생활로봇 2종을 선보였다. '아이꼬마'는 키 60cm·무게 10kg으로 펜티엄MMX 266MHz CPU를 내장, 자율이동·음성인식 등이 가능하고 간단한 대화도 할 수 있다. 또 카메라·마이크·인체감지 센서 등도 장착했다. '앤토'는 키 35cm·무게 2kg으로 관절 20개를 가질 수 있도록 설계, 다양한 몸 동작이 가능한 장난감 로봇이다. 리모컨으로 조정할 수 있다. 아직 상용화하기엔 장시간 운용할 수 있는 충전 배터리 기술이 처지고, 비싼 가격(아이작은 700만원)이 걸림돌이지만 삼성전자 메카트로닉스센터 김성권 부사장은 "늦어도 내년 상반기부터는 본격적인 판매에 들어가는 게 목표"라고 말했다. 이 로봇들은 22~25일 코엑스에서 열리는 공장자동화관련전시회 'KOFA2001'에서 볼 수 있다.

미래를 탐구하고 그에 대비하려는 노력은 끝없이 지속되어야 한다. 이는 어쩌면 유사이래 인류가 언제나 탐구의 대상으로 삼았던 것인지도 모른다. 그러나 미래학이 계속 우리의 관심의 대상이 되어야 하는 이유는 첫째, 미래학은 현재 진행되는 사건에 대한 해석의 틀을 제공하고 둘째, 극복대상과 함께 여러 대안들의 선별기준을 제공하며 셋째, 여러 기회를 노출함으로서 미래에 대해 세웠던 가정들을 검토할 수 있게 한다는 데 있다. 이것이 곧 내일의 이정표를 세워줄 것이기 때문이다. 소위 선진국에서는 학계, 정부, 기업 등 어느 분야 가릴 것 없이 오늘의 갈등 해소도 중요하고 당장의 비합리를 합리로 바꾸는 것도 중요하지만 그럴수록 미래로 눈을 돌리고 내일의 사고방식과 행동양식을 몸에 익히고자 한다. 우리도 얼마나 미래지향적인 사고와 행동을 익히느냐에 따라 개인의 인생은 물론 그가 속한 조직과 우리나라의 성패까지도 달라지게 될 것이다.

인간의 미래 사회 창조에는 ① 미래 창조를 위해서 인간 양성의 진정한 행복을 염두에 두고 능력을 최대한 발휘하려는 의지 ② 실현 가능한 대응책을 마련하여 실천하려는 노력 필요 ③ 미래 창조 과정에서는 구성원들의 합의와 협동 및 객관적 검증과 비판이 필요하다.

미래 여성의 역할모델을 생각해보자

다음은 '또 하나의 문화'에서 내놓은 바람직한 지구촌 자매들의 '자신의 태도를 점검해 봅시다'이다. 각 항목마다 토론해 보고 실천할 것은 실천해 나갑시다.

경제적 독립

	그렇다	확신이 안선다	아니다
1. 언제든지 경제적으로 자립할 능력이 있다.	( )	( )	( )
2. 이성과의 데이트를 포함한 만남의 비용은 공동부담을 원칙으로 하여 지킨다.	( )	( )	( )
3. 결혼할 경우 가산은 부부 공동명의로 한다.	( )	( )	( )
4. 아무렇지 않게 식당이나 극장에 혼자 들어갈 수 있다.	( )	( )	( )
5. 혼자 장거리 여행을 할 수 있다.	( )	( )	( )
6. 자신이 한 일이 후회될 때, 남이 관련되어 있어도 남을 탓하지 않고 자신이 책임진다.	( )	( )	( )
7. 나이를 먹는 것에 대하여 위축감을 느끼지 않는다.	( )	( )	( )
8. 자신이 옳다고 믿는다면 기존 규범에서 벗어난 행동이라도 실행에 옮길 수 있다.	( )	( )	( )

9. 남과 다르다는 점에 불안감을 느끼지 않는다.

( )   ( )   ( )

10. 자신의 정체성을 혈연·지연·학연 또는 단체나 조직의 가
입 등에서 찾지 않는다.

( )   ( )   ( )

11. 운동, 요가, 명상 등으로 체력관리를 하고 있다.

( )   ( )   ( )

역사 의식

12. 나만 자족하고 살면 된다는 식의 이기적 개인주의에서 벗어났다.

( )   ( )   ( )

13. 나는 동시대인들과 함께 역사를 만들어 가는 사람으로서 연
대감을 소중히 여긴다.

( )   ( )   ( )

14. 항상 의식은 행동으로 연결되어야 한다고 생각한다.

( )   ( )   ( )

15. 끊임없이 자신이 누군가를 억압하고 있지 않은지 그리고 자
신의 일상생활인 전공분야가 인간의 미래와 어떻게 연관되
고 있는가를 생각한다.

( )   ( )   ( )

16. 심각한 외채부담을 안고 있는 나라의 국민(1985년 현재 국민
1인당 90만원)이기 때문에 절약하며 검소하게 산다.

( )   ( )   ( )

17. 매일 신문의 사설을 포함한 정치, 경제면을 읽는다.

( )   ( )   ( )

18. 한국사에 관심을 갖고 어떤 형식으로든 항상 공부하고 있다.

( )   ( )   ( )

19. 지구촌의 운명을 위협하는 자원고갈, 인구문제, 핵무기 및
공해문제 등에 대하여 저항할 준비가 되어 있다.

( )   ( )   ( )

20. 우리 것을 찾는 일에 집착하여 남의 것을 배척하는 오류를
범하지 않는다.(국수주의 극복)

( )   ( )   ( )

반 성차별 주의

21. 이성을 대할 때의 태도가 동성을 대할 때와 변함없다.

　　　　　　　　　　　( )　　　( )　　　( )

22. 부드러움과 적극성이 조화된 양성적 인간이 되기 위해 노력한다.

　　　　　　　　　　　( )　　　( )　　　( )

23. 남의 결혼여부에 관심을 두지 않는다.

　　　　　　　　　　　( )　　　( )　　　( )

24. 아기를 낳은 사람에게 '딸이냐' '아들이냐'를 묻지 않는다.

　　　　　　　　　　　( )　　　( )　　　( )

25. 이성친구나 결혼문제로 삶의 페이스를 잃지 않는다.

　　　　　　　　　　　( )　　　( )　　　( )

26. 둘 다 직장을 가질 경우, 육아와 가사일은 균등히 분담함을
　　원칙으로 한다.

　　　　　　　　　　　( )　　　( )　　　( )

27. 자신의 부모와 배우자의 부모에 대한 동등한 의무를 느낀다.

　　　　　　　　　　　( )　　　( )　　　( )

28. 청첩장에는 아버지, 어머니 이름을 나란히 올리고, 틀에 박
　　힌 결혼식을 지양한다.

　　　　　　　　　　　( )　　　( )　　　( )

29. 여성운동은 공평하려는 의지와 사회적 의식수준의 문제이지
　　신체적 성과 직결된 여성만의 문제가 아니라고 생각한다.

　　　　　　　　　　　( )　　　( )　　　( )

30. 자기 능력만 있으면 남녀차별이란 쉽게 이겨낼 수 있다고
　　더 이상 생각하지 않는다.

　　　　　　　　　　　( )　　　( )　　　( )

31. 몸치장에 하루 20분 이상 소모하지 않는다.

　　　　　　　　　　　( )　　　( )　　　( )

32. '여류시인' '사내다운' 등의 성차별적인 언어를 쓰지 않는다.

　　　　　　　　　　　( )　　　( )　　　( )

민주, 시민의식

33. 약속한 것은 꼭 지킨다.

　　　　　　　　　　　( )　　　( )　　　( )

34. 조직에 의한 강제를 거부하며 자발적으로 조직활동에 참여

해 왔다.

( )　　( )　　( )

35. 가족 구성원, 특히 자신의 세대와 자녀세대에 있어서는 마음
을 터놓고 무슨 이야기든 토론할 수 있는 분위기를 만들어
가고 있다.

( )　　( )　　( )

36. 자녀입양을 실천해 옮길 수 있다.

( )　　( )　　( )

37. 자신의 아이가 대학 진학을 원치 않을 때 그 의견을 존중한다.

( )　　( )　　( )

38. 엘리티즘은 민주사회를 이루는 데 커다란 장벽이라고 생각한다.

( )　　( )　　( )

39. 계층간의 불평등은 우리 모두가 해결해야 할 과제이다.

( )　　( )　　( )

40. 합의에 도달하기 위해서는 토론과 타협에 드는 시간을 낭비
라고 생각하지 않는다.

( )　　( )　　( )

41. 신문, TV 등 매스컴의 횡포에 대하여 투고나 항의 전화를 게
을리 하지 않고, 시민의 권리가 침해받을 때 침묵하지 않는다.

( )　　( )　　( )

42. 자신의 속한 집단에서 소외당할 것을 크게 두려워하지 않는
다. 대신 새로운 공동체를 형성해 나가는데 힘을 기울인다.

( )　　( )　　( )

43. 어떠한 장소에서도 당당하게 자신의 의견을 발표할 수 있다.

( )　　( )　　( )

나이든 사람 지혜롭게 살기

늙으면 설치지 말고 미운 소리, 우는 소리, 헐뜯는 소리 그리고 군소릴랑 하지도 말고 조심조심 일러주고, 알고도 모르는 척 어수룩하소 그렇게 사는 것이 평안하다오. 이기려하지 마소, 저주시구려. 한 걸음 물러서서 양보하는 것, 지혜롭게 살아가는 비결이라오.

돈, 돈 욕심을 버리시구려. 아무리 많은 돈 가졌다 해도 죽으면 가져갈 수 없는 것, 많은 돈 남겨 자식들 싸움하게 만들지 말고, 살아있는 동안 많은 뿌려서 산더미같은 덕을 쌓으시구려. 언제나 감사함을 잊지 말고 항상 고마워하시구려.

그렇지만 그것은 곁이야기, 정말로 돈놓치지 말고 죽을 때까지 꼭 잡아야하오. 옛 친구 만나거든 술 한잔 사주고 손주보면 용돈 한푼 주 돈있어야 늘그막에 모두가 받들어 준다나...우리끼리의 말이지만 사실이라오.

옛날 일들일랑 모두 다 잊고 잘난체 자랑일랑 하지를 마소. 우리들의 시대는 다 지나갔으니 아무리 버티려고 애를 써봐도 이몸이 마음대로 되지를 않소.

그대는 뜨는 해, 나는 지는 해, 그런 마음으로 지내시구려. 나의 자녀 나의 손자 그리고 이웃 누구에게든 좋게 뵈는 늙은이로 살으시구려. 멍청하면 안되오, 아프면 안되오, 늦었지만 바둑도 배우고 기체조도 하시구려. 아무쪼록 오래오래 살으시구려.

제 9 장

당당한 여성으로 살려주기
- 용기, 행동, 자매애 -

1. 당당한 여성, 여성의 사회참여

1940년대의 미국 워싱턴 D.C.의 여자 경찰

↑ 여성참정권 박탈에 대한 시위 미국 워싱턴 D.C.

확 트인 정치에 실질적인 참여를

정계, 법조계, 금융계, 산업계, 종교계, 언론계, 노동계, 체육계, 학계, 연예계 등의 모든 분야에서 여성들이 적극적으로 당당하게 스스로의 삶을 개척해 나가려는 의식의 전환이 필요하다. 지방자치단체의 의원이나 단체장 선거를 비롯하여 각급 수준의 공무담임권을 적극적으로 당당하게 누리도록 하기 위해 활발하게 참여함 없이 여성의 참다운 정치적 해방은 불가능한 것이다. 남녀평등을 입으로만 외치지 말고 남성과 같다는 것을 여성들이 실천적으로 보여주어야 하며, 왜 우리나라 여성의 참정권은 형식적이고 장식적인가를 탓하지 말고 실질적인 참정권이 이루어지도록 몸으로 행동해야 한다.

이러한 적극적인 참여의 전형적인 사례로는 남장을 하고 당당하고 호탕하게 의정활동을 했던 김옥선을 꼽을 수 있다. 김옥선은 이미 19살부터 사회사업에 나섰고, 25살에는 무소속으로 국회의원에 출마한 뒤에 지구당위원장으로부터 시작하여 도당, 중앙당을 거쳐 정당 공천을 받아 어렵사리 정계에 진출했으며, 서슬 퍼렇던 유신독재에 여성으로서 정면대결을 하고 혼자서 당당히 물러났던 점은 지금도 기억에 뚜렷이 남는 일이다. 김옥선은 여성이기 때문에 숙명적으로 겪도록 강요되어온 굴레를 정면으로 거부하였던 것이다.

손봉숙은 꼼꼼하게, 확 트이게, 바쁘게 일하며 실천하는 삶을 사는 여성 정치인이 되어야 함을 주장하기도 했다. 꼼꼼한 정치와 확 트인 정치라는 것은 여성 정치의 지향이고 정치 자체의 이상형이라고 할 수 있다는 것이다.

모든 상임위원회에 우선해 여성 관련법률의 제·개정 및 의안 사항을 심의 비판하는 것이 여성특별위원회의 주요 업무이다. 특위의 설치에 힘쓴 사람들 가운데는 숙명여대의 총장인 이경숙 총장을 들 수 있다. 국회의원 재직시에 친하게 지내던 정계와 재계, 언론계 인사들에게 꾸준히 특위의 필요성을 역설하고, 건의안에서 은근슬쩍 특위 신설안이 빠진 것을 발견하고 이 총장이 다시 주장해 추가 항목으로 삽입시키기도 했다. 우리나라에서는 3번째로 여성 국제 정치학 박사가 된 이 총장은 활발한 활동을 보이고 있다.

유신체제 하에서 교회여성연합회를 이끌어 나갔던 이우정 의원은 당국에 기생관광정책의 시정을 촉구하는 한편 실태조사 보고서를 작성해 국내는 물론, 세계 여성들에게 인권유린의 탈선관광 현실을 알렸다. 뿐만 아니라 오랫동안 잊혀졌던 한국 원폭피해자들의 문제를 새로운 한일 외교문제로 이끌어 내는 단초를 열기도 했다. 이우정의 등장은 시대 상황과 맞물려 한국 교회 여성운동의 진로를 바꾸어 놓았던 것이다.

1970년대 전태일의 분신과 여성노동자들의 아우성이 송두리째 사회를 뒤흔드는 동안 이우정도 70년대 여성신학과 민중신학을 붙들기 시작하면서 새로운 변화의 시기를 맞게 된다. 1973년부터 1977년까지 이우정의 삶에는 또 다른 체험이 추가된다. 70년대 초 문동환(전 한신대 교수)과 일군의 사람들은 새 삶의 대안으로 공동체 생활을 모색하고 있었다. 그 결실로 문동환의 가족을 비롯해 이우정을 포함한 여섯 가족 16명이 도봉구 방학동에 둥지를 틀고 공동체 생활을 시작했는데, 이 집을 '새벽의 집' 이라 불렀다. 그러나 이 공동체 생활은 이우정과 문동환이 독재정권에 항거하다 구속되고 재판을 받는 등 어려움을 겪게 되고, '새벽의 집' 사람들이 공산주의자로 보도되면서 결국 공동체는 해체되고 말았다.

여성신학에 대한 이우정의 열정은 여성운동에 대한 그것과 병행되고 있었다. 80년대 군부의 강압정치는 그칠 줄 모르는 저항에 맞닥뜨리게 되고 그때마다 군부의 탄압은 거세어져만 갔다. 급기야는 여성에 대한 성 고문까지 자행하고 있었는데, 이를 기점으로 진보적 여성단체들은 84년부터 단일 연대세력을 형성하고 공권력의 성폭력에 대항하고 나서는 동시에 여성생존권 대책위원회를 설치하고 다양한 여성문제 대항 활동을 펴나갔다.

여대생 추행사건 대책활동, 성도섬유 불매운동, 25세 여성조기 정년 철폐운동, 결혼퇴직 반대운동, 노동자, 농민, 빈민 등의 여성운동, 3·8 여성대회개최, KBS시청료 거부운동, 부천의 성 고문 대책활동, 박종철 물 고문 치사사건 등 새로운 여성운동의 물결이 전에 없이 거세게 일고 있었다. 이우정은 이러한 물결의 전면에 서 있었던 것이다. 1987년에 20 여 개의 진보적 여성단체들이 힘을 규합, 여성단체연합(여·연)을 결성 하고 이우정을 초대회장에 선출하게 된다.

1990년대를 맞아 이우정은 또 하나의 삶의 전기를 맞게 된다. 정치를 비판해 오던 재야 인사의 위치에서 정치 당사자로의 변신이라는 극적 전환을 맞은 것이다. 그동안 지속적으로 여성 특위 설치를 위해 일해왔 고, 위원장이 된 이우정 의원은 "여성들이 절실하게 필요로 하는 부분에 대해 남성 의원들의 이해부족으로 의원 입법조차 되지 않은 경우가 많 았는데, 여성 특위의 설치로 앞으로는 의원 입법이 훨씬 용이해져 법률 의 제·개정이 쉽게 이루어질 것이다" 라고 전망했다.

우선 동성동본 금혼 규정 폐지와 남녀고용평등법, 윤락행위 등 방지 법, 영유아 보육법, 성폭력특별법 법률 개정 등을 해결해야 할 문제로 꼽으면서 이를 위해 노력하겠다고 한다. 이와 함께 이 위원장이 중요 해 결 과제로 내놓은 것이 지방자치단체 선거와 관련해 여성단체들이 집중 적으로 요구하고 있는 '여성할당제'이다. 이는 반드시 법률로 정해져야 할 것이다. 여성 특위 산하에 정책을 감시할 전담 부서가 없다는 것이 큰 아쉬움이기는 하지만, 특위가 상임위보다 우선하기 때문에 여성 관 련 청원이 접수되면 이를 각 위원회에 회부하기 전에 특위가 먼저 전체 적인 내용을 심의, 충분한 토론과 심의를 하는 것이 가능하다. 이 특위 는 남녀 평등이 이루어질 때 해체되는 것이다.

14대 후반의 여성 정책을 입안하는 주역인 특별위원회의 위원은 민자 당에서는 주양자, 강선영, 김덕룡, 김형오, 박명환, 박주천, 박종웅, 손학규, 김해석 의원과 민주당의 조세형, 손세일, 신진욱, 김원웅, 문희상 의원, 무소속의 강부자, 차수명 의원 등이다. 여기에 전문위원과 전문위원을 보좌할 심의관이 확보되어 있다.

우리나라에서 국회의원들이 누리는 특권은 매우 많다. 그 중의 하나가 국회에서 직무상 행한 발언과 표결에 관해서 국회 밖에서는 그 책임을 묻지 않는다는 것이다. 이러한 특권으로 인해 국회에서는 갖가지 일들이 벌어지기도 한다. 얼마 전의 박희부 의원의 발언도 그 한 양상이라고 하겠다. "찔찔 짜는 장관이 있는가 하면 심장이 두꺼운 장관도 있고…… 여성 장관이라 마빡이라는 말을 못써서 그렇지만 이마에 바늘로 찔러도 피는커녕 물도 나오지 않을 것……"이라는 둥, 그것도 모자라서 "국회의원이 면책특권으로 말하는데 무슨 대꾸냐…"고 큰소리까지 쳤다고 한다. 여성장관인 김숙희 장관에 대한 어불성설의 성 차별적 망언을 한 것인가, 정신감정이 필요하다는 말까지 나왔다. 한 나라의 국회의원이라는 사람의 입에서 이런 몰지각한 발언이, 그것도 국회의원이 지니는 특권까지 거론하면서 행해졌다는 것은 비난받아 마땅하며, 제명에 처하는 강력한 조처도 고려되어져야 할 것이다. 그리고 이러한 사태들이 더 이상 나타나는 것을 방지하기 위해서는 먼저 이러한 의원을 뽑은 유권자들의 자성으로부터 출발해야 할 것이다. 여자들이 정치적 지위에서 냉대를 받는 현실에 대해 남자 탓이라고 말하기 전에 여자들에게 기회와 자원의 부족이라는 생각을 가지고 적극적으로 정치활동을 추진하고 정치적 삶을 열려는 한시적이나마 할당제를 통한 제도의 개선 실천운동을 벌이자. 여자들이 대통령도 되고 수상도 되고 국회의원도 되어 국정운영의 주도권을 당연히 쥘 수 있다는 신념을 가지고 적극적으로 정계에 나서는 훈련과 실천운동! 그러한 적극적 실천운동이 쌓여진다면 우리나라의 실질적 여성 해방은 머지않아 달성될 것이다.

서기관급 여성 동장 첫 탄생

- 대구 달서구 손문숙 씨 -

전국 최초로 서기관급 여성 동장이 탄생했다.

화제의 주인공은 대구시 달서구 장기동장 직무대리 손문숙(孫文淑·57, 사무관)씨. 손씨는 28일 있은 달서구청 인사에서 인구가 7만명이 넘어 직급이 서기관급으로 돼 있는 장기동장 직무대리로 임명됨으로써 여성으로서는 전국 최초로 서기관급 동장이 됐다. 장기동의 인구는 8만1천 여명이다. 손씨는 "얼마 남지 않은 공직생활이지만 주민들을 위해 최선을 다하겠다"며 여성동장으로서의 포부를 밝혔다. 현재 서기관급 동장은 전국적으로 대구시 달서구 장기동을 비롯, 부산시 해운대구 좌동, 경기도 용인시 수지읍, 경남 김해시 내외동 등 4곳뿐이다.

67년 대구시 사회국 부녀 아동과에서 공직생활의 첫발을 내디딘 손씨는 88년 대구시 동구 가정복지과장을 거쳐 93년부터 달서구청에서 민원봉사과장, 행정지원과장 등을 지냈다. 전 한국토지공사 경북지사장 진재교(陳在橋, 57)씨와의 사이에 2녀 1남을 두고 있다.

■ ■ ■ ■ ■ ■ 한국일보, 2001. 05. 29

2. 드러나지 않는 곳에서 여성의 지위 향상을
위한 삶을 살고 있는 여성들

사이버 우먼 조남주 <인포그루 사장> … 지식유료화 사이트 개척자

조남주(38) 인포그루 사장은 떠오르는 신예 여성 벤처기업가다.

삼성 출신으로 작년 2월 지식거래전문 사이트인 인포그루를 출범시키면서 CEO(최고경영자)로 변신했다.

당시 온라인 지식거래 사업은 조 사장이 처음 개척해낸 분야였다.

조 사장이 국내 처음 IT(정보기술)전문 지식유료화 사이트를 개설하자 이를 따라하는 사이트가 잇따라 생겨났을 정도. 조 사장이 창업을 결행한 것은 "지식의 평등사회"를 구현하기 위해서였다.

"대기업이나 대학, 연구소에 집중된 지식을 중소기업과 민간에도 공유할 수 있는 사업을 해보자는 생각에서 벤처로 나섰다"는 설명이다.

조 사장은 창업 전 삼성에서 자타가 공인하는 "일본통"으로 7년여간 일했다. 그의 경력이 이를 뒷받침한다.

조 사장은 일본 도쿄(동경)공대에서 전산 데이터베이스를 전공, 석사학위를 받은 후 현지 학생들도 입사하기 어려운 NEC에 들어갔다. NEC연구소에서 4년간 리얼타임 OS(운영체제) 연구개발에 몰두하던 중 지난 93년 석·박사급 지역전문가를 대거 스카우트하던 삼성으로부터 제의를 받았다.

조 사장은 삼성SDS로 옮겨 전략기획팀에서 NTT 도시바 등 일본 기업들과 제휴 업무를 담당했다.

97년에는 삼성그룹 비서실에 파견돼 그룹웨어 구축을 맡았다.

삼성SDS에서 일본 영업을 할 때에는 연간 4백만달러 수출이라는 기록을 세우기도 했다.

조 사장은 스스로도 "보스 기질이 다분하다"고 평가한다.

대기업을 떠나 벤처기업가로 변신한 것도 이같은 기질과 무관하지 않아 보인다 .

요즘도 "도쿠카와 이에야스"의 전기를 읽으며 경영자로서의 논리와 마음가짐을 가다듬는다.

조 사장은 요즘 새로운 사업에 도전하고 있다.

사진을 비롯한 각종 이미지를 화질 손상 없이 무선인터넷 등에 알맞도록 축소 변환시켜주는 "이미지 솔루션"의 국내 판매 사업이 그것. "이미지 솔루션을 기반으로 가령 B2B(기업간전자상거래)에 쓸 수 있게 전자카탈로그 시스템을 구축하는 등 어플리케이션 개발에 박차를 가할 생각"이라고 말했다.

조 사장은 삼성SDS 출신 벤처기업가 모임인 "SDS4U"의 부회장을 맡는 등 대외 활동에도 적극적이다.

최근에는 우암닷컴, 큐컴리눅스, 아이온커뮤니케이션 등 벤처기업들과 공동 마케팅 협업체제를 이끌어내는 일에 주도적으로 참여하고 있다.

■■■■■■■ 한국경제, 2001. 05. 29

수입이 제대로 주어지는 것도 아니고, 누가 확실히 알아주는 것도 아닌데도 해야 할 일을 찾아 긴 시간 동안 스스로 적극적으로 일을 하고 있는 여성 단체 소속여성들과, 이웃의 어려운 여성과 삶에 사람의 따뜻함을 표현하는 자원봉사 여성들. 여기저기 자기 몸과 시간과 재원을 아끼지 않은 봉사로 도처에서 열심히 일하고 있는 여성들이 많다.

고재순씨(34)는 국회의원을 보좌하는 극소수의 정책 여비서 가운데 한 사람이다. 한양대 사회학과를 졸업하고 민주당 사무처 요원 공채 시험에 합격해 90년 민주당 사무처 요원으로 정치권에 첫발을 내디딘 후, 약 4년간 남성들의 영역에 도전하면서 보람도 컸지만 말하지 못할 애환 또한 많았다. "공부를 더 하고 싶었고, 정치권에서 여성이 인정을 받으려면 자기 전문 분야를 찾아 능력을 배양할 필요가 있다고 판단했어요. 일도 하고 공부도 하겠다고 결심했지만 두 마리의 토끼를 쫓는다는 것이 쉽지 않은 일이었어요."

그녀는 여자 비서라는 한 가지 이유 때문에 업무를 수행하는데 장애물이 버티고 있어 불편한 점이 한두 가지가 아니라고 한다. 또 여비서가 전화를 하면 '별일 아닌 모양'이라고 생각하는지 협조를 안 해주는 일이 많다고 한다. 또 여비서가 의욕적으로 일하는 것을 좋게 봐주기보다는 '너무 설친다', '드세다'는 식으로 본다고 한다. 그러나 고재순 씨는 "어떤 분야에서 일하든 자기 분야를 확고히 다지는 일이 중요하다."면서 여자 기죽이는 정치 풍토를 깨겠다고 말했다.

미국에서도 처음에는 옷 잘 입고 멋있는 여대생에게 상을 수여했으나 최근에는 최고의 학업성적과 사회활동을 벌이고 있는 학생 지도자를 수여 대상으로 한다는 미국의 여성지 [글래머]가 '올해의 여대생' 10명 가

운데 유일한 한국인 티나 최(27)에게 상을 수여했다. 백악관의 공공 봉
사대, 하원의원의 법률관계 아르바이트를 하는 등 정치에 관심이 많은
아마추어 사회운동가이기도 한 그녀는 여성의 적극적인 사회 참여를 주
장했다. "여성은 사회에서 많은 일을 하고 있습니다. 그러나 여성은 종
종 '아주 작은 것'으로 인식됩니다. 여성의 사회적 역할에 관한 부정적
선입관을 바꾸고 인류의 미래를 위해 의미 있는 일을 하겠습니다."

격려 받는 새로운 여성상의 기준이나 모습도 크게 변화해야 할 것이다.

3. 열심히 일하는 여성은 아름답다

[여성다움의 허상]이라는 글을 읽었다. 어느 여대생이 아르바이트로
아파트 공사를 하는 곳에서 막노동을 하고 있었다. 그 여대생은 다른 직
원들이나 남학생들과 구분 짓지 않고 자기 일을 열심히 하고 있었다.

처음 이 곳을 찾아왔을 때는 그 여학생을 채용하려고 하지 않았다.
여자라는 이유로 말이다. 힘든 일을 소화해 내지 못할 것이라는 선입견
이 작용한 것이다. 그러나 함께 일을 하는 동안에 아저씨들이나 남학생
들의 시선은 변해갔다. 처음에는 아저씨들도 여자니까 조금씩 봐주고
힘든 일은 시키지 않았다. 그러나 그 여학생은 그런 것에 신경 쓰지 않
고 더 열심히 했다.

작가는 그런 풍경을 보면서 마음이 기뻤다고 했다. 사실 나는 어떤
결론을 내릴지도 잘 모르겠다. 그러나 왠지 기뻤다. 남성으로서 여성으
로서 정의 내려지는 것이 아니라, 평등이라는 저울 위에서 각각의 능력
을 평가받고 인정하는 분위기의 조성, 그것과 동시에 '난 연약한 여자
야'하는 허상에서도 벗어나는 것이 급선무라고 생각했다.

땀 흘리며 일하는 여성들은 모두 당당할 수 있어야 한다. 당당한 여성으로 서기 위해 시행착오를 두려워 않고 노력해 나갈 때 여성들은 이 사회에서 더욱 많은 역할을 맡고 기여할 수 있을 것이다.

4. 인구 · 성(姓) 비례로 정치인을
여성 1명과 남성 1명씩으로 뽑자

서울시에 첫 여성 감사요원이 탄생했다. 사실 지금까지 거의 모든 분야에서 남자들의 독주가 있었다. 특히 서울시 감사담당관실 같은 다소 딱딱한(?) 곳에 첫 여성 감사요원이 생겼다는 것은 획기적인 일이 아닐 수 없다. 그는 충분한 능력과 자질을 갖추고 있었기에, 대학시절의 전공과는 전혀 다른 분야의 길을 택했음에도 별 어려움이 없었다. 그러나 그에게도 역시 '그래봤자 여성'이라는 굴레를 은연중에 사람들은 덮어씌우고 있었다. 신문에 난 사진설명을 보니, 아이 하나까지 둔 평범하고, 일하는 여성이었음에도 불구하고, 신문들은 시종 '훤칠한 외모가 돋보이는', '실력파 미인'이라는 표현이 계속 되었다. 또 그의 각오는 앞으로 '여성 특유의 유연함'으로 일을 하겠다는 것이었다. 이 여성 특유라는 말에서 다소 부드럽고 유연하며 연약한(?)듯한 이미지가 느껴지는 것은 사실이다.

그러면 남성 특유의 사회는 어떤 사회인가?

그는 이러한 남성 특유의 성질을 가진 사회에서 청량제 구실을 자처하고 나선 것이다.

다시 한번 짚고 넘어가고 싶은 것은 왜 여성 감사요원에게 굳이 '미인', '미모'라는 표현을 쓰려고 한 것일까? 여자이면 누구나 육체적인 어떤 것과 연관시켜야만 직성이 풀리는 게 남성 특유의 사회일까?

TV에서는 한 회사의 사원들이 시위를 벌이고 있었다. 원인은 여성 사원채용이라는 것이 미스 코리아 선발대회는 아니라는 것이다. 그 시위에는 남성들도 여럿 끼어 있는 것이 보였다. 기업의 여사원 선발 기준이 몸을 중시하고 성적 매력의 여부가 노골화됨에 따라, 취업을 원하는 여고생들이 자기들끼리 혹은 때때로는 선생님들이 "살을 빼라", "넌 왜 그렇게 작니?", "넌 가슴이 절벽이구나" 등의 얼토당토 하지 않고 비인간적이며 기분 나쁜 충고(?)를 거침없이 한다는 것이다.

우리 사회가 요구하는 여성은 어떤 상인가를 생각해 보자. 그리고 개선을 위한 노력을 시도해 보자. 여성은 남성의 육체적 욕구를 해소 하기 위한 노리개가 아니다.

에베레스트 등정에 성공한 한국 여성등반대의 소식이나, 지하철 판매원 등은 이전까지 찾아보기 어렵던 영역이었기에 신선한 충격이었다. 그리고 여성 택시기사나 버스기사, 철도기사 등도 마찬가지이다. 여성들은 많은 사람들 앞에 서는 것을 두려워하도록 키워졌다. '공중 공포증'에 걸려 있거나 혹은 여성의 성공에 가하는 주위의 압력 때문에 '성취에의 두려움'을 갖기도 한다

미국에서도 나타났듯이 여성 최초의 웨스트 포인트 사관학교 입교 생이나 우리나라에서의 여성 최초의 현직 파출소장, 강력계 반장, 감사요원, 구청장, 시장 등, 이러한 맹렬 여성들은 솔직히 드물다. 이러한 일로 인해 이 여성들이 인터뷰나 토크쇼 등에 출연하곤 한다. 그러나 일반적으로 그들이 대답하는 방향은 아직도 한결같이 "남자들에게 뒤쳐지지 않게 열심히 하겠습니다."이다. 이것을 듣기 좋게 생각한다면, 인간은 평등한데 왜 남자한테 지겠느냐고 해석하는 것도 가능하지만, 자신들은 이미 열악한 신체적 조건이나 사회적 조건을 깨닫고 있지만 잘 해보겠다. 또 그 목표선이 남자들의 수준 정도로 잡고 있는 것으로 느껴진다. 그들은 다음과 같이 당당하게 말할 수도 있었다.

"여성인 제가 파출소장이 된 게 뭐가 이상합니까? 남녀간의 능력 차이는 더 이상 존재하지 않습니다. 때때로 더 우월할 때도 많습니다"

여성이 사회에서 인정받는 사회인이 되기까지 예상되는 난관을 헤

처나가는 법을 게임의 법칙으로 적은 [남자처럼 일하고 여자처럼 승리하라]라는 책이 출판되어 관심을 모으고 있다. 인간애와 찬스 포착이 뛰어난 '우물 밖 개구리'로 여행을 시작하자.

'여성유권자운동과 정치발전' 발간

올해로 창립 31주년을 맞는 한국여성유권자연맹이 <여성유권자운동과 정치 발전>이라는 제목으로 여성 정치운동 30년을 정리하여 화제를 모으고 있다.

<여성유권자운동과 정치발전>은 1969년 창립 이후로 3선 개헌 반대 성명서 발표, 여성정책기구 설립제안 등 여성유권자연맹의 30년 활동사를 정리했다.

이와 더불어 개화기 이후부터의 여성운동사를 함께 정리해 한국의 정치발전 과정에서 소외계층인 여성의 실상과 여성의 역할을 포괄적으로 기록한 자료라는 평을 받고 있다.

총 5편으로 구성된 <여성유권자운동과 정치발전>에서 1편은 1957년부터 여성유권자연맹이 발족한 1969년까지의 여성운동사를 살폈다. 억압당하는 여성들의 문제에 대응하기 위해 조직한 조선여자교육협회, YWCA 등의 활동부터 해방 후 1945년 여자국민당 등 여성단체 성립에 이르기까지 여성의 정치적 지위와 법적인 남녀평등권 확보를 위한 여성운동 초기의 활동을 소개했다. 2편은 미국에서 도입된 여성운동이 국내 여성운동에 미친 영향을 중심으로 여성노동자 지원과 가족법 개정운동에 주력한 여성유권자연맹의 활동이 소개돼 있다.

또 3편에서는 여성정책 제도화와 지방화시대를 대비한 여성운동에 대해 소개했다. 우리나라에서 여성문제를 다룬 최초의 정부조직인 보건후생부 내의 부녀국(1946년 9월)의 탄생부터 1983년 4월 한국여성개발원 설립, 1988년 정무장관(제2실) 발족, 1998년 대통령 직속 여성특별위원회 설립에 이르는 여성정책기구의 역사와 1958년 가족법 제정부터 1987년 남녀고용평등법 제정, 1989년 모자 복지법 제정 등에 이르는 여성관련 법제정의 역사 등이 주요 내용이다.

제 4편은 여성 유권자교육과 의정감시활동, 지역사회 참여를 통한 적극적인 여성정치 지도자 육성을 실시한 여성유권자연맹의 활동상을 소개했다. 이와 더불어 여성유권자연맹이 1987년부터 최초로 주장해 2000년 2월 국회에서 법제화로 열매맺은 비례대표 여성할당제 획득과정도 상세히 밝히고 있다. 마지막 5편에서는 정보화·세계화 시대에 대처하기 위한 청년유권자 교육과 통일대비 여성운동의 비전과 과제를 제안했다.

■ ■ ■ ■ ■ ■ 여성신문, 2000. 7. 28

5. 피울 테면 당당하게 피워라 – 男可女不에 문제제기

2학년이 되어 한 친구와 밤늦게 커피숍에 들어가게 되었다. 그곳에서 우연히 3학년 선배를 만나게 되었다. 한참을 이야기하다가 보니 어느새 손에 들려진 담배들. 네 명 모두 담배를 피우고 있었다. 나는 그 당당함이 좋았다. 물론 그 선배들에게 담배 피는 이유 같은 것들을 묻지 않고 그냥 나왔다.

밖에서 전철을 기다리는데 친구가 갑자기 불평을 늘어놓았다. "여자가 담배 피는 모습이 좋다니" 라는 것이 아닌가. 그러면서 자기는 담배 피는 여자가 정말 보기 싫다는 것이었다. 흡연을 하지 말라는 이유가 자기 자신의 몸에 해롭고, 또한 주위 사람들의 건강에도 해를 끼치기 때문이 아니라 여자이기 때문에 피워서는 안 된다는 것은 어불성설이다. 우습게도 시대에 어울리지 않는 남가여불 사상이다.

처음 여성 흡연을 접한 것은 제1기 한총련 출범식 때였다. 엄청나게 많은 사람들이 담배를 피는데 특히 여대 쪽에서 떼거리로 담배를 피는 모습이 보였다. '와! 여자가 담배를 피네. 그것도 저렇게 많은 사람들이……' 그때까지는 한 번도 여자들이 공공연히 담배 피우는 것을 보지 못했고, 내게도 '담배는 남자의 것'이라는 생각이 은연중에 자리하고 있었던 것이다.

담배를 피우고 있는 여성은 남자들과 같은 장소에서 같이 피워 보라.

한국 사회는 어떻게 평가하는지 어떤 문제가 생기고, 그것에는 어떻게 대처하는 것이 현명한지.

이 사회에서 여성이라는 점 때문에 눈치 보며 몰래 해야하는 것들을 하나씩 벗겨나가자!

6. 살아있음을 느끼게 해주는 작은 여자

뒷바라지와 함께 앞바라지도

"오후 6시부터 대강당에서 열린 '이화 21세기 재도약 선언 대축연' 행사에는 이 학교가 배출한 인사를 비롯, 정계, 경제계, 언론계 인사 560명이 참석할 예정이다. 특히 화제가 되는 것은 초청 대상으로 섭외를 벌이고 있는 이대 동문 남편들의 면면.

이대가 파악한 배우자 명단에는 대통령을 비롯, 장관급 11명, 차관급 5명, 국회의원 71명 등 우리나라의 '엘리트'들이 화려하게 포진해 있다. 이대는 이들을 '이화의 사위들'로 분류해 학교 발전사업에 적극적으로 참여시키겠다는 목표이다.

행정부에서는 행정부 최고위급의 안주인이 모두 이대 출신인 것으로 파악되었다. 장관급 국무위원 22명 가운데 절반인 11명이 '이화의 사위들'이다. 이대 관계자는 "사법부 쪽 이대 출신 배우자들은 집계하기도 어려울 정도로 많아 그 가운데 이대와 지속적인 관련을 맺어온 몇 명만을 초청했다"고 밝혔다.

　재계에서는 삼양사 회장의 부인을 포함, 딸, 며느리 등 가족 5명이 이대 출신으로 '자랑스런 이화가족'으로 뽑혔다. 윤용남 대우중공업 대표이사, 이병기 남해화학 사장, 한규상 율촌화학 대표이사 등도 부인과 자녀가 이대 출신이다.
　이밖에 영화배우 안성기씨 부부도 같은 영광을 안았다. 안씨의 부인 오소영 씨는 지난 83년에 조소과를 졸업했다. 이날 1부 행사를 맡은 이문세 씨의 경우, 아내 이지현 씨(수학과 졸)는 물론 장모도 전 이대 교수여서 가장 확실한 '이대의 사위'로 꼽히고 있다.

안 보이는 곳에서 내조를 잘 해왔던 이대 동문들을 보면서 이대의 교육내용의 중요성을 새삼 깨닫는다. 그런데 남편들이 유명한 공인이 되고 정치를 하는 동안, 부인들은 그저 놀았을까? 안 보이는 내조를 잘해낸 부인들에게 이제는 보이는 외조를 남편들이 함으로써 갚을 수 있는 기회들을 마련할 수 있기를 바란다. 남성 공직자들은 기자들을 잘 활용한다고 한다.

얼마 전에 박철언 씨 부인 현경자 씨가 선거에 출마해 당선한 사례를 보았다. '남편이 감옥에 있는 동안 부인이 출마'하여 그 성과를 얻어낸 것이다. 이를 보면서 '이대 동문 남편 정치권 핵심에 90명'이 아닌 '이대 동문 정치권 핵심에 90명'이 되는 날을 기대해 본다. 대통령이나 국무총리, 부총리, 장관급 인사들도 기대한다.

노래를 통해 여성의 힘을 느끼게 하고 확실히 보여주는 이선희 씨는 이대강당에서 노래를 부르기 전에, '다시 태어나면 이대에 들어가고 싶다'면서 효과적이고 간절한 호소를 했다. 학업으로 이루어내야 될 여성 교육의 목표를 재야 학업으로 이루어낸 명실공히 작고 힘있는 여성, 그녀에게서 현대 여성의 모습을 찾아본다.

"살아 있음을 느끼고 싶다!" 그럴 때면 듣는 노래 가운데 이선희 노래가 있다. 작고 부드러우면서도 최선을 다하여 열창하는 그녀의 모습에서는 강한 의지를 느낄 수 있다. 마치 "말을 탄 왕자님과 유리구두는 내게 필요가 없다. 나는 오직 노력을 했고 오직 내 능력으로 성공한 사람들의 대열에 섰다.”고 말하는 듯하다.

7. 개인적인 문제제기에서 출발, 여성 전체의 지위를 높인 여성들

직장여성의 평균 결혼 연령을 26세로 하고 결혼하면 으레 퇴직할 것을 전제로 하는 ‘미혼 여사원의 자동차 사건에 따른 손해배상 판결’(소위 이경숙 사건)에서 1심법원이 우리나라 여성의 평균 결혼 연령인 26살부터는 가사 노동에 종사하는 것으로 판결함으로써 논란의 대상이 되었으나, 2심과 대법원에서는 미혼 여사원의 정년을 남성과 같이 55살이라고 하여 여성의 조기 정년제 및 결혼 퇴직제를 부인하여 이 부분의 성차별을 해소한 대표적인 판례가 되고 있다.

김영희 씨는 1961년 체신부 중앙 전화국 교환원으로 임용되어 1982. 1. 1 체신부의 전기통신업무가 한국전기통신공사로 이관됨에 따라 김영희 씨도 동 공사의 서울 시외전화국 일반직 5급 교환원으로 옮겨 근무하던 중 공사측의 인사규정으로 전통적으로 여성이 충당해 왔던 교환직렬직원의 정년을 기능직과 구별하여 만 55살에서 만 43살로 낮춤으로써 1982. 12. 31에 정년퇴직 발령을 받았다. 김영희 씨는 소송을 제기했으나 서울지방법원과 고등법원에서 패소 판결을 받았다. 그러나 다시 대법원에 상고한 결과 파기 환송하여 6여 년만인 1989. 4. 19 최종 판결에서 ‘원판결을 취소하고 남녀 차별 정년을 무효로 하며 비용은 피고인 한국전기 통신공사가 부담하는 것으로 한다.’는 승소판결을 받았다. 이 사건은 제헌이래 우리나라에서 성차별을 이유로 제기된 최초의 소송으로 승소 판결을 받았다는 큰 의의가 있다.

8. 시대와 민족의 열망을 간과하지 않은 여성들

독립총성 애국 부인회 주최 전국부인대표대회 제2일은 19일 오전 9시부터 종로 기독청년회관에서 개최되었는데, 이날 또 일천 여명의 부인 대표와 내빈 다수가 참석한 가운데 제1일의 감격과 흥분을 그대로 연장하여 실로 국민적 부인운동의 호화판을 전개하였다.

회의는 먼저 각 도별 종합 보고에 들어가 경남 대표를 선진으로 남조선 아홉도 부인 대표가 차례로 등단하여 내 고향 여성들의 애끓는 자주 독립 완성의 부르짖음을 그대로 솔직하게 보고하였다. 그 다음 북조선에서 갖은 고통을 받다가 요즘 국경에 못지 않은 삼팔선을 돌파하였던 독립총성부인회 중앙본부 이화성씨의 '이북에서 울고 있는 우리 동포의 실정' 보고가 약 40분에 걸쳐 마이크를 통해 나올 때 장내는 긴장과 울분에 싸여 아무런 반응이 없다가 "나는 내 나라 태극기가 그립고 조선을 사랑하는 참다운 동포가 보고 싶어서 여기에 왔노라"라는 말에 장내는 울음소리, 박수소리로 일시 어지러워졌다……

← 한국혁명여성동맹
창립기념사진
(1941년 6월 17일 중경에서)

이어서 김자경 양의 위안 독창이 있은 후, 각 도 대표의 소감 발표가 있고, 오후 4시를 지나 대회 제2일의 막을 내렸다.

19일 개최된 전국부인 대표회의의 각 도 대표 보고 중 몇 가지를 들면 다음과 같다.

㉠ 한 덩어리로 되어서 - 황해도 대표 이화선 씨

황해도 부인회는 발족 후 퍽 활발하였는데, 어느 틈에 모략이 침입하여 부인회를 부인동맹으로 개칭하였으나, 그 후 황해도의 부인들이 다시 궐기하여 오직 자주 독립완성을 목적하고 돌진하는 독립 총성 애국부인회의 이름을 떠나서는 안된다는 소리에 부인회를 재조직하여 지금은 전 부녀자가 우리 부인회의 산하에서 독립쟁취투쟁을 전개하고 있다.

㉡ 충북 대표 조윤순 씨

우리 충북은 사람들이 유순하기 때문에 때로 반동배의 모략에 허둥지둥 할 때가 있었다. 그러나 지금은 전 부인들의 마음이 하나로 뭉치어 다만 조선 자주독립 뿐이다. 어떤 반동 부인은 지금에 와서 자기의 잘못을 깨닫고 우리 부인회에 가입하여 활동하는 사람도 있다.

㉢ 강원도 대표 신연애 씨

강원도는 반을 북조선에 갈라놓았으나 이남에 접한 강원도의 부인은 전부가 조선 자주독립 쟁취에 싸우고 있다. 우리도 배우고 알아야 완전 독립에 힘이 되겠기에 곳곳에 강습회를 열고 문맹퇴치에 노력 중인데, 부인학원 중에 벌써 수백 여명의 졸업생을 내었다. 그리고 그들은 전부 애국정신에 불타고 있다.

■ ■ ■ ■ ■ ■ 동아일보, 1946. 06. 20

한편 이승만 대통령의 부인 앨리스 여사는 조선의 시골을 방문한 후 다음과 같이 이야기했다.

"내가 본 조선은 40년 간 포악한 왜정의 압박에도 불구하고 씩씩한 활동과 지혜가 있어 기회가 있으면 조선 여성도 세계 어느 나라보다 못지 않게 활동할 수 있다는 것을 무한히 믿으며 기뻐합니다. 조선 여성에게 보내고 싶은 말은 조선도 민주주의 국가가 됨으로 여자나 남자나 모두 동등한 권리를 갖게 되니, 다른 것은 그만 두더라도, 대통령은 누가 제일 적합한가 이것을 결정하는 것도 결국은 투표로 결정되는 것이니 만큼 먼저 배워야 되겠다는 것입니다."

■ ■ ■ ■ ■ ■ 동아일보, 1946. 04. 23

9. 매일 화장해야 하는 것이 적성에 맞지 않아 직종을 옮겼지요

신문에 난 여성 TV의 제작본부장이 된 김현숙 씨의 신문기사는 진정한 남녀평등이 무엇인가를 다시 생각해 볼 수 있는 기회가 되어 여기에 소개한다.

아직도 남성들의 텃새가 만만치 않은 방송가에 최초로 여성 제작본부장이 탄생, 눈길을 끌고 있다. 화제의 인물은 KBS TV 부주간 출신으로 '케이블TV 여성채널인 동아텔레비전'의 제작본부장으로 자리를 옮긴 김현숙 씨.

"여자로서 제작본부장이 된 것을 두고 여성채널이기 때문에 가능했다고 생각하는 사람이 의외로 많아요. 그러나 여성채널이 여자들이라는 점은 변수가 아니었던 것으로 알고 있습니다."

김씨는 쇼 비디오 자키, 유머 1번지 등의 코미디 프로를 기획, 한때 KBS에서 코미디 전성시대를 열었을 정도로 일찍이 쇼 오락프로에서 감각을 인정받았던 인물이다.

"이화여대에 다닐 때 메이퀸 선발대회에서 사회자로 나섰던 전력을 바탕으로 지난 71년 KBS에 MC로 입사했습니다. 그런데 매일 화장해야 하는 것이 적성에 맞지 않아 MC를 중도에 포기하고 프로듀서로 직종을 옮겼지요."

그 후 일에 몰두하다 보니 아직 미혼이라는 김씨는 지금까지 일해 오면서 여자라는 의식을 해본 적이 한 번도 없다면서 "남녀평등을 따로 내세우는 대신, 능력으로 승부를 내야 한다는 것이 평소 소신"이라고 말했다.

아직도 화장기 없는 얼굴에 캐주얼한 복장을 즐겨 입는 그녀는 젊었을 때에는 프로를 직접 만드는 것을 좋아했지만, 나이가 들어서 기획을 하고 프로의 방향을 잡아주는 데서 보람을 느끼게 되었다고 한다. 그러나 일손이 모자라면 직접 프로를 만드는 것을 사양할 생각은 없다고 밝혔다.

"나 떠났다고 슬퍼 말고 소리나 한 자락 씩 불러다오 내 떠나가는 길에 내 돌아가는 길에 무슨 소리인들 아니 그립겠는가"라는 유언을 남기신 김소희 선생님도 실로 당당한 여성이다.

그 외에도 변영주, 여연구와 임수경, 한명숙, 칼라힐스와 힐러리, 황미나, 김수현, 이태영 선생님 등 주위의 숱한 당당한 여성들이 커 나가는 어린 여성들의 좋은 역할 모델이 될 수 있을 것이다.

10. 육아 휴직에 관하여

국·과장급 여성공무원 늘린다

앞으로 중앙부처 국·과장급에서 여성공무원의 비율이 높아진다. 또 출산휴가는 현행 60일에서 90일로 늘어나고 휴직 중에도 보수가 지급된다.

중앙인사위원회(위원장 김광웅)는 29일 국무회의에서 여성의 행정 참여와 능력개발 기회를 확대하기 위해 이같은 내용의 '여성공무원 인사정책 방향'을 보고했다. 인사위는 6월중 관계기관 의견을 수렴, 7월 중 시행토록 할 계획이다.

새 인사정책 방향에 따르면 공직에서 '여성관리자 임용 목표제'를 도입, 국·과장 직위가 20개 이상인 부처는 내년 말까지 이 직위에 여성을 1명 이상 임명하도록 했다. 부처별로 3~5년의 연차계획을 수립, 여성관리자 비율을 국·과장의 경우 3~5%, 계장은 5~8% 등으로 높이도록 했다.

인사과정에서 여성참여 확대를 위해 여성공무원으로부터 3개 정도의 희망 보직을 제출 받아 인사에 반영하는 희망 보직제를 도입하고, 각 부처는 인사부서에 1명 이상의 여성을 의무적으로 배치토록 했다.

이와 함께 육아 휴직제를 개정, 여성이 육아휴직 후 복직하면 휴직 기간을 100% 호봉에 반영토록 하고, 시간제 근무 도입, 직장보육시설 확충 등을 통해 여성의 근무여건을 개선토록 했다.

■ ■ ■ ■ ■ ■ ■ 한국경제, 2001. 05. 29

여성에 폐쇄적인 고위공직

우리나라 여성의 사회적 지위는 전반적으로 취약하지만 그 가운데서도 특히 열악한 분야가 공직사회다. 최근 중앙인사위원회의 국가공무원 임용실태조사에서 5급 이상 여성 공무원 비율이 불과 4.4%로 드러난 것은 문제의 심각함을 보여주는 사례다. 게다가 48개 중앙부처 중 재정경제부 기획예산처 등 25개 부처에는 5급 이상의 여성 공직자가 전무하다.

이와 같은 상황에서 중앙인사위원회가 29일 국무회의에 여성 고위 공직자를 늘리기 위한 '여성공무원 인사정책 방향'을 내놓은 것은 환영할 만한 일이다. 국·과장급 직위가 20개 이상인 부처는 내년 말까지 여성을 1명 이상 임명하고 연차적으로 그 비율을 늘려간다는 것이 핵심이다.

여성 고위 공직자의 증가는 단순히 여성의 자리가 몇 개 늘어나는 것 이상의 의미를 갖는다. 국가의 정책을 결정하는 자리에 여성이 많아지면 사회 전반의 여성 권익을 보장하고 확대하는 제도적 기초를 다지는 데도 기여하게 되기 때문이다. 그만큼 파급효과가 크다.

여성의 공무원 진출은 최근 많이 늘었다. 지난 1999년 공무원 임용

시험의 군복무 가산점제가 폐지된 것을 계기로 지난해 여성 합격률이 7급은 10.5%포인트, 9급은 20.9%포인트나 급상승했다. 그래도 아직 여성 공무원은 전체의 19.8%에 불과하지만 그 비율이 빠른 속도로 늘고 있는 것은 고무적이다. 여성에 대한 공직사회의 문호가 그만큼 넓어진 것이다.

문제는 그 다음이다. 공직을 남성의 전유물로 생각하는 인식과 학연·지연으로 얽힌 인사정책은 여성을 핵심 업무에서 소외시켰고, 일부 남성 하급자들의 여성 상사 기피는 여성 공직자들의 의욕을 꺾는 요인이 되기도 했다. 게다가 출산과 육아의 부담도 커 도중하차가 많았다. 여성 공무원의 약 63%가 20~30대에 퇴직한다는 통계는 이를 실증적으로 보여준다.

여성 공직자의 수가 늘어나는 것은 분명 바람직한 일이지만 당장의 전시효과에 급급해서는 장기적인 효과를 거두기 어려울 뿐 아니라 부작용을 낳을 수도 있다. 여성에게 자리를 만들어 주는 것보다 중요한 것은 제대로 성장할 수 있는 여건을 조성하는 일이다. 공직 사회 내부의 인식전환 및 체질 개선, 그리고 모성보호는 그 중에서도 핵심이다.

■ ■ ■ ■ ■ ■ 국민일보, 2001. 05. 30

11. 여성도 할 수 있다!

'금녀의 벽' 깬 두 여군, 최경희 소령·한정원 소위

≪각 분야에서 '선구적 여성'이 속속 탄생하고 있다. 최근 여성으로서 처음으로 육군대학 교관이 된 최경희(崔敬姬·42) 소령과 최초의 여성 보라매(전투기조종사)가 되기 위해 맹훈련 중인 한정원(韓程媛·23) 소위는 군대내 '금녀의 벽'을 넘은 사례다.≫

두 사람이 휴일인 27일 서울 종로구 세종로 동아일보사에서 만났다. 최소령은 대전에서, 한소위는 훈련장이 있는 경남 사천에서 각각 상경해 이뤄진 귀한 만남이었다.

- 최소령 = 꼭 한번 만나보고 싶은 후배였는데, 반갑습니다. 단독 비행에 성공했다는 소식 들었어요. 첫 여성 보라매가 되는거죠?
- 한소위 = 이제 걸음마를 뗀 거죠. 앞으로 3년 정도 더 훈련받아야 정식 보라매가 될 수 있어요. 그것도 절반 정도는 낙오되는 형편이니 나중에 결과로 보여드리기 위해 열심히 해야죠.
- 최소령 = 많이 듣는 질문이겠지만 왜 공군을 지원했어요?
- 한소위 = 좀 다른 삶을 살고 싶었어요. 대학 진학을 앞두고 흔히 여자는 무난한 대학 나와 좋은 남자 만나 결혼하면 된다는 식의 사고방식은 전혀 와 닿지 않았어요. 그 무렵 신문에서 공군사관생도 모집요강을 보게 됐죠. 어머니 반대가 심했지만 제 고집에 지셨습니다. 선배님은?
- 최소령 = 저는 서양서 석사까지 마치고 여군에 지원했는데 공부로는 뭔가 성에 차지 않았죠. 좀더 살아있다는 느낌을 갖고 열정적으로 할 일을 찾고 싶었어요.
- 한소위 = 선택에 만족하십니까?
- 최소령 = 물론. 군인은 그냥 직업이 아니라고 생각해요. 생계유지나 자아실현 뿐 아니라 그 자체가 삶의 의미가 돼야 하는 거죠. 지금 당장 월급 두 세배 준다 해도 일반 회사에서는 일 못할 것 같아요. 개인이 아니라 나라를 위해서라고. (웃음)
- 한소위 = 부대는 다르지만 선배님 같은 여성 장교들이 계셔서 저 같은 사람이 여군을 꿈꿨다고 생각합니다. 적(敵) 전술을 강의하신다고 들었는데…
- 최소령 = 북한의 공격을 전제로 어떻게 싸울 것인가를 연구합니다. 군인이라고 야외 훈련만 하는 것은 아닙니다. 제

수업을 듣는 육군 대·소령들도 밤 12시까지 이론 전략 전술 공부를 열심히 하죠. 그나저나 파일럿 수업이 더 어려운 점이 많을 텐데?

- 한소위 = 사관학교 때부터 힘든 것 없냐는 질문에 육체적으로 힘들다는 대답을 기대하는 분위기가 읽혀요. 그러나 실은 그 밖의 것이 더 힘듭니다. 시켜보지도 않고 분명 떨어질 것이라 생각하는 기색 등. 잘하라고 격려해줘도 힘든데 할 수 있을까를 의심받다 보면 오기가 발동하기도 합니다.

- 최소령 = 맞아, 육군에서도 여성은 지리감각이 떨어진다는 선입견에 부딪히는 경우가 많아요. 기본적으로 장교는 사명감과 책임감, 위기관리 능력이 요구되는데 그것은 남녀 불문하고 각오가 중요하죠. 그런 점에서 최초의 여성 ○○○ 식으로 얘기되는 것, 좀 거부감도 들어요.

- 한소위 = 첫 공중조작 훈련 때 선배님과 함께 비행기 탔는데, 교관이 걱정을 많이 하시는 것 같았어요. 그래서 훈련 내내 일부러 목소리도 크게 하고 했더니 내려와서는 야, 너 여자 맞냐고 하시던데요. 그래도 공군에는 가까이 여자 선배가 없어 허전해요. 처음 군생활하실 때 선배가 계셨나요?

- 최소령 = 육군에 여군장교가 고작 50여명이죠. 10년 전까지 아예 여군 병과로 운영됐으니까. 임관시절 국군장병 아저씨께 보내는 위문편지 받고 웃기도 했어요. 하지만 요즘은 여군의 입지도 높아져 육해공군 모두 사관생도를 받고 있잖아요. 지금 여군 비율이 군 인력의 0.3% 인데 2003년까지 지금보다 1.5배 정도로 늘릴 예정이랍니다. 군인으로서가 아니라 20대 초반 여성으로서 삶은?

- 한소위 = 주말이면 동료들과 외출해 떡볶이도 사먹고 쇼핑도 합니다. 미팅 나가면 총 쏴봤냐는 식의 질문만 나오니 교제가 쉽지 않은 듯 해요. 저는 여군을 뽑은 이유가 남성과 같아지라는 뜻은 아니라고 봐요. 결혼이나 출산 등 여성으로서의 삶을 포기할 필요 없다고 봅니다.

　　　　최소령님은 미혼이시죠?
　　• 최소령 = 독신주의자는 아니지만 임자를 못 만났다고 할까. 어려
　　　　　　서부터 결혼은 선택의 문제라 생각하던 편이죠.
　　• 한소위 = 우리같은 경우가 뉴스가 되지 않는 시대가 빨리 와야
　　　　　　할 것 같아요. 자매처럼 대화하던 이들이 헤어지는 순
　　　　　　간. 한소위가 차렷 자세에 필승을 외치며 최소령에게
　　　　　　거수 경례를 했다.
■ ■ ■ ■ ■ ■ 동아일보, 2001. 05. 29

日 대학야구 여성투수, 다케모토·고바야시

　　일본 대학야구 76년 역사상 처음으로 여성 투수가 선발로 나와 대
결했다.
　　28일 도쿄(東京)에서 열린 '도쿄 6개대 야구시합' 도쿄대와 메이지
(明治)대 경기에서 양팀 선발투수로 여학생인 다케모토 메구미(竹本
惠·20·3학년)와 고바야시 지히로(小林千廣·19·2학년)가 각각 마
운드에 올라 팬들의 뜨거운 박수를 받았다.
　　전국 여고대회에서 우승한 적이 있는 메이지대 투수 고바야시 선수
는 3회를 2안타 무실점으로 막고 마운드에서 내려갔다. 최고 구속
111km. 경기 소감으로 "주위의 격려 덕분에 만족스러운 투구를 했다"며
기뻐했다. 아라이 노부히사(荒井信久) 감독은 "다소 걱정했는데 잘 던져
주었다. 이번 등판을 계기로 더욱 실력을 가다듬길 바란다"고 평가했다.
　　반면 도쿄대 투수 다케모토 선수는 솔로홈런을 맞는 등 2회까지 4
안타에 2실점을 기록하고 강판당했다. 투구자세가 불안한 탓이었는데
"올 가을에는 반드시 승리투수가 되겠다"며 각오를 다졌다. 시합은 메
이지대의 10:1 압승으로 끝났다.
　　야구팬들은 여성 투수를 선발로 기용한 양측 감독에게도 박수를 보
냈다. 일본 최고의 대학인 도쿄대는 운동 특기생으로 신입생을 받지
않는 까닭에 야구팀 실력은 아마추어 클럽 수준이다.
■ ■ ■ ■ ■ ■ 동아일보, 2001. 05. 29

여성에게 적합하지 않은 것이 어디 있어요?

여성의 사회활동이 활발해지면서 남성만의 영역으로 인식되던 많은 분야에서 '여성 1호'가 속속 탄생하고 있다.

최근 주식회사 광주고속이 모집한 고속버스 운전사에 원서를 낸 이복수(50), 정숙희(45) 씨도 곧 이 '최초 여성' 대열에 속하게 될 것으로 보인다. 고속버스 운전은 시내, 시외버스와는 달리 속도가 빠르고, 장시간 운전을 해야 하며 여러 곳을 다녀야 하기 때문에 여성에게는 적합하지 않다고 인식되어 왔다. 그런데 최근 광주고속은 여성에 대한 이러한 인식을 벗고 인력난을 해결하기 위하여 이번에 새로 지원한 32명 가운데 여성 지원자 2명을 포함시켜 최종적인 교육을 시키고 있다.

정씨와 이씨는 이미 7~15년 버스를 운전한 경력을 가지고 있다. 이씨는 최초의 여성 버스운전기사이기도 하다. 이들은 3월 중순까지 45일간 엄격한 이론, 실기 연수를 받고 최종 심사에 통과해 고속버스 핸들을 잡았다.

두 사람은 "최초의 고속버스 운전사에 지원한 사람으로서 자부심을 가지고 회사를 대표하는 1등 기사가 되겠다."고 말한다.

'타고난 운동감각에 여성의 섬세함까지'

여성들의 사회참여가 늘어나면서 직업의 폭도 그만큼 넓어졌다. 이제 여성들도 여자의 일과 남자의 일을 구별하여 직업을 가지는 것은 바보로 취급받기 쉽다. 그래서 그 경계선이 깨진 사례들이 많이 늘고 있는 것이다. 이러한 일례들이 많이 생겨서 어디에서든지 여성들이 열심히 살아가는 모습을 볼 수 있었으면 싶다.

그러기 위해서는 여성들이 자유로운 활동을 보장받을 수 있어야 한다. 이를 위한 전초전으로는 제도적인 보장의 마련이 시급하다. 이것이 바로 현대적 여성상이요 미래지향적인 여성상으로의 지름길이다. 물론 이에 앞서서 사람들의 의식에서부터 변화가 이루어져야 하지만 말이다.

국내 첫 여성 복싱 심판이 탄생했다. 바로 김순옥 씨다. 두 자녀의 어머니인 김순옥 씨는 경기도 복싱심판 자격시험에서 필기는 만점을 받고, 실제 경기에서 채점을 하는 실기시험에서도 탁월한 경기운영 능력을 인정받았다.

복싱연맹 관계자는 '타고난 운동감각에 여성의 섬세함까지 곁들여 심판 자질은 최고'라고 밝혔다. 처음에는 '여자가 무슨 복싱 심판이냐'면서 반발하던 남편이 이제는 힘닿는 데까지 도와주겠다고 격려하고 아이들도 '엄마 파이팅!'을 외치고 있다. 그러나 "여기서 특이한 인물로 막을 내리는 것이 아니라 여성들의 복싱에 대한 이해를 통해 더 많은 심판들이 배출되기를 바란다"는 말도 잊지 않았다.

이제 자신감에 불이 붙는 기분이다. 자신의 실패를 거울삼아 열심히 노력하고 당당히 맞선다면, 더 이상 넘지 못할 장벽은 없다.

여기서 당당한 여성들이 가질 '신여성 십계훈'을 말하자면 다음과 같다.

신여성 십계훈

1. 긍정적으로 생각하고 적극적으로 표현하기
2. 칭찬에 너그러워지기
3. 자신감을 가지기
4. 지나친 유행이나 개인주의는 탈피하기
5. 자기만의 전문분야 넓히기
6. 약속은 철저히 지키기
7. 꾸준한 운동으로 자기관리하기
8. 호신술 익히기
9. 연애는 필수이고 결혼은 선택이다
10. 경제적으로 자립하기

12. 당당한 여성으로의 사회화 과정들

직장에서의 여성문제

인사고과에 있어 무엇보다도 중요한 것은 고과자의 마음자세이다. 고과의 성패는 고과자에 달려있는 것이므로 모든 고과자가 고과의 목적, 중요성, 고과의 룰을 정확하게 이해하여 매 고과시 마다 정확한 고과를 실시하여야 한다고 생각한다.

인사고과는 직무수행상의 과정과 결과에 대한 평가이기 때문에 속적인 개인의 특성이나 연공적인 요소의 개입 등 직무와 관계없는 요소들은 평가의 대상에서 제외되어야 한다고 생각한다.

따라서 고과자는 피고과자가 지니고 있는 능력·업적달성도 직무수행과정에서 나타난 태도·의욕 등을 포함한 다면적인 평가를 해야 한다. 또한 인사고과는 사원의 업적·능력·태도를 올바르게 평가하여야 한다.

그러나 실제적으로 객관적인 평가기준, 방법 및 절차에서 오류가 발생하는 경우가 있는 것 같다. 고과자의 주관적인 평가로 인하여 피고과자를 자세히 관찰하지 않고 사적인 감정을 내세워 평가하는 것은 바람직하지 않다. 승진 기준에 있어서도 토론하고 시정해야 할 것이 많다.

먼저 승진과 승격의 구분을 해보면,

- 승진 - 지위의 상승, 보수, 친한, 책임의 상승(직책 또는 보직의 성능)
- 승격 - 지위불변, 보수, 친한, 책임의 불변 ➡ 급여등급의 상승

우리 회사의 승격기준은 인사고과 50%를 반영하고, 부서장 추천이

10% 반영, 심사위원 추천 10% 반영, 승격고시 10% 반영, 상벌사항 10% 반영, 근속년수 5% 반영, 학력사항 5%를 반영하여 총 100점 만점으로 승격 대상 직급별 서열 순으로 승진시킨다.

우리 회사의 채용과 고과, 승진에 대한 남녀평등의 문제는 각 부문에 있어서 제도적 장치는 동일한 기준에 의한 평등의 원칙에 의하여 규정되어 있으나, 채용에 있어서는 면접관의 태도, 승진(승격)에 있어서는 승격심사위원의 태도, 고과에 있어서는 고과자의 고과에 임하는 자세가 관건이라 할 수 있다.

특히 채용과 고과는 평가자의 법적인 보호한계 내에서 주관에 따라 크게 좌우되는 경우가 있다. 이때 채용자의 남녀 평등적인 사고의 변혁이 선행요건이라 생각된다.

모든 고과자는 동일한 고과기준에 근거하여 고과를 행하여야 한다. 일로써 부하를 평가하고 평소 관찰한 사실에 근거하여 고과를 하여야 한다. 편견을 가지지 않고 사원의 업적, 능력, 태도에 대해 정당한 평가를 해야 한다고 생각한다. 또한 일시적 감정으로 고과를 해서는 안되며 공정하고 객관적으로 성의를 다해야 한다고 생각한다.

고과자는 고과의 결과를 승진에 결부시키지 말고 피고과자의 장단점 분석을 통한 발전의 기회로 활용해야 한다고 본다.

부서별, 업무의 성격에 따라 급여의 차이는 조금씩 있으나, 단지 여성이라는 이유로 차별을 받아서는 안되겠다.

[동일노동 동일임금]의 원칙을 살려나갈 수 있도록 우선 여성들간의 준비모임을 만들기로 했다. 또 여성단체의 지원도 요청하기로 했다.

여성끼리 공부하고 자신의 남성관도 토론하자

우리 회사에 입사할 때의 작문 주제가 아마 직장에서의 여성문제였던 것 같다. 그때 나는 아부성 문구를 썼었다. 직장에서의 커피심부름이나, 복사 심부름에 대해 전혀 저항이 없는 듯……

내 생각과는 전혀 다른 입장을 입사 시험이라고 쓰는 것 자체가 잘못된 일이었다. 나의 생각은 나이가 어리다는 이유로 그런 심부름을 해야 한다면 그건 어느 정도 수긍을 할 수 있지만 단지 여자이기 때문이라면?

입사해서 나는 얼마간은 신입사원으로 그저 아무런 저항 없이 커피를 타고 복사를 했다. 그러나 5~6개월이 흐른 후 나는 커피 심부름을 하지 않기 위해 나의 상사와 수 차례 대화 - 말싸움에 조금 못 미치는 - 를 했다. 상사는 여사원이 커피를 타고 복사하는 것은 당연하다고 생각하고 있었고, 나는 며칠을 대화하던 끝에 잠정적 합의를 보았다. 외부 손님이 왔을 때만 커피를 타는 것으로, 물론 내 마음에 들지 않는 합의였지만 과도기로 생각하고 그렇게 하기로 했다. 상사로서도 어려웠으리라 생각된다. 이런 사소해 보이는 일부터 난감한 일까지 직장에서의 여성문제는 다양하다. 남사원들은 작은 일은 모두 여사원에게 맡기려 한다. 마치 남자만이 큰 프로젝트를 맡을 수 있다고 생각하는 것 같다.

우리 회사에서 대졸 여사원을 채용하기 시작한 지는 2년 밖에 되지 않았다. 그래서 나는 이러한 모든 문제들이 학력에 의한 차이일 것이라고 생각했었다. 그러나 우리 사무실에 대졸 여사원이 들어와도 변한 것은 하나도 없었다. 물론 그들에게 조금은 큰 프로젝트가 가끔은 주어졌을지도 모른다. 그러나 그녀들도 아침마다 커피를 타고 복사를 한다. 별 생각 없이……

남자의 여자에 대한 편견이 언제쯤 깨질지 잘 모르겠지만 잘못된 고정관념을 깨야겠다. 또한 채용의 비율에 있어서, 우리 회사의 경우를 볼 때 보통 사원을 100여명 채용하면 그 중 여자의 비율은 10명도 채 안된다. 연구원의 경우 남자는 석사 이상의 연구원을 채용하고, 여자는 학사 학력의 연구 보조원을 채용한다. 남녀의 성을 고려한 채용인 것이다. 그러나 우리 회사에 입사하는 대졸 학력의 여성들은 이에 대해 별 말이 없다. 그녀들도 그녀들의 취업 자체가 더 중요하기 때문일까? 직장에서 여성들은 무거운 물건 들기를 꺼린다. 여성 스스로 여성을 깎아내리는 일인 것이다. 그러나 그 무거운 물건도 주변에 물건을 들어 줄 남자 사원이 없으면 여사원 혼자서 잘 든다. 남자 사원이 있으면 가벼운 물건도 들기를 꺼리는 여성들의 심리, 그 심리부터 고쳐야 하지 않을까?

이상으로 직장에서 내가 느끼고 보아온 여성 문제에 대해 얘기해 봤다. 모든 여성문제가 그렇듯이 이것도 하루아침에 해결될 문제는 아니다. 여성들이 함께 일과 여성문제 해결에 적극성을 보일 때, 여성의 지위가 조금 더 향상되지 않을까 생각된다.

13. 어떠한 상황에서도 당당한 여성이 되기 위한 기본!! 나의 좌우명 "자기는 자기가 지킨다!"

우리는 흔히 무술 혹은 호신술이라고 하면 영화에서 등장하는 고통스럽고 견디기 어려운 훈련의 수행과정이나 무술배우들의 놀라운 과장된 동작들을 연상하게 된다.

물론 우리에게 잘 알려진 정통 무술배우들인 이소룡, 성룡, 이연걸 등은 오랜 기간 동안 무술훈련의 힘든 과정을 거치면서 갖추게 된 무술능력이 상당하다는 점을 부인할 수는 없다.

특히 98년 국내에서 개봉한 '투캅스3'에서 여형사 역을 맡은 여배우의 늘씬하고 건강미 넘치는 발차기 동작은 뭇 남성들의 간담을 서늘하게 했을 것이다.

하지만 대부분의 일반인, 특히 여성의 입장에서 볼 때 무술을 배운다는 것은 어쩐지 부담스럽고 어려운 일이다. 또한 영화에서처럼 실제로 상대를 제압하기까지는 상당한 육체와 정신의 단련이 필요하다. 바로 이러한 점이 호신술에 관심은 갖고 있지만 호신술을 배운다는 것이 그림의 떡으로 받아들여지게 되는 가장 큰 요인이라 하겠다.

갈수록 험악해지는 세상에서 여성이라면 누구나 자신을 보호해야 한다는 생각을 할 것이다. 여기서 반드시 알아야 할 점이 있다. 호신술은 우리가 알고 있는 화려한 무술이 아니다.

특히, 여성 호신술은 자신들의 신체적 특성과 성격에 적합하게 구성된 동작들로 이루어져 있기 때문에 누구나 쉽게 체득할 수 있다.

일반적으로 여성 호신술은 여성들의 일상적인 움직임 속에서 효율적이고 효과적인 단순한 동작들만으로 구성되어 있기 때문에 심지어 힘이 약한 여성이라도 쉽게 사용할 수 있고, 누구나 쉽게 따라할 수 있도록 구성한 동작들이 여성 호신술의 주요 내용이 된다.

다시 말해, 호신이란 글자 그대로 '자기 몸을 보호한다'는 것이다. 이는 어느 특정하게 단련된 신체의 기술이나 기법이 아니라, 그때 그때의 상황에 따라서 효과적인 대처요령을 말하는 것이다.

위험한 상황은 사전에 경계하여 피하며, 위급한 상황을 만난다면 당황하지 않고 어떻게 대처하는 것이 자기보호를 위해서 최선인가를 배워나가는 것이다. 쉽게는 십원짜리 동전 20개씩 포켓에 넣어가지고 다닌다. 위급 시에 은근히 손을 포켓에 넣어서 동전을 가해자의 눈쪽으로 집어던지고 일단 피한다. 또 구두 뒷굽을 때때로 활용한다.

그럼 이제부터 아래의 그림과 설명을 통해 자신을 지켜나가는 연습을 하도록 하자.

• 호신술을 익혀봅시다.

술기 내용 : 상대방에게 양 손목을 잡혔을시 제압하는 술기

상 황 : 상대방에게 양 손목을 잡혔을 때.
1동작 : 잡힌 손목의 손을 힘있게 위로 쳐올린다.
2동작 : 1동작 확대사진. (손끝을 살린다)
3동작 : 양손으로 무릎 뒤를 잡는다.
4동작 : 어깨로 상대 복부 공격하면서 들어올린다.
5동작 : 넘어진 상대 낭심 급소를 무릎으로 눌러 제압한 다음 오른 정권으
　　　　로 얼굴공격.

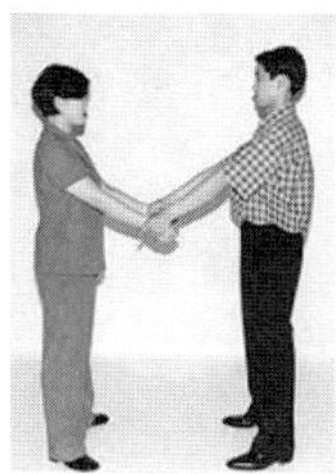 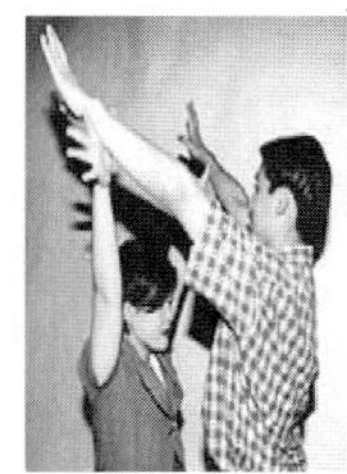 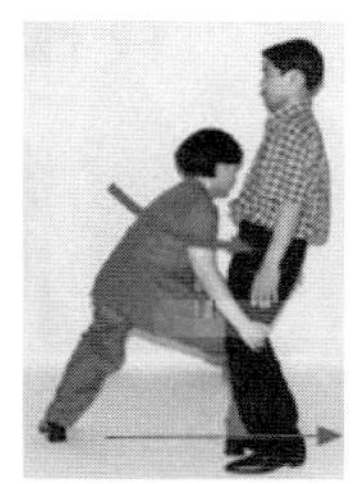 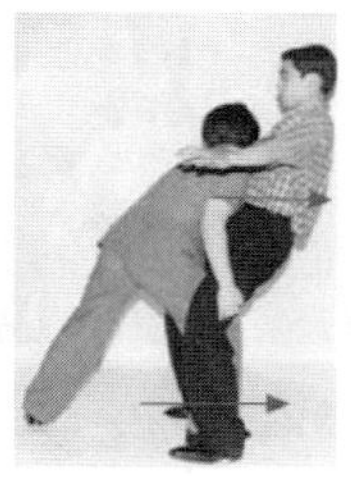 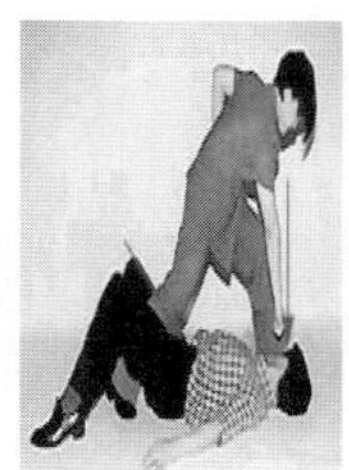

술기 내용 : 상대방에게 뒤에서 양 손목을 잡혔을시 제압하는 술기

상 황 : 상대방에게 뒤에서 양 손목을 잡혔을 때.
1동작 : 잡힌 손목의 손을 힘있게 편다.
2동작 : 왼발을 옆으로 빼면서 왼손을 뒤로 뺀다.
3동작 : 오른발을 상대방 뒤로 빼면서 급소를 공격한다.
4동작 : 3동작 확대화면.
5동작 : 양손으로 다리를 잡는다.
6동작 : 양 무릎을 잡고 제압한다.

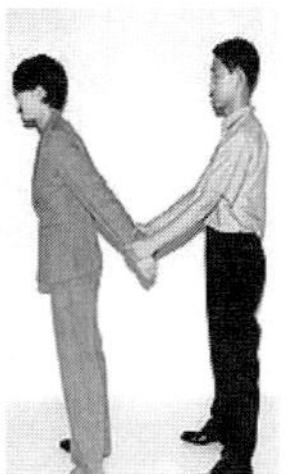 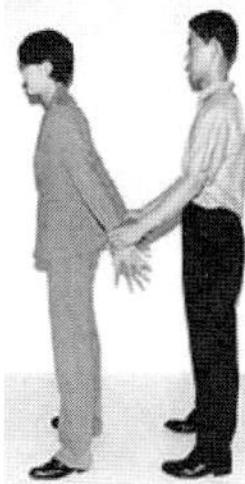    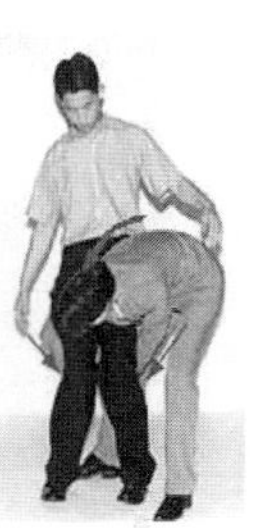 

술기 내용 : 정면에서 멱살을 잡혔을 때 제압하는 술기

상 황 : 상대방에게 왼손으로 멱살을 바로잡혔을 때
1동작 : 몸 상체를 오른쪽으로 튼다.
2동작 : 왼손과 오른손으로 상대방의 손목을 잡는다.
3동작 : 오른발을 내밀면서 상대 팔꿈치를 자신의 겨드랑이 쪽으로 감싸 잡
         는다.
4동작 : 오른발을 들어 뒤로 들어 눕는다.
5동작 : 넘어진 상대의 팔꿈치와 손목을 꺾는다.

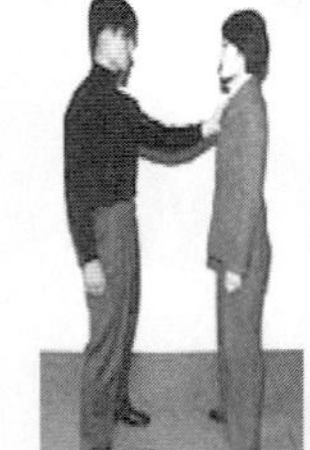 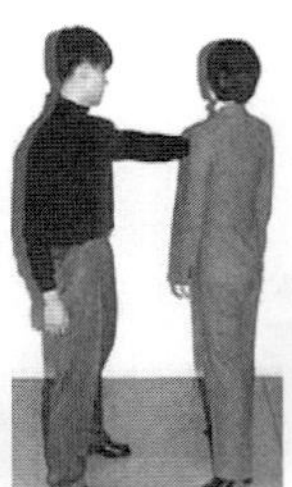     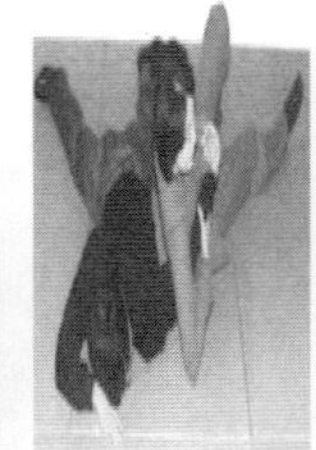

술기 내용 : 뒤에서 양손으로 감싸 잡혔을 때 제압하는 술기

상 황 : 상대방이 뒤에서 양손으로 감싸 안았을 때
1동작 : 오른발을 옆으로 벌림과 동시에 상대방의 잡은 손을 해체시킨다.
2동작 : 양손으로 상대방의 발목을 잡는다.
3동작 : 상대방의 잡은 발목을 힘차게 들어 올린다.
4동작 : 방어자의 오른쪽으로 방향을 틀어 잡은 발목을 꺾는다.
5동작 : 방어자의 오른발로 상대 다리를 끌어안으면서 제압한다.

     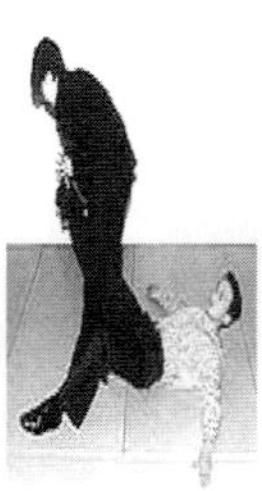 

술기 내용 : 상대방에게 정면에서 멱살을 돌려 잡혔을 때 제압하는 술기

상 황 : 상대방에게 멱살을 돌려 잡혔을 때.
1동작 : 상대방의 손목을 힘있게 감싸 잡는다.
2동작 : 상대방의 왼쪽으로 왼발 1보 전진하면서.
3동작 : 머리를 상대방 팔 밑으로 넣으면서 몸을 회전하여 상대 팔을 꺾어
　　　　힘차게 돌려 넘어뜨린다.
4동작 : 왼무릎으로 넘어진 상대방의 알통급소를 제압하면서 동시에 손목
　　　　관절을 제압한다.
5동작 : 왼손으로 넘어진 상대방의 목을 가격한다.

술기 내용 : 상대방이 정면에서 허리를 끌어안았을 때 제압하는 술기

상 황 : 상대방이 허리를 끌어안았을 때.
1동작 : 왼손으로 상대방의 허리를 잡는다.
2동작 : 오른손 엄지로 상대방의 목을 누른다.
3동작 : 왼발을 뒤로 회전하면서 잡은 허리와 목을 동시에 밀면서 당긴다.
4동작 : 넘어지는 상대를 따라 붙으면서.
5동작 : 오른 무릎으로 상대 낭심 급소를 누르고 목을 제압한다.

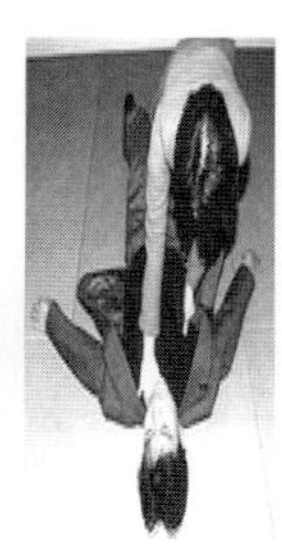

말 한마디

부주의한 말 한마디가 싸움의 불씨가 되고

잔인한 말 한마디가 삶을 파괴합니다.

쓰디 쓴 말 한마디가 증오의 씨를 뿌리고

무례한 말 한마디가 사랑의 불을 끕니다.

은혜스런 말 한마디가 길을 평탄케 하고

즐거운 말 한마디가 하루를 빛나게 합니다.

때에 맞는 말 한마디가 긴장을 풀어 주고

사랑의 말 한마디가 축복을 줍니다.

제 10 장

어머니·모계 새롭게 대하기
- 어머니, 떠나지 마세요 -

이 그림은 멕시코의 페미니스트 화가 프리다 칼로(Frida khalo)의 「The Little Deer(1946)」
라는 그림이다.
이 그림 속의 사슴은 수많은 화살을 맞고도 무엇인가를 살리려고 하는 것이, 마치 자
신의 몸은 돌보지 않고, 시집 가문과 자식과 남편을 살려 우리의 긴 역사를 있게 해
온 우리 어머니들의 모습처럼 느껴진다.

가족 거듭나기 첫걸음

- 설거지 및 자기 일 자발적으로 하기
- 식사 및 부엌 일 같이하기
- 시장보기 동행 요구시 함께하기
- 각자 빨래와 청소하기
- 건강 및 걱정, 소망 등에 대해 관심 갖기
- 가끔씩 편지 주고받기
- 정기적으로 문화생활 같이하기
- 바깥에서 산책이나 운동 및 대화하기
- 손님맞이나 접대 함께하기
- 새롭게 생긴 공간 (비디오방, 노래방, 포켓볼, 컴퓨터 카페 등) 안내하고 함께하기
- 부모님 데이트 주선하기
- 여행이나 취미활동 돕기
- 생일과 결혼기념 등을 챙겨드리기
- 작은 선물이라도 자주하기
- 좋은 일과 사회 참여 함께하기

학생들에게 '어머니 사랑하기, 즉 어머니 가출 예방 첫걸음'을 생각해 보라고 했더니, '행복한 가정 만들기'라는 제목으로 생각을 해 왔고, '설거지 및 자기 일 자발적으로 도와드리기'로 써 왔길래 고쳐주었다. 남편이나 아이들은 가사노동은 일체 주부 한 개인의 일로 여겨 자신들이 해야 할 자기 일도 주부를 도와주는 것, 일종의 지혜를 베푸는 것으로 착각하고 있는 것이 일상언어로도 드러났다. 분명히 가사는 주부의 몫만이 아니라 가족 개개인이 자신이 할 일을 공유해야 하는 일이다. 그럴 때만 주부는 가정에서나 사회에서 소외받지 않는 사회적으로도 생산적

인 사회 주부로 또 건강한 한 인격체로 살아나갈 수 있게 된다. 오늘부터 몇 가지라도 실천해 보도록 하자.

이혼율 세계 수위권 · 여성이 이혼신청을 4배나 더
- 아들이 쓴 이혼권유서

어떤 50대 여자선생님이 보여주셨다(결혼 25년차). 자신의 아들이 해외연수를 떠나며 언어폭력과 때때로 신체폭력까지 일삼는 아버지로부터 어머니가 안전하고 자유롭기를 바라 어머니의 이혼에 동의한다는 아니 적극적으로 권유한다며 썼다는 것이다. 자라며 모자가 같이 이혼을 생각해 보았단다. 어머니의 이혼 후 자식들이 혹시라도 좀더 인내하지 못한 자신을 비난할까봐 염려하고 주저하는 어머니를 보며 자기는(아들) 어머니를 비난하지 않으니 이혼하시라는 뜻으로 써두고 떠났다는 것이다. "내가 없는 동안에 아버지가 어머니께 폭력을 행하면 어쩌나" 하며 걱정하기도 하였단다. 그 남편의 폭력은 그 아버지대로부터 이어오는 것이란다.

이 댁 고부간도 사이가 좋지 않다. 경제적으로 시어머니가 며느리에게 횡포한 행위를 하셨다. 그러나 선생님은 고부간이 같은 문제를 가지고 삶을 살고 있다고 하셨다. 즉 시어머니나 며느리나 남편에게 공통적으로 갖는 불만은 잦은 술주정을 기반으로 '가장으로서의 경제적 의무 불성실 이행'에다, '장래성 없는 망상적 기대로 빚발생'과 '시집식구와의 갈등'이다. 남편의 아내에 불만은 '친정과 가까이 하기'와 여성자신의 주체적 확립'이 못마땅하다는 것으로, 부부간에 언쟁이 잦다고 한다.

부계 중심의 사고를 가진 사람들은 마치 조선조에 오랜기간 과거 시험에 전념하는 척하며 바람을 피우는 남편과 그 남편 대신 경제적 활동을 하여 아이들 교육과 집안 살림을 책임지는 부인을 당연하게 여긴다.

여자는 그저 인내심 강하고 헌신적이며 마누라, 며느리, 어머니로만 살아주기를 바라는 것이다. 여성이 번 돈 또한 남편의 소유로 인정, 이기심의 극치를 보여준다.

> 여자가 없어서 너하고 사는 줄 아나,
> 아이들 때문에 살지 /
> 남자가 이 나이에 바람 좀 피면 어때? /
> 너거 친정풋내기들 /
> ○○년 /

최근 5년간 남자가 생활비의 일부를 벌어쓰기 시작하면서는 자기가 쓴 돈에 대해서는 일일이 장부를 적고 있단다. 그리고 여선생님과 가족이 식사를 잘 하지 않아 찌개를 끓여두면서 며칠을 두게 되면 그것도 적어 둔단다.

부모님 이혼하면 어느 쪽도 안따라가 – 이혼 방지 바이러스는?

그 집 딸은 이혼을 말리는 쪽이란다. 어머니에게 "부모님 이혼하시면 나는 어느 쪽도 안 따라가"라고 한단다. 딸을 끔찍이 좋아하는 어머니에게 이혼을 못하게 하는 한 방패가 되는 발언이다. 딸 입장에서는 아버지를 불쌍하게 생각하고 아버지를 고쳐 이혼을 막아 보려고 노력하는 것이다. 어머니와 언쟁을 하시면 딸은 적당한 시기에 나서서 아버지를 견제하고 아버지와 단 둘이 있을 때 아버지가 고쳐야 할 점을 얘기한단다. 어머니가 직접하시는 것보다 말을 잘 수용하신단다.

이 딸은 어머니가 괴로워할 때나 흔들릴 때 엄마의 마음을 풀어주려고 온갖 노력을 한다는 것이다. 이 어머니는 약간은 이기적인 이유도 포함해서 이혼을 권유하는 아들보다 "이 딸 때문에라도 남편을 좀 고쳐가며 그냥 살아야지” 하신단다. 이쁜 딸·아들에게 상처주지 않고, 자기 자식들이 이혼하겠다고 할 때 뭐라고 할 말이 있을까도 생각해 보며, 사위와 며느리, 또 손자손녀에게 좋은 교육을 할 수 있는 어른상을 가질 수 있도록, 자신과 남편을 다독이고 계신다는 것이다.

아직은 나이 60, 70이 되신 어른들이 자식들이 이혼하는 모습을 보면 굉장히 상처받고 후유증을 앓으신다. 어떤 치료를 해야할까? 이혼 방지 바이러스는 각자 자신의 의무와 책임을 다하며 성실히 서로에게 잘해주는 것, 그 이상의 무엇이 있을까?

외할머니·어머니와 딸

나의 외할머니, 어머니는 어떤 삶을 사셨을까? 사실 이 질문은 자연스럽게, 그렇다면 나는 그들과 다른 삶을 살 것인가?로 귀결된다. ‘부전자전’에 ‘모전여전’ - 즉 그 어머니에 그 딸이라는 공식이 맞아진다면 바로 나의 삶을 미리 살펴보는 일도 된다. 하지만 요즘 여성들은 99%가 어머니처럼 살지 않겠다는 의사를 내비친다. 그리고 그에 따른 준비도 철저히 하기도 하므로 상당히 다를 수도 있다.

중국의 모서족은 현재도 4~5대로 이어지는 모계가 한 가정을 이루며 살고 있음이 보도되었다. 중국혁명 후 부계를 강요했으나 도로 모계로 돌아갔다고 한다. 소련도 모계가 강하다. 물론 여성들의 자기주장도 강하고 일찍이 결혼하는 풍조도 있고 따라서 이혼율도 50%에 이른다. 소련의 젊은 여성 중에는 자기 어머니와 다르게 살기 위해 2000년도부터는 낯설디 낯설고 말도 통하지 않는 한국인과 결혼하기도 하는 여성들이 300여 명이 넘을 정도로 부쩍 늘었다. 경제적 문제가 제일 큰 문제인 것으로 보인다. 이들도 우리 대지의 어머니들이 낳은 귀한 딸들임에 틀림없다. 그리고 그들이 낳은 자식들을 위해 희생·헌신할 줄 아는 어머니이며 아버지인 것이다. 경제적 문제를 해결하고자 온 여성들 중 대다수의 젊은 여성들이 말도 안통하는 곳에서 쉽게 일자리를 내어놓는 곳은 육체와 관련된 서비스를 하는 곳이기 십상이다. 설사 이들이 그러한 곳에서 일을 한다고 하더라도 우리네 딸들이 그곳에서 일하는 것도 물론 마찬가지이고, 비인격적 대우를 자행해서는 안된다. 위법이 될 수 있도록 법을 만들어 가야 할 것이다. 철들기 시작하면서 대부분의 딸이나 아들에게 가장 가슴 아프고 애절한 모습으로 다가오는 사람은 아마 어머니라는 존재일 것이다. 특히 어머니가 자식들을 위해 몸과 마음을 희생하고 있는 상황이면 더욱 그러할 것이다. 요즘은 과거에 비하여 어머니의 이미지가 일하는 여성 그리고 활동하는 어머니의 인식으로 많이 바뀌었으나 아직도 자식을 위해서는 인종과 굴욕을 묵묵히 참아내는 어머니의 상이 깊게 자리잡고 있다. 아직도 나를 비롯하여 많은 여성들이 어머니라는 자리로 인해 자신의 또 다른 선택을 많이 유보하고 있기 때문일 것이다.

  딸과 어머니는 과거나 지금이나 동질적인 존재로서 서로의 경험을 이해하고 여러 차례 변화하고 거듭난다. 때로 두 사람의 일치감은 서로를 구속하기도 한다. 또 동일시하는 만큼 실망도 클 수 있다. 그래도 부계중심사회에서 살아온 딸은 이미 부계중심이다. 그로 인해 그녀는 아버지의 성을 물려받은 딸로서 그 부계를 이탈하려는 어머니에 대해 부계사회의 가부장을 대신해 누구보다 단호하고 잔인하고 확실하게 어머니를 단죄하기도 한다. 어머니는 딸이 좀 섭섭한 일을 하여도 사랑이 깊고 넓어 이해하고 수용한다. 그러나 딸의 어머니 사랑은 아직 그렇게 깊거나 성숙하지 않다. 이에 어머니의 가정 이탈에 큰 배신감을 느끼는 것이다. 점차 딸도 결혼하여 부계 남성가부장 중심의 가정과 사회에서 한 남자와의 삶을 시작하고 또 어머니라는 자리에서 자식을 낳고 키우며 '그림자노동'인 가사노동을 하면서야 '자신의 어머니' 또는 '모성'을 실질적으로 알게된다.

실제 매일 돌아서면 식사준비, 사이사이 빨래하고 삶고 먼지 및 쓰레기와의 전쟁인 청소에 그리고 그 후, 진땀 내며 시장보고 만들고 차려놓고 식탁으로 부르고, 심지어 식탁에서의 보이거나 보이지 않는 품평회에 대한 긴장, 잘 해보아야 본전인 요리솜씨에의 야유에서 받는 스트레스, 이후 두 사람만 먹어도 잔뜩 나오는 설거지 - 몇 시간의 종종대는 노동과 그 속에서의 권력에 의한 모멸- 맛보기와 품평은 남성 부계 가부장 사회이니 그 사회에서 권력있는 남자들과 그 방계류, 시집식구 및 시아이들이 한다 - 굴종과 분노 사이, 폭발과 인종(忍從)의 경계에서 배려와 수용의 선택은 희생으로 억압으로 마음에 상처로 각인된다. - 어머니여, 더 이상 횡포와 오만과 방자를 방치 말자. 참지 말자. 너희가 잘하면 너희가 직접 하라고 외치자. 그러면 다음부터는 모멸을 던지지 못할 것이니 이렇게 어머니는 자식이 아침에 잘 먹고 가서 공부 잘하기를 바라기에 아무 소리 않고 때로 웃으며 바깥으로 내보내준다. 어머니는 자신의 존재나 존재형태를 망각해야 하는 삶을 살아야 할 때가 허다하다.

텔레비전에서도 어머니는 줄곧 희생적인 어머니로 그려지고 있다. 시부모님을 모시고 항상 앞치마가 채워진 상태로 부엌을 들락거리며 가족들의 듣기 싫은 소리·보기 싫은 짓에도 피식 웃고 그냥 지나치는 모습이 전형적이다. 어머니의 딸은 또 이렇게 그려진다. "저는 어머니와 같은 삶을 살기 싫어요" 하며 어머니 가슴에 못질을 하거나 때로는 어머니께서 "너만큼은 나같이 살지 말아라" 이런 식으로 그려진다. 이런 것이 모두 고정관념의 일부라고 본다. 대부분의 텔레비전이나 영화 등은 대중에게 이러한 남성부계 사회유지를 위한 어머니상을 심어주는 경향이 있다. 우리는 어렸을 때부터 교과서의 주인공은 철수로, 그 보조 인물은 영희로 보아왔고 영희의 자리는 항상 철수의 그림자 자리이다. 그리고 그림 속에 나오는 의사는 항상 남자였고 설거지를 하고 빨래를 하는 그림은 항상 여자였다.

그럼 앞으로는 어떤 어머니?

아들이 태국여행을 갔다 1시간 내에 집에 도착한다고 전화를 해 왔다.

"엄마, 오빠 반찬 해두었어요?" 나의 딸이 식성이 까다로운 오빠 반찬을 챙긴다.

"여름날에 한국 사람에게 김치에 국이 있으면 되었지 뭐, 먹기 싫으면 저보고 해 먹으라고 할거야. 이제 그 아이한테 쩔쩔매지 않을 거야. 저가 반찬값 내어놓는 것도 아니고 엄마가 벌어서 사다가 해 주는 밥 먹고 다니면서 뭐 그리 엄마를 주눅들게 해." 바깥 식당 반찬 맛에 익숙해져 버린 딸이 가끔씩 내가 하는 반찬이 입에 안맞다고 신경질을 내길래 그것을 마음에 담아 두었다가 홧김에, 딸아이도 들으라고 엄포를 놓았다. 아들은 그날 따라 김치와 국과 부침개를 아주 맛있게 먹고 인사까지 하였다. 어미가 벼르고 있는 것을 용케도 피해 갔다.

우리가 어머니를 어머니로서 뿐 아니라 한 사람의 인간으로 다시 만나볼 수 있으려면 너무나 익숙한 어머니의 모습과 생활을 조금 낯설게 보고, 항상 식구들을 위한 희생을 떠나 나와 똑같은 인간으로서 새롭게 받아들이는 노력이 필요할 것이다. 어머니와 딸이 서로를 격려하며 자신감을 불어넣어 주는 관계 그리고 서로간에 자랑스러움과 존경을 발견하는 만남은 곧 해방의 만남이라고 할 수 있다.

어머니와의 일상적인 만남, 어머니가 아닌 한 인간인 여성으로서의 만남은 또 다른 만남이 될 수 있다. 어머니, 주부, 한 여성인 그 분은 지금의 딸인 나와 같이 꿈, 희망, 사랑 등을 가지고 살아온 '나'였다. 한 남자를 만나고 아들과 딸을 갖게 되면서 '나'이던 존재가 식구들의 어머니로 변하게 된 것을 볼 수 있다. 어머니의 상은 가끔 살아온 삶에 회의도 느껴보고 자식과 남편으로 인하여 한번쯤은 흔들려 보았을 것이다. 흔히들 "자식 이기는 부모 없다, 또 부모는 자식한테 진다"는 말을 한다. 이렇듯 자녀들이 자신의 세계를 찾아 떠날 때까지 아니 떠나서까지도 자식 걱정이다. 우리는 어느새 그런 어머니의 상을 당연시 여기고 상투적으로 요구한다. 어머니는 더 이상 그러한 어머니 상이 아니다. 어머니는 봉사할 의무만 가지고 계신 분이 아니다. 오늘날에는 과거와 달리 인식이 많이 바뀌어 사회도 자기 것 챙길 줄 알면서 남도 배려하는 능력을 지닌 일하는 여성을 추구하고 있다. "일하지 않으면 결혼하기도 힘들다" 하는 말이 나올 정도로 여성들도 그리고 어머니도 변하고 있다. 딸들은 더욱더 신경을 써서 어머니의 세계를 열어드려야 한다. 우선 가사노동부터 공유하자. 딸은 미래의 어머니인 것이다. 부엌이 어머니 몫만이 아닌 가족 모두의 공간으로 전환될 수 있도록 장차 그러한 자리에 서게 될지 모르는 주부가 될 딸이 더욱 철저히 신경 - 아니 체계적인 연구와 접근을 하도록 해야한다.

많은 가정은 남녀 부부간 평등하게 직장을 갖고 시작한다. 그러다가 자식이 생기고 가정이 커짐에 따라 어머니는 가정에 봉사할 의무에 직장을 그만두시고 집안 식구들의 보조자가 되신다. - 처음에는 사회제도가 그렇게 하도록 강요하였고, 다음은 사회지원법이 제대로 되어 있지 않아 여성 스스로 그렇게 선택하도록 자리매김 되었었다. 어머니들은 훌륭한 재능을 가지고 있어도 시대와 환경 때문에 오랫동안 자신을 억누르며 살아온 분들이라 자신의 욕구조차 드러내지 않는다. 그러나 원래 욕구가 없는 것은 아니다. 다만 사회적으로나 가족들이 높게 평가해주지도 않는 일을 너무 오래 똑같은 장소에서 똑같은 일만 해온 분들이라 용기도 자신감도 쉽게 가질 수가 없는 것이다. 저의 (전영신) 어머니만 하셔도 아버지와 결혼을 하실 때 학교 선생님이셨다. 내가 태어나기 전까지 어머니, 아버지께서는 동등하게 나가서 일하셨는데 제가 태어난 후로부터 어머니께서 직장을 그만두시고 가정일에만 전념하시게 되었다.

항상 하시는 말씀은 "동생과 너를 훌륭하게 키우기 위하여 좋은 자리도 마다하고 너희들만을 바라보고 사셨다"고 하신다. 나는 어느새 어머니의 그런 말씀이 부담스러운 단계를 넘어서 당연한 일로까지 여겨진다. 어머니께서 바쁘시면 가족의 시중을 들어주는 시간이 적을 거라는 이기심이 어머니의 자기실현을 얼마나 방해하는지 우리는 잘 모른다. 그러나 어머니의 자기실현 욕구는 '인간다운 삶'을 포기하지 않겠다는, 누구라도 방해할 수 없는 소중한 것이다. 젊은 시절을 '헌신'으로 보내온 어머니의 뒤늦은 자각은 그를 격려하는 우리들의 강력한 지원을 필요로 한다. 우리의 젊음과 씩씩함을 어머니께 나누어 드리자. 사실 어머니께서는 나보다 더 좋은 대학 더 큰 능력이 계신 것 같다. 내가 어머니의 후원자가 되어서 어머니께서 다시 시작하도록 도와 드리는 것이 매우 중요하다.

어머니의 새로운 시작은 어머니, 더 나아가서 우리 딸들의 미래, 그리고 여성의 발자취를 넓혀가는 일이 된다. 어머니와 우리의 사랑과 연대는 여성의 삶의 질뿐 아니라 미래 사회의 진보를 위해 더더욱 필요한 것이다.

■ ■ ■ ■ ■ ■ 서울여대 OO학번, 전영신

이혼한 딸이 두고 간 손녀의 결혼식에 여성학자를 주례로!

한양대학교에서 여성학 수업을 들었던 여학생이 한 남자와 함께 집으로 찾아왔다. 결혼을 한다고 주례를 부탁하였다. 평소 사람 됨됨이가 어떤지 같이 일할 기회가 있어서 잘 알고 있었던 고로 흔쾌히 수락했다.

그 학생은 외조부모가 키웠다. 이혼한 딸이 재혼하며 두고 간 어린 손녀를 키우시며 그 손녀가 크는 동안 내내, 딸의 이혼과 재혼 그리고 손녀의 삶을 깊이 곰삭이신 할아버지. 나이 50대에 들어 후손인 딸의 이혼에 같이 몸살을 앓은 할아버지는 10년이 지난 지금 딸이 맡기고 간 손녀에게 하나님의 뜻은 아닐지라도 "네가 홀로 살 수 있으면 결혼하지 말아라"고 당부하기도 하셨다 한다. 교회를 다니시는 할아버지는 다른 한 딸이 수녀생활을 한다고 했을 때도 말리지 않으셨다. 바로 당신이 딸 대신 키우신 그 손녀가 결혼할 때 여성학자인 나에게 주례를 부탁하게 하셨다. 사실 한 여성의 이혼과 재혼 그리고 그녀의 딸의 성장과정과 결혼이 모두가 여성학적 이슈이고 오늘날의 당면과제이다.

일본여성들은 처녀 때나 자유를 구가하는데 왜 한국여성들은 중년에?

　나를 비롯한 대부분의 여성들(?)은 공자를 좋아하지도 믿지도 않는다. 특히 '40이면 불혹'이라는 말은 더더욱 믿지 않는다. 물론 그 말 자체가 남성을 염두에 두고 지은 말이니 여성에게는 당연히 맞지 않을 것이다. 여성들은 어디에 혹해서가 아니고 '40에야 나를 좀 나타낸다'이다. 40전에 자신의 판단대로 움직일 수 있는 개인적·사회적·가정적·경제적·법적 여건을 갖지 못한 것이 대부분의 여성 상황이기 때문이다. 아이들이 어느 정도 큰 40이 되어서야, 아이들의 교육과 진로에서 어느 정도의 긴장이 완화된 50에야 겨우 나를 내놓을 수가 있게 되었다. 서민여성들은 40에야 남의 유혹이 아닌 '자신과의 갈등'에 정면으로 대면해 보는 것이다. 자신과의 갈등, 남편 및 가족에 대한 불만과 분노의 뒤풀이로 사회문제로 대두되는 행동을 하기도 한다. 그녀들이 분출해보았자 남자들이 저지르는 가정파괴 가능적 행동들에 비하면 약과일 것이고 덜 뻔뻔스럽다. 남자들이 행하면 가정파괴 가능적이라기보다 스트레스 해소나 사회활동 윤활제 차원으로, 수용요구행위에 속하고 여자들이 저지르면 천인공노할 가정파괴범으로 치부된다. 내심에는 부계중심사회를 뒤흔들 수 있는 위기감이 존재하기 때문이다. 부모 성 함께 쓰기 운동에 대부분의 남성들이 이를 가는 것도 마찬가지 이유에서이다.

내 자신 속에 이런 열정이! – 잠재된 욕구를 다시 느끼는 어머니들, 주부들

　사회나 가족들은 주부의 일시적인 정서적 방황쯤으로 보나 사실은 자신 속에 살아있는 잠재능력이나 자신이라는 존재를 인정받고 싶은 확인욕구이다. – 30세 중반이 넘어서 아이들이 학교를 들어갈 시기가 되면 주부들은 자신의 삶을 한번쯤 되돌아본다. 그동안이 너무나 힘들었고 또 살기가 각박했기 때문이다. 특히 결혼생활에 고비가 많았던 경우는 상당한 정서적 방황을 겪기도 한다. 물론 이 시기에 일시적 방황이나 반란 내지 저항을 가족들이 수용하지 못하거나 가족들이 특히 그 시기의 주부에게 감정적 인격적 모욕을 하거나 이기적인 문제 등을 확대한다면 이혼도 불사하게 된다. 2000년도 통계대로 그 연령 그 시기에 이혼율은 증가한다.

그들 중에는 처녀시절 너무나 엄격한 가정교육이나 규범으로 자신이나 자신의 어떤 소질이나 욕구를 한 번도 제대로 자유롭게 살려보지 못한 경우가 허다하다. 이들의 경우 가족주기 변화가 계기가 되어 상당한 혼란과 인생의 대전환을 초래하기도 한다. 사랑을 받아보지도 못하고 그냥 자식 키우는 낙과 의무에 산 결혼생활 - 사실 사랑을 받지도 그래서 마음놓고 사랑을 주지도 않으면서 산 결혼이 어떤 의미를 가질까? - 집 바깥이나 텔레비전이나 영화에서는 아주 아기자기한 사랑의 장면이 연출되고 있다. 그런데 나는? 이라는 질문을 던지게 된다. 다른 사람은 그렇게 재미있고 존중받으며 살고 있는데 나의 결혼생활과 나는 무엇인가? 그러한 문제제기 과정과 갈등과 반추를 통해 여성 속에 잠재해 있는 소질이나, 일이나 사랑에 대한 한 열정을 개발 내지는 활성화시켜보는 일을 시도해 보게도 된다.

'홍역은 살아서 치르지 않으면 무덤에서라도 치른다'는 말이 있다. 사람이 지닌 못 이룬 욕구나 사랑도 마찬가지인 것 같다. 젊어서 치르지 않으면 나이가 들어서라도 불태우거나 활짝 피우려고 한다. 특히 못이룬 사랑에의 욕구는 큰 힘으로 자리잡고 남아 있는 것 같다. 농담반 진담반 식으로 나이든 여성 중에 "내 생애 단 한번이라도 같이 죽을 수 있을만한 사랑을 불태우고 싶다"는 말을 한다. 그러한 심정은 '이른 아침에 잠에서 깨어 너를 바라볼 수 있다면……하루를 살아도 행복할 수 있다면'이라는 간절한 마음을 담은 가사가 있는 <사랑을 위하여>라는 대중가요가 주부인기곡 1위로 오랫동안 수위를 지킨 점으로도 증명된다 하겠다. 젊어서는 낭만적 사랑의 허위와 왜곡을 비판적으로 바라보고 지금껏 사랑을 멀리하던 이가 또 사랑을 가벼이 여기던 자가, 이때쯤에 사랑으로 인해 울고 웃거나 자신의 삶에 중대한 한 계기를 만들어 가는 것도 이런 연유인 것으로 보인다.

'신경질수용사'에 사사(社事) 보조에 만능 엔터테인먼트
- 주부직 새롭게 보기

솔직히 요즘 젊은 사고를 지닌 여성들에게 주부노릇만 하고 살라면 몇 달도 못되어 정신병자가 되든지 죽어 버릴 수밖에 없을 것이다. 아니면 한이 맺혀 무당이라도 되어 타인이나 사회와 접점을 지닐 것이다. 주부란 직업을 수행할 수 있는 여성들은 '권태'를 모르는 특별한 능력의 소유자이다. 즉 주부업은 가사 - 요리·청소·빨래·상담·교육·양육·가정관리·간호조무사, 특히 '신경질수용사'에 사사(社事) 보조에 엔터테인먼트로 만능 전방위 전시간대(24시간대기)로 종사할 능력과 의지를 지닌 자만이 가능한 특정직업이다. 그러므로 주부는 그 집안의 주춧돌이고 터전이고 삶의 받침대이다. 그런데 이 사실을 그 집 주부가 죽고 나서야 깨달으니 그것이 문제다.

주부는 아침을 알리는 길조인 까치처럼 살아가기를 요구받는 존재이며, 가족을 살려주는 창조자이고, 없는 것에서도 무엇인가를 만들어 내는 요술쟁이이기를 요구받고, 인내심의 극치를 발휘하기를 요구받는다. 마음엔 부처가 둘, 부처가 아니고서야 어떻게 매일 똑같은 일을 몇 십년 동안 참고하는 수행을 할 수 있을까? 주부들이 하는 그림자노동, 남자들이 정의하는 바로 '자질구레'하고, '일 같지 않은 일', '쓸고 닦고 치우고 볶는 일'이라고 말하는 그것이다. '할 일 없으면 집에 가서 애나 보아라, 집구석에서 살림이나 살고, 부엌구석에서 부엌데기나 해라' 라는 말이 담고 있는 일들이다. 실은 바로 그 일들이 시간에 맞게 겹겹이 쌓여야 비로소 가족들은 사회인으로 사회일과 휴식을 누릴 수 있게 된다는 것을 망각한다. 성질이 좋은 척하고 사는 잠자는 사자를 오랫동안 건드려왔다. 주부 즉 어머니는 알아주지 않고 이름도 날리지 못하는 수행자로 이렇게 무시받는 속에 살아오셨다. 이제는 아닐 것이다? '여자들의 목소리가 커진 것'이 아니고, '기가 드세어진 것'이 아니고, '여성상위를 주장하는 것'도 아니고, 이젠 '그냥 여성도 인간으로 살겠다는 것' 뿐이다.

"내 삶을 책으로 쓰면 몇 권은 나올 거다"
- 갈등과 고통의 연속, 장편 소설감인 주부들의 삶

한 학생이 조사해 온 <울 엄마의 험난 무쌍한 인생 보따리>는 흔히 우리나라 여성들이 자신의 우여곡절 많은 삶을 말할 때 쓰는 "내 인생을 소설로 쓰면 몇 권은 거뜬히 될 것이다"라는 수준이다.

"혜선이 너 큰오빠 갸는 어래서부텀 하는게 달랐시야. 운산 북딘서 내래 밭 매다 늦게 딥에 오면 너 닥은오빠를 개울가에 데리고 나가 깨끗이 씻기고 저녁까지 디어놓고 기다렸디. 부산 피난 갔을 때였디. 하루는 목판을 만들어 달라고 해서 뭐하려고 기러네? 했더니 엿이라도 팔아 쌀을 사오겠다는기야. 너 아바디래 워낙 약골인데다 먹딜못해 아파 누워있으니 어린 눈에도 한심 했을끼야. 기래서 아바디래 목판을 만들어 목에 매두었더니 더녁에 쌀을 사가지고 들어왔디." "그때 큰오빠가 몇 살이였는데?"

"열세살이였을께야." "그때부터 큰오빠래 우리 식구를 먹여 살렸수다래" "기랬디. 부모 달못 만나 너 큰오빠래 고생 수태했디. 내래 무식해 어느메 학교래 도은둘 알기나 했네? 기때는 Y등학교래 데일 도타고 했디만 기독교 학교인 D고등학교엘 넣었디. 기때 돈 많은 사람덜은 다식이 공부 못해 속상해 한다는데 나는 돈이 없으니까네 타라리 큰오빠래 공부를 못했으면 했디. 하디만 공부를 달해 Y 의과대학 기때는 세브란스 대학이라고 했디. 거기메를 구두시험만 보고 들어가딜 않았갓네? 하디만 내래 입학금 걱덩에 기뻐할 새도 없었디. 입학금 마련하느라 어둑할 때 돌아오는데 가만 생각해보까네 혜선이 네 텃돌인기야. 기래서 시당 가서 고기 한근 사다 미역국 끓여먹었디." "오마닌? 돈도 없는데 그냥 넘어가지 애기가 뭘 안다고 미역국을 끓여먹우?" "기래도 안기래야. 혜선이 네래 어래서 툭하면 넘어데 무릎팍이 성할 날이 없었디. 기럴때면 엄마래 텃돌 안해줘서 기런다고 앉아 울딜 않았네?"

"후훗! 내가 그랬나?" "기랬디. 내 텃돌은 니북서 먹을게 더 없었시야. 우리 오마니래 도답 기때는 황덩미쌀이라고 했디 기걸 한그릇 떠놓고 앉아 우니까네 우리 아바디래" "이 바보야! 애기래 뭘 안다고 앉아우네? 했데더라. 세월 많이 도아뎄디. 이덴 미국 와서 먹기 싫어 안먹딜 않네?"

"그렇긴해. 요즘 아이들은 옛날에 쌀이 없었다고 하면 라면 끓여먹지 그랬냐고 한다는데뭐."

"기럴끼야. 내래 큰오빠 등록금 마련하느라 계라는걸 했는데 어떤 녀다래 계를 타먹고 도망가는 바람에 빚만 단뜩 앉았디. 믿을만한 녀다였는데 오둑하면 기랬갓네? 거기다 우리 가가래 달되니까 바로 옆에 돈 많은 사람이 가게를 커다랗게 태렸디. 그 가게는 부부가 맞답고 하니 물건이 도아 우리가게로 오던 손님들이 다 그리로 갔디." "하여간 우리나라 사람들은 뭐가 좀 잘된다고 하면 바로 옆에다 차리는데 뭐 있어. 미국 와서까지 마켓 잘된다고 하면 마켓 차리고, 세탁소 잘된다고 하면 세탁소 차리고, 비디오 가게 잘된다고 하면 비디오가게 차려서 서로 잡아먹잖아." "다들 먹고 살래니 할수있네?"

"그래서 큰오빠가 의과공부를 계속 못했구나?" "기랬디." "하긴 우리큰오빠래 의사가 됐으면 우리가 미국에 와보지도 못했을꺼야. 모든게 하나님 섭리지뭐." "거럼 거럼!" 하루는 너 큰오빠래 동생들 옷을 단득 사가디고 와서 '네래 무슨 돈이 나서 옷을 샀네?' 했더니 의과택을 모두 팔았다는기야. 내래 너머 돈 단련을 하니까네 돈이 덜 드는 상과로 편입한거디. 기때 내래 앉아 한탐을 울었디. 가게는 안되고 빚갚을 길은 망막해 큰오빠·너 언니만 공부하라고 서울에 남겨두고 평택으로 내려갔디. 미군 부대에서 건물 딧는 인부들 밥해두멘서 돈 돔

벌었디만 공사가 끝나멘서 인부들이 떠나고 당사래 안됐디. 디금이야 세월 도아데서 국데결혼이라고 하디만 기때는 양색씨라고 불렀디. 양색씨들이 와서 외상술을 먹고 도망가니 뭐이래 남갓네? 누구래 기러는데 강원도 묵호가면 돈을 많이 번다고 하는기야. 기래서 다시 보따리를 쌌디. 묵호 가서 고생 수태했디. 교회 딥사라는게 돈만 따라 댕기니 하나님이 너 어디 한번 실컷 고생돔 해보라마 하멘서 내태둔거디. 묵호 가서 길바닥에 앉아 돌도 깨고, 강냉이 당사도 했디만 쌀밥 먹기래 어디 그리 쉬었네? 어느날 보리밥을 해두었더니 혜선이 네래 "엄마! 나 내일 이런밥 또 해달라우" 해서 내래 어띠나 기가 막힌디 한탐을 앉아 울었디. 한번은 보리쌀도 없어 밀기우리로 둑을 써놓고 먹으라고 했더니 너덜이 안 먹는다고 투덩해서 내래 속이 상해 한바탕 때려두고는 또 한탐을 앉아 울었디. 니북서부터 시닥해 서울로 부산으로 평택으로 묵호로 때골때골 굴려 하나님이 이덴 이 미국꺼덩 데려다 놓으셨구나. 인생살이 일당 툰몽이라더니 내래 오래 살았디.…

주부는 가사노동 뿐 아니라 험난한 정치적 역사적 질곡의 삶 속에 가족의 정신적 육체적 생리적 욕구를 충족시키는데 주력을 다할 수밖에 없는 노예처럼 지내왔다. 생활도구가 발달되지 않은 시절에 한가정의 주부들은 그야말로 불철주야 때거리 마련과 음식 장만과 그 뒷치닥거리와 옷가지 장만과 봉제사와 친척과 손님맞이, 아이들 뒷바라지로 그들의 전(全)시간과 육체적·정신적 에너지를 소모할 수밖에(투자하고 있다?) 없었다. 가사노동은 어떤 성격을 지닌 일인가? 가사노동은 어떤 일이기에 남자들이 동참하는데 그 많은 세월과 설득이 필요했을까?

가사노동은 계속 한 주부의 형벌이어야 하나

가사 – '그림자노동'이어야 하나?

대문 밖에서는 꽃이 피는지 잎이 지는 지도 모르고 살은 40년 세월이 원통하고 분합니다.

위의 말은 초등학교 교사를 하다 결혼을 하여 3남매와 시부모와 시동생 시누이 둘과 30년을 살다 이제 겨우 가정에서의 탈출여행이라며, 그것도 나라에서 세금으로 개최해준 공짜여행에 나온 한 50대 후반 여성이 2001년 7월 저자 옆에서 직접한 말이다. 자식 둘은 서울대학교를 보내셨다며 연신 자랑하시나, 자신의 다리가 성치 않아져서 걷기도 힘드는데 억울하고 분해서 여행을 찾아 나오셨다고 하며, 아침에 상차리며 TV에서 가끔 본 나에게 사인을 해 달라고, 사진을 같이 찍어달라고 주문하셨다. 가사노동에다 남편의 공장 직원들 밥해서 대어주기까지 하셨단다. 건설회사 함바처럼 밥을 해 대어준 것이다. 몇 십 가지 역할을 하신 것이다. 자신의 대가족 가사노동담당 및 남편 회사 빚 구하기 상무 및 전용음식 해주기까지 무료로 쓴 음식 요리사겸 택배원이셨단다.

가사와 가사관리 능력 중에는 새 사업으로 전환할 만한 것도 많다

폐백음식 만들기와 여성발전센터

원래 가사는 사람을 살리는 '살림'이다. 원초적인 먹거리와 옷의 제공 외에도 그 문화의 축적은 한 전통으로 굳어져 민족과 가문의 정체성으로 남을 수 있는 것이기도 하다. 가정생활에서 일상적이며 반복적으로 행하는 것이기에 그 기술 전수 역시 상당히 고도의 것일 수 있다. 쉽게 말해 하이테크에 속할 수 있다는 것이다. "김치, 고추장, 된장, 간장…" 반도체 칩만 무역수출품이 아니다. 얼마든지 "효녀상품"이 나올 수 있는 것이다. - 왜 이럴때는 효자상품이라고만 하나 -

가정생활의 역사를 구축하며 가정생활문화를 무형이든 유형이든 후손에게 전승하는 문화적, 기술적, 교육적 측면의 가사는 여자와 남성 중 원하는 사람에게 전문직화될 필요가 있다. 그리고 그것은 현금화될 수 있을 것이다. 그러나 모든 여성이 그 수준을 유지해야 한다거나 모든 여성에게 그것을 하도록 강요해서는 안 된다. 남자들에게 강요하지 않는 것과 마찬가지로.

가사노동은 사실 각자가 알아서 맡아 해야한다
- 항상 집에 양파가 떨어지지는 않았나? 간장은?

가사노동은 사실 각자가 알아서 맡아 해야한다. 그런데 각자가 하지 않고 내밀어 두기만 한다. 이것은 사회의 여성·남성의 일에 대한 엄격한 분리의 규범 탓이다. 그 규범대로 살 수 밖에 없었던 어머니들은 개인적으로는 어릴 때부터 가르치지 않았다. 어머니가 가르쳐도 아버지와 할머니가 못 배우게 하고 아들은 자기가 귀찮고 힘들까보아, 아니면 가치 없는 여자나 하는 일로 여겨 안 배웠을 것이다. 우리의 전업주부 어머니들은 가사에서 자신의 가치를 만들어 내어야 했기에 가르치지 않았다.

그리하여 이제까지 한 주부가 여러 가족구성원들의 즉각적인 욕구들을 충족시키고 가정의 목표를 달성하기 위해 24시간 불철주야 뛰어온 정신적, 육체적, 정서적인 노동이다. - 그 노동이 '노동'이라는 말을 획득하게 된 것도 1970년대 이후 여성운동 덕분이다. 주부에게는 늘 가사를 개시할 자세, 또 헌신, 복종에의 기쁨, 이타주의 등이 미덕이 된다. 주부들은 다소곳하며 '보이지 않아야' 하고 남의 눈치에 빨라야 하며, 지배나 출세욕과는 아예 거리가 멀어야 한다. 즉 자아를 끊임없이 눌러서 언제, 어디서나 타인에 의해 바로 쓰일 수 있어야 배척당하지 않았다.

주부의 관심사는 식구들의 뒷바라지로 모아져 있다. 그 강박관념은 자녀들이 배고플까, 남편이 불편을 느낄까, 살림의 리듬이 깨질까, 무가 떨어지지는 않았을까? 등 늘 불안한 것이다. 그래서 자연히 가족원 외엔 관심, 접촉, 대화를 가질 기회가 적어지고, 나중에는 스스로 원치도 않게 된다.

이것이 바로 주부를 비사회적 존재로 만드는 환경요인이다. 이렇게 되면 주부는 가족원의 욕구에 따라 움직이다가 나중엔 자기 자신의 불안을 뒤쫓게 된다. 이는 남편과 자녀를 보살펴야 한다는 막중한 과제로 인한 불안과 죄책감이며, 이는 모든 계층의 주부가 시달리는 공통된 심리현상이다.

가정내에서 또는 가족 주변에서 이루어지는 가사노동의 내용은 복잡하여 몇 천 가지이다. 가사노동은 가정생활의 본질인 생명의 유지, 발전에 관련된 중요한 목적을 가지는 노동임에 틀림없지만 개인 영역에서 끊임없이 반복되어야 하는 속성상 변화가 초래되기보다는 타성적으로 반복되기 쉽다. 가사노동은 가정 내의 사적인 노동으로 노동에 대한 가치평가가 제대로 이루어지고 있지 않아 더욱 가사노동을 경시하는 경향이 있다. 따라서 가사노동의 가치평가에 대한 새로운 인식이 요구된다. 새로운 인식이 있어야 가사노동도 하나의 경제활동의 지표로 볼 수 있게 될 것이다.

가사노동 평가의 과제

가사노동 가치평가와 관련하여서는 다음과 같은 문제가 있다.

(1) 경제활동의 평가를 화폐단위에서 벗어나 생활의 질이나 복지증진에 두는 개념이 필요하다. 현재 우리나라의 국민계정체계는 가사노동을 경제활동으로 가시화 시키지 않고 있다. 가사노동을 경시하는 지표는 수정되어야 한다.

(2) 가사노동의 가치를 적절히 평가할 수 있는 측정단위를 세분화해야 한다. 가사노동에 소비한 시간 조사를 통해 가치를 추정하는 작업을 할 때 가사노동의 개념이나 내용을 확정해야 한다.

(3) 주부직을 하나의 직업으로 인정하지 않는 직업분류체계의 모순을
시정해야 한다. 가사노동의 내용이나 시간이 정확히 조사되었다
하더라도 가사작업에 대응되는 시장노동자의 직업을 선정하는 문
제가 생긴다. 가사노동의 가치추정을 위하여 주부직을 대체할 수
있는 직종을 선정하거나 가사노동의 하위영역을 각각 대체할 수
있는 직업군을 선정해야만 한다.

가사노동 가치평가의 필요성 & 방법

가사노동 가치평가의 필요성

가정의 중요성과 가치를 재교육시키기 위한 자료를 제공하고, 이로부
터 학문적인 문제를 유추해내며, 또 그 가치의 재인식을 통해 주부의 사
회적인 지위를 향상시킴과 동시에 주부자신의 가치의식을 고취시킬 수
있다.

사회보장적 견지에서 주부의 재정적 안전을 유지하기 위한 토대를 제
공할 수 있다.

가사노동의 가치평가는 국가경제상으로도 유용하다. 즉 가사노동의
가치가 GNP 산정에서 제외된다면 가정생산의 비율이 크게 다른 지역간
의 비교, 국가간의 비교는 편파적으로 되기 쉬우므로 이 가치가 정확히
평가되어 GNP 산정에 첨가되는 것은 사회정책개발에 있어서 GNP를
더 좋은 경제적 척도로 만들게 되기 때문이다.

가정 내적인 필요성으로써, 주부가 가사노동을 통해 가정생산을 늘리
는 것과 직업노동을 통해 화폐수입을 늘리는 것 중 어느 편이 생활수준
을 향상시키는가를 결정하기 위한 기준이 될 수 있다. 또한 가정생활주
기의 어느 단계에서 사회적인 노동에 참가할 것인가를 판단할 수 있다.

법률적인 견지에서 주부들의 노동 대가를 정당하게 인정받기 위해 필요
하다.

민법상 주부의 위치를 개선하기 위해서

예기치 않은 사고로 주부가 사망하거나 가사노동을 이행하지 못할 경
우, 주부의 노동력 상실에 대한 배상을 청구해야 하지만 타당한 배상기
준이 없다면 주부의 가사노동 가치가 과소 평가되기 쉽다. 이혼의 경우,
부인의 내조의 공을 완전히 인정받기 위해서 가사노동의 객관적인 가치
평가가 요구된다. (재산분할청구권) 또한 사회보장에 부응하기 위해서이
다. 즉 주부의 연금가입, 가정수당 중 주부수당, 육아휴가 중 유급수당
등과의 관련이다.

가사노동 가치평가의 방법

정의
주부가 취업할 경우 벌어들일 잠재소득(potential imcome)으로 가사노동
의 가치를 산출하는 방법.

단점
주부가 가정에 있다는 사실이 합리적인 시간 배분을 위한 의사결정
과정을 통해서 선택된 것이 아니라, 사회적 인습에서 비롯된 것이라면
가사노동의 가치가 취업할 경우에 얻을 수 있는 잠재소득과 동일하다는
이론을 적용할 수 없다. 한계분석(marginal analysis)에 의한 합리적 시간배

분은 이론상으로는 타당하지만 실제로 시장노동은 취업여건에 따라 달라지므로 가사노동 시간을 마음대로 선택할 수 있는 것은 아니다.

가사노동 시간이 증가함에 따라 가사노동의 한계가치가 체감된다면 가사노동의 한계가치는 가사노동의 평균가치보다 낮게 된다. 그러나 시장 임금률은 가사노동의 한계치를 반영한다고 보기 때문에 시장 임금률을 사용하여 가사노동의 총가치를 산출한다면 이는 가사노동의 가치를 과소 평가하는 결과를 가져온다.

동일한 정도의 가사노동을 하는 주부의 기회비용은 다르게 평가될 수 있다.(즉 학력, 숙련기술에 따른 차이)

특징

이 방법은 주부의 가사노동 가치를 전체적으로 평가하기보다는 주부의 조건을 고려하여 가정과 직장 중에서 주작업장을 결정하거나 혹은 재취업의 시기를 결정하는데 이용할 수 있다.

정의

한 사람이 주부의 역할을 대행한다고 가정하는 것으로, 주부가 행하는 가사노동을 하나의 가정관리직으로 간주하여 이에 상응할 만한 보수를 기준으로 측정하는 방법

단점

주부의 기능을 가정부직이나 파출부직으로 간주한다면 가사노동의 가치는 과소 평가될 가능성이 많으며, 반대로 주부의 기능을 총체적인 관리직으로 간주한다면 가사노동의 가치는 과대 평가될 가능성이 있다.

정의

가사노동영역에 속하는 각각의 작업을 분류한 후 각 작업에 해당하는

직업노동의 임금률을 적용하여 계산하는 방법

단점

이 방법은 관리측면이 고려되지 않았으므로 관리기능을 기준으로 해서 평가해야 한다.(즉 주부들이 전문가들이 하는 것만큼 효율적으로 그 일을 하지는 않는다는 점을 감안한다면)

주부의 가사노동에 영향을 미치는 가족 환경적 변인에 대한 연구는 가족 환경적 변인인 주부의 연령, 학력, 직업유무, 결혼지속기간, 자녀수, 남편의 학력, 직업, 월수입이 주부의 가사노동에 영향을 주는 변인인가를 살피는데 있다. 가사노동 분야는 의생활, 식생활, 주생활, 가족 돌보기, 구매로 분류되며 가사노동 특성은 가사노동 시간소비, 가사의 선호성, 가사의 반복성으로 분류된다. 그 연구 결과는 다음과 같다.

❶ 일반적으로 가사노동에 영향을 주는 변인은 주부의 연령, 교육수준, 자녀수, 결혼지속 기간이었다. 즉, 결혼기간이 길수록, 주부의 연령이 많을수록, 학력이 높을수록, 자녀수가 많을수록 가사노동에 미치는 영향이 높게 나타났다.

❷ 주부의 연령이나 결혼지속기간은 가사노동시간 소비, 가사의 선호성에만 유의적이었으며 반복성에는 유의적인 영향을 미치는 변인이 못되었다.

확대기 가정주부의 가사노동 시간관리 전략

확대기 가정주부의 가사노동 시간관리전략 방안의 기반을 모색해 보면 다음과 같다. 첫째, 주부의 가사노동시간은 1일 평균 6시간 정도로써 80년대보다 감소한 것으로 나타났으며, 유의적인 변수는 주부의 취업여부와 가족수이다. 둘째, 가사노동 시간관리 전략은 주부의 교육수준, 취업여부, 첫 자녀나이, 월 총소득에 따라 의미있는 차이가 나타났다. 가사노동 시간관리전략의 하위영역인 가족성원간의 분담화는 주부의 취업여부, 첫 자녀나이, 가족 수에 따라서 의미있는 차이가 나타났다.

가사노동 계통화에서는 가사노동 시간관리 전략의 하위 영역중 가장 높은 평균점수를 나타냈으나 변수간에는 유의적인 차이가 나타나지 않았다. 가사노동 간소화는 주부의 교육수준, 취업여부, 결혼 지속년수, 주거형태, 가족수, 월 총소득에서 유의적인 차이가 나타난 것으로 보아 대다수의 주부들이 가사노동을 간소화시키려는 의지가 있음을 알 수 있다. 가사노동 기계화는 주부의 교육수준, 월 총소득에 따라 유의적인 차이가 나타났다. 셋째, 가사노동시간에 영향을 미치는 가사노동 시간관리 전략은 간소화, 사회화 및 분담화로써 가사노동 시간감소에 영향을 미치고 있으며, 계통화와 기계화는 가사노동 시간증가에 영향을 미치는 전략으로 나타났다.

축소기 가정주부의 가사노동 시간관리 전략

가족 축소기 가정주부의 가사노동 시간관리 전략·방안을 모색하기 위한 자료를 제공하려는데 목적이 있는 한 연구결과를 요약하면 다음과 같다. 첫째, 주부의 가사노동시간은 1일 평균 6시간정도이며, 축소기 주부는 평일보다 휴일에 가사노동시간이 더 많다. 둘째, 가사노동 시간관리 전략은 확대기 주부에 비해 낮은 수준이며 주부의 교육정도, 남편의 직업, 주거형태, 가족수에 따라 의미있는 차이가 나타났다. 가사노동 시간관리 전략의 하위영역 분담화가 높은 편이며 가족수에서 유의적인 차이가 나타났다. 계통화, 간소화, 기계화, 사회화, 주부의 연령, 교육정도 등에서 유의적인 차이가 있었다. 셋째, 가사노동시간에 가장 영향을 미치는 가사노동 시간관리 전략은 사회화가 가장 영향을 미치며 기계화,

간소화, 분담화는 실제적으로 가사노동시간의 증감에 영향을 주지 않는 것으로 나타났다.

직장여성과 전업주부 – 우리가 다른가?

1960년대까지만 해도 '직업여성'은 윤락여성과 동의어로 쓰였다. 여성이 사회적 직업을 가진다는 것에 대한 남성들의 보이지 않는 거부와 여성이 바깥에서 직업을 가지는 것이 흔하지 않았다는 것이다.

'프로는 아름답다'라는 말이 유행하면서 자기 일을 가진 전문직 여성들이 이상형처럼 부각돼 많은 주부들을 주눅들게 하더니, 이번에는 '미씨'가 아니면 자기 노력도 없고 시대에 뒤진 채 살아가는 구세대 주부인 것 같은 불안감을 느끼게도 한다. 언젠가 텔런트 이영애가 텔레비전 광고에서 뛰는 모습으로 '프로는 아름답다'라는 멘트로 많은 여성들을 자극한 적이 있다. 남성들이 결혼을 할 때 일하는 여성을 선호할 정도로 일하는 여성을 추구한 적이 있다. 그녀는 2001년 요즘은 '주부되고 싶으나 하고싶은 일이 아직 많아요'라고 하는 광고를 한다.

공부를 많이한 여성일수록 결혼을 늦게 하고 직장을 끝까지 가지는 경우가 많다.

우리 가족 중에도 고모댁과 작은아버지댁이 가장 최근에 결혼한 가정인데 고모댁은 부부가 교수이시며 아이들은 일하는 아줌마에게 맡기거나 요즘은 형편이 못돼서 할머니께서 보신다고 하신다. 그리고 작은 아버지 맥 아이들은 초등학생과 유치원생인데 새벽 6시에 모든 가족이 일어나 한 자동차에 모두 새벽같이 나간다고 한다. 초등학교 1학년인 작은아버지의 아들(재훈)이는 항상 교실 불을 켜고 들어가는 1등 등교생이라고 한다. 작은어머니께서 언젠가 이런 말씀을 하신 적이 있다.

컴컴한 겨울날 졸음에 눈 못 뜨는 아이들을 데리고 찬바람이 부는 새벽부터 고생시키는 것 같아서 눈물이 났다고……

20대 글·의식 바꾸기 - 바꿔쓰기는 변화된 사고를 반영한다.

윗글에 이어 학생은 "요즘은 일하는 여성으로 인하여 가족 모두의 협조가 필요한 시기이다. 여성이 일해서 번 돈의 절반이 파출부 아줌마한테 가는 일이 있어도 여성은 일을 선택하는 경우를 허다하게 볼 수 있다. 여성이 일하기 위해서는 그만큼 시간관리를 잘해야 한다. 일한다고 가정일 또한 소홀히 할 수 없기 때문이다."라고 글을 맺고 있다.

20대 하면 여성이나 남성 모두 사고가 젊은 것으로 여겨진다. 그러나 그것은 착각이다. 오히려 부모보다 더 사고의 폭이 좁고 경직되어 있거나 이기적이고 남학생은 여성상이 보수적인 경우가 더 많다. 자신의 애인이 성적접촉을 자신에게 허락하는 부분에 대해서는 제외하고. 위 학생의 글을 다음과 같이 고쳐본다.

"요즘은 일하는 여성으로 인하여 가족 모두의 협조가 필요한 시기이다"라는 학생의 글은 다음과 같이 고쳐써야 한다. 즉 '일하는 여성으로 인하여'가 아니다. 여성도 일을 하지 않으면 살 수 없는 시대이기에 가족 구성원과 사회의 변화된 지원체계가 필요하다.

"여성이 일해서 번 돈의 절반이 파출부 아줌마한테 가는 일이 있어도 여성은 일을 선택하는 경우를 허다하게 볼 수 있다."는 아직도 우리 사회와 가정은 아이 키우기를 비롯한 가사는 여성의 몫으로 규정한 틀에 매여 있기에 아이 보는 일과 가사에 드는 돈을 여성이 벌어오는 돈과 대응시킨다. 비교해서 벌어오는 돈이 더 적거나 차이가 별로 크지 않으면- 즉 남지 않으면, 그냥 집에서 살림이나 살라고 압력을 넣는다. 이것이 함정이다. 혹여라도 남에게 맡긴 아이가 어디 다치거나 아프기라도 하면 영락없이 주저앉거나 들어앉기를 요구해왔다. 그래도 끝까지 나가면 '독한 여자, 인정없는 엄마'가 되었다. 여성이 직장을 갖는다는 것이 얼마만큼 힘든 일인가는 말할 필요가 없다. 그것도 결혼한 여자가 말이다. 여기에서 '맞벌이'와 '맞일'의 의미를 다져보자. 결혼하여 부부 두 사람이 다 직업을 가지고 일을 할 때 흔히들 '맞벌이'부부라 한다. '벌이'인 만큼 경제적인 면에 초점이 많이 가 있다. 그래서 어떤 남편이나 시부모나 친부모 경우 때때로 우리는 부자니 여성이 맞벌이를 할 필요가 없다고 해왔다. 그러나 사람은 돈을 벌기 위해서만 일하는 것은 아니다. 그 일 자체가 나라는 사람, 또 내가 살아 있다는 것을 증명해 주기 때문에 하는 일도 있다. 그 차원에서 부부가 각기 또는 같이 일할 때 이는 '맞일' 차원이다. 이 일에는 경제적 대가보다 더 귀한 생명수의 가치를 갖는 경우도 허다하다.

> 절망 때문에 결혼을 하여 / 그 절망을 두 배로 만들고
> 허무 때문에 자식을 낳아 / 그 허무를 두 배로 만들었으니

한 전문직 여성이 부인과 사별한 부자남자와 재혼을 하고는 전문직을 그냥 놓아버렸다. 남편과 전처가 재산을 많이 만들어 놓았던 것이다. 10년 동안 여행과 자기하고 싶은 일 등으로 돈을 실컷 쓰고 나서는 자신이 낳은 취학 전 아동이 있었는데도 52살에 투신자살해 버렸다. 깊이 그 내막을 알지는 못하나, 어려움도 있었지만 계속하던 전문직을 남편의 출장에 좇아 외국을 따라다니느라고 놓지 않았으면 그리 망연하게 죽지는 않았을 것이다. 전문직 남편의 뒷바라지를 위해 외국에 나가다니느라고, 혹은 국내에서도 아이 키우거나 내조하느라고, 자신의 일을 중단한 여성들의 경우 일의 계속성이나 깊이가 떨어져 재취업을 하지 못하여 정신적·신체적·경제적 고통을 당하는 이들이 이외로 많다. 여러 고통 중 제일 참기 어려운 것은 자신이 자기에게 내리는 자긍심의 손상이다. 그리고 지금의 주부여성의 상황에 대해 책임을 느끼고 알아

야 할 바로 그 가족들의 무시와 몰이해이다.

여성이 일하기 위해서는 그만큼 시간관리를 잘해야 한다.

여성이 일을 계속 하기 위해서는 본인은 물론 사회적·가족적·지자체적 지원체계가 수립확보 되어야 한다. 구체적으로 예를 들어 보면, 사회적으로는 아이를 맡길 탁아소(영유아보육원)가 직장이나 동네에 없어 먼곳 - 시간이 많이 소모되는 - 에 사는 친척에게 맡기는 경우, 또 학교나 아픈 환자가 있는데 병원이 먼 경우(병원과 약국에서 시간을 너무 많이 허비하게 한다), 또 싼 물건을 살 수 있는 시장이 먼 경우(인터넷 동네 슈퍼의 활성화는 상호간에 상당히 희망적이다), 공적인 업무와 관련하여 시간을 헛되게 많이 쓰게 하는 경우, 가족적으로는 식사 시간대를 지키지 않거나 반찬이나 옷 등에 대해 까다롭게 굴거나, 별일 없이 직장 나가는데 탈을 부리거나 경조사를 유난하게 풍성하게 하고 챙기는 것 등등이 있다.

'일한다고 가정일 또한 소홀히 할 수 없기 때문이다' '일한다고'가 아니라 '일을 하다보면' 가정일도 때때로(소홀히 해서가 아니고) 잊어버릴 만큼 급박하거나 중대하여 몰두하다보면, 심신이 심히 지칠 때도 있다.

이때 가정을 소홀히 한다고 따지고 싸우면 여성은 심하게 갈등을 겪게 된다. 이 갈등과 고통은 단지 이 여성에게서만 끝나는 일회적인 일이 아니고 그 주변의 후배여성들에게로 이어진다. 결혼하지 않아야지, 못 살겠구나로 나간다. '일한다고'는 '돈 좀 번다고' 식으로 부정적으로 많이 쓰여진다.

2001년 7월 중국에 갔더니 그 곳의 현지 가이드 20대 여성이 '중국은 요즘 가렴잡세' 시대라고 하였다. 가렴주구(苛斂誅求)라는 말은 들었어도, '가렴잡세'(苛斂雜稅)라는 말을 한국에서 간 우리들로서는 처음 듣는 단어이다. 그 단어로 현재 중국에서의 세금 및 사용료 등의 빈번한 각출을 설명하였다. 어느 강에서 고기를 낚으면 그 돈만큼 정부에 지불해야 하

며, 백두산 옆 장백폭포에서 흐르는 자연 온천물에 그 높은 온도로 계란
이 삶아지는데 그것을 하는 사람은 날씨관계로 일년에 3개월 정도 밖에
영업하지 않는데, 3000만원 정도를 정부에 세금으로 내야하며…… 중국
의 공산주의정부가 엄격하던 시절에 그녀가 이 단어를 쓰면서 중국정부
의 경제정책을 비난할 수 있었을까? 가렴잡세라는 이 단어 하나로도 변
화한 정부와 변화한 국민, 즉 적어도 국민이 정치를 본대로 느낀대로 말
할 수 있는 발전하고 있는 변화의 시대를 반영하는 것이다.

주부로서의 삶을 여자의 가장 행복한 삶으로 여겼는데
- 작은 소외·큰 소외로 -

　　몇 일 전 어머니의 한숨 섞인 푸념을 들을 수 있었다. "나도 직업
을 가졌더라면 좀더 젊게 살 수 있고, 이렇게 가정에만 매여 있지 않
을텐데" 하시는 거였다. 평소에 우리 어머니는 여자는 가정에서 남편
과 아이를 보살피면서 가정주부로서의 삶을 여자의 가장 행복한 삶이
라고 생각하시는 분이었다. 젊었을 때 남편과 자식들에게 쏟던 정성
과 노력이 아이들이 커가면서 돌봐주어야 하는 일이 적어지면서 어머
니는 작은 소외·큰 소외를 느끼셔야 했던 것이다. 늙어가면서 당신
자신의 모습과 한 여성으로서의 삶을 찾고 싶었던 것이 아닌가 한다.
가정주부로 20년을 살아오는 동안 가정에서의 삶은 누가 알아주는 일
도 아닐뿐더러, 어머니의 인생은 자신을 위해 해둔 일 하나 없이 나이
가 들어버리셨으니 한탄할 노릇이 아닌가 생각이 든다. 자식과 남편
을 위해서 선생님을 그만두시고 가정을 위해서만 헌신하신 우리 어머
니를 볼 때 난 항상 고마움을 느낀다. 나도 대학에 들어오고 동생도
어느 정도 커서 요즘은 어머니께서 여행도 가시고 대학 친구들을 많
이 만나신다. 얼마 전에도 어머니께서 대학친구들 여럿이 유럽여행을
갔다오셨다. 유럽에 가시면서 "친할머니께 말씀드리지 마라. 누가 전
화가 오면 어디간지 모르겠다고 해라" 등등 어머니께서 누구에게 알
리는 것을 꺼리셨다. 특히 아버지 식구들에게 알리는 것을 꺼리셨다.

나는 어머니께서 유럽여행을 하실 당당한 권리가 있다고 생각한다
…… 어렸을 때부터 어머니는 생선 가슴보다 생선꼬리를 더 좋아하
신다고 인식해왔다. 당연히 큰 것은 내가 먹고 작은 것을 어머니께서
좋아하신다고 생각했다.

나의 남편이 내가 어머님께 했던 대로 나에게 하네

　　나는 어렸을 때부터 어머니는 생선 가슴보다 생선머리와 꼬리를 더
좋아하신다고 인식해왔다. 또 당연히 큰 것은 내가 먹고, 작은 것은
어머니께서 좋아하시니 어머니 몫으로 생각해왔다. 결혼 후 신혼밥상
을 차리면서 영광조기를 두 마리 구워서 상에 차렸다. 남편은 첫날 조
기를 자기 앞으로 당겨서 몸통을 다 먹고 나서 나에게 밀어주었다. 머
리와 꼬리만 남았다. 나는 손도 대지 않았다. 다음날도 그랬다. 그 다
음날도 그랬다. 그날은 나의 참을성에 한계가 왔고 말했다. "무슨 이
런 일이 있느냐고" 나의 얼굴이 붉그락 푸르락하는 것이 나에게도 느
껴졌다. 그이는 놀라서 왜 그러냐고 물었다. 나는 따지듯 말했다. 그
는 평소 자신이 자기 집에서 어머님께 하던 대로했을 뿐이다라고 말
했다. 어머니나 여자들은 생선 가슴보다 생선꼬리나 머리를 더 좋아
한다고 인식해 왔다는 것이다. 당연히 크고 맛있는 중앙은 내가 먹고
남거나 작은 것을 어머니께서 좋아하신다고 생각해와서 27년간 계속
그렇게 했는데 아무말이 없었다고 했다. 너만 왜 그러냐고 이상하다
했다. 나는 내가 해 온 바도 있어 더 이상 말을 할 수 없었으나 그래
도 말했다. 사람 입맛은 거의 같고 똑같이 먹어야 한다. 남녀 차별의
문제고 기분 문제이고… 다음 날도 조기를 구워서 상 복판에다 놓아
보았다. 남편은 아예 조기에 손을 대지 않았다. 다음 날도 조기에 손
을 대지 않았다. 내가 먼저 먹기 시작했다. 접시를 그 자리에다 두고
나는 두 마리 중 한 마리를 앞접시에 가져와서 온통 먹었다. 그제서야
남편도 나머지 한 마리에 손을 대어 나와 똑같이 하였다.

딸도 어머니와의 관계에서 자신이 행하고 있는 태도가 어디에 기인하

는 지를 분석해보고 시정해야 될 것이다. 이 부분에서 우는 여학생들이 많아서 수업시간에 아예 '어머니께 바치는 글' - 일종의 부계 남성중심적 자식들로서 어머니께 잘못한 점에 대한 반성문과 여성학과목 점수따기용 각서(?)이다 - 을 써오도록 하고 있다.

나에게는 3살 차이나는 남동생이 하나 있다. 어렸을 때부터 좋은 것은 당연히 내가 가져야 된다고 생각했고 내 욕심껏 했다. 동생은 어려서 잘 몰랐고 어머니께서도 내가 첫째라서 그런지 나에게 더 큰 관심을 보이셨다. 그런데 나이가 들면서 동생도 나와 같은 가족 구성원의 하나로 자리잡기 시작하는 줄 알았는데 그게 아니고 남자로 나보다 크게 자리를 잡았다. 먼저 눈에 뜨이게 태도가 달라진 가족은 바로 아버지였다. "영신아 동생 줘야지" "영신아, 재성이부터 하라고 해라" 당연히 내가 먼저고 좋은 것은 내 것인 줄 알았는데 언제부터인지 남동생한테 기회가 넘어가고 있었다. 게다가 아버지만 그리시는 줄 알았는데 어머니께서도 그러셔서 나의 불만은 더욱더 커져만 갔다. 드디어 할머니가 놀러 오셨을 때 나의 울화는 극에 치달았다. 용돈을 나보다 어린 남동생은 1만원을 주고 누나인 나에게는 달랑 천원짜리 하나를 주는 것이 아닌가? 처음에는 나는 할머니께서 착각하신 줄 알고 할머님께 내가 누나라고 했다. 이게 웬일 할머니왈, "알고 있다 안다"였다. 나는 그날 내 인생의 최악의 날로 기억한다. 이후 할머니를 뵈러 가거나 오시더라도 직접 만나는 일이 있으면 나는 이런저런 핑계를 대어 가능하면 피했다. 동생은 점점 의기양양해졌고 나는 차츰 동생과의 육박전에서도 힘이 빠졌다. 나만 야단 맞을 것이 뻔해서였다. 내가 초등학교를 졸업할 때 동생은 사고 싶은 것 다 사고 남는 것만 저축했는데도 통장에 있는 돈은 동생의 1/10밖에 되지 않았다. 나의 별명은 "딸인 나에게는 뭐"이다. 딸인 나에게는 뭐 해줬어? 남자들만 해주고의 준말이다.

남존여비 · 삼(사)종지도 지키는 할머니 · 어머니세대 - 아직까지 그 원칙을 고수하는 가부장적 현모양처류가 있다. 남성의 권리나 지위 등을 여성보다 우위에 두어 거짓말처럼 남성을 하늘처럼 존중하고 여성을 땅처럼 천시하는 태도를 말한다. 사종지도(四從之道)는 아버지 남편 아들에 손자까지 포함하는 경우이다.

이 여자가 집에서 애들 교육을 도대체 어떻게 한 거야?
– 아버지 출장갔다 늦게 왔으면 좋겠다는 이유가 뭡니까?

우리 집은 아버지께서 해외에 계시면서 몇 달에 한번 집에 오신다. 내가 처음 대학 수학능력시험을 보고 결과가 나오자 아버지께서는 집에서 애들 교육을 도대체 어떻게 했길래 이러냐고 야단이셨다. 어머니께서도 화를 내시면서 뭐라고 하셨다. 막상 어머니께서는 아버지가 안보실 때 "너희가 잘못 크면 어머니께서 부끄럽다"고 하신 적이 있다. 어머니께서 아무리 자식을 우선 순위로 돌본다 하여도 마음대로 안되는게 자식이고 자식의 성적이다. 사실은 내성적이 내 마음대로도 안된다. 심지어 맞일 부부 사이에서도 위와 같은 대화가 오간다고 한다. 아이들 교육과 보호는 '엄마 책임'이라는 논리를 이 시대에 더 이상 받아들일 수 없다. 그럼에도, 답답한 사실은 그와 같은 말을 들었을 때 계속 말을 잘했던 부인들이 말이 막혀 버린다는 것이다.

언젠가 뉴스에서 아이가 입시에 몇 번이나 실패해서 아이와 어머니가 같이 농약을 마시고 자살을 한 사건이 보도된 적이 있다. 9시 뉴스도 아니고 잠깐 스쳐 가는 뉴스였는데 왜 그렇게 가슴에 남던지 답답한 적이 있었다. 도대체 누가 한국여성의 가정내 지위를 이렇게 낮춰 났는지?

수 천년간 남성이 지배하는 가부장제와 남성권위주의는 너무도 교묘하게 여성들을 분리시켜 여성의 담합이나 연대의 가능성을 무산시키고 여성들이 함께 자신의 처지를 개선하는 일을 하지 못하도록 방해했다. 여성을 이간시키고 분리시킨 문화 속에서 자란 어머니와 딸도 그 문화로부터 자유로울 수는 없었다. 소외와 배척의 역사 속에서 딸에게 물려

줄 재산도 위엄도 갖지 못한 어머니를 딸은 존경할 수가 없었고, 자신도 차별받는 신분으로 태어나 자신과 같은 성으로 태어난 딸을 바라보는 어머니는 더욱 감정적이거나 때때로 과보호적이 될 수밖에 없었다.

그렇다면 앞으로 가족은? – 생애주기변화와 상대의 욕구에 따른 적극적 변환 요구

미래에 맞는 남성상과 여성상은 어떠한 것이어야 할 것인가에 대한 대답은 아무도 확신있게 할 수 없을 것이다. 그러나 더불어 살기를 원한다면 - 그것도 아주 밀착된 관계 가족이라는 형태로 - 상대가 변하면 자신도 그 수준이나 취향에 맞게 변해야 한다는 것이다. 변천하는 사회에서 개인이 당면해야 할 환경적 변인을 이해하고 융통성 있게 적응하는 것이다. 그리고 가정은 이러한 능력 배양과 함께 가족 구성원 개개인의 인간 발달을 위한 방법을 개발하고 가족 구성원의 행복과 추구하는 바를 도울 수 있는 만큼 돕고, 서로가 주는 피해는 최소한 줄여 나가야 할 것이다. 왜냐하면 남성일변도의 규범이나 인습은 변화하는 상황에 대한 대응방법 및 해답을 더 이상 줄 수 없다고 여기기 때문이다. 과거 가부장적 사회 여성상에 대하여 새롭게 인식되어야 할 의식들은 남녀 각기 개인적으로나 가정적으로나 법적으로나 존중받아야 할 평등한 인격체라는 점이다.

우선 요즘 시대 사람들이 선호하는 듯한 가족 · 가구 및 개인의 삶의 형태를 매스컴과 기업의 마케팅기획팀이 만든 듯한 신조어를 예를 들어 제시해 본다.

- 우피(Well of Older People)족 : 경제적으로 여유있는 나이든 세대 (Well of Older People)에서 유래된 말로 자식들에게 기대지 않고 자신들이 벌어놓은 돈으로 풍족한 노후생활을 하는 노인층을 말

한다.

- 통크(TONK, DINK : two only nokids)족 : 결혼을 하지 않았든, 자녀를 출가시키고 난 후든 이제 둘만 남아 자신들만의 인생에 여유를 가지고 즐기려는 고령층을 일컫는다. 자녀를 두지 않고 오락이나 여가에 수입을 적절히 소비하는 부부로 밀레니엄시대 각 기업이 주요 마케팅 대상으로 삼으려 하고 있다.
- 슬로비족 : 최근에는 현대생활의 문제성을 깨닫고, 속도를 늦추어 물질보다 마음을, 출세보다 자녀를 중시하며 느긋하게 사는 삶을 지향하는 사람들이 있다. 그들은 종교적 기반을 가지고 있기도 하다. 또 골프를 관전하듯 자기 일을 적당히 하며 지내는 갤러리족도 있다.
- 네스팅(Nesting)족 : 단란한 가정분위기를 가장 중시하고 집안 가꾸기에 열중하는 신세대를 말한다. 의식주와 자식교육문제 등의 기본적 경제문제 해결에 전전긍긍하던 부모세대의 수준을 극복하고 물질적으로 좀더 여유로운 가운데 생활문화를 즐기며 살고 싶어한다. 부모세대가 기대하고 바라는 바의 삶의 스타일이다. 또 치열한 사회활동과 개인주의 성향, (서구화 등으로 가정 본래의 의미가 퇴색하고 해체되어 가는 현실에 대한 반발심리로 보기도 하나 그보다는)합리적인 개인·남녀·가족관계 지향으로 전현대적 가족구조는 변화를 하지 않으면 안되고 그에 따른 불안심리 및 문제에 대한 위기의식은 가정형태의 변화를 지향하게 되었다. 일방적인 남성의 권위 주장형 가족의 문제가 사회적으로 드러나는 것에 당면하며, 민주적·수평적 부부 및 가족관계를 수용하지 않을 수 없게 되었고, 따라서 단란한 생활에서 기쁨을 찾는 일도 중시할 수 있게 되었다. 또한 국가적으로나 개인 가정적으로 기본적 경제적 수준의 해결로 여가 중시 풍토도 기반이 되어 등장할 수 있었다.
- 시프(Cip)족 : Character intelligence Professional 의 약자. 오렌지족의 소비지향적이고 감각적인 문화생활에 반발해 지적 개성을 강조하고 '심플 라이프'를 지향하는 젊은이를 지칭한다.
- 파파부메랑족 : 30대 중반에서 40대 중반의 남자 중 중년이기를 거부하여 젊은 아빠로 살아가려는 경향을 가진 이들을 지칭한다. 활기찬 젊은 날에 대한 동경과 신세대부부의 새로운 생활방식에

자극을 받아 제2의 인생을 꿈꿀 수 있게 된 사람들이다. 그러한
경향의 여성은 '미시족'이라 할 수 있다.
- 체인지족 : 남편의 실업으로 인해 아내와 남편의 역할이 바뀌어
  아내가 직장생활이나 장사를 해 가정경제를 책임지고 남편은 육
  아와 가사에 참여하면서 재취업을 시도하는 가족을 지칭한다.
- 배터리족 : 30대초, 중반에 좀 더 나은 미래를 위해 재충전 중인
  사람들로 5~10년 가량 직장생활을 하다 부도나 해고, 자진퇴직
  등으로 회사를 그만 둔 가장들이 주축을 이룬다. 유학이나 자격
  증에 도전하거나 퇴직금으로 창업을 준비하는 이들이 많다.
- 좀비족 : 대기업이나 방대한 조직체에 묻혀 무사안일주의에 빠진
  화이트 칼라층을 꼬집는 말이다. 복지부동하는 공무원 등을 일컫
  기도 한다.
- 사이버펑크족 : 컴퓨터 시대에 새로운 반문화 조류를 이끄는 컴
  퓨터세대들 주로 네티즌을 지칭한다.

새로운 가족 형태에 나도 한번 이름을 붙여본다.

'새시대 적응(Flexible Men of New Society)족' : 양성적 시대, 여성과 남
성에 맞는 새로운 여성남성형을 구축해가려고 공부하고 노력하는 층을
지칭한다. 이혼율·독신율 급증의 가족해체시대를 보며 가부장사회에서
성장한 자신들을 변화시켜 바람직한 남녀 및 인간 관계를 모색해 보고
자하는 모임의 계층이다. 이들에게는 신 대가족의 역할이 요구된다. -
상호부조모임, 친목모임, 종교단체에서 행하는 확대 대가족의 역할을 넘
어서는 극히 일상적인 생활에서의 사회복지정책을 적극적으로 행하는
지자체나 국가의 정책이나 역할이 필수적이다. 탁아 및 양육 시설, 환자
보호시설, 사회적 업무 간소화, 가사노동의 사회적 분담시설 등등이다.

시어머니 10계명

1. 뭐든 터놓고 이야기 한다.

2. 며느리의 취미를 살펴준다.

3. 일이 없어도 일부러 외출시간을 갖는다.
   (며느리에게 자유시간을 주기 위해)

4. 같은 신앙을 갖는다.

5. 역할을 나누는게 좋다.

6. 며느리와 함께 아들 흉을 본다.

7. 내 물건을 살 때 며느리것도 사라.

8. 딸들에게는 무관심하게

9. 돈 쓸때는 꼭 써라.

10. 저녁식사후에는 (아들 며느리를) 부르지 않는다.

제 11 장

결혼 전 토론해야 할……

남편에게 사랑을 받으면서 살아왔다고 생각되는 분 손 들어보세요!
100명 중 1～2명 들까말까이다. 어떻게 그리 참고 사는지……
3년이 지난 결혼생활 속에 '사랑'이라는 이 환상의 자리가 있을까?

결혼 전 결혼 상대자와 나눌 토론 주제

1. 둘의 인생 철학에 대해
2. 결혼 후 집 문제(장소, 월세, 전세, 집을 살 것이냐)에 대해
3. 결혼식 규모에 대해
4. 신혼여행에 대해(장소, 몇 박 몇 일 등)
5. 혼수에 대해(가구, 예단 등)
6. 부부관계의 평등에 대해
7. 성행위는 언제(쌍방이 원할 때)
8. 아이 낳는 시기
9. 아이는 몇을 낳을까
10. 아이의 성을 구별할 것인가
11. 여자의 결혼 후 직장생활

12. 생활비 분담 문제
13. 가사 분담
14. 둘이 모은 재산에 대한 명의 문제
15. 육아는 가족·사회 공동
16. 이혼 후 아이의 호적 및 양육권 문제
17. 부모님 모시기(시부모, 내부모)
18. 부모님 용돈에 대해(시부모, 내부모 똑같이)
19. 형제 자매에 대한 배려(용돈은 남편 형제 자매, 내 형제 자매 똑같이)
20. 프로야구, 농구, 축구 등 스포츠 관람시 응원할 팀에 대해(부부 관계 악화 요인이 될 수 있음)
21. 목욕 횟수, 이빨 닦는 횟수, 발 닦는 횟수
22. 잠버릇
23. 결혼 후 서로의 이성친구 이해 정도
24. 종교 문제
25. 서로의 밝히기 어려운 과거
26. 과거의 꿈
27. 공동의 인생목표 세우기
28. 80세 넘어서의 돈 문제(기증할 것인가, 부인의 복리에 쓸 것인가)
29. 시집·친정 명절 및 생신 챙기기
30. 서로의 취미 생활
31. 부부재산계약제 등록

'잘난 여자와 잘난 남자' 토론해 보기

㉠ 잘난 여자

■ 아버지, 어머니의 입장
1. 명절이나 잔칫날에 외출하지 않는 여자
2. 반찬 잘하고 남편의 옷을 항상 다려주는 여자

   3. 부모를 무시하지 않고 꾸중시 말대꾸하지 않는 여자

   4. 부모님께 차비나 용돈을 자주 드리는 여자

   5. 외식 때 부모님과 동반하려고 노력하는 여자

   6. 남편의 보약을 마련함과 동시에 부모님 보약도 함께 마련하는 여자

   7. 집안일 기타 기념일을 꼭 챙기는 여자

   8. 남편에게 부모 욕을 하지 않는 여자

   9. 커피 옆에 항상 쑥차, 율무차, 호박차를 챙겨두는 여자

  10. 부모님의 친구분들께 공손한 여자

■ 남자의 입장

   1. 맡은 일에 충실하며 집중하는 여자

   2. 봉사심 있고 인정 많은 여자

   3. 약간의 유머감각이 있는 여자

   4. 악기를 잘 다루는 여자

   5. 개성이 뚜렷하여 유행에 휩쓸리지 않는 여자

   6. 편안하고 부담을 주지 않는 여자

   7. 적극적인 사고 방식으로 자신있게 살아가는 여자

   8. 운동을 잘해서 동행이 편한 여자

   9. 키가 크고 예쁜 여자

  10. 항상 책을 읽고 정치, 경제를 얘기할 수 있는 여자

■ 여자의 입장

   1. 때와 장소에 맞추어서 옷을 잘 입는 여자

   2. 전문직종을 갖고 있는 여자

   3. 유머감각이 있어 남에게 부담을 주지 않는 여자

   4. 경제력을 갖고 있어, 남자에게 의지하지 않고 살아갈 수 있는 여자

   5. 남자들 앞에서 정확히 의사표현을 할 줄 아는 여자

   6. 명절이나 잔칫날 많은 손님들을 거뜬히 처리하는 여자

   7. 궁금하면 끝까지 파고들어 실수하지 않도록 준비하는 여자

   8. 등반시 험난한 길에서도 자신있게 올라가는 여자

9. 복잡한 교통 속에서 유유히 손을 흔들며 남성 운전자들을 제지 시킨 후 끼어들 수 있는 여자
10. 결혼 후 집안 일과 직장 일에 균형을 이루어서 처리하는 여자

■ 유정이의 입장

1. 어떤 옷도 소화해 낼 수 있는 여자
2. 마음에 드는 남자를 내 남자로 만들 수 있는 여자
3. 공과 사를 구분할 줄 아는 여자
4. 많은 사람들 앞에서 자신있게 노래 부를 수 있는 여자
5. 한꺼번에 많은 남자를 관리 할 줄 아는 여자
6. 칭찬을 아끼지 않는 여자
7. 유머감각이 뛰어나 사람들로부터 시선집중 받는 여자
8. 어떠한 분야의 대화가 나와도 한마디 할 줄 아는 여자
9. 자신의 전문직업을 가지고 최선을 다하는 여자
10. 생각은 많고 말은 적은 여자

ⓛ 잘난 남자

■ 아버지, 어머니의 입장

1. 생활력이 강하며 착한 남자
2. 직업이 안정적이며 집안이 좋은 남자
3. 술을 적게 마시며 약간의 담배를 태우는 남자
4. 아내와 많은 시간을 보내려고 노력하는 남자
5. 아내를 위하여 다른 곳에 정신을 돌리지 않는 남자
6. 인간적이며 타인과의 사이가 좋아 평판이 좋은 남자
7. 덩치가 크며 힘이 좋은 남자
8. 자신의 가족뿐만 아니라 이웃과 사회를 위해 시간을 투자하는 남자

■ 남자의 입장

1. 운동을 잘하여 근육이 잘 잡힌 남자
2. 모든 일에 성실한 남자

3. 위험할 때 타인을 조건없이 도와줄 수 있는 남자
4. 결단력이 좋으며 추진력이 좋은 남자
5. 얼굴은 별로라도 분위기가 독특한 남자
6. 유머감각이 있어 어느 모임에서나 웃음을 유발할 수 있는 남자
7. 친구들끼리 모였을 때 지도력이 있어 의견충돌을 조절하는 남자
8. 손재주가 뛰어나 어느 것이든 손 볼 수 있는 남자
9. 오랜만에 만난 친구와 밤새 술 마시고 해장국까지 먹는 남자

■ 여자의 입장

1. 자신의 단점을 감싸줄 수 있는 남자
2. 스포츠에 능한 남자
3. 키가 크며 양복이 잘 어울리는 남자
4. 피곤할 때 웃음과 짜증을 받아줄 수 있는 남자
5. 전철이나 버스에서 자리를 양보하는 남자
6. 적극적인 사고와 행동을 하는 남자
7. 여성에게 남성의 문화를 무조건 강요하지 않는 남자
8. 시간을 절약하여 아내와 문화생활을 즐기는 남자
9. 이해력이 많으며 책을 많이 읽는 남자
10. 핸들을 잡아도 성격이 변하지 않는 남자

■ 유정이의 입장

1. 기념일을 잘 기억하여 잊지 않고 챙겨주는 남자
2. 약속을 정확히 지키는 남자
3. 유머감각이 있어 분위기를 가볍고 부담없이 만드는 남자
4. 여성을 동등한 존재로서 항상 의논해 주는 남자
5. 자신의 기분에 따라 주위사람을 대하지 않는 남자
6. 쓸데없는 자존심 내세우며 말하지 않는 남자
7. 자상한 남자
8. 슬플 때 우는 것을 부끄러워하지 않는 남자
9. 가정 일에 주체적, 능동적으로 참여하는 남자
10. 가족의 발전을 위해 시간을 투자하는 남자

■ ■ ■ ■ ■ ■ ■ ○○ 한유정

남성들이 원하는 여성상에 대하여 토론해 보기
- 요리, 섹스 좋아하는 커리어우먼이 이상형

남성들이 원하는 이상적 여성상은 요리를 잘하고 성적으로 미숙하면서도 섹스를 좋아하는 커리어우먼인 것으로 조사됐다.

미국 앨라배마주 오번대학교 심리 연구진은 샌프란시스코에서 열린 미국심리학회연례학술대회에서 이같은 연구결과를 발표했다. 남성들은 직장을 갖고 있으면서도 가정일을 완벽하게 하는 불가능한 여성상을 그리고 있는 것으로 드러났다. 에리카 개넌을 중심으로 한 오번대 연구팀은 남자재학생 68명을 대상으로 신체, 정서, 사회활동 분야를 종합적으로 고려한 이상적인 여성상을 물은 결과 음식 솜씨, 섹스열, 직업 외에도 큰 가슴, 날씬한 몸, 운동, 커다란 눈, 탄탄한 히프 등의 요소가 지적됐다고 말했다.

조사대상 남성들은 또 여성의 키에 대해서는 특별한 주문을 하지 않았으며 금발미인보다는 거무스름한 머리의 여성을 선호하며 밝은 미소보다는 좋은 몸매에 더 큰 점수를 주었다.

개넌 연구원은 이번 조사결과를 성경에 나오는 역사적 이상형과 비교했다. 이번 조사에 응한 남성들이 의식적, 또는 무의식적으로 제시한 이상적 여성상은 수 천년 전 이상적 여성으로 간주됐던 조건과 매우 흡사하게 나타났다. 이것은 현대남성들이 여전히 이상적 여성에 대한 전통적 관념에 집착하고 있음을 보여주고 있다고 개넌은 풀이했다. 남성들의 이러한 전통적 관념은 그들이 요구하는 조건을 동시에 만족시킬 수 없는 여성들과의 관계에 부정적 영향을 미칠 것이라고 개넌 연구원은 말했다

여성의 삶에 관한 통계를 보고 토론해 보기

'여자아이로 태어날 기회는 적다.

일단 태어나면 교육은 거의 남자만큼 받는다. 그래도 남자와 꼭 같은 대접을 받지는 못한다.' 통계청이 1일 제2회 여성주간(7월1일~7일)을 맞아 여성의 삶과 질을 통계로 살펴본 결과다. 고등교육을 받고 경제활동 참가율이 높아지는 등 긍정적인 변화도 많았지만 '아들 골라 낳기' 현상 때문에 태어날 기회 자체가 봉쇄 당하고 일자리 구하기가 어려운 등 여성으로서 삶을 힘들게 하는 요인이 여전히 남아 있다.

• 말띠, 용띠, 범띠 해에는 여자로 태어나기 힘들다

지난 10년간 평균 여아 1백명당 남아 1백13명이 태어났다. 특히 말·용·범띠 해에는 여아 출산을 더 기피하는데 영남지방이 극심하다. 대구의 경우 88년 용띠 해에 여아 1백명당 남아가 1백34명이나 태어났을 정도(그래프 참조). 이에 따라 대구·경북의 경우 90년 말띠 해에 태어난 아이들이 초등학교에 입학한 97년 남학생 1백명 중 23명은 남학생끼리 짝을 지어 앉았다. 이는 결국 나중에 배우자가 그만큼 모자란다는 얘기다. 통계청은 태아감별과 선별적인 인공유산 때문에 이런 결과가 나타났다고 분석했다. 한편 40세 이후에 낳는 늦둥이는 여아 1백명 당 남아가 1백 8명으로 딸 아들 가려 낳기 현상이 없는 것으로 나타났다.

• 고등학교까진 딸 아들 구별 없이 보낸다

70년 68.8%에 불과하던 여자아이의 고고 진학률이 96년에는 99.1%로 남자(98.9%)를 앞질렀다. 96년 현재 대학(전문대, 개방대, 산업대 포함) 진학률은 남자가 56.6%, 여자가 53.1%로 남자가 3.5% 높다. 그러나 전문대 진학률은 여자(19.4%)가 남자(16.8%)보다 높다.

• 여자도 일하기를 원하는 남자들이 늘고 있다

여성의 경제활동 참가율은 75년 40.4%에서 96년엔 48.7%로 높아졌다. 그래도 25~34세 연령층의 참가율은 낮다. 결혼·출산·육아 등이 발목을 잡기 때문이다. 여자가 가정에 관계없이 취업하는 것이 좋겠다고 응답한 남자는 91년 1백명 중 10명꼴(10.3%)이었다. 그러나 95년에는 1백명 중 27명꼴(26.8%)로 높아졌다. 반면 가정에만 전념하길 원하는 남자 비중은 91년 25.7%에서 95년 19.6%로 줄었다.

• 직장 구하기는 여전히 어렵다

96년 현재 주당 36시간 미만 일하는 파트타임 취업자 중 62.9%가 여자다. 갈수록 남자들의 파트타임 근무는 줄고 있고 여자는 늘고 있다. 가사와 직장일을 병행하는데 따른 것이긴 해도 온전한 직장을 찾기가 쉽지 않은 탓도 있다. 95년 일반대학을 졸업한 여자 중 꼭 절반만 취업했다. 반면 전문대 졸업 여성은 10명 중 7명(70.9%)꼴로 취업했다. 95년 여자의 평균 월급은 62만8천원으로 남자 월급 대비 59.9%에 불과했다. 여성이 취업하기 어려운 요인으로 가사 및 육아부담, 사회적 편견 등이 꼽혔다.

• 처녀장가가 줄고 결혼 경험있는 여자와 결혼하는 총각이 늘고 있다

평균초혼 연령이 86년 24.3세에서 95년 25.5세로 높아졌다. 20세 이상 모든 연령층에서 결혼하지 않는 여성의 비율이 늘고 있다. 75년만 해도 25세 여성 10명 중 2명 정도(22.5%)가 미혼이었다. 그런데 95년엔 2명중 1명(52.5%)이 미혼이다. 한편 전체 결혼 가운데 재혼간 결혼 비율이 86년 4.1%에서 95년엔 4.9%로 높아졌다. 재혼 형태를 보면 70년엔 재혼하는 남자가 처녀와 결혼하는 이른바 '처녀 장가'의 비중이 전체 재혼자 2명 중 한명꼴이었으나 95년엔 4명 중 한명꼴로 줄었다. 대신 재혼하는 여자와 총각이 결혼하는 경우는 전체 재혼자 열 명중 한명꼴에서 4명중 한명꼴로 크게 늘었다.

• 오래 산 부부의 이혼이 늘고 있다

인구 1천명 당 이혼 건수가 95년 1.5명으로 75년에 비해 3배로 높아졌다. 95년엔 신고된 혼인수의 16.7%가 이혼 신고를 했다. 또 전체 이혼자중 10년 이상 동거한 부부의 이혼비율이 43.9%나 됐다. 10년 전에 비해 16%포인트나 높아졌다. 20년 이상 산 뒤에도 이혼하는 경우가 9.1%나 됐다.

• 아직도 인공유산이 많다

25년전 여성들은 평균 4.5명을 낳았으나 95년엔 평균 1.7명을 낳았다. 가족계획의 방법만 놓고 보면 94년에 '남녀 평등'을 이뤘다. 남녀의 피임 비율이 40.9%로 같았기 때문이다. 인공유산율은 79년 1인당 2.9건에서 94년엔 1.4건으로 줄어들었다. 그러나 아직까지는 후진국 수준이다.

• 한국 남성은 세계에서 가장 가사노동을 덜 하는 편에 속한다

94년 현재 20세 이상 한국 남성의 하루 평균 가사노동 시간은 22분으로 세계 최저수준으로 직장에 다니는 남성은 고작 18분만 가사노동에 썼다. 반면 영국 남성은 2시간 7분 가사노동을 했다. 한편 한국 여성의 가사노동 시간은 하루 평균 3시간 15분으로 뜻밖에도 일본·캐나다·미국·영국보다 짧았다.

• 한국 여성권한지수(GEM)는 63위로 하위권

유엔개발계획(UNDP)이 작성한 97년 여성개발지표를 보면 한국의 남녀평등지수(GDI)는 35위로 총 94개 조사 대상국 중 상위 수준을 기록했다. 그러나 여성의 정치·경제적 의사결정 참여권을 나타내는 여성권한지수(GEM)는 63위로 하위권을 차지했다.

좋은 아버지가 되는 법 10가지

1. 좋은 일로 대화하고 노부모를 공경하자.
2. 똑같은 일로 두 번 야단치지 말자.
3. 자녀를 손으로 때리지 말자. 잘못한 일이 있으면 벌을 서게 하거나 회초리를 사용한다.
4. 자녀의 공동의 경험을 늘려 대화의 소재를 축적하라.
5. 자녀가 스스로 판단한 의사를 존중하자. 어린이도 인격책임을 인정하고 자녀에게 결정권을 주면 자립심이 길러진다.
6. 한번 한 약속은 반드시 지키자. 술김에 한 약속이나 얼떨결에 한 약속이라도 지켜야 한다.
7. 자녀 앞에서 부부싸움을 하지 말자.
8. 가족끼리 식사할 때 신문을 보지 말자.
9. 아이가 좋아하는 책이나 어린이 프로그램을 같이 보자.
10. 힘든 일에도 자녀를 참여시켜 협동심을 길러주자.

제 12 장

실사구시의 인간 · 여성 해방론
- 여자 · 남자의 보다 진정한 조화를 찾아서 -

파트너를 존중하기가 그렇게 어려울까? - 삶의 아름다운 혁명을……

1789년의 프랑스 인권선언에서 '인간'에는 여성은 포함시키지 않았다. 최근 나에게 부탁해 오는 특강의 제목 중에 여성의 삶의 아름다운 혁명에 관한 것들이 많다. 물론 남자들이 생각하기에 이것은 혁명으로 여겨지지 않을 수도 있다. 그러나 여성들에게는 프랑스 혁명보다 내 가족의 의식과 행동의 혁명이 더 중요하게 여겨진다.

사람들은 남자나 여자에 대해서는 다들 일가견이 있다. 특히 여자에 대해서는 자신이 있다는 듯이 규정함에 주저함이 없다. 그러다가도 또 "알다가도 모를 건 여자"라고 말한다.

여성의 입장에서는 알다가도 모를 것이 없을까? "잘 되는 집안은 며느리가 바깥에 나가 애 배온다"는 속담이 있을 정도로 '결혼 0순위'로 아이, 특히 사내 아이 낳기를 요구하는 한국 사회 분위기를 모르는 외국인들이 그 말을 이해 할 수 있을까? 오히려 가정이(집안이 아니라) 아닌 '두 사람의 사랑'이 해체 될 부정이라고 여길 것이다. 이면의 뜻이야 뜻하지 않게 행운을 얻었음을 나타내는 것이겠지만.

‘여성의 정절을 생명보다 더 소중히 여기라’시던 가르침이 실은 남계 유지를 도모하려는 의도였음을 확실히 알아차릴 수 있는 말들이다. 그럼에도 한국의 여성들은 몸의 일부 접촉도 ‘이미 버린 몸, 혹은 더럽힌 몸’등으로 여겨 자신의 생명과 맞바꿀 정도로 몸의 순결을 우상시 해왔다. 게다가 순수한 여성의 성적 욕구마저도 죄악시하였다.

최근까지도 여성이 남성들의 방만하고 사회적으로 허용적이었던 성희롱의 피해를 당했을 때, 여자가 성적으로 뭔가 유발했을 것이고 그 여자는 음탕한 구석이 있을 것으로 여겨 역으로 매도당하곤 했다. 또한 현실적으로 불이익이 되는 일을 당할까 우려해서 피해자인 여성이 피해 사실을 숨기는 것을 악용해, 도리어 성폭력 범죄자는 더욱 뻔뻔스러운 요구까지 하게 되었다.

아이를 낳아 줄 때만 여성의 성은 의무적으로 필요한 것이고, 그 외는 여성의 부담으로 작용하도록 해서 ‘여성 입막음의 장치’를 다양하게 구사했다. 여기에서 한국 여성의 성은 두 사람의 사랑에 관계되는 것이 아니고 가정과 가문의 대 잇기에만 존재 가치를 둔 남성들의 이기심과 남성성 중심에서만 존재함을 볼 수 있다.

이런 분위기가 지배적인 사회에서 페미니즘의 발호에 대해 어떻게 생각하느냐고 물으면, 가장 먼저 ‘웃기는 짓거리’, ‘여가가 남아 돌아가는 여자들이 살림과 자식 키우는 것을 못하거나 엉망으로 하고 설치는 것’, ‘혹은 이혼녀나 시집 못 간 여자들 또는 성폭력 당한 여자들이나 하는 것’ 정도로 매도한다.

페미니즘이 어설픈 이론으로 남자에게 대항하거나, ‘남편 죽이는 방법 몇 가지’나, 여자에게 금지된 어떤 것들이나 행사해 보다가 제 풀에 나앉거나, 무모한 폭력에 아무 방비도 없이 죽어 가는 여자들의 힘없는 아우성이나 한풀이란 말인가? 페미니즘에 대한 이같은 오해들은 왜곡된 상태로 오랫동안 내려온 여성관과 매스컴이 규격화 시켜놓은 대답이라고 보여지며, 더 많은 여성들이 페미니즘과 자신의 삶을 연결시키는데 어려움을 느끼게 한다.

온 국민의 거의 유일한 합법적 오락이자 대중 정보 매체인 텔레비전의 여성 프로그램은 여성들의 삶과 어떠한 관계를 가지며, 그것의 메시지는 나와 시청자들을 몇 세기에 머무르게 하는가?

온 국민이 평균 3시간 이상을 시청하게 해, 가족이 모두 모여 뭔가 가족에 대해 느끼고 생각하고 서로를 알려고 하고 또 도와줄 거리들을 탐색해야 할 시간을 텔레비전이 다 독차지하다시피 한다. 그 시간이면 수돗물 사용이 뜸할 정도의 인기 프로그램이면 더욱 영향력이 크다. 별다른 가족놀이나 재미 거리를 못 가진 층인 주부들은 그야말로 가뭄 끝에 물 빨아들이듯 푹 빠져들어 세뇌 당하는 수도 있다.

이렇게 대중매체의 힘은 놀라울 정도여서, 독자나 시청자들에게 여성운동가들보다 의식의 형성에 더욱 강한 영향을 미친다. 여자들이 하고 싶어도 가슴에만 묻어두는 이야기들을 대신 해주는 척 하면서, 직업을 가진 여성과 전업 주부, 젊은 여성과 나이든 여성, 배운 여성과 그렇지 못한 여성, 시어머니와 며느리, 어머니와 딸들간의 좋은 관계보다는 시청률을 의식하여 나쁜 관계들을 주로 설정함으로써 여성과 여성을 이간질하고 페미니즘이 하나의 농담거리고 전락해 버리는데 한몫을 하는 것은 아닌가 하는 염려를 하게 되는 경우가 많다.

자녀들이 어머니에게 함부로 대하거나 반말을 하거나 마구 쏘아붙이는 것이 당연한 듯 마구 남용되고 있다. 토론이나 논쟁들에서도 어머니나 여자는 그러한 대우 아닌 대우를 감내하는 사람의 모습으로 각인되고 있다.

겉으로 드러내어 말하지 않지만 상처받고, 돌무덤을 쌓듯 보이지 않는 가슴속에 하나씩 쌓아 올린 상처들의 돌이 쌓이고 쌓여 어느 날 와르르 무너질 때, 예상치 못했던 여러 방향으로 표출된다. 50대의 이혼 증가, 스트레스성 질병, 과격한 공격성의 분노 표현, 이유 있는 가출(타인의 입장에서는 이유가 안보일지 모르겠으나). 계속해서 여성들이 흔히

"내가 뭘 아는 게 있어야지"나 "여자가 하는 일이 다 그렇지"혹은 "내가 힘이 있어야지"와 "내가 돈을 제대로 벌 수 있어야지"하는 푸념과 맞물려 낮은 지위로 내몰리는 수난의 악순환이 이어진다.

의도적이건 아니건 방송 제작진들이 독점 생산자라면, 시청자로 내몰리어 눈과 마음을 그 채널에 딱 고정시키고 마음을 뺏기고 앉아 있는 사람들은 아주 착한 소비자로만 보여진다. 태산 같은 바위 옆에 계란을 들고 앉은 반벙어리 소녀처럼 무력해 보인다. 언제까지 이럴 것인가?

그렇다면 페미니즘에서도 생산자와 소비자를 설정해 볼 수 있을까? '여성학 마케팅'이라는 단어까지도 떠올려 볼 수 있다면, 여성학의 생산자와 소비자를 따로 설정해 볼 수 있다. 여성학 강의의 경우, 말을 하는 사람과 듣는 사람이 있다. 그 다음은 효과적인 관계 설정을 위해 의사 소통이 제대로 되고 있는가를 살펴보자. 이 때 말을 하는 사람을 생산자로, 듣는 사람을 소비자로 볼 수 있겠다.

그런데 소비자나 청강자가 자신과 자신이 속해 있는 사회나 문화와 너무나 이질적인 경험을 근거로만 강의를 풀어 나갈 때 오해와 몰이해로 공감대는 멀어만 가고 그야말로 '신토불이'의 이론과 실용적인 욕구나 요구가 증대한다.

> "구체적인 해결책을 모르겠다니까요!"
> "……."
> "그래서, 구체적으로 어떻게 하라는 얘기예요?"
> "……."
> "그래서 그 다음은요?"

위의 말 줄임표 부분에 대해서는 많이 나와 있는 기존의 여성관계 서적들을 참고하길 바란다.

하지만 나는 이 자리에서 일반 여성이 모르는 글과 말은 하기 싫기 때문에 난해한 이야기 전개는 하지 않겠다. 성차별적 상황 분석과 수입된 페미니즘의 일방적인 인용과 호소와 선언에 주로 치중해 오면서 상대적으로 소홀히 다루어졌던 개별 주제에 초점을 두는 미시적인 접근법, 다시 말해서 강의를 듣는 청강자를, 새로운 분석을 필요로 하는 개개인을, 듣고 사기만 하면 된다는 식의 소비자로, 단순히 수동적이고 소극적인 존재로 파악하는 것이 아니라 '성차별, 성해방'의 의미를 발생시키는 주체로 인식한다. 더 나아가 이들 개개인의 가족, 학교, 사회, 성관계 등의 일상적인 생활들이 궁극적으로는 사회를 변화시키는 원동력으로 발전할 수 있다고 보는 것이다. 그리고 체계와 비 체계 단계들을 통해서 적극적인 참여와 수용, 비판, 모험, 원대한 포부와 배짱과 실천의 태도를 갖도록 돕는다. 구체적으로 뿌리를 내리고 사는 곳에 적합하도록 돕는 것이 필요하다.

그래서 이 장에서는 실사구시와 실용주의를 페미니즘과 새롭게 연결해 보고자 한다. 우선 페미니즘에 대해 다시 생각해 보고, 큰 변화를 잉태한 사회를 배경으로 하는 실학에서의 실사구시를 끄집어내어서 페미니즘과 연결하는 시도를 모험적으로 해 보려 한다.

여성학이나 페미니즘은 이론학이면서 또 실천을 강력히 요구한다. 이러한 학문적 성격 자체가 이미 실생활, 실제 이론 또는 '실사'와 강렬한 연관을 맺는다. 내가 이 논의를 풀어 가는 방식은 거의 아래의 예와 유사 한데, 앞으로 여성학적 연구들에서 활용될 수 있을 것이다.

추측과 직관이 발달한 여성 – 그래서 여성이 자연과 가깝다고 했나?

피어스는 추측을 '자연의 빛'이라고 부르고 있다. 그는 추측이란 인간과 창조주인 신 사이에서 이루어지는 커뮤니케이션이며 신이 인간에게 내려준 신성한 권리라고 말하고 있다. 추측은 번개처럼 돌연 머리 안에서 번쩍인다는 의미로 '통찰'이라고도 한다. 영어의 인사이트(insight)는 문자 그대로 '머리 안에서 보는 것'을 의미한다. 피어스에 따르면 추측의 메커니즘은 다음과 같이 이루어진다.

'우선 관찰한다. 그러나 이미 진리는 이것이라는 강한 예감을 갖고 있는 대상이 인지된다. 둘째, 그 대상의 특징이 여러 가지가 결합되어 있다는 사실이 인지된다. 셋째, 관찰자는 관찰된 대상에 대한 가설을 구성하는데 그 가설의 구성 요소는 이미 가설을 형성하기 이전에 머리 속에 존재한다. 넷째, 관찰된 대상으로부터 추측된 가설이 무의식중에 형성된다. 곧 대상이 던지는 메시지가 무의식중에 지각된다. 이때야말로 그때까지 생각지도 않던 것을 인지하는 '통찰'의 순간이다.'

19세기 미국의 실용주의 철학자 찰스 피어슨은 스위스의 페르디난도 소쉬르와 더불어 기호학의 창시자로 널리 알려져 있다. 피어스는 예측의 인지과학, 추측의 인지과학에 주목하여 그 기본적인 체계를 정리한 선구자라는 사실이 최근 알려지게 된 것이다.

미국의 세계적 기호학자 토마스 세보크는 「셜록 홈즈의 기호론」이란 논문에서 피어스가 연역도 귀납도 아닌 '추측'이라는 인간이 가지고 있는 또하나의 인지능력에 대해 연구에 착수하였던 사실을 소개하고 있다.

재미있게도 이 책에는 피어스가 배로 여행하던 도중에 시계를 도둑맞았는데 경찰의 힘을 빌리지 않고 시계를 훔친 승무원을 찾아냈다는 일화가 소개되고 있다. 피어스는 스스로 탐정과 비슷한 일을 해낸 것인데 그 배경에는 피어스가 추측의 인지과학을 연구하고 있었다는 사실이 깔려 있다.

피어스는 추측이라는 '목표추량'이 어떻게 적중할까, 또한 목표추량이라는 본능이 왜 인간에게 존재할까에 대하여 연구하고 있었다. '추측'이라는 인간의 인식능력을 일반적으로 개념화하면서 그 메커니즘을 연구한 것이다.

여성의 문화를 여성의 직관으로 발전시켜 파괴와 경쟁의 기존 문화를 바꿔가는 대안을 삼자.

삶의 현장에서 '고개를 든 여성론' – 사랑 · 살림하는 습성으론 여성 해방은 요원?

대중화되어야 할 일이지만. 페미니즘이 요즈음에 이르러 상품화되기도 한다. 드라마, 연극, 영화를 만들거나 책을 출판할 때 여성을 염두에 두어 '페미니즘적이라고' 선전 홍보도 한다. 그러나 영화 <그대 안의 블루>나 양귀자의 소설로 영화화되었던 <나는 소망한다. 내게 금지된 것을>이나 <남편을 죽이는 몇 가지 방법>류는 많은 문제점을 내포하고 있다. 특히 대중들에게 페미니스트 집단에 대한 편견과 오해를 키우지 않을까 하는 염려되는 측면들이 많다.

다음은 극단적인 행동들의 원인 해명이 작품내에서 제대로 설정될 것이 요구되는 예들이다. <그대 안의 블루>에서는 **"하지만 여자가 성공하려면 살림하는 습성을 버려야 해"**, **"사랑이나 가정 따위에 관심을 갖는 한……"**, **"사랑은 남성이 여성을 희생과 봉사의 도구로 써 먹기 위한 수단이야"**라고 남자 주인공 호석의 입을 통해 이야기한다. 그리고 유린도 **"더 이상 남자들과의 관계에서 내 삶을 찾고 싶지 않아요"**라고 이야기 하는데 이르게 된다. 여성이 가정, 사랑, 살림, 남성과 더불은 삶 등을 추구하면서 동시에 자기 일에서 성공하는 것은 어렵다. 많은 현실적 문제가 결국 '호석'도 실제로는 별로 존재치 않는 '여성해방의식을 가진 백마를 탄 왕자'와 같은 인상을 준다. 가정과 자기 일의 양립이 불가하다는 것의 강조는 많은 현대적 여성들의 상황을 대변한다.

그리고 <나는 소망한다. 내게 금지된 것을>의 경우 전반부에서 남성들이 여성에게 거의 일상적으로 밥먹듯이 하는 무시와, 모욕과 혐오감의 표시 등을 거꾸로 여성이 가하는 것을 보며 대리만족이나 일시적 분노 표출의 시원함을 느꼈을 수도 있다. 그러나 남성들 중심의 '지배종속의 논리'를 주인공인 강민주라는 여성이 그대로 답습함으로써 논리적 모순에 빠져버린 것이고, 결국에는 그를 죽음으로 몰아가 버린다. 이런 식의 논리 전개라면 남성들뿐만이 아니라 결국에는 여성독자들마저 등을 돌려버리는 결과를 초래하게 될 지도 모른다. 폭력을 행사하려다 더무모한 폭력에 희생당한, 현실 파악에 무능한 여성상의 표출이고 여성운동가들에 대한 또 하나의 부정적 모델이 대중의 의식에 각인될 수 있기 때문이다.

또 KBS 2TV에서 방영된 「폭소대작전 - 집중여성채널」에서도 깔끔한 진행을 하다가도 기회만 있으면 푼수기를 발휘하는 서현선과, 사소한 문제조차도 전혀 해결 못하는 여성문제 전문가로 장미화를 희화화시킴으로써 여성전문가에 대해 알레르기를 나타내는 집단에 동조하고 있다.

그러나 의처증, 매맞는 아내, 과다혼수와 같은 이 시대 여성들의 현실적인 고민들을 풍자하면서 코믹하기도 하지만 나름대로의 구체적인 해결책을 제시해 보려고 노력하는 것은 반가운 일이다. 그러나 바라건대, 코미디 프로그램이라고 할지라도, 이와 같은 여성운동가의 희화화가 시청자에게 오락과 즐거움을 주는 데 필수적인 것은 아니므로 바람직한 방향으로 전환하기를 바란다.

멀리 봐서는 조혜정 교수의 말처럼 "상품화는 대중화를 위해 거쳐야 하는 관문"이라는 포용의 태도에 동조하나, 여성운동가에 대한 기존의 관념을 만드는 데 일익을 한 텔레비전에서 바로잡는 일에도 그 영향력을 발휘할 수 있기를 바란다. 텔레비전에서 선정한 영호들 중에서는 자주 미래에 요구되는 여성의 다양한 모습도 나타난다. 가끔씩이지만 나는 '희망은 있구나' 하고 딸과 함께 감상을 하고 토론도 한다.

이런저런 상품화와 오해 속에 페미니즘이란 말이 호도되고 있는 현실 속에서 우리는 페미니즘이란 무엇인가라는 질문으로 회귀하게 된다.

과연 페미니즘이란 무엇인가?

페미니즘(feminism)은 70, 80년대에는 억압이 강조되는 뉘앙스를 띠는 '여성해방론'으로 주로 번역되어 오다가, 요즈음 들어 여성의 시각이나 여성 고유의 어떤 우월한 것이 있음을 전제로 '여성주의'로 직역을 하기도 한다. 간단해 보이지만 이 의역과 직역의 사이에는 큰 차이가 있다.

페미니즘에 대해 정리해 놓은 것을 보면 남성 지배체제 내에서 자신이 타자(the other)라는 사실에 대한 여성의 인식, 이로부터 출발하여 성차별주의를 종식시키기 위한 여성해방의 실천이라는 것을 알 수 있다.

1. 여성을 그녀가 생산해 내는 생산물과 무관하게 한 인간으로서 존중하는 태도이다. 여성의 개인적, 집단적 독자성과 주체성을 인정하는 것이다.
2. 여성의 인간적 존엄성과 권리를 왜곡하는 모든 문화적인 편견 및 오류를 거부한다. 특히 남성과 여성을 서로 다른 종으로 분류하고 나아가 상하로 인식하도록 만드는 신화들을 부정한다.
3. 문화를 포함하는 사회의 제조건들이 여성의 삶을 억압해 왔음을 의식하고 모든 억압의 조건들이 변화되어야 한다고 믿는 것이다. 그러한 변화는 가능하며, 여성들의 주체적, 능동적 노력으로 선도될 것이라고 믿고 실천하는 것이다.

그런 신념을 가지고 실천하는 사람을 페미니스트라고 부른다.

이게 크게 보면 인간(여성)해방과 사회해방의 양면에서 출발한다. 즉, 여성문제의 해결은 성차별과 불평등을 정당화하는 여성 열등성, 예속성(의존성) 신화에 뿌리를 둔 가부장적 이데올로기에서의 해방, 그리고 여성의 저임금과 무임가사노동에서 무한한 이윤을 추구하는 자본주의의 극복에 있다. 이러한 부권과 자본주의에서의 성차별주의(sexism)를 극복하는 여성과 인간의 해방은, 사회해방, 즉 계급 - 빈곤 - 민족(외세) 모순을 떨쳐버리는 사회운동과 연대하면서 상호연관성을 가져야 한다. 부권과 자본으로부터 해방의 세부적인 내용은, 노동통제 - 성통제 - 법을 통한 통제를 과제로 한다. 이런 관점에서 보면, 여성은 남성과 다른 사회적 존재 영역과 조건을 가졌기에 페미니즘은 여성 고유의 영역과 운동의 독자성을 고집하고, 타운동과의 연계성을 통해 전체와의 통일성을 잃지 않는 것이 효과적이다.

여성에 대한 세 분야에서는 통제와 지배는 부권과 자본과의 관계뿐 아니라 연대 및 갈등관계를 맺고 있는 국가와의 이해관계에 의해서도 다르게 나타난다.

페미니즘은 여성억압의 주범이 성차별주의라는 것을 깨닫고, 성역할(gender)을 경험의 기본적인 조직의 범주로 다루어 주시하게 한다.

성역할에 대해서는 첫째, 성(sex)의 불평등은 사회적 영향 때문이라는 것, 둘째, 남성의 시각이 보편적인 것으로 받아들여져 지식 분야를 지배해 왔고, 그 분야의 규범과 방법을 구성해 왔다는 두 가지의 관련 전제가 제시되고 있다.

이를 바탕으로 역사나 사회과학과 마찬가지로 여성들의 업적을 제외시킨 연구만을 전통적으로 계속해 온 기존의 남성중심의 개념들을 고치고, 부수는 작업과 여성들을 침묵시키고 주변화해 왔던 그 전통을 변화시키기 위한 노력으로 여성의 경험과 여성 문화에서 얻은 여성 시각을 재구성 또는 회복하는 일을 해야 할 것이다

자유주의 페미니즘의 기본 전제는 모든 페미니즘의 전제이기도 하다. 정리해 보면 다음과 같다.

① 여성의 존엄성과 권위는 여성에게 내재되어 있는 선천적인 것이다.
② 여성(인간)은 자신의 사고능력과 행동능력을 스스로 결정할 자율능력을 가지고 있으며, 그것을 선택할 권리 또한 가지고 있다.
③ 모든 여성(인간)은 자기만의 사적 영역을 가진다. 결코 남성에 의해 침범될 수 없는 영역이다.
④ 인간은 자아 발전을 하는데, 오늘날 여성은 자신을 발전시킬 권리를 가지고 있다.

페미니즘이란 사전적인 의미로는 여권주의, 남녀동권주의로 여권신장론이라는 의미이다. 어느 한 수준에서 모든 여성은 자기 가치의 이론,

또 다른, 여성의 가치이론을 기술하는 것으로 페미니즘이란 단어를 소유할 수 있어야 한다. 최근 들어, '여성=희생자'라고 규정하던 '빅팀(Victim) 페미니즘'을 부정하는 '파워(Power) 페미니즘'이 주류를 이루게 되었다.

그러면 빅팀 페미니즘과 파워 페미니즘이라는 것이 어떠한 것인지부터 알아보자.

Victim feminism

① 여성 스스로를 힘없는 존재로 인식하며, 성적으로 냉담하다.
   - 여성을 자연에 가까운 존재로 인식한다.
② 여성은 그 자체로 아름답다.
   - 미의 정의를 내리는 것을 포기한다.
   - 성적으로 냉정하고 심지어 반섹슈얼하다.
③ 집단의 생각을 지향한다.
   - 리더십을 평가절하하고 익명성의 가치를 높이 산다.
   - 공동체를 우선으로 하며 자기 생각은 그후로 표현한다.
   - 모든 여성들이 같은 생각을 공유하기를 원한다.

Power feminism

① 여성에 대한 적대적 힘을 검토하여 여성이 가진 힘을 더욱 효과적으로 사용할 수 있게 한다.
② 한 여성의 선택이 그를 둘러싼 많은 이들과 세계를 변화시킬 수 있음을 안다.
③ 한 여성의 목소리를 집단적 아이덴티티로 흡수시키기보다 개인적 목소리로 주장할 수 있도록 격려한다.
④ 개인으로서 여성과 세상이 다른 사람들에게 보다 공정해지도록 하는 두 가지 모두를 위해 힘을 추구하며, 그것을 책임있게 사용한다.
⑤ 여성들로 하여금 보다 공정해지도록 꿈과 독립성과 안전과 사회적 변화에 대비하기 위해 돈을 벌라고 한다.
⑥ 여성들이 나름대로의 표시, 사회적 인지도와 명성에 흥미가 있음을 인정하며, 그 결과로 여성들이 그들이 자신과 다른 사람들

    을 위한 신용을 획득할 수 있다고 믿는다.

⑦ 공격성, 경쟁심, 자율과 고립에 대한 욕구, 이기심과 폭력적 행동, 이 모든 것들이 양육행위와 마찬가지로 여성의 아이덴티티임을 인정하고 남성처럼 여성 역시 이런 충동을 억제하는 법을 배워야 한다고 생각한다.

⑧ 강한 확신을 갖되 항상 개방적이고 회의적이어야 한다. 자신을 포함, 모든 권위에 의심을 품어야 한다.

⑨ 여성과 남성 모두 인간적 결점을 가지고 있다. 성(Gender)으로서의 남성을 공격하지 말라. 그러나 남성적 힘이나 여성성 위에 군림하는 남성성에 대한 사회적 평가에 대해서는 나쁜 것으로 본다.

위의 설명들에서도 알 수 있듯이 '파워 페미니즘'은 일반 여성에게는 훨씬 현실적인 대안일 것이다. 파워 페미니즘의 형식은 여성은 남성만큼 강하며, 그들의 삶을 결정할 수 있는 권리를 가진다는 것이다. 이때 '나는 페미니스트다'라고 이야기하는 것은 '나의 성의 기초 위에서 나 자신과 또 다른 여성들에게 침묵을 강요하는 것에 반대할 수 있는 지각력이 있고 강한 개인'을 의미하는 것으로, '인간'이라고 말하는 것이다. 이러한 의미에서 '인디라 간디'와 '마더 테레사'도 페미니스트라고 부를 수 있다.

여성학(페미니즘)은 기존 기득권을 가진 남성 위주의 권력관을 변화시켜 나가고자 하는 지향성의 정치학이다. 따라서 자칫 흐르기 쉬운 관념의 학문으로서, 아니면 이데올로기적인 하나의 주장으로만 남을 수 있는 결점을 타파하고, 현실 속에서 깊이 파고들어 가장 뿌리에 가까운 일반 민중 여성과 남성의 뇌리와 일상 생활 속에서 자연스럽게 우러나올 수 있는 토대를 마련하여야 한다. 또한 통념적으로 가지고 있는 가치관 및 제도는 결코 여성의 주장이나 힘만으로 바꾸기는 힘들다. 그러므로 여성해방운동 및 학문의 대상은 남녀를 불문한 모든 개체를 대상으로 하고 있다.

'더불어 사는 이들의 같음' 같을 = 同 = equal······ 이것을 실천하는 것이 그리도 힘든 것일까?

'남녀', '여남'에 있어 간단히 생각해 보자. 사는 면, 죽는 면에서 남녀가 어쨌거나 과거를 다 잊고 같아야 된다고 생각하자. 그렇게 행동하기가 왜 그렇게 어렵고 많은 땀을 필요로 할까. 우리의 대부분이 그렇게 머리가 나쁜가, 마음이 나쁜가? '같이 사는 사람과 자기는 같은 사람이라는 것'이나 '자기는 같이 사는 사람과 같은 사람이라는' 생각이 왜 그렇게 이해가 안 가고 납득하기 싫고 행동으로 옮겨지지 않는가?

'여성문제연구회'를 농담 반, 진담 반으로 '문제여성연구회'로 부르면서 놀리고 즐기면서 득의만만한 미소를 짓는 '악동'들의 모습은 그 줄기찬 역사의 맥을 잇고 있다. 조선시대나 개화기에 자아의식과 자기주장으로 의지와 삶을 표현하는 여성들은 '문제 여성'으로 보고, 사회적으로 일탈자로 폄하해서 기존의 가치영역을 감히 허물지 못하게 해왔다.

대중운동가는 정치가로서 '대중의 사고를 전환시켜 놓겠다', '정책, 제도를 바꿔 놓겠다'는 생각을 가질 것이다. 이는 대정치가이거나 정치에 대한 이념과 철학이 쌓여 있지 않으면 가능하지 않다. 대중정치가가 되기 위해서는 자기 말을 주의 깊게 듣는 대중을 잘 파악하고 의식하여 행동하여, 함께 울고 웃을 수 있어야 한다. 그런데 공직사회에서 여성의 눈물이 신선한 바람으로 불렸던가.

조선시대의 '실학(實學)'이나 미국의 '실용주의', 모두 나 자신에 대한 자각에서 비롯되었다. 이는 ① 실생활에 유익한 이론이다, ② 이론은 실천을 위해 존재한다, ③ 그러면서 알기 위해 배우고, 행동하기 위해 깨우친다. 그러한 요소에다 성이나 남성을 차별하지 않는 이론으로 발전시켜보자. 17, 18세기의 실학이나 실용주의가 행동하면서 깨우쳤다면, 페미니즘의 남녀 동권주의도 배웠으면 행동으로 옮길 수 있어야 한다.

한국 역사의 견인차가 되어 온 여성

한국 여성의 첫 모습이나 이미지를 생각해보면, '일편단심'이 되어보 겠다는 한 목표를 가지고, 동굴에서 쑥과 마늘을 먹으며 견디라는 지시 를 준수하며 답답함과 모든 어려움을 적극적으로 참아내며 기어코 뜻을 이루고야마는 '곰녀'인 '웅녀'를 떠올리게 된다.

이어서 역사적으로는 우리나라가 국가의 형태를 제대로 갖추게 되는 고구려·백제·신라의 창업 역사에서 중차대한 역할을 한 고구려의 시 조 주몽의 어머니인 유화부인과 주몽의 첫부인인 예시 및 백제의 시조 인 온조의 어머니 소서노(召西奴)가 있고, 신라는 남편인 박혁거세 왕과 동등하게 이성(二聖)에 속했던 알영부인이 있다.

한편 잘 알려진 인수대비, 신사임당, 허난설헌, 어우동, 장희빈, 애랑, 민비 등의 여성들은 나름대로의 방법으로 역사에 자신을 드러낸다. 또 실제의 인물은 아니지만 실제 인물같이 받아들인 심청이나 춘향, 박씨 등을 통해 보면 한국 여성들의 목표달성에의 적극성과 인내와 미래를 보는 관조력과 판단력의 뛰어남을 볼 수 있다. 국가 창업에 있어 여성의 중차대한 역할과 분위기에, 여성의 직접적인 출산이 자연스럽게 어울렸 든지 서민층에서는 신라말 고려초까지도 가계 상속에 있어서 모계 경향 이 그대로 존속되고 있었다. 물론 부족국가에서 왕족을 중심으로, 부계 계승이 형성되기 시작하며 때를 같이하여 여성의 정절 문제가 대두되기 시작하였으나 모계 계승의 잔재가 남아 있었다.

또 대다수 귀족들과 일반 백성들은 그 '정절 의식'에 예속되거나 강 요받지는 않았던 것으로 보인다. 「三國志 魏志 東夷傳」隨書의 신라, 고 구려條에 기록된 풍속은 자유로운 남녀교제와 애정생활을 여실히 보여 주고 있다.

고구려와 부여의 백성들은 10월의 제천(祭天)행사 때, 온 나라 사람들이 모여들어 큰 무리를 이루어 연일 먹고 마시며 노래와 춤으로 밤을 지새웠으며 특히 주목할 것은 이 때에는 '無有貴賤之節'로서 이 기간 중 남녀 사이에서 생긴 애정이 결혼의 가장 중요한 조건이었다. 고구려에서는 '男女相悅'이면 곧 결혼을 하였는데 이러한 풍속은 중국인의 눈에는 음분(淫奔)하게 보일 만큼 자유분망한 것이었다. 평강(平岡)공주와 온달이 보여준 귀천(貴賤)의 구별없는 애정관계에서도 그 일면이 나타나 있다. 고국천왕(古國天王)의 서거 후 우후(于后)의 재혼은 그 당시에 수절(守節)이 하등 문제시되지 않았다는 것을 시사해 준다. 물론 고구려의 관습은 '형사처수(兄死妻嫂)'하였지만 상중에 자신이 재혼을 추진한 것은 수절과는 거리가 먼 것이었다.

고구려나 부여뿐만 아니라 마한과 신라에서도 제천행사 때에는 남녀가 다 같이 밤낮을 가리지 않고 연일 음주하고 가무를 즐겼다. 신라에서도 남녀관계가 분망하였음을 시사하는 설화들이 많이 있다. 예를 들면, 선덕여왕은 자기를 사모하는 일개 역졸(驛卒)인 지귀(志鬼)와 만났으며, 문무왕(文武王)의 서제(庶弟) 차득공(車得公)은 민정 순시차 여러 곳을 순행하는 도중 안길(安吉)로부터 그의 처첩 중 1인을 시숙(侍宿)받은 예 등이 그것이다.

고려시대에 들어와서도 부녀생활은 일반적으로 자유로웠다. 인종 때 송나라 서경(西競)의 「고려도경(高麗圖經)」에는 남녀가 구별없이 시냇가에서 옷을 벗고 목욕하는 것이 진기하다고 기록되어 있으며, 결혼에 있어서 남녀의 '경합역이(輕合易離)'에 놀라고 있다. 고려사회에서는 연등회, 팔관회 등 불교행사가 자주 있어 뭇남녀가 집단적으로 자리를 같이하여 즐기었으니 내외법 같은 것은 물론 없었고 남녀교제가 자유스러웠다. 물론 수절은 강요되지 않았고 재가는 전혀 문제시되지도 않았다. 남편 사후 망자에 대한 신의로 상기(喪期)를 지키는 것으로 일단 끝나고, 자손이 있는 경우에도 재가하였으며 50세 이상의 미망인들도 재가하는 것이 통례였다.

수절하는 부녀는 고려시대에도 높이 평가되기는 하였다. 고려 여성들도 관념적으로는 상거(孀居)를 미덕으로 여겼던 터이라 재가하지 않는 여성에 대하여 열녀지풍(烈女之風)이 있다 하여 수절하였음을 묘지(墓誌)에 기록하여 칭송하였다. 그러나 이들은 개개의 경우 40~50대에 상부(喪夫)한 미망인이었다. 공양왕 원년 수절에 대한 법제화 기록에도 재가하지 않는 고관 부인에 한해서 후하게 표창한다는 언급이 있는 것으로 보아 고려말에는 수절하는 여자가 상층 고관부녀에 있어서도 매우 드물었다는 실정을 짐작케 해준다. 그러므로 고려시대에는 정절의식이 관념상으로는 존재하였으나 여성들의 생활을 규제하는 것이 아니었고, 여성들은 비교적 남녀관계에 있어서 자유로웠다고 할 수 있다.

태종 자신이 태상왕(太上王)으로서 과부 두 사람을 취하였고 「세종실록」 11년 9월 "於里加라는 양반부인은 상민 복장으로 여염에 출입하면서 자주"(음행을 자행한 것으로 표기) 연애를 즐긴 것 같다는 기록이 있으며, 「세종실록 15년 12월 辛亥 등에도 유사한 기록이 있으니, 태종 연간에도 아직 여성의 솔직한 성정을 유교적 정절관이 엄히 다스리지 않았음을 보여준다.

태종 때까지 간부(姦婦)로부터 속포(贖布)를 받고 그 죄를 면해주던 제도가 있었다. 세종 원년에 그 제도를 없애고 실형을 가하기로 하였다. 세종 5년에는 전 관찰사 이귀산의 처 유시의 간통 사실이 발각되자 법에도 없는 엄벌을 가하여 입시(立市) 3일 시킨 다음 참형을 처하여 기어이 부도를 엄격히 하겠다는 집권층의 의도를 드러냈다. 그러나 이와 같은 조치에도 불구하고 사회생활 전반에는 급격한 변동이 없었다.

고려말 신흥 사대부층이 주자학에 의한 구질서의 개혁과 새로운 사회질서의 수립을 시도하기 시작하며 조선조로 이어지면서 유교적 덕목에 의한 남녀의 구별, 즉 내외법이 보급되어 그들과 일부 상류사회에서 점차 준행되고 있다.

이와 같이 서민들의 모계와 비교적 자유로운 생활을 해오던 흐름에 일부 왕족과 신흥 권력층 중심의 부계 계승과 의도된 여성 정절의 과대한 포상은, 일반 서민 여성들마저도 그 굴레 속으로 예속시켜버렸고 현대까지 그 잔재가 상당한 여성 억압적 영향을 미치고 이어져오고 있다.

아직도 여성의 재혼·삼혼에 대해 더 거부적이며 수치스러워하거나 혐오하며, 수절을 더 바람직하게 여기고 강요하는 상황이 본인의 의사를 무시하고 있다.

부족국가에 있어서 부계 계승은 왕족을 중심으로 형성된 것으로 언급한 바가 있으며 우리나라의 경우, 가족제도상의 부계 계승은 대체로 고대 부족국가 성립기에 주로 지배층을 중심으로 형성되어 갔던 것으로, 그것은 대개 왕권의 부자 상속이 강화된 이후부터였다. 고구려에서는 고국천왕에서 미천왕 사이가 이 시기에 해당하며 백제는 동성왕대를 전후하는 시기에 왕권의 부자 계승이 확립되었다.

비교적 솔직한 성정대로 자유롭게 살아왔던 것이 대부분의 생활이었음에도 불구하고, 일부 왕족과 상류 귀족층에서는 여성에 대한 엄격하고 폭력적인 제약을 가하는 흐름도 서서히 시작되고 있었다.

> "투기한 여인을 사형하여 폭시(暴屍)하였다."
>
> ■ ■ ■ ■ ■ ■ 「삼국지 위지 동이전」 부여조

> "고구려의 중천왕이 투기하는 관나부인을 가죽부대에 넣어 바다에 던져 죽였다."
>
> ■ ■ ■ ■ ■ ■ 「삼국사기」, 권17, 중천왕 4년조

우리나라의 정절관의 근거는, 근대 유교의 부부유별관에서 유래하여 한 대에 이르러 반소(班昭)의 「여계(女戒)」에서 이론적인 면모를 갖추기 시작한 주자학의 정절관이다.

「여계」에는 "남편은 재취(再娶)할 수 있으나 아내는 재가(再嫁)할 수 없다. 그러므로 남편은 하늘이다 하늘은 도망할 수 없으며 남편은 위배

할 수 없다. 행동이 신에 위배되면 하늘은 벌을 내린다. 예의에 잘못이 있으면 남편은 박대한다. 때문에 남편 섬기기를 하늘 섬기듯, 아들이 아버지를 섬기듯 충신이 임금을 섬기듯 해야 한다"고 쓰여 있다.

여기에서 처음으로 정절관의 이론적 근거가 천(天)의 절대성에 비추어 제시되었다. 즉 남편을 하늘과, 임금에 비유하여 재가(再嫁)를 천도(天道)에 위배되는 것으로 설명하고 있다.

한대에서 이같이 이론적 면모를 갖추기 시작한 정절관은 송대 주자학에 이르러 이론적 체계화가 진일보한다. 주자의 「근사록(近思錄)」에 의하면, 정자(程子)는 과부의 개가 문제에 대하여 "改嫁하는 것은 失節을 의미하는 것으로 人情所致"에 앞서 理에 거스르는 행위다. 貧窮하여 의탁할 고시 없는 여자라는 이유로 재가를 해서는 안된다.

"굶어 죽는 것은 극히 작은 일이지만 절개를 잃는 것은 지극히 큰 일이다"라고 하여 절개를 지키는 것이 목숨을 지키는 것보다 훨씬 큰 일로 여기고 있다.

이 정자의 말과 주장을 우리나라에 와서 1477년(성종 8년) 재가금지를 입법화할 때(趙氏 과부의 재가와 관련하여) 그대로 인용하여 거의 합법적인 근거로 삼고 있다.

경국대전 체제가 완성된 세조 연간에 와서(세조 13) 우리 조정에서도 삼가녀(三嫁女)의 자손은 조정의 요직에 있을 수 없다는 문제를 처음으로 제기하고 있다. 상품 이상의 중신 46인이 모인 조정회의에서 그 중 절대 다수(42인)가 재가는 원칙상 불가하나 가난하고 부모 자녀도 없이 의지할 곳 없는 과부들의 딱한 생활을 고려해야 함을 이유로 들어 재가금지의 입법을 반대하였다. 찬성하는 4명이 내세운 명분을 보자.

'餓死小事 失節極大事(아사소사 실절극대사)'(예조판서 許琮) '실절한 자를 배우자로 취한 자는 이 역시 실절한 것이다.'(張橫渠)

■ ■ ■ ■ ■ ■ ■ 「성종실록」 8년 7월 壬干

　성종은 극소수파의 의견을 채택하면서 부녀들이 스스로 개가하고 있는 것은 참으로 각계의 누가 되니 금령(禁令)을 엄격히 하지 않으면 음행을 막기 어렵다고 하여 금후 모든 재가녀의 자손을 벼슬 못하게 할 것을 예조에 시달하였다.

　재가 금지가 입법화된 성종 8년 이후에는 여러 대신들이 이 법을 완화할 것을 수 차례에 걸쳐 상계하였으나, 성종도 '굶어 죽는 것은 극히 작은 일이지만 절개를 잃는 것은 지극히 큰 일이다'라는 정자의 말과 '열녀는 두 남편을 섬기지 않는다(烈女則不更二夫 : 왕촉의 말)'는 것을 명분으로 내걸어 완강히 반대하였다. 성종 16년(1485) 재가녀자손금고법(再嫁女子孫禁錮法)이라는 그 내용은 "재가실행부녀(再嫁失行婦女)의 자손 및 서얼 자손은 문과, 생원진(生員進) 사과(士科) 시험에 응거(應擧)할 수 없다"는 것이었다.

　이 법의 시행에 의해서 재가녀의 자손들은 실제로 관직에의 길이 봉쇄되었다. 재가는 사족(士族) 신분으로부터의 탈락을 의미하는 것이었으며 생활의 기반이 관직에 있었던 사대부에게는 그것은 곧 생활의 물질적 토대의 상실을 뜻했다. 사대부 계층에 있어서 수절이란 사회적 신분 유지에 절대적 조건으로서 생명과도 같이 소중한 것이었다.

> "과거 응시자와 관직에 임명된 자에 대하여는 四代까지도 가족사항을 기록한 신분 보증서에 재가의 기록이 없어야 한다."
> ■ ■ ■ ■ ■ ■ 「한국문화사대계」, 869쪽

[다시 읽는 여인열전] 고구려-백제開國 숨은주역 소서노

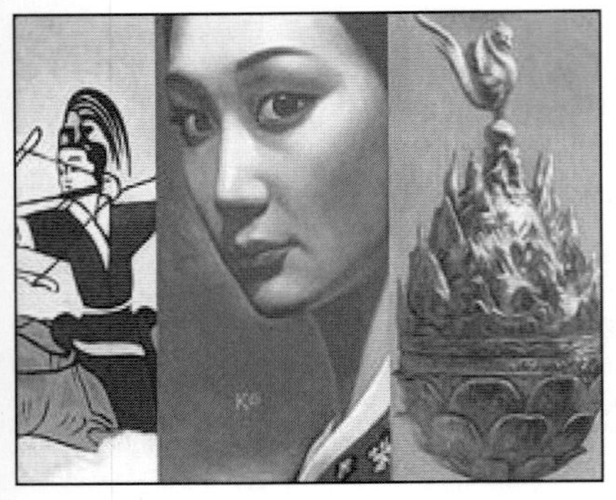

개국을 다른 말로 천명(天命)이라고 한다. 이 성계가 파옥(破屋)에 들어가 세 서까래를 지는 꿈을 꾼 것이 임금이 될 천명으로 전해지는 것은 개국의 어려움을 말해준다. 그런데 우리 역사에는 한 번도 아니고 두 번이나 나라를 창업한 인물이 있다. 소서노(召西奴)라는 여성이다.

2000여 년 전 만주 졸본천(卒本川·중국 요녕성 혼강)에 살던 소서노에게 객관적으로 미래는 없었다. 북부여왕 해부루의 서손이었던 전남편 우태는 졸본 지역의 유력한 토착세력이었지만 이미 사망했고 그녀는 두 아들 비류·온조만 둔 과부였기 때문이다. 전쟁이 일상화된 고대사회에서 여성에게 사회적 역할은 주어지지 않았다.

이때 그녀는 북부여에서 망명한 주몽을 만난다. 기원전 37년 경 스물 아홉의 소서노와 부여에 임신한 부인 해씨를 두고 망명한 스물 한 살의 주몽의 만남이 회오리를 몰고 올 줄은 아무도 몰랐다. 북부여왕 해부루의 손부(孫婦) 소서노에게 북부여에서 망명한 주몽은 시가의 정적이었다. 그러나 그녀는 과거의 악연보다는 미래를 위해 주몽과 손을 잡았다.

그녀는 당시 졸본 지역의 시대적 과제는 통합에 의한 국가 창업이라고 보았다. 그녀는 자신이 이 과제를 수행하기로 결심했다. 그녀는 주몽을 내세워 졸본의 토착세력들을 통합해 나갔다. 처음에 졸본의 토착세력들은 주몽을 무시했다. 오이·마리·협보라는 세 부하만 데리고 부여에서 도망친 주제에 천제(天帝)의 아들이자 하백(河伯·물의 신)의 외손이라고 떠벌이는 주몽을 달갑게 보는 토착세력은 없었다. 그러나 소서노는 토착세력의 눈으로 주몽을 바라보지 않았다. 그녀 자신이 토착세력의 대표 연타발의 딸이었지만, 정체된 현실에 만족하는 기득권자의 시각이 아니라 졸본의 변화를 추구하는 도전자의 시각으로 주몽을 바라보았다.

주몽이라는 이름 자체가 명사수라는 뜻일 정도의 뛰어난 무술과 부여왕의 말을 기르며 준마를 굶겨 마르게 만든 뒤 자신이 차지한 명석한 두뇌, 그리고 북부여라는 기존의 터전을 과감하게 버리고 망명한 벤처정신을 높이 평가했다. 주몽이 지닌 이런 콘텐츠를 높이 산 소서노는 그를 과감하게 CEO로 등용했다. 졸본의 변화를 추구하는 소서노와 벤처정신의 소유자 주몽의 결합은 엄청난 폭발력을 발휘했다.

소서노가 없었다면 스물 한 살의 망명객이 토착세력의 텃세를 극복하고 고구려를 건국하기는 불가능했다. 고구려는 말하자면 소서노라는 자본주가 주몽이라는 전문경영인을 영입해 건국한 신흥 국가였다.

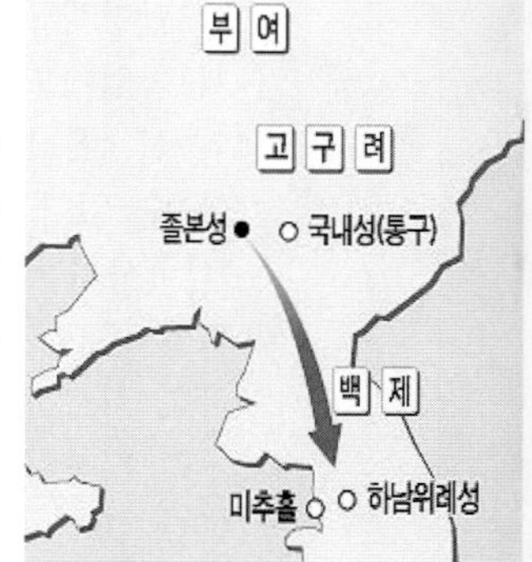

'삼국사기' 백제건국기사에 "주몽이 나라의 기초를 개척하며 왕업을 창시함에 있어서 소서노의 내조가 매우 많았으므로 주몽이 소서노를 특별한 사랑으로 후대(厚待)했고 비류 등을 자기 소생처럼 여겼다"라는 기록은 여성에게 인색한 '삼국사기'로서는 이례적이다. 그만큼 고구려 창업에 소서노의 역할이 결정적이었음을 말해준다.

하지만 고구려를 창업한 그녀의 공은 기원전 19년 부여에서 주몽의 아들 유리가 찾아오면서 부인된다. 고구려는 해씨와 유리가 아니라 소서노가 두 아들 비류·온조와 함께 세운 나라였음에도 후계자는 유리가 된 것이다. 이때 소서노에게는 두 가지 길이 있었다. 하나는 유리왕과 권력투쟁에 나서는 것이었다. 유리왕은 졸본 지역에 자기 세력이 전무했다. 토착세력인 소서노가 두 아들과 손잡고 유리왕 축출에 나선다면 그가 승리하기는 어려운 상황이었다. 그러나 소서노는 내부 다툼 대신 다른 길을 선택했다. 새로운 나라 창업의 길을 선택한 것이다. 장남 비류가 그녀의 뜻에 동조해 동생 온조를 설득했다.

"처음 대왕께서 부여에서 난을 피해 이곳으로 도망 오셨을 때 우리 어머니께서 가진 재산과 노력을 모두 기울여 나라를 세우도록 도왔다. 지금 대왕이 세상을 떠나신 이후 나라가 유리에게 돌아갔다. 우리가 여기에서 불필요한 혹처럼 우울하게 지내느니 차라리 어머님을 모시고 남쪽 지방으로 가서 좋은 땅을 선택해 나라를 세움만 같지 못하다."

'삼국사기'는 이때 오간·마려 등 열 명의 신하와 많은 백성들이 따랐다고 기록하고 있는데 이는 그만큼 소서노의 세력이 막강했음을 말해주는 것이다. 만주를 떠나 한반도로 남하한 소서노는 푸르게 넘실대는 한강을 보고 새 나라의 도읍지임을 직감했다. 그러나 장남 비류는 바닷가가 새로운 도읍의 적지라고 주장했다. 소서노는 아들에게 얽매이지 않았다. 그녀는 장남 대신 차남 온조와 한강 유역에 하남 위례성(河南慰禮城·서울 풍납토성)을 쌓고 새 나라를 창업했다. 한반도와 일본, 그리고 요서를 아우르는 해상왕국 백제는 이렇게 시작됐다.

소서노는 온조와 함께 백제의 기틀을 잡는데 전력을 기울였다. 낯선 망명객 주몽과 함께 고구려를 건국했던 그녀의 경험과 능력은 백제 창업에도 유감없이 발휘되었다. 한강 유역을 도읍지로 정한 그녀의 선택은 미추홀을 선택한 비류가 습하고 물이 짜서 백성이 편하게 살 수 없다는 사실 때문에 후회했다는 점에서도 탁월함이 입증된다. '삼국사기' 온조왕조 13년(서기전 6년)은 "왕모(王母)가 61세에 세상을 떠났다"고 기록하고 있는데 '삼국사기'에 왕모의 죽음에 대한 기록이 극히 희소하다는 점에서 소서노의 위상을 짐작하게 해 준다. 비록 고구려 개창의 공은 남편 주몽에게, 백제 개창의 공은 아들 온조에게 돌아갔지만 이 두 나라의 창업에 소서노의 역할은 결정적이었다. 남성 중심의 역사관 때문에 그녀의 이름은 역사서에서 점차 지워져 그 편린밖에 남아 있지 않지만 '삼국사기'가 일설(一說)로서 그녀의 이름을 전하지 않을 수 없었다는 사실 자체가 소서노의 활약상을 짐작하게 해준다.

무력이 모든 것을 결정짓던 고대시대에 여성의 몸으로 국가를 창업한다는 것은 불가능에 가까운 일이었다. 그것도 한 나라가 아니라 두 나라를 개창한 인물은 세계 역사에도 그 유례가 드물다. 남성우월주의에 밀려 우리 역사에서조차 묻혀졌지만….

■■■■■■■ 이덕일·역사평론가, 조선일보, 2002.04.16

일문의 영광을 위해 - 여성의 희생을 강요하는 풍습의 정착

재가녀 자손금고법의 제정 이후 위반자에 대항 처벌과 더불어 포상제도도 실시되었다. 국가가 실시한 포상제도는 열녀외 정문(旌門), 복후(復

后), 면천(免賤) 등이었다. 천인의 경우 속량(贖良)을 시키는 것도 당시 쉽지 않은 신분 상승의 기회였다. 호역(戶役)을 면제해주는 복호(復戶)는 당시의 과중한 부담이었던 역(役)의 면제로서 상당히 큰 보상이었다.

절열관의 정착을 위해 주어진 복호, 면천의 혜택으로 임진왜란(1592년) 중이던 임진년 12월, 경기도와 황해도에서 행해진 납표사목(納票事目)을 들 수 있다. 임란중의 조선에서 식량 부족, 특히 군량 부족은 심하였다. 그 대책의 일환으로서 미표(米票), 대두(大豆) 등의 헌납자, 차유운자(車兪運者)에 대한 납속의 장려와 포상이 행해졌다. 유역인(有役人)과 공사천(公私賤)은 500석 이상을 헌납해야만 비로소 면역, 면천의 혜택이 주어졌다.

실제로 임란 중의 서민의 참상은 인육을 먹을 지경이었고, 임란 이전에도 조세, 공물, 복역, 군역 등을 견디지 못해 도망하는 농민이 속출하는 상황에서 500석 이상의 헌납은 거의 불가능하였다. 따라서 열녀의 정표로서 복호, 면천의 혜택을 받는다는 것은 국가비상시 500석 이상의 헌납의 의미를 가진 것이었다.

열녀는 서인(庶人)의 경우에는 무거운 요역이 면제되고 이와 같이 열녀는 양반에게는 가문을 빛내는 자랑으로 천민에게는 속향의 길이 되므로 열녀는 한 여자의 희생 위에, 일족이 살아가는 방편이기도 하였다.(박용옥,『이조 여성사』, 118쪽 참조). 이것은 사족은 물론 일반 평민과 천민의 부녀들에게까지 절열관이 내면화되게 하는 방책이었다. 절열관이 정착되어가며 열녀의 수효가 증대됨에 따라 포상의 대상에 들기 위해서는 보다 더 극렬한 형태의 수절을 행하지 않으면 안되었고 점점 여성을 억압하게 되었다.

이는 열녀의 남편 사후 자살한 자이거나, 30년 동안 소식(疏食)하고 빗질 않고 노막치고 기거하는 등의 극단적 행위를 하는 것으로 되었다.

뿐만 아니라 임란 때 피난가던 부녀가 나루터에서 사공이 배에 오르도록 손을 잡아주자 남자의 손에 잡힌 것은 곧 실절(失節)이라 하여 투신 자살했다는 기록에서 절열관의 극단성을 볼 수 있다.

어떤 천녀(賤女)는 일찍 남편을 잃고 젊은 몸으로 단발해 버리고 시모(媤母)를 보양할 것을 맹세하여 표창된 일이 있으며, 하층 부녀들도 개가를 수치로 알게 되어 과부의 수효는 늘어만 갔으니 호적상에도 '獨妒'가 상당한 부분을 차지하여 이 시기에 와서 계층 구별없이 수절은 이제 조선의 고유의 미덕이란 경지에 도달하였다. 여자들은 이제 절열관을 변화 가능한 도덕적 규범으로서가 아니라 운명적으로 부여된 준엄한 철칙으로 받아들였고 숭앙까지 하였다. 인간으로서 감내하기 어려운 극도의 고통을 이러한 국가적 정책으로 여성 스스로 자처한 듯 강요하게 된 것이다.

실학적 요소와 여성, 그리고 실용주의

실사구시란 말은 원래 『후한서(後漢書)』, 「하간헌왕덕전(河間獻王德傳)」에 나오는 '수학호고실사구시(修學好古實事求是)'에서 비롯된 말로, 청나라 초기에 고증학(考證學)을 표방하는 학자들이, 공리공론만을 일삼는 양명학파(陽明學派)를 배격하여 내세운 표어이다. 그 대표적 인물로 황종의(黃宗義), 고염무(顧炎武), 대진(戴震) 등을 들 수 있다. 그들의 이와 같은 과학적 학문 태도는 우리의 생활과 거리가 먼 공리공론을 떠나 마침내 실학이라는 학파를 낳게 하였다.

조선시대 후기에 이르러 '經世致用' '利用厚生' '實事求是'의 기치에 性理學의 약점과 폐단을 보강하고 극복하고자 흥기한 학문을 이른바 '實學'(혹은 後期實學)이라 한다. 실학은 대체로, ① 18세기 전반의 星湖 李翼을 大宗으로 하는 經世致用派(행정기구 및 토지제도, 기타 제도상의 개혁에 치중하는 학파)와 ② 18세기 후반 燕巖 朴趾源을 중심으로 하는 利用厚生派(생산기구 일반의 기술 및 상공업의 유통의 기술적 혁신을 목표로

하는 학파), ③ 19세기 전반에 院堂 金正喜에 이르러 一家를 이룩하게 된 實事求是派(經書의 考證을 위주로 하는 학파)로 정리한다.

실학사상이란 현실과 실물의 직관을 중시여기는 학문으로서, 16세기의 고전어 학습 중심의 형식화된 인문주의에 대한 반동으로서, 감각적 내지는 과학적 실학주의로 발달하였다. 유형원, 정약용, 신경준, 박지원, 유득공, 박제가, 이덕무 등이 중심이 되어 이론보다는 현실을 중시여김으로써 이용후생(利用厚生), 실사구시(實事求是)를 내세워 실제로 소용이 되는 학문이라고 해서 Practical Science라고도 일컬을 수 있다.

그리하여 '실사구시(實事求是)'의 정신으로 조선 봉건사회의 현실을 심각히 분석하고 나라의 발전과 복리 증진을 위해, 신분제도, 적서차별, 노비제도 등을 개혁하는 등 모든 부분에서의 개혁을 주장하였다. 이는 봉건적인 불평등과 신분적인 예속으로부터 인간의 개성을 해방시키려는 귀중한 사상운동이다.

박제가는 17세기에 박지원 문하에서 실학을 연구하였고, 1776년 이덕무, 유득공, 이서고 등과 함께 시집 '김연집'을 편찬하였다. 박제가는 『북학의』, 『명농초고』, 『정유시고』, 『유정집』 등을 편찬하면서 실증적이고 농민에게 유익한 실학사상을 발전시킨 인물이다.

이러한 박제가의 스승이자 그 유명한 『열하일기』를 펴낸 연암은 30세부터 홍대용이라는 실학자와 손을 잡고 서양의 신문학을 접하면서, 그 사상을 실학에 도입하여 세상에 널리 알렸다. 그는 『연암집』, 『연암속집』을 통해 타국의 문물을 연구함과 더불어 「예덕선생전」, 「민은전」, 「허생전」, 「양반전」 등을 지어서 사대부들의 허위의 실상을 비판함과 아울러 신분 타파와 평등사상을 주장하였다. 비록 그의 문집이 지금까지 전하지 않고, 그의 후생이 비참했다고 할지라도, 그의 사상과 그 시대의 모순은 우리에게 생각해 볼 거리를 제공한다.

실학의 대두는 비록 일부이긴 했지만 여성에게 교육의 기회를 제공함으로써 문학활동을 가능하게 하였으며, 과부의 재혼 허용이라는 변화를 가져왔다. 그러나 여기에도 한계는 있었다. 실학자 중에서 다산과 같은 이가 과부의 재가 금지와 열녀제 표창에 대해서 비판을 가한 것도 유교이념의 극단적인 실행에서 오는 가혹함을 비판한 것이었을 뿐, 여성을 억압해온 유교적 정절관을 반대한 것은 아니다.

실학이 비교적 혁신적인 요소를 가지고 있었지만, 여성에 관해서는 여전히 유교적인 사고방식을 고수하고 있었음을 실학자 중 한 사람인 이익이 '근, 검, 삼계만 알면 족하느니라, 독서와 강의는 장부의 일이니 부인이 이를 힘쓰면 폐해가 무궁하다'고 한 것에서도 잘 알 수 있다.

그러나 최한기는 무조건적인 복종관계가 절대적인 것이 아님과 함께 남편과 아내의 동등한 지위를 주장하는 급진적인 모습을 보였다. 그리고 그는 교육을 중시하였는데, '배움의 유무는 실로 부귀빈천과 관계가 없으니, 부귀빈천으로 하여 그 배움을 손상하는 것은 운화(運化)의 학문이 아니다'라면서, 신분에 관계없이 인재를 써야 하며, 따라서 '시민'의 교육뿐만 아니라 여성 교육도 반드시 필요한 것이라고 주장하였다.

또 민중들은 몰락해 가는 양반 문화에 대립하여 민중 자신의 문학을 창조해 나갔는데, 이들은 주로 국문을 사용하였으며 여성들의 불행한 처지와 쓰라린 감정이 잘 나타나 있다. 또한 정치에 여성들 특유의 성격, 즉 생명에 대한 경이감을 적용하여 「박씨부인전」, 「이학사전」, 「방한림전」 등 여성 영웅소설이 대거 쓰여지고 열열히 읽힌 것으로 보인다.

조선조 여성의 문화활동

그러면 여성해방론적 입장에서 진행되고 있는 가부장제의 개념에 대한 논의와 더불어 그것의 역사적 기원과 그 영향은 무엇인가. 급진적인 여성해방론의 케이트 밀레트는 가부장제를 규정하는 두 가지 원칙 - 여성에 대한 남성지배와 남자 가운데에서도 연장자가 연소자를 지배하는 것 - 에 근거하여 조직되는 사회를 가부장제 사회로 보면서, 기본적인 단위를 가족으로 설정한다. 이 가족내의 여성 착취나 억압은 가족 생산 양식에서 이루어지는 생산 및 재생산 활동이 남성에 의해 통제되는데서 비롯된다.

농경사회에서의 여성에 대한 억압은 가부장적인 사회재생산 구조에서 그 특성을 찾아볼 수 있는데, 이 가부장제의 성립 과정은 일관된 생산관계와 재생산관계에서 보여진다. 남성이 생산자로서의 여성을 지배하는 데서 여성의 생산물을 전유하는 관계이며, 재생산관계는 남성이 생명 재생산자로서의 여성을 소유하여 자녀를 전유하는 관계로 나타난다.

여성의 사회와의 격리는 조선 중기 이후, 성리학의 도입과 당쟁으로 인한, 사회 분위기 속에서 자파의 세력 강화를 위한 직계 가부장제가 확립되면서부터이다.

우리의 전통적인 여성들은 부계 혈연 계승을 중시하는 이러한 가부장적 가족제도하에서, 자녀출산 및 양육과 가사활동에만 전념해 왔다. 당시의 가정은 사회질서의 유지의 근간이 되는 중요한 기본단위로 기능하였으므로 여성의 사회와의 격리는 가정에서 철저히 강화되었던 것이다. 그리고 가부장적 체계를 유지하기 위해서 모든 가족원의 예속이 필요했으며, 따라서 삼종지도, 칠거지악, 불경이부와 같은 도덕률을 만들어 냈다.

친정에서는 출가외인으로 방치되고, 시집에서는 성이 다른 이방인으로 취급된 소외된 집단인 여성에게 시집살이는 주어진 유일한 인생행로였고 남아 출산은 소속되기 위한 유일한 성취기준인 상황하에서 여성이 혼신을 다하여 남편과 가정에 '헌신'한다는 것은 절대 명제였다.

요컨대, 강력한 가부장권, 많은 자녀의 출산, 특히 남아의 출산, 성별과 세대를 계급화한 차별, 선택의 의지와 노력에 의한 성취보다는 우연적 운명에 기초하는 평가 기준, 변화와 합리성보다는 질서와 획일성에 기초했던 전통사회이다. 그 사회에 의해 철저히 제약받던 여성에게 가정 생활이 주는 의미는 비록 헌신, 희생, 봉사로 나타났을지라도, 상황적 분석으로 미루어보아 반드시 어머니로서의 긍지와 보람으로 귀결되기보다는 한스런 삶으로 평가됨이 마땅하다. 이러한 시대상에서의 여성은 미덕은 자기를 포기하고 무조건 복종하는 것이었다.

또 가계 계승의 수단적 존재였고 개성을 나타내는 여성이 못되었다. 아니, 개성은 말할 것도 없고 여성의 문화적인 능력까지도 죄악시하였다.

여성은 한자를 알 것 같으면 조상인 서현의 이름이나 알 정도면 족하다고 제한하며, 중국 장안과 일본의 종이 값을 올릴 정도로 문필이 뛰어나고 유명하던, 허난설헌 같은 여성을 오히려 부정적으로 폄하하고 '문제여성'으로 지적했었다. 가부장적인 제도 아래서의 여성의 지위라는 것은 남녀칠세부동석, 부부유별, 삼종지도, 칠거지악 및 부창부수로 표현될 수 있는데, 이러한 여성관은 유교 윤리관에서 비롯된 것으로, 여성의 암흑기를 이루었다. 그런 시기에 이에 반하는 실학이 나타나게 된 것이다.

무전제지의 유삼종지도(無專制之義 有三從之道)라는 말은 조선 오백년간 우리나라 여성의 삶을 단적으로 표현한 말이다. 남녀칠세면 부동석이요 침선방적과 정구지역에 힘쓰는 것으로 생애를 삼고, 열녀는 불경이부(不敬二夫)라 하여 청상과부가 되면 수절하거나 따라 죽는 것을 칭송하고, 남편이 일방적으로 처를 버릴 수 있는 조건과 그렇지 못한 조건이 따로 있었으니, 그 당시 여성들에게 법적 권리의 거부는 물론 자기 의사를 주장해볼 수도 없어서 숨쉬는 인형이라 할 수도 있겠다.

글과 말로는 차별이 없는 부부유별이나 부경이부를 불사이군에 비유한 것이나, 남자를 하늘과 임금에, 여자를 땅과 신하에 비유한 것에서 알 수 있듯이, 조선시대의 남녀관계는 부부관계에서 현격히 드러난다. 이런 규격화된 형식은 성종시대에 집성된 '경국대전'에 법으로까지 성문화되기에 이르렀다.

여성들의 교육은 학문적인 면보다는 내방에서의 방직, 재봉, 요리, 육아 등 실제적인 것에 주력하였다. 또한 이러한 여성교육도 중류층 이상의 사대부 가정에서나 가능했던 일이었다. 그러면서도 남성은 가문의 명예와 일신의 명예를 위해 과거공부 준비로 글이나 읽으면서, 여성에게는 집안의 모든 살림을 책임지워 버렸다.

남성사회 유지에 필요한 것에 대해서는 여성 교육이 비공식적이고, 비형식적으로 이루어졌다. 여성들을 위한 많은 교훈서들이 그 중심이니 현모양처상을 이상으로 하면서 유교적인 이분법의 여성 예속을 덕행으로 강조하였다. 이는 유교가치관에 따른 여성의 가치관을 형성했다.

'열녀(烈女)'는 있고 '열부(烈夫)'는 없는 사회, '미망인(未亡人)'은 있고 '미망부(未亡夫)'는 없는 사회, '미혼모(未婚母)'는 있고 '미혼부(未婚父)'는 없는 사회 그리고 '현모양처(賢母良妻)'는 있고 '현부양부(賢父良夫)'는 없는 사회로 비합리적인 여성억압의 많은 문제를 배태하게 되었다.

이는 여성에게 '죽어라! 닫혀라!'라며 죽음을, 그리고 폐쇄적 삶을 종용하게 되는 것이다. 그리하여 우리 어머니, 할머니들이 낡은 인습을 팔자로 핑계삼아 그것을 개선하고 싶은 의지조차 묵살해 버린 채, 벙어리 삼년, 장님 삼년, 귀머거리 삼년의 부자유의 삶을 숙명으로 받아들이도록 해왔다. 그런 와중에 숨통을 겨우 틀 역사적 세계사적 발명이 있었으니 한글이다.

한글은 남성들 그리고 양반층 전유물이던 문학 양식을 서민층과 여성들도 즐길 수 있는 기회를 제공하였다. 흔히 접할 수 있는 영 · 정조 시대에 씌어진 것으로 보이는 「춘향전」의 경우, 관료주의적인 소설과는 다르게 남녀의 신분 차이에서 생겨날 수 있는 갈등을 통해서 반봉건적인 색채를 띤다. 그리고 작가와 창작 연대는 확실히 알 수 없지만 「장끼전」의 경우도 꿩의 의인화를 통해 현명한 아내가 무력하기만 하던 남편이 죽자 다른 꿩과 재혼을 하는 것을 내용으로 함으로써, 과부의 재가가 불가능하던 당시에 '과부의 재가'를 소재로 했다는 점에서 특이할 만하다.

그러다가 실학사상의 영향으로 동학혁명이 일어나면서 여성을 위한 목소리들이 생겨나기 시작했다. 밖으로는 여성에 대한 차별을 폐지시키고, 여러 가지 문학 활동을 통해 여성해방을 실현시켜 나가기 시작했다. 이와 같은 여성운동이 눈에 띄게 드러나기 시작한 것은 실학과 관련된 16, 17, 18세기고, 그 시대의 특징은 다른 시대에 비해 여성 작가가 많이 등장 했다는 것이다.

'여중군자(女中君子)'로 불리던 임윤지당(任允摯堂, 1721~1793)은 이기심성설(理氣心性說)을 남기고 양반지배층 남성의 전유물이었던 성리학연구의 세계에 당당히 참여하기도 했다.

여성실학자로서는 이빙허각(李憑虛閣, 1759~1824)가 있는데,『규합총서』라는 저서를 남겼다. 이어 서영수각(徐令壽閣, 1753~1823)은 개평방방적식, 삼각형 등의 복잡한 수식을 좀더 간단히 푸는 방식을 연구해내고, 시문에도 뛰어나 남편과도 같은 시우(詩友)의 관계를 가질 정도였다고 한다.

또한 이주사당(李朱師堂, 1775~1821)은 교육의 근본이 태교에 있음을 갈파한『태교신기(胎敎新記)』를 저술하고 부부가 함께, 경전, 역산, 율점 등을 연구하였다.

또한 혜경궁 홍씨, 의유당, 윤지당 임씨와 정일당 강씨 등도 남성에 못지 않은 실력을 갖추었다.

17, 18세기 조선의 여성해방이론과 힘의 징조가 여성 독자들이 즐겨 읽는(살림을 못할 정도로) 여성 중심 소설들, 예를 들어『박씨전』과 같은 소설에서 나타났다. 이 소설은 현대 서양 여성해방이론이 문학작품 분석에서 그 힘의 원칙을 얻어내듯, 경직되고 엄격한 성분리와 성차별 사회에서 직선적인 사설보다는 은유법 등의 표현법을 사용하여 재미를 유발하는 방법은 지혜롭고 전략적이기까지 보이기도 했다.

사대부의 글인 한자가 아닌, 그래서 남성들은 즐겨 가까이하지 않은 여성들의 이야기를 통해 은근한 방법으로, 독립적이고 활동적인 그 시대의 지배계층이 규정한 '여성다운 여성상'과는 다른 방향의, 여성들이 정말로 살고 싶은, 소망하는 여성의 삶을 소설이라는 형식을 통해서 나타내고, 이는 백지에 가까운 영향 받기 쉬운 여성들의 의식에 중대한 영향을 미쳤음을 알 수 있다. 공적이고 사회적인 활동이 가능할 수 있는 시대를 맞는 여성들은 선각자적이고 주관이 뚜렷하게 자신의 삶을 스스로 선택하고 개척할 수 있는 바탕을 이 소설들에게서 얻고 있다. 이에 이어지는 19, 20세기에는 왜적의 침입에 적극적으로 대항했던 여성들의 이야기를 통해서, 3·1운동 전후 여성들의 애국애족운동을 자극할 수 있던 것은 『박씨전』을 잇는 정신이라고 보여진다.

실사구시의 학파가 갖는 틀을 살려 실사구시의 페미니즘을 한번 정립해 본다면 이런 내용이 될 것이다.

먼저, 실사구시(實事求是)의 학파란

① 인재와 국법은 불과분의 관계이다. 재능에 의해서가 아니라 세습귀족의 가문에서 인재를 구하는 과거제도를 없애고, 노동과 빈곤을 아는 미천한 사람들 가운데서 재능있는 사람을 구하라.

② 고루한 유학자들과 종교미신설을 철저히 타파해야 하며, 양반제도의 사회적 문제 해결을 위해 시민 평등, 만민개로의 원칙을 기초로 한 이상사회로 변혁할 것을 제기하였다.

③ 인간도 포함하는 지상만물의 시원이 동일하다. 물(物)의 입장에서 나를 본다면 나 역시 물(物)의 하나이다.

④ 농업 발전을 위한 방안 - 아무리 부지런하고 농사이치에 밝은 사람이라도 토지가 없는 이는 농사를 지을 수 없다. - 빈부의 차이를 없앨 것을 지향하는 한전론 주장.

⑤ 백성의 생활을 향상시키려면 과학 기술을 허심탄회하게 받아들여야 한다. 봉건 도덕규범인 인의예지(仁義禮智)를 인간 본성에 구유하는 선천적 범주로 해석하는 주학자들을 반대했다. 당시 지배적인 '존명사대주의(尊明事大主義)' 사상을 배격하고, 조국의 부강 발전에 유리한 외국의 선진적 과학 기술을 허심탄회하게 섭취할 것을 주장하였다.

⑥ 주관적 관념론을 반대하면서 인식의 원천은 객관세계에 있으며, 그에 대한 인간의 감각기관이 작용함으로써 인식이 성립한다고

강조했다.

⑦ 미신의 허망함과 그것이 전파되는 원인에 대해 "술수한 허망하
여 본시 그럴 이치가 없는 데도 오랫동안 믿어온 끝에 없는 것
도 있는 듯 싶어 이따금 맞는 수도 있다"고 하였다.

이에 따라 실사구시의 페미니즘을 가설적으로 정리해 보면,

① 인재와 국법은 불가분의 관계이다. 재능에 의해서가 아니라 남
성 우선으로 인재를 구하는 남성중심주의를 탈피하고, 여성들이
인재로 클 기회와 기반을 먼저 확보하기 위하여 인사법을 개혁
하고 이를 위해 할당제를 실시하라.

② 유교주의에서 여성 불평등한 점을 철저히 타파해야 하며, 남녀
불평 등의 사회적 문제를 해결하기 위하여 남녀평등, 만민개로
의 원칙을 기초로 한 이상사회를 만들라.

③ 지구상의 모든 것들은 시원이 동일하다. 물(物)의 입장에서는 남
성이나 여성이나 물(物)의 하나이다.

④ 아무리 부지런하고 경제 이치에 밝은 여성이라도 재산소유의
권리와 재산권 행사의 권리가 없으면 가족이나 사회내에서 여
성의 지위는 낮을 수밖에 없다. 여성의 재산소유, 재산공동명의
나 여성 명의의 부동산의 확보를 통한 재산소유자나 보증인으
로서의 자격 획득을 들 수 있다. 이는 여성들에게 보다 많은 경
제활동의 기폭제가 될 수 있을 것이다.

⑤ 여성의 생활을 향상시키려면 편리하고 값싼 생활기기 및 과학
기술을 받아들여야 한다. 지금까지 봉건적 사고방식에서 기인한
'여성다움'을 여성의 본성에서 구유하는 선천적 범주로 해석하
는 사람들을 반대한다.

⑥ 주관적 관념론을 반대하면서 인식의 원천은 객관 세계에 있으
며, 특히 여성들의 감각기관의 작용에 의해 인식이 성립된다고
강조한다.

⑦ 이데올로기나 고정관념의 허망함과 그것이 전파되는 원인에 대
해 오랫동안 믿어온 "술수란 허망하여 그럴 이치가 없는 데도
오랫동안 믿어온 끝에 없는 것도 있는 듯 싶어 이따금 맞을 수
있다"고 하고 주체성이 강한 여성들이 앞장서서 잘못된 종교

적·문화적 장치들에 대한 문제제기를 요구한다.

실용주의와 페미니즘

미국에서는 영국의 진화론과 독일의 이상주의의 뒤를 이어 실재론이 발달하게 되었는데, 실재론과 함께 미국의 기반에서 처음부터 자라난 것이 프래그머티즘이다. 프래그머티즘은 유럽의 사상적 지배에서 벗어나는 동시에, 경험론과 과학의 기반 위에서 더욱이 정신구조에 대한 심리학적 고찰이나 선천적 방법에 반대하고 대상과 의식과의 관계에 대한 '논리적 분석'을 중요시하였다. 이와 같은 사상에 일찍이 착안한 사람은 퍼스였으며, 그것은 제임스에 의하여 구체적으로 나타났으며, 듀이에 의하여 더욱 발전되었다. 프래그머티즘은 관념론에 반대할 뿐만 아니라, 전통적인 경험론에서도 벗어나려고 하였기 때문에 인식에 있어서 절대자와 사고에 의한 선천성을 부인하고 경험을 인식의 근원이라고 하였다.

그러나 프래그머티즘은 경험을 다만 감각적인 것에 그치지 아니하고 그것을 토대로 한 인식의 확실성을 문제삼았다. 즉 프래그머티즘에 있어서는 경험을 다만 감각, 인상, 상식 또는 관념이라고 해석하지 아니하고, 그것은 사람의 정신이 무한한 자연계 속에서 사람의 생존을 위하여 싸우는 기본적인 도구라고 하였다. 따라서 사람이 외계에 적응하여 생존하는 동시에 그 자신을 좀더 향상시킬 수 있는 수단이 '경험'이라는 것이다.

퍼스는 행동으로써 나타내지 아니하는 관념은 무의미하기 때문에, 관념은 다만 내적인 것에 그치니 아니하고 우리의 행동의 지표가 되어야 한다고 주장하였다. 이것은 다윈의 '적응에 의한 발전'과 함께, 플라톤의 목적 실현의 사상이 결합된 것이라고도 할 수 있다. 여기에서 퍼스는 사람은 과거에 구속받을 것이 아니고, 미래의 발전을 위하여 '사고하며 행동함으로써' 그 사회와 문화는 발전할 수 있다고 하는 굳은 신념을 가지는 동시에, 그것을 새로운 과학에서 구체적으로 이해하려고 하였으며, 이는 미국 철학에 새로운 전환을 일으켰다. 관념이라고 하는 것은 다만 머릿속에 있는 것을 말하는 것이 아니고, 행동을 규정하며 행동을 나타내는 동시에, 그 결과에 따라 실현되는 것이라고 함으로써 행동으로 나타나지 아니하는 관념은 무의미하다고 단정하였다.

이에 대해 제임스는 모든 것의 변화와 유동, 즉 '사상의 흐름'이야말로 '경험'이며, 또 이것이 실재의 진정한 기반이라고 하였다. 여기에서 제임스는 지금까지의 원자적이며 기계론적인 철학에 대하여 '순수경험론'을 주장하였다. 실재는 주관과 객관이 합치된 곳, 즉 정신과 물질이 분열되기 이전의 '생명'이며, 더욱이 사람의 '정신'은 다만 거울과 같이 반사하는 것이 아니고, 작용하며 창조하는 것이다. 이와 같은 경험의 발전성, 창조성 또는 자발성을 존중하였다. 따라서 인식은 생명의 한 기능인 동시에, 인식하는 주체는 인식에 그치지 아니하고 의욕하며 행동하고 창조한다. 그리고 프래그머티즘은 우리의 생활의 구체적인 단계에 있어서 어떠한 형식이 가장 확실한 것인가 하는데 대한 명확성을 발견하며, 실재의 궁극적인 것을 탐구하는 것이 아니고 실재를 좀더 확실하게 알려고 하는 방법의 연구이며, 또 그 방향을 바로잡으려고 하는 태도라고 하였다. 제임스가 구체화시킨 프래그머티즘은 듀이에 이르러 더욱 발전하였다.

퍼스나 제임스는 프래그머티즘의 성립을 논하였으나, 듀이는 철학의 성립, 특히 그 사회적 조건에 대하여 논하는 동시에, 그와 같은 조건의 변화에 의한 철학의 개조를 강조하였다. '경험'은 유기체와 그 환경과의 사이에서 이루어지는 협동적 상호작용이며, 이것이 인식하는 입장에 설 때에는 자아요, 인식되는 입장에서 객관이다. 더욱이 인식하는 주체나 인식되는 객체는 연속적인 전체인 만큼, '자연'과 '경험'은 근본적으로 분리할 수 없다고 함으로써 주관주의와 객관주의와의 대립에서 벗어나서 그것을 극복하려고 하였다. 관념은 현재 또는 과거의 사실을 기술하는 것이 아니고, 장차 실행되는 행동의 기술이며 지표이다. 여기서 듀이는 사실의 판단을 구별하는 동시에, 실천적 판단을 중요시하였으며, 실천적 판단에 있어서는 '더 나은 것'과 '해야 하는 것'이 문제된다.

인류의 인구 구성은 남녀별로 약 절반씩 분포되어 있다. 그리고 지구의 어느 사회에서나 남녀는 공존하는 생활을 하지 않을 수 없으며, 그러므로 인간을 위한 보다 나은 사회, 인류의 발전 문제를 논할 때에는 그 속에 반 정도의 인구비율을 차지하는 여성도 제외되지 않고 고려되어야 한다. 그것은 당위의 문제이며 진정한 인간의 양심문제이기도 하다. 인류의 역사가 진행되어오면서 근세에서부터 왜 여성해방운동이 일어나게 되었는지, 그리고 그 운동의 불꽃은 일시적인 현상에 그치지 않고 줄기차게 점점 더 공간적으로도 확대되고 있는 것인지 여기에 대하여 이 운동의 주체인 여성뿐만 아니라 여성과 공존하지 않을 수 없는 숙명을 지닌 남성들도 인간적인 관심을 기울임이 당연하다.

여기서 해방이란 것은 어떤 상태에서 오는 것일까? 그것은 바로 억압된 상태에서 올 수 있는 자유, 평등을 지향하는 개념이다. 여성해방은 여성을 억압하고 있는 가부장 사회의 각종 제도에 대한 차별과 여성을 종속적인 관계로 몰아두려는 개념에 대한 저항이라고 볼 수 있다. 여성억압에 대한 대안적 이론은 자유주의, 사회주의, 급진적 여성 해방론 등으로 나누어지고 있다.

여성운동의 시발은 17세기 영국의 청교도 혁명이라고 볼 수 있으며, 본격적인 활동은 1789년의 '자유' '평등' '박애'의 이념을 내세운 프랑스혁명에서부터라고 볼 수 있다. 미국에서는 100년 간의 투쟁 끝에 1920년 참정권을 획득한 후 소진되었다가 50년대에 이르러 다시 취업 여성 수효의 증대와 가정으로 돌아가 중년이 된 여성들의 여유 시간의 증가, 권태로운 가사노동, 무의미한 교외생활로 인한 새로운 전기를 마련해 주어 70년대에는 체계를 갖추기 시작하여 학문적으로나 실질적인 정책의 뒷받침을 얻기에 이르렀다. 1975년에는 UN에서 세계 여성의 해를 선포하고 각종 연구와 개발 계획이 추진되었다. 그 연구 과정에서 여성학과 학문분야로서의 연구이고 후자는 개발도상국의 여성개발을 위한 연구라고 볼 수 있다.

16, 17세기의 사회계약론에 기원을 두고 있는 자유주의에서의 여성억압에 대한 입장은 보편적으로 알려져 있는 존 스튜어트 밀 이전에 「여성권리의 옹호」를 출판한 매리월스톤 크래프크로부터 거슬러 올라가야 할 것이다. 그는 1789년의 프랑스 혁명의 열기 속에서 짧은 생애를 살았으며, 혁명가들의 이념을 여성의 상황에 적용하여 만일 남자들이 자신들의 자유를 위해 투쟁하고 있고 스스로의 행복에 관해 판단할 수 있게 되기를 바란다며, 여성의 복종을 강요한다는 것이 이율배반적이고 불공정한 일이 아닌가 하고 반문한다. 그리고 여성들의 예속의 기원을 육체적 허약성에서 찾았으며, 그것은 문화와 교육에 의해 더욱 강화되었다고 주장한다. 루소의 자연과 단순성 사상에 영향을 받은 그녀는 자녀양육, 청소년 교육에서 남녀공학을 주장했고, 여학생들의 운동, 옥외의 체육활동, 식물학, 기계학, 천문학, 박물학, 철학, 종교와 인간의 역사, 소크라테스의 대화 방식에 입각한 정치학 등을 가르칠 것을 역설하였다. 또한 영국의 철학자이며 경제학자인 밀은 「여성예속」에서 선험적인 명제를 자유와 공평성에 두고, 밥은 정의나 정책 같은 긍정적인 목표에서가 아니라면, 인간자체를 차별할 수 없으며, 모든 인간은 똑같은 대우를 받아야 한다고 주장한다.

한편 마르크스는 여성해방운동의 상황을 가부장적 문명과 마르크스의 계급과는 다른 의미로서의 계급사회에서 전개된다고 보고, 여성의 요구와 잠재세력은 고도의 계급지향적인 것이라고 서론을 제시하면서 그의 논지를 펴고 있다. 그는 운동의 두 가지 차원으로 첫째, 경제·사회적 및 문화적 평등의 완성을 위한 차원과 둘째, 현재의 운동의 단계인 평등을 넘어선 해방을 향한, 즉 남성과 여성의 이분법이 인간들의 사회적, 개인적 인간관계에서 극복된 사회의 건설을 제시하고 있다.

　사상과 학문으로서의 여성학은 살아있는 존재라는 원칙 아래, 여성학을 하는 사람들에게 흐름을 세밀하게 조사해서 시작부터 끝까지 여성과 남성에게 부가가치가 되지 않는 설을 과감하게 없애고, 여성위주의 연구, 운동을 재구성하는 일, 지위, 역할, 문화를 변화시키는 것을 말한다.

　실사구시의 여성학은(영불 터널처럼 200년이라는 시간이 걸리지도 모르지만) 조직 전체를 생존적이고 효율적인, 즉 살고 싶은 대로 제대로 살 수 있는 방향으로 완전히 변화시키는데 목적을 두고 있다. 이는 억압받는 자들의 용솟음치는 힘으로 여성이 주도할 것이고, 나는 이것을 'Change Masteress'라고 하겠다. 연구, 학문에 있어서의 변화 주도자들의 새로운 환경 적응은 아웃사이더들의 자발적인 활동에서부터 시작될 것이다.

　산만하게 흩어진 참깨알처럼, 여성 자신이 자발적으로 생각해낸 소규모의 혁명적 이론의 혁신이나 과제일지라도, 이것이 모여 혁명적 힘의 원천으로 작용하게 될 것이다. 보다 개인 주체 중심적인 소규모적인 이론과 이것의 확대로의 과감한 재구성을 통해, 보다 적은 투자, 보다 적은 노력, 보다 적은 참여로나마 이 실사구시의 여성학은 문제 해결의 적효성과 질적 수준, 서비스와 속도에 혁신을 가져오고자 한다. 효율성을 높임에 있어서도 낡은 방법보다는 새로운 방법을 선호한다.

　과거에는 성실과 오랫동안 기존의 것을 공부하고 문제를 제기하는 것을 높이 평가했다. 그러나 지금부터는 창의적이고 신속, 정확하게 위기를 처리, 해결할 수 있는 효율적인 이론을 중시한다. 그 이론의 효과는 여성 변화뿐 아니라 남성과 아이의 삶의 질을 높이는 데도 기여한다. 여성, 남성 그리고 그들을 포함하는 가정, 사회의 매스컴 등의 기존의 가치관과 낡은 생활 방식을 모두 바꿔 놓는 이론과 삶에 혁명적 수단으로 등장하기 위해 의식 개혁의 작업과 자연적인 모임의 조직화, 연구 수행 과정을 질적으로 변화시키는 작업을 계속하지 않으면 안 된다.

　현대 직장은 50 : 50으로 남성과 여성의 비율이 비슷하다. 비율만 보아서는 아무 문제가 없는 듯하지만 남성은 핵심적인 부분에 종사하고 있는 반면에, 여성은 생산직이나 서비스 등 남성이 결정한 사항을 수동적으로 작업에 옮길 뿐이다. 예로 여성은 남성이 업무를 하는 동안 대부분 커피 심부름 정도만 한다. 직장에서 개척정신과 위협, 고난의 극복, 고정관념의 타파를 이루어야 할 것이다.

그러면 가정은 어떠한가! 유난히 성차별이 심한 곳이 또 가정이다. 남성 중심적인 가부장 사회에서, 가정은 남성을 위해 존재하는 것 같아 보이기도 한다. 여성은 단지 가사일과 양육 및 남성들의 바깥일을 위해 존재하는 것처럼 인식되는 것이다. 그러나 이제부터라도 가정 안에서 일어나는 문제의 해결을 위한 개척, 극복의 정신을 발휘하여 동등한 사랑의 관계로 나아가야 한다.

학교 교육도 거의 비슷하다. 우리나라의 학교교육은 남성은 능동적이며 진취적인 사고를 하도록 고무되고, 여성은 수동적이고 보호받아야 할 존재로 유도되고 있다. 또한 '성(SEX)'에 대해서 남성에게는 어느 정도 타당성을 부여하면서 여성에게는 성이란 것이 지키고 방어해야 할 것이며 그것을 지키지 못하는 것은 여성 자신의 행실의 문제라고 여성에게만 책임을 전가한다. 이러한 성교육이 폭력을 어느 정도 합리화해 주는 원인이 되기도 한다.

어린 피교육자에게 여성 스스로의 발전과 계발하는 것을 포기하게 하거나, 심리적, 정신적으로 남성보다 못하다는 열등의식을 심어줌으로써 발전의 기회를 줄이게 되는 경우를 많이 볼 수 있다. 그러한 과정에서 신체적, 물리적 힘의 우열은 곧 지위의 높낮이로 연결하여 남성이 여성보다 우월하다는 생각을 가지게 하는 것이다. 여성에 대한 불평등과 억압을 자연스럽게 여기며 무저항으로 수용하도록 강요하는 사회에서 여성해방을 부르짖는 여성의 목소리는 생존의 기본인 자유와 인격을 찾기 위해 당연한 것이다.

여성은 스스로 깨어야 한다. 또한 피동적이고 수동적인 것에서 벗어나 개척과 능동적인 사고로 평등하고 자유로운 삶을 찾아 장애물을 하나씩 걸어가야 한다. 지금까지의 여성에 대한 고정관념을 거부해야 할 것이며, 여성을 독립된 인격적인 관계로 존중하여 남성 스스로도 여성에 대한 고정관념과 제도상의 불평등을 함께 수정해 나가야 할 것이다.

결론적으로 문제를 해결하고 서로가 사람답게 사는 세상을 이룩하기 위해서 생명존중 및 남녀 공존과 평등의 사상을 확대하고 적극적 사고에 의한 여성해방을 펴나가야 한다. 남성은 잘못된 여성차별적 관념에서 탈피하여 여성도 이성적이며 독립된 동반자임을 가슴깊이 인정해야 할 것이다.

1902년생인 카를 포퍼는 전체주의에 대한 가장 설득력 있는 비판서인 『열린 사회와 그 적들』의 저자로 잘 알려져 있다. 그가 그 책에서뿐만 아니라 모든 저술 활동에서 보이고 있는 사상과 내용은 아래와 같다.

① 반증 원리 : 포퍼 철학의 핵심 부분으로 1920년대 당시 빈 학파 등이 내세우던 '검증원리'에 반발하여 내놓은 사상으로, 이에 따르면 검증원리 사상가들이 내세우는 '증명할 수 있는 이론'보다는 '그것이 진리가 아님을 주장할 수 있는 이론'이 보다 참에 가깝다고 말하고 있다.
　즉 학문에 있어서 이론의 실증적 증명보다는 소위 '고학적으로 증명'되었다는 이론의 도그마를 타파하는 것이 더 중요하다는 것을 제시한 것이다. 또한 이 사상에서는 형이상학을 옹호함으로써 실용성과 실증성을 강조하는 실용주의와 대립하는 근거를 제시하기도 한다.
② 비결정론 : 모든 사물의 운명이 '과학적 법칙'에 의해 결정되었다는 마르크스 같은 사회주의자들의 이론이나 파시스트들의 이론에 반발하여 만들어진 것으로, 물리학에서 말하는 하이젠베르그의 '불확정성의 원리(Uncertainty Principle)'로서 설명이 가능하며, 실용주의의 물질우선주의와 과학주의에 대한 비판을 담고 있다.
③ 방법론적 개체주의 : 사회 전체를 하나의 이론적 구성물로 간주하고, 개인의 존엄성을 중시한 포퍼 철학의 최고 핵심으로 실용

주의가 가지고 있는 전체주의의 정당화 가능성에 대한 비판이라 할 수 있다.

한편, 『부정의 변증법』이라는 저서로 유명한 아도르는 절대성을 부정하는 합리주의가 현대에 와서 그 자신을 절대화시킴으로써 생기는 문제를 지적했다. 그에 따르면 고대 세계는 절대적이고 신비한 '신화'에 의해 지배되어 왔으나, 신화 자체에는 그리스 신화의 오딧세이아 모험담에서 보았듯이 계몽적 이성의 세계가 내포되어 있다. 같은 맥락에서의 주장을 하비 콕스(Harvey Cox)가 그의 저서 『세속도시(The Secular City)』에서도 하고 있다. 이로 인해 신화가 가지는 절대성이라는 특성을 계몽적 이성, 합리주의가 이어받음으로써 신화를 대신하여 인간을 대신하게 되고 그 모순을 계속 이어받게 되었다. 이는 실용주의뿐만 아니라 모든 합리주의적 사고관을 비판한 것으로 실용주의가 빠지기 쉬운 합리주의에 대한 맹신에 경종을 울린 것이라 하겠다.

실용주의가 기초하고 있는 것은 과학적인 실증성과 실생활에서의 유용성이다. 즉 이미 인증된 '절대적 가치' - 이를 보통 '상식'이라고 부른다 - 에 중점을 둔 진리관을 가졌다고 하겠다. 그런데 문제는 그 '절대적 가치'가 과연 궁극적인 진리인가 하는 점이다. 적어도 남녀 평등은 궁극적인 진리라고 볼 수 있다. 물론 그 '절대적 가치'가 자연과학에서 증명 가능한 논제일 때에는 최소한 인간의 활동에 적합한 하나의 도구로서 장기간 - 영원히는 아니더라도 - 이용될 수 있다.

그러나 그것이 형이상학적 생활 규범, 예를 들어 도덕, 법률, 종교 등과 같은 것일 경우 절대성을 상당 부분 상실한다. 왜냐하면 생활규범들은 도구적인 자연과학과는 달라서 그 자신이 명령을 받는 도구가 아닌 명령을 내리는 일종의 컨트롤러(controller) 구실을 하기 때문이다. 이해를 돕기 위해 그림으로 표현해 본다.

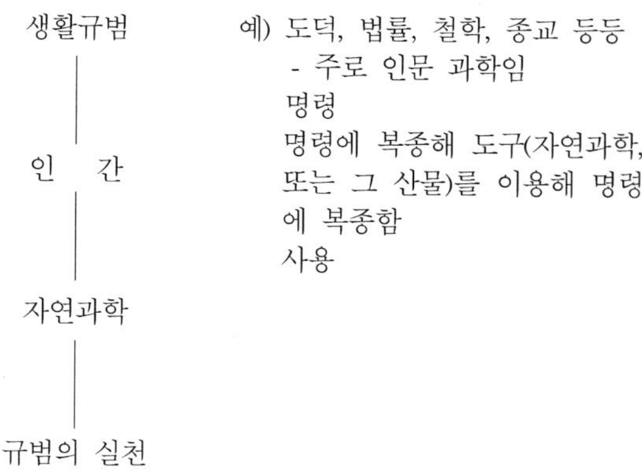

보는 바와 같이 생활 규범은 항상 인간의 상위에 놓여 있다. 이는 실용주의 시스템에서 가장 뚜렷하게 나타나는데 자연과학뿐만 아니라 인문과학까지도 절대적이고 실용적인 하나의 필수적인 법칙으로 받아들이기 때문이다. 그러나 그것도 과학의 증명 방법에 대한 사조가 불변하다는 것에 전제한 것이다. 여기서 비결정론이 등장한다. 비결정론에서는 사물의 종국은 아무리 정밀한 관찰을 거듭한다고 해도 완전히 예측하긴 불가능하며, 따라서 관찰의 결과를 절대적 법칙이라 말할 수 없다고 한다.

현대 과학의 사조는 인문과학과 자연과학을 통틀어 어떠한가. 모든 진리의 기준을 '관찰'한 결과로서 보고 있다. 즉 절대적 법칙으로서의 인문과학은 그 신뢰도가 떨어지는 것이다. 그나마 자연과학이란 '도구'이므로 그것이 잘못된 결과를 도출할 경우 새로운 도구로 갈아치우거나 고쳐서 좀더 완전한 결과를 도출할 수 있다. 그러나 '컨트롤러'인 생활 규범을 바꾸자 한다면, 그 과정에서의 혼란은 자연과학에서 말하는 '패러다임'과는 비교도 할 수 없을 만큼 크다. 그래서 그동안 인류는 많은 과학 발전에도 불구하고 종교, 정치, 철학 같은 생활 규범에 대해서는 그만큼의 큰 변화가 없이 유지시켜 왔다. 그 결과로 나타나는 거의 하나가 합리주의에 대한 맹신으로 인한 인간성의 파괴이다. 이는 합리주의라는 절대성 없는 법칙을 만능의 특효약인양 학문의 모든 분야에 도입함으로써 나타난 것으로 자본주의 체제건 사회주의 체제건 간에 소위 '근대화'되었다는 모든 체제가 공통적으로 안고 있는 질병이다.

모든 '근대화' 체제 내에서의 합리주의 중환자들은 공통적으로, 인간이 자연현상을 통제해 생산적으로 운용하듯이, 인간도 통제를 가함으로써 보다 능률적으로 움직일 수 있다고 믿었으며, 자연 현상을 기계로 조절하듯이 기계와 같이 인간도 부품화시켜야 더욱 능률적인 통제가 가능하다고 믿었다. 그와 같은 과정은 산업혁명이라는 기술적 발전으로 인해 가속화되었으며, 인간은 그들의 도구로 삼은 기계와 서서히 닮은 존재가 되어 있다.

그래서 얻은 결과는 무엇인가? 인간은 더 이상 독립된 개인으로서 존재할 수 없게 되었고, 기계 부속과 같이 교체가 가능한 소모품으로 전락되었다. 기계는 규격화로서 생산의 규모를 극대화할 수 있었으나, 인간은 규격화됨으로써 인간 자신이란 무엇인가라는 의문에 더 이상 답변할 수 없게 되었다. 잘못된 관념의 맹신주의자들의 권위가 인간의 위상을 축소시키고 약화시킨 결과라고 하겠다.

자유주의 페미니즘의 주장은 첫째, 인간의 존엄성과 권위는 인간에게 내재되어 있는 선천적인 것으로, 여성도 한 인간으로서 남성과 같은 존엄성과 권위를 가져야한다. 따라서 어떤 사유로도 여성의, 한 인간으로서 가지는 존엄성과 권위를 침해할 수 없다고 주장한다. 따라서 실용적인 페미니즘의 방향은 여성의 인간으로서 가지는 존엄성과 권위를 지키고 보호할 수 있는 현실적인 방안을 제시하고 이루는 것이다.

둘째는, 인간은 자기의 사고, 행동을 스스로 선택할 권리, 즉 자율성을 가지고 있으며, 이는 여성도 자신의 의사에 의해 자율적으로 행동한다는 것을 의미한다. 자율성과 더불어 책임 또한 자율성의 전제 조건이 되므로 실용적인 페미니즘은 여성이 자신이 처해 있는 자율적으로 사고하고 행동하며, 그 책임도 아울러 질 수 있는 여건과 풍토를 만드는데 그 목적을 둔다.

셋째는, 모든 인간은 자기 개인 안에 사적인 영역을 갖는다. 따라서 여성도 사적인 영역을 보호받아야 한다. 남녀 공히 모든 프라이버시를 가지며, 인간은 사회적 동물이고 가정을 이루며 살므로 사생활 보장은 타인에게 피해와 악영향을 주지 않는 범위내에서 보호받으며, 이를 위해 실용적인 페미니즘은 현실에 맞고 문화 풍토에 적합하며 이성적으로 타당하게 보호 정도와 범위를 규정하여 남녀 모두가 자신의 사적인 영역을 가질 수 있고, 서로를 침해하지 않고 조화를 이루도록 이끌어야 한다. 모든 인간은 자기 자신을 발전시킬 권리가 있다. 따라서 여성에게도 똑같은 자아를 구현할 권리를 가진다. 이를 위해 실용적인 페미니즘은 여성이 '자기 발전'을 위해 노력할 수 있도록 기회의 균등과 올바른 풍토 조성에 힘쓴다.

결론적으로 합리주의적 관점에서 본 실용적인 페미니즘의 정의는 사회상, 정치상, 법률상 등 모든 사회면에서 여성이 인간으로 가지는 존엄성과 권위를 지키고 보호할 수 있는 현실적 방향을 제시하고, 여성이 자율적으로 사고하고 행동하는 여건과 풍토를 조성하여 인간으로서 가지는 사적인 영역을 보호하고 자신의 능력을 계발하고 발휘하도록 타인과 경쟁적으로 목표를 추구하고 일할 수 있는 기회의 균등과 풍토를 조성하는 것이다.

이제 여성운동이 실용주의를 내세울 때 남성들이 염려하게 될 부분들을 미리 생각해보자. 단순한 관찰 결과로 나타난 거짓 권리와 통념들은 여성운동 전체가 인정하는 여성운동의 한의 전제가 될 것이다. 그리고 그것을 실천하는 도구로서 잘못된 전제하에 세워진 비인간적인 수단을 동원하도록 만들게 될 것이다. 심지어는 전쟁에 가까운 폭력까지 유발할지도 모른다. 여성운동 능률의 극대화를 위해 여성들 개인의 인격보다는 집단으로서의 여성을 중시한 나머지 여성이라는 자아 자체의 붕괴를 가져오게 되고 급기야 해방시켜야 할 여성 자체를 구속하는 새로운 전제적 지배 논리로서 작용할지도 모른다.

소위 '과학적'인 관찰 결과나 그래서 증명된 '실용적' 도구들은 만능이 아니다. 물론 실용주의의 과학적 방법을 통한 기존 폐습의 타파나 인간생활 향상을 위한 노력에는 동의한다. 그러나 성급한 행동이나 검증되지 않은 부정확한 결혼으로 페미니즘은 인정받을 수 있는 것이다. 그래서 먼저 실용주의가 안고 있는 주관주의적 경험론의 한계를 지적하면서 그것이 여성해방운동 혹은 개인의 변혁을 꾀하는 차원에서도 커다란 오류를 범할 수 있다는 식으로 남성들이 염려해왔다.

찰스 피어스에 의해 초기 실용주의가 제창될 때 그는 "개인에게 효과를 가져다주는 실용적 경험만이 유일하게 실재한다"고 말했다. 그러면 이는 "여성에게 효과를 가져다 주는 실용적인 경험만이 유일하게 실재한다"는 말로 고쳐보는 것이 가능해진다. 그런데 이 명제의 함정은 바로 여성과 남성을 떠나서 세상의 진리란 개인의 경험적 인식과 무관하게 존재한다는 것이다. 물론 개인의 경험을 통해서 내 삶에 무엇이 도움이 되고 안되는가를 알아가는 것은 중요하다. 내가 이 땅의 여성으로 태어나, 또한 남성으로 태어나 자신의 문제를 경험을 통해서 인식하는 것은 인간의 사고 인식의 심화 과정에서 일차적인 인식의 과정일 뿐이다. 때문에 개인 경험의 소산만을 절대화할 때 주관적 개인주의의 오류를 범하게 되는 것이다. 또한 실용적 경험만이 유일하게 존재한다면 인간 사유의 소산이나 객관화된 진리마저 개인이 경험하지 못하였을 때도 존재하지 않게 된다는 결론에 도달하게 된다.

이 경험주의, 행동제일주의는 단적으로 남성은 근본적인 경험을 할 수 없기 때문에 근본적으로 여성문제에 있어 객체일 수밖에 없다는 결론을 낳을 수 있다. 즉 여성의 문제가 아니라 한 여자의 문제로, 사회적, 구조적인 문제가 아니라 한 개인의 문제로만 귀결되는 것이다. 또한 남성이 여성과 함께 할 존재가 아니라 적이 되어 버리는 것이다.

실용주의자들의 철학 개조론의 입장이 인간의 욕구충족과 인간이 가지고 있는 구체적 제문제를 해결하는 데 철학이 복무하여야 한다는 입장과 실용주의자들의 철학에 대한 입장이 철학 자체에 대한 회의에서 비롯하는 점은 도움받는 바가 크다. 물론 철학에 대한 잘못된 인식에서 비롯된 편협한 사고는 자신의 문제 혹은 여성, 남성 등의 문제로 사회를 이루는 역관계 속에서 파악하지 못하는 것이다. 관념 철학이 세상의 본질을 알 수 없는 미지론, 신적인 차원으로 해석하여 세상을 사는 사람에게 혼돈을 일으키게 한 것도 사실이고 '철학'이라는 분야에서 여성이 철저히 무시되고 배척되었음도 시인해야 한다. 철학의 역할은 세상을 구성한 제 물질의 역학관계, 그리고 사회를 이룬 제요소들의 상호작용과 발전의 법칙을 연구하고 그 속에서 개인의 역할과 삶의 진로를 정립시켜 주는 것이다. 따라서 여성의 문제를 풀어감에 있어서 또다시 여성문제가 사회구조 속에서 태동한 것임을 인식하지 못하게 되면 그 해결의 방식도 개인의 차원 혹은 여성만의 문제로밖에 해결 대안을 찾지 못하게 된다는 점에 유의해야 할 것이다.

실사구시의 입장, 즉 구체적인 여성의 제문제를 인식하고 사회적 제관계에서 여성의 문제를 해결할 방도를 찾아가는 것이 남은 문제이다. 가장 중요한 것은 여성 문제가 여성만의 문제가 아님을 인식하여 문제 해결의 주체가 누구인가를 명확히 인지하는 것이다. 즉 여성 문제와 그 사회적 해결 방식에 있어 여성들만의 문제로 여기지 않는다는 것이다.

그와 동시에 실용주의에 대한 계속적인 이론적 축적이 이루어져야 할 것이다.

기존에 우리가 지닌 '남자로서 당연히 그래야 한다'라든지 '자고로 여자는……'과 같은 사고방식은 진정 탈피해야 한다. 이러한 사고방식으로 21세기적 삶은 남녀가 더불어 살아갈 수가 없는 것이다. 새로운 남녀관계를 정립 할 수 있는 계기를 남성·여성 스스로가 마련하고 실천해야 할 것이다.

부록

각기 자신의 스트레스 점수를 측정해 보자.

　　(우리나라의 경우, 외도나 폭력, 시집과의 갈등 등 전통적인 이혼사유가 되어 온 항목들이 스트레스 점수에도 높게 나타나, 일치하고 있다. 요즘에 이혼사유로 떠 오른 6호 이혼사유인 대화부재나 성적 부조화, 애정의 상실도 높게 나타난다.)

우리나라	미국
(1) 외도 120 (외아들 · 딸의 죽음)	(1) 배우자의 죽음 100
(2) 폭력, 배우자의 죽음 100	(2) 이혼 73
(3) 이혼 · 자녀교육 90	(3) 부부의 별거 65
(4) 실업, 경제적 파탄 90	(4) 수강기간 63
(5) 별거, 시집식구와의 갈등 80	(5) 근친자의 죽음 63
(6) 업무상의 배치 전환 70	(6) 자신의 부상 질환 53
(7) 경제적 부채, 자신의 건강 75	(7) 결혼 50
(8) 결혼 임신 70	(8) 직장으로부터의 해고 47
(9) 근친자의 죽음 60	(9) 부부의 화해 45
(10) 성격의 불일치 60	(10) 퇴직 45
(11) 가족의 증가 55	(11) 가족의 건강의 변화 44
(12) 사업 잦은 정리 55	(12) 임신 40
(13) 각종 공해 44	(13) 성의 불일치 39
(14) 취미 생활의 불일치 44	(14) 가족의 증가 39
(15) 늦은 귀가 44	(15) 사업의 잦은 정리 39

┃부록┃

· 다음은 여성의 실생활에 필요한 전화번호 목록이다.
  (112, 114, 119를 잘 활용하자)
· 문제가 있으면 가까운 사람에게 먼저 이야기하고, 전문가를 찾는
  일에 전화번호 안내부터 활용하자. 창피하다고 숨길수록 사태는
  더욱 나빠지고, 수습하기 힘들어진다.

여성부	2106-5000
한살림모임(환경)	766-1527
환경을 살리는 여성들	573-9447
공해추방운동연합 여성위원회	743-8840
환경과 공해연구회	871-0581
한국 반핵반공해 평화연구소	853-1069
자연의 친구들	722-5047
여성건강상담소	716-1662
사당의원	599-5212
이대사회복지관(건강상담)	393-7728
애란원(미혼모)	393-4725
성 가정입양원	774-5870
마리아의 집	031)55-4617
지역사회탁아소연합회	792-7767
카톨릭 여성의 집	833-3465
가정법률상담소	782-3427
성폭력 상담소	522-1040
애란원	393-4725
YMCA연합회(미혼모 숙식보호시설)	754-7891
홀트아동복지회(미혼모)	324-0473
소비자 문제를 연구하는 시민의 모임	739-5441
한국여성민우회	313-1060
MBC	789-2114
KBS	781-1000
기독교방송	764-0415

불교방송	705-5114
서울 방송	786-0792
평화방송	270-2114
교육방송	521-0240
교통방송	724-7114
지역사회탁아소연합회	792-7767
주부아카데미협의회	583-0790
한국여성의 전화	337-4100
전북여성의 전화	062)74-7324
광주여성의 전화	062)226-7739
소비자 보호단체협의회	793-8081
여성창업	042)481-3513
여성구직(각 구청 사회복지과나 여성복지과)	
보사부 여성보건복지과	503-7580
아동학대	(국번없이)1391
따르릉 선생님	325-6450
호루라기(청소년 상담)	278-2942
노인학대	1588-9222
미아신고·가출신고	(국번없이)182
각 경찰서 여성 민원 상담실	
남성의 전화	652-0456
생명의 전화	763-9193
사랑의 전화	715-8600
각 구에 있는 사회복지센터(취미, 문화, 기술, 직업 교육, 치매노인)	
YWCA(간병인, 유아교사 및 기술 자격증 교육)	
성추행범 공개(인터넷 관보, 청소년 보호위원회)	

차배옥덕(문학박사 · 여성학자)

부산 경남여중 · 고 졸업.
이화여자대학교 국어국문학과 졸업, 동 대학원 여성학과 석사학위 취득.
성신여대 국어국문학과 박사학위 취득.
E-mail : chaokduck@hanmail.net

저서로는 일상의 고정관념 깨기와 대안을 생각해 본『씽크대부터 돌립시다』
를 비롯해『여신들의 향기』(아세아문화사),『백년 전의 경고 - 방한림
전과 여성주의』(아세아문화사),『여성학의 이해』(공저, 경문사),『한
국 고전소설과 서사문학』(공저, 집문당),『여성 : 역사와 현재』(공저, 국
학자료원),『사내들은 왜 변하지 않을까?』(역락)가 있다.

한양대 · 인천대 · 세종대 · 성신여대 · 동덕여대 · 계명대 등에서 강의
를 해왔다. 한국 성폭력상담소 창립시 교육부장으로, 또 국민당에
서 여성정책실장을 역임했으며, 현재 한국 성폭력상담소 자문위원,
서울문화사학회 이사 및 학술분과위원을 맡고 있고, 성신여대 · 삼
육대 · 매스컴 · 사회단체와 서울시 및 경기도에서 여성학 특강을
하고 있다.

큰 여자 깬 남자

■ 인 쇄   2004년 10월 11일
■ 발 행   2004년 10월 18일
■ 지은이   차배옥덕
■ 펴낸이   이 대 현
■ 편 집   박 윤 정
■ 펴낸곳   도서출판 역락
           서울 성동구 성수2가 3동 301-80 (주)지시코별관 3층 (우:133-835)
■ T E L   대표 · 영업 3409-2058 편집부 3409-2060 FAX 3409-2059
■ E-mail   yk3888@kornet.net / youkrack@hanmail.net
■ 등 록   1999년 4월 19일 제2-2803호
■ I S B N   89-5556-337-X-03330

■ 정 가   14,000원

* 잘못된 책은 교환해 드립니다.